Matthias Dehmer

Strukturelle Analyse Web-basierter Dokumente

GABLER EDITION WISSENSCHAFT

Multimedia und Telekooperation

Herausgegeben von Professor Dr. Franz Lehner und
Professor Dr. Freimut Bodendorf

Der technische Fortschritt und die rasante Entwicklung bei Computer-
und Netzwerktechnologien bewirken einen steigenden Informations-
bedarf, dem diese Schriftenreihe mit aktuellen Forschungsergebnis-
sen und Erfahrungsberichten Rechnung tragen will.

Zwischen den Schwerpunkten Multimedia und Telekooperation bestehen zahlreiche Verbindungen und Wechselwirkungen, die durch die
Diskussion in der Reihe aufgezeigt werden und Impulse für die wissenschaftliche Auseinandersetzung bieten sollen. Da die Thematik
auch für die Unternehmenspraxis besondere Bedeutung hat, ist die
anwendungsorientierte Darstellung ein zentrales Anliegen.

Matthias Dehmer

Strukturelle Analyse
Web-basierter Dokumente

Deutscher Universitäts-Verlag

Bibliografische Information Der Deutschen Bibliothek
Die Deutsche Bibliothek verzeichnet diese Publikation in der Deutschen
Nationalbibliografie; detaillierte bibliografische Daten sind im Internet über
<http://dnb.ddb.de> abrufbar.

Dissertation Techn. Universität Darmstadt, 2005

1. Auflage Februar 2006

Alle Rechte vorbehalten
© Deutscher Universitäts-Verlag/GWV Fachverlage GmbH, Wiesbaden 2006

Lektorat: Brigitte Siegel / Anita Wilke

Der Deutsche Universitäts-Verlag ist ein Unternehmen von
Springer Science+Business Media.
www.duv.de

Umschlaggestaltung: Regine Zimmer, Dipl.-Designerin, Frankfurt/Main
Druck und Buchbinder: Rosch-Buch, Scheßlitz
Gedruckt auf säurefreiem und chlorfrei gebleichtem Papier
Printed in Germany

ISBN 3-8350-0308-9

Vorwort

Die vorliegende Arbeit entstand im Rahmen meiner Tätigkeit als Doktorand im Fachgebiet Telekooperation des Fachbereichs Informatik an der Technischen Universität Darmstadt.

Meinem Doktorvater Prof. Dr. Max Mühlhäuser danke ich für die große Freiheit, mit der ich fachlich das Thema bearbeiten und die Arbeit erstellen konnte. Dadurch, dass er mir alle Möglichkeiten innerhalb seines Fachgebiets zur Verfügung stellte und mich förderte, schaffte er die Voraussetzung für eine reibungslose Durchführung der Arbeit. Diese Unterstützung hat mir sehr geholfen. Auch menschlich verdanke ich ihm sehr viel, so dass ohne ihn die Arbeit in der von mir angestrebten Zeit nicht zustande gekommen wäre.

Prof. Dr. Alexander Mehler, der die Zweitgutachtertätigkeit übernahm, danke ich einerseits für die besonders gute und fruchtbare Zusammenarbeit während meiner Dissertationsphase. Unsere Zusammenarbeit im Rahmen von Publikationen und Diskussionen wirkte sich sehr positiv auf die Erstellung der Arbeit aus, so dass er maßgeblich die Qualität dieser Arbeit verbesserte. Weiterhin danke ich in diesem Zusammenhang Dipl.-Inform. Rüdiger Gleim, der im Rahmen dieser Arbeit mit großem Elan seine Diplomarbeit anfertigte. Damit unterstützte er mich stark mit Implementierungsarbeiten und anregenden Diskussionen.

Dr. Frank Emmert-Streib danke ich zum einen für die äußerst gute und erfrischende Zusammenarbeit und zum anderen für wertvolle und konstruktive Hinweise, betreffend Kapitel (6). Dr. Jürgen Kilian gebührt mein Dank für die Mithilfe zur Klärung grundlegender Konstruktionsmerkmale des Graphähnlichkeitsmodells, insbesondere bezüglich praktischer Aspekte der dynamischen Programmierung. Somit hat er wesentlichen Anteil am Gelingen des Kapitels (5), welches eine wichtige Grundlage für die Arbeit bildet. Dr. habil. Ulrike Brandt danke ich für die Diskussionen in der Anfangsphase meiner Arbeit.

Ganz besonders möchte ich meinem Vater Werner Dehmer danken, der mich in der Endphase der Arbeit finanziell unterstützte. Insbesondere danke ich meiner Frau Jana. Sie hat während der Erstellung der Arbeit viel Geduld und Verständnis aufgebracht. Für das sprachliche Korrekturlesen dieser Arbeit bedanke ich mich bei Marion Dehmer-Sehn M.A., Dr. Sandra Bohlinger, Julia Hinske, Steve Hinske, Monika Lehr-Wleklinski, Dipl.-Inform. (FH) Nicolas Kalkhof und Dipl.-Ing. Jana Münzner. Dipl.-Inform. (FH) Karin Tillack danke ich für ihre Hilfe bei der Erstellung einiger Graphiken.

Matthias Dehmer

V

Zusammenfassung

Im Zuge der web-basierten Kommunikation und in Anbetracht der gigantischen
Datenmengen, die im World Wide Web (kurz: Web) verfügbar sind, erlangt das
so genannte Web Mining eine immer stärkere Bedeutung. Ziel des Web Mining ist
die Informationsgewinnung und Analyse web-basierter Daten auf der Grundlage
von Data Mining-Methoden. Die eigentliche Problemstellung des Data Mining
ist die Entdeckung von Mustern und Strukturen in großen Datenbeständen. Web
Mining ist also eine Variante des Data Mining; es kann grob in drei Bereiche
unterteilt werden: Web Structure Mining, Web Content Mining und Web Usage
Mining.

Die zentrale Problemstellung des Web Structure Mining, die in dieser Arbeit
besonders im Vordergrund steht, ist die Erforschung und Untersuchung struktureller Eigenschaften web-basierter Dokumente. Das Web wird in dieser Arbeit wie üblich als Hypertext aufgefasst. In der Anfangsphase der Hypertext-
forschung wurden graphbasierte Indizes zur Messung struktureller Ausprägungen
und Strukturvergleiche von Hypertexten verwendet. Diese sind jedoch im Hinblick
auf die ähnlichkeitsbasierte Gruppierung graphbasierter Hypertextstrukturen unzureichend. Daher konzentriert sich die vorliegende Arbeit auf die Entwicklung
neuer graphentheoretischer und ähnlichkeitsbasierter Analysemethoden.

Ähnlichkeitsbasierte Analysemethoden, die auf graphentheoretischen Modellen
beruhen, können nur dann sinnvoll im Hypertextumfeld eingesetzt werden, wenn
sie aussagekräftige und effiziente *strukturelle* Vergleiche graphbasierter Hypertexte ermöglichen. Aus diesem Grund wird in dieser Arbeit ein parametrisches
Graphähnlichkeitsmodell entwickelt, welches viele Anwendungen im Web Structure Mining besitzt. Dabei stellt die Konstruktion eines Verfahrens zur Bestimmung der strukturellen Ähnlichkeit von Graphen eine zentrale Herausforderung
dar. Klassische Verfahren zur Bestimmung der Graphähnlichkeit beruhen in den
meisten Fällen auf Isomorphie- und Untergraphisomorphiebeziehungen. Dagegen
wird in dieser Arbeit ein Verfahren zur Bestimmung der strukturellen Ähnlichkeit
hierarchisierter und gerichteter Graphen entwickelt, welches nicht auf Isomorphiebeziehungen aufbaut.

Oft wird im Rahmen von Analysen web-basierter Dokumentstrukturen das bekannte Vektorraummodell zu Grunde gelegt. Auf der Basis eines graphbasierten
Repräsentationsmodells wird dagegen in dieser Arbeit die These vertreten und
belegt, dass die graphbasierte Repräsentation einen sinnvollen Ausgangspunkt
für die Modellierung web-basierter Dokumente darstellt. In einem experimentellen Teil werden die entwickelten Graphähnlichkeitsmaße erfolgreich evaluiert und
die aus der Evaluierung resultierenden Anwendungen vorgestellt.

Inhaltsverzeichnis

Kapitel 1

Einleitung

1.1 Motivation der Arbeit

Die Untersuchung von *Strukturen* ist aus der Sicht vieler Wissenschaftsbereiche ein aktuelles Forschungsthema. Dabei ist die Strukturanalyse einerseits in anwendungsorientierten Disziplinen und andererseits in theorieorientierten Forschungsbereichen von zentraler Bedeutung:

- In der Linguistik wird intensiv die Struktur von Sprache, z.B. die *syntaktische Sprachstruktur* (Bar-Hillel 1964; Chomsky 1976) untersucht.

- Die soziologische Forschung betrachtet z.B. *Kommunikationsstrukturen* (Bavelas 1950) und *soziale Netzwerke* (Harary 1959, 1974; Scott 2001).

- In der Biologie und in der Biochemie spielen z.B. *fraktale biologische Strukturen* (Sernetz 2001) eine große Rolle.

- Die Elektrotechnik untersucht Strukturen von Stromverzweigungen, elektrischer Netzwerke und Platinen.

Aus diesen Beispielen geht zunächst nicht hervor, mit welchen Methoden und Formalismen die jeweiligen Strukturen modelliert werden.

Da in dieser Arbeit *relationale Strukturen* in Form von *Graphen* als Repräsentation komplexer Dokumentstrukturen eine wesentliche Rolle spielen, ist speziell das letzte Beispiel der obigen Aufzählung interessant. KIRCHOFF (Kirchhoff 1847) publizierte im Bereich der Elektrizitätslehre bereits 1847 eine wichtige Arbeit bezogen auf die Theorie der Stromverzweigungen, die einen Grundstein der moder-

1

nen Graphentheorie[1] legte. Daran schlossen sich richtungsweisende Beiträge[2] von CALEY (Caley 1875), PETERSEN (Petersen 1891) und SYLVESTER (Sylvester 1878) an, die ihre Wurzeln ebenfalls in der Graphentheorie besitzen. Heute ist die Beschreibung von Strukturen ohne graphbasierte Modelle in vielen Wissenschafts- und Lebensbereichen nicht mehr vorstellbar, wobei Graphen in der Informatik, z.B. für die Darstellung von Rechnernetzen, breite Anwendung[3] finden.

Die vorliegende Arbeit ist thematisch in einem Teilbereich des *Web Mining* (Chakrabarti 2002; Kosala & Blockeel 2000) – dem *Web Structure Mining* (Kosala & Blockeel 2000) – angesiedelt, weil sie strukturelle Modellierungsaspekte *webbasierter*[4] Dokumentstrukturen untersucht. Da der Umgang mit Computern allgegenwärtig ist und die Menge an Dokumenten im Web bekanntlich exponentiell zunimmt, sind Hilfsmittel zur schnellen Erfassung, Klassifizierung und Auffindung von Dokumenten von zentraler Bedeutung. Längst wurde klar, dass Inhalt und Struktur vernetzter Dokumente hierbei relevant sind. Die vorliegende Arbeit konzentriert sich auf Strukturaspekte web-basierter Dokumente, welche in jüngerer Zeit immer stärker ins Blickfeld rücken.

Es existieren formale Ansätze (d'Inverno et al. 1997; Fronk 2003; Lange 1990; Mehler 2001), die strukturelle Aspekte hypertextueller Dokumente beschreiben. Die ersten bekannten Arbeiten, die insbesondere die strukturelle Analyse von Hypertexten auf der Basis graphentheoretischer Methoden fokussierten, stammen von (Botafogo & Shneiderman 1991; Botafogo et al. 1992; Botafogo 1993). Dabei wurden bekannte Konzepte[5] der Graphentheorie verwendet, um Maßzahlen – so genannte *Indizes* (Dehmer 2005; Mehler 2004) – für die Beschreibung struktureller Hypertextausprägungen zu entwickeln. Beispielsweise definierten BOTAFOGO et al. (Botafogo et al. 1992) als einen typischen Vertreter das bekannte Maß *Compactness*[6], welches den Grad der *Vernetztheit* einer Hypertextstruktur beschreibt. Die Aussagekraft solcher Maße ist jedoch sehr eingeschränkt, da die zu beschreibende Ausprägung auf eine einzige Maßzahl abgebildet wird. Damit folgt weiter, dass solche Maße nicht eindeutig interpretierbar sind. Unmittelbar daraus resultiert ein Problem, welches sich bislang negativ auf die Analyse hypertextueller Dokumente auswirkte (Dehmer 2005): Wegen der nicht eindeutigen Interpretierbarkeit und der damit verbundenen mangelnden Aussagekraft dieser Maße, ist eine Gruppierung ähnlicher Strukturen nicht möglich, mit dem Ziel, ähnliche Funktionen oder sogar Qualitätsmerkmale abzuleiten. Ein wichtiger Schritt

---

[1] Siehe Kapitel (4.1.1).

[2] Weitere historische Beiträge zur Graphentheorie findet man z.B. im ersten Lehrbuch der Graphentheorie, welches von KÖNIG (König 1935) verfasst wurde.

[3] Für weitere Anwendungen siehe Kapitel (4.1.1).

[4] Web ist die Bezeichnung für das *World Wide Web* (WWW) (Bernes-Lee 2000).

[5] Siehe Kapitel (2.3.2).

[6] Siehe Kapitel (2.3.2).

für die Gruppierung strukturell ähnlicher Hypertexte wäre die Entwicklung von Analysemethoden, die ganzheitliche Strukturvergleiche auf zwei gegebenen Hypertextgraphen zulassen.

Strukturelle Vergleiche hypertextueller Graphmuster, bezogen auf die Interpretation lernpsychologischer Fragestellungen, führten z.B. WINNE et al. (Winne et al. 1994) durch, wobei der Index *Multiplicity*[7] definiert wurde. Dabei ist Multiplicity lediglich auf der Basis der Kantenschnittmenge zweier Graphmuster definiert. Das impliziert, dass signifikante strukturelle Unterschiede zwischen Graphmustern durch die so erzielten Ähnlichkeitswerte nicht erfasst werden. Im Hinblick auf eine ähnlichkeitsbasierte Gruppierung folgt schließlich, dass die entstehenden Gruppierungen keine weitreichende Aussagekraft besitzen und damit schlecht interpretiert werden können. Somit scheidet die Klasse von Ähnlichkeitsmaßen, die auf der Basis der Kantenschnittmenge definiert ist, für zukünftige ähnlichkeitsbasierte Analysen aus. Um eine bessere Wirkung hypertextueller Graphvergleiche zu erzielen, welche sich letztlich in einer wesentlich aussagekräftigeren Modellierung web-basierter Hypertexte auswirkt, wird in dieser Arbeit ein deutlich aussagefähigeres Graphähnlichkeitsmodell entwickelt. Die eigentliche Zielsetzung der Arbeit und daraus resultierende Anforderungen werden nun in Kapitel (1.2) dargestellt.

1.2 Zielsetzung der Arbeit

In Kapitel (1.1) wurden Probleme graphentheoretischer Indizes kurz gefasst beschrieben. Der Einsatz graphbasierter Repräsentationen zur Modellierung web-basierter Hypertexte im Hinblick auf Anwendungen im Web Structure Mining kann demnach nur dann erfolgreich sein, wenn die darauf aufbauenden Analysemethoden so viel komplexe Strukturmerkmale wie möglich erfassen. Daraus ergibt sich die Anforderung ein Verfahren zu entwickeln, welches die strukturelle Ähnlichkeit graphbasierter Hypertexte ganzheitlich bestimmt. Dies stellt die eigentliche Herausforderung dieser Arbeit dar.

Das Hauptziel dieser Arbeit wird nun folgendermaßen formuliert:

Das Hauptziel besteht in der Entwicklung ähnlichkeitsbasierter Analysemethoden hypertextueller Dokumente auf der Basis ihrer hierarchischen Graphstruktur, um einerseits anwendungsbezogene Problemstellungen im Web Structure Mining, z.B. die strukturorientierte Filterung, besser als bisher zu lösen. Andererseits sollen die entwickelten ähnlichkeitsbasierten Analysemethoden so flexibel sein, dass sie

---

[7]Siehe Kapitel (2.3.2).

3

für graphorientierte Problemstellungen in anderen Forschungsgebieten (Emmert-Streib et al. 2005) einzusetzen sind.

Die Frage nach der Notwendigkeit eines graphbasierten Repräsentationsmodells für die adäquate Modellierung hypertextueller Dokumente wurde hierbei durch eine grundlegende Arbeit von MEHLER et al. (Mehler et al. 2004) aufgeworfen. Dabei vertreten MEHLER et al. in (Mehler et al. 2004) die These, dass auf Grund der Phänomene *Polymorphie* und *funktionale Äquivalenz* web-basierte Einheiten nicht eindeutig kategorisierbar sind. Da in (Mehler et al. 2004) das bekannte *Vektorraummodell* (Ferber 2003; Mehler 2001) als Standardrepräsentation für web-basierte Dokumente eingesetzt wurde, ist die Frage nach der Erprobung eines neuen Repräsentationsmodells gerechtfertigt.

In dieser Arbeit wird die These zu Grunde gelegt und belegt, dass die graphbasierte Repräsentation hypertextueller Dokumente einen zentralen Ausgangspunkt einerseits für graphbasierte Modellierungen und ähnlichkeitsbasierte Analysealgorithmen und andererseits für anwendungsorientierte Aufgaben im Web Structure Mining darstellt. Dabei stellt die ganzheitliche Bestimmung der strukturellen Ähnlichkeit graphbasierter Dokumentstrukturen zunächst ein schwieriges Problem dar. Die bekannten Verfahren zur Bestimmung der Graphähnlichkeit beruhen nämlich in vielen Fällen auf Isomorphie- und Untergraphisomorphiebeziehungen (Kaden 1982; Sobik 1982; Zelinka 1975). Da diese aus Komplexitätsgründen (Arvind & Kurur 2002; Ullmann 1976) für Graphen höherer Ordnung nicht anwendbar sind, scheidet diese Verfahrensklasse zur massendatenorientierten Anwendung im Web Structure Mining aus. Deshalb ist ein Verfahren zur Bestimmung der Graphähnlichkeit im Web Structure Mining nur dann sinnvoll einsetzbar, wenn es große Datenmengen hinsichtlich Graphen höherer Ordnung verarbeiten kann. Eine Vorgehensweise zur Ermittlung geeigneter Verfahren könnte – beispielhaft – sukzessiv folgende Fragen untersuchen:

- Gibt es Ansätze und Ideen, die Isomorphie- und Untergraphisomorphiebeziehungen aus Effizienzgründen umgehen?

- Existieren strukturelle Kennzahlen[8] der zu betrachtenden Graphen, die effizient zu berechnen sind?

- Wenn ja, sind solche Kennzahlen überhaupt zur Definition von Graphähnlichkeitsmaßen aussagekräftig genug?

- Sind ausreichende Möglichkeiten für die Gewichtung unterschiedlicher struktureller Aspekte (z.B. bei hierarchischen Graphen die Berücksichtigung der Höhenunterschiede[9]) gegeben?

---

[8]Siehe Kapitel (5.1).
[9]Siehe Kapitel (5.7).

- Wie kann weiter vorgegangen werden, falls ein Graphähnlichkeitsmaß gewisse Anforderungen nicht erfüllt? Sind mögliche Defizite auf der Basis von Parametern ausgleichbar?

- Ist weitergehend die Entwicklung eines Verfahrens möglich, das auf Grund seiner Konstruktion eine ganze Klasse von Ähnlichkeitsmaßen definiert?

- Sind solche Graphähnlichkeitsmaße nur im Bereich web-basierter Hypertexte nutzbar oder können sie auf Grund ihrer Konzeption überall dort eingesetzt werden, wo Graphähnlichkeitsprobleme bezüglich derselben Graphklasse[10] gestellt werden?

Anhand dieser beispielhaften Vorgehensweise gewinnt man einen Eindruck über die Vielzahl der Fragestellungen, die auf der Suche nach einem Verfahren zur Bestimmung der strukturellen Graphähnlichkeit beantwortet werden müssen. Entsprechend ist es für die vorliegende Arbeit von zentraler Bedeutung ein Graphähnlichkeitsmodell zu entwickeln, welches zur Lösung graphorientierter Problemstellungen im Web Structure Mining und verwandter Aufgaben in anderen Forschungsbereichen beiträgt.

1.3 Aufbau der Arbeit

Nach der Einleitung in Kapitel (1) gibt Kapitel (2) einen Überblick über bestehende *Data Mining-Konzepte* (Han & Kamber 2001), wobei vor allem existierende Arbeiten der graphentheoretischen Analyse von Hypertexten detailliert besprochen werden. Weiter werden insbesondere die *Clusteringverfahren* (Bock 1974; Everitt 1993) ausführlich diskutiert, da sie in dieser Arbeit ein wichtiges Bindeglied zur ähnlichkeitsbasierten Dokumentanalyse darstellen. Für die Argumentationslinie der Arbeit sind die Phänome Polymorphie (Mehler et al. 2004) und funktionale Äquivalenz (Mehler et al. 2004) von wesentlicher Bedeutung. Vorbereitend für ein Experiment im Bereich der inhaltsbasierten Kategorisierung werden in Kapitel (2) die dazu notwendigen Begriffe, zusammen mit einem graphbasierten Repräsentationsmodell (Mehler et al. 2004), eingeführt.

Das Kapitel (3) zeigt die Grenzen der inhaltsbasierten Kategorisierung in Form eines Experiments auf. Die Hypothese dieses Kapitels ist, dass Polymorphie und funktionale Äquivalenz charakteristisch für web-basierte Einheiten sind. Nach einer formellen Charakterisierung der Problemstellung werden die Ergebnisse der

---

[10]Die in dieser Arbeit betrachtete Graphklasse besteht aus knotenmarkierten, hierarchisierten und gerichteten Graphen. Siehe Kapitel (5.3).

SVM-Kategorisierung[11] interpretiert. Sie untermauern dabei nachhaltig die zu Anfang aufgestellte Hypothese.

Die zusammengefasste Beschreibung des Forschungsstandes und der Kernaufgaben hinsichtlich der Graphentheorie ist Gegenstand von Kapitel (4). Neben einer Diskussion über den Ähnlichkeitsbegriff und der Einführung wesentlicher Begriffe, wie z.B. Metrik, Abstand und Distanz, werden bekannte Methoden zur Bestimmung der strukturellen Ähnlichkeit von Graphen beschrieben. Das Ziel von Kapitel (4) besteht insbesondere darin, die mathematischen Fundamente der existierenden Verfahren zu beleuchten, um damit eine Abgrenzung zum neuen Ansatz leichter zu erreichen.

In Kapitel (5) wird zunächst die Motivation und der zentrale Lösungsansatz zur Bestimmung der Graphähnlichkeit hierarchischer Graphen angegeben. Es stellt sich heraus, dass die Gradsequenzen gerichteter Graphen eine aussagekräftige Basis des neuen Verfahrens darstellen, jedoch nicht in Form einfacher Gradsequenzvektor-Vergleiche[12]. Der wesentliche Aspekt, durch den sich das neue Verfahren von den in dieser Arbeit behandelten bekannten Verfahren abhebt, ist, dass die jeweiligen Graphen zunächst in eindimensionale Strukturen transformiert werden. Die transformierten Strukturen werden auf der Basis bekannter Alignment-Techniken[13] (Gusfield 1997) weiterverarbeitet. Ein wichtiger Schritt in dieser Arbeit ist die Anwendung einer Gruppe *multivariater Analyseverfahren* (Backhaus et al. 2003), die Clusteringverfahren. Diese tragen zur Lösung anwendungsorientierter Problemstellungen im Bereich des Web Structure Mining bei. Kapitel (5) schließt mit einer experimentellen Untersuchung ab. In dieser werden die entwickelten ähnlichkeitsbasierten Analysemethoden auf bestehende web-basierte Dokumente angewendet.

Während sich der experimentelle Teil aus Kapitel (5) vornehmlich mit der anwendungsbezogenen Interpretation der gewonnenen Clusterlösungen beschäftigt, verfolgt das Kapitel (6) einen darüber hinausgehenden Weg: Anhand vorgegebener Ähnlichkeitswertverteilungen zweier Graphmengen, wird die strukturelle Beziehung zwischen den Graphmengen untersucht. Die Evaluierungsergebnisse belegen, dass das eingesetzte Graphähnlichkeitsmaß zur Erkennung komplexer Graphstrukturen geeignet ist. Weiter untermauern die Ergebnisse dieses Kapitels den sinnvollen Einsatz des verwendeten Graphähnlichkeitsmaßes im Web Structure Mining.

Kapitel (7) fasst die Ergebnisse der Arbeit zusammen. Abschließend erfolgt einerseits ein kurz gefasster Ausblick bezogen auf weitere potenzielle Anwendungs-

---

[11]Siehe Kapitel (3.3).
[12]Siehe Definition (5.2.2) in Kapitel (5.2).
[13]Siehe Kapitel (5.5).

gebiete. Andererseits wird im Rahmen des Ausblicks eine bereits bestehende Anwendung des Graphähnlichkeitsmodells aus Kapitel (5) erläutert, die nicht im Bereich des Web Mining angesiedelt ist, und eine Aufstellung weiterführender Fragestellungen angegeben.

1.4 Wissenschaftlicher Beitrag der Arbeit

Im Bereich der strukturellen Analyse von Hypertexten existieren viele bekannte Arbeiten, z.B. (Botafogo & Shneiderman 1991; Botafogo et al. 1992; Botafogo 1993; Winne et al. 1994; Unz 2000), die insbesondere auf graphentheoretischen Modellierungsmethoden basieren. Ein Großteil dieser Arbeiten beschäftigt sich mit der Definition und Analyse graphentheoretischer Indizes, die bereits in Kapitel (1.1) erwähnt wurden. Dabei dienen Indizes meistens zur strukturellen Charakterisierung typischer Hypertextausprägungen und zur Beschreibung von Graphmustern im Zusammenhang mit Hypertext-Navigationsproblemen (McEneaney 1999, 2000; Unz 2000). Da die Aussagekraft und Interpretierbarkeit solcher Indizes sehr beschränkt ist, eignen sich Indizes nicht für die ähnlichkeitsbasierte Gruppierung von Hypertexten, welche aber den Schlüssel für viele Anwendungen im Web Structure Mining darstellt. Diese Arbeit hat daher den Anspruch, graphentheoretische und ähnlichkeitsbasierte Methoden zur strukturellen Analyse web-basierter Hypertexte zu entwickeln, damit bestehende Analysemethoden erweitert und verbessert werden.

Anstatt des bekannten Vektorraummodells als Standardrepräsentation, wird in dieser Arbeit ein graphbasiertes Repräsentationsmodell erprobt, welches auf hierarchisierten und gerichteten Graphen basiert. Dies geschieht mit dem Ziel, neue Repräsentationsmodelle für eine adäquate Modellierung hypertextueller Dokumente zu erforschen. Die Vorarbeiten für die Entwicklung ähnlichkeitsbasierter Analysemethoden auf der Basis der hierarchischen Graphstruktur erfolgen in Kapitel (3). Kapitel (3) beschäftigt sich mit einem Experiment zur inhaltsbasierten Hypertextkategorisierung. Diesem Experiment liegen die von (Mehler et al. 2004) definierten Begriffe Polymorphie und funktionale Äquivalenz zu Grunde, welche hinsichtlich hypertextueller Dokumente neuartig sind. In Kapitel (5) wird ein zentraler Lösungsansatz zur Bestimmung der strukturellen Ähnlichkeit hierarchisierter und gerichteter Graphen vorgestellt. In der vorliegenden Arbeit findet das Graphähnlichkeitsmodell aus Kapitel (5) Anwendung bezüglich praxisorientierter Problemstellungen im Web Structure Mining. Mit Hilfe des Graphähnlichkeitsmodells wird es möglich, ganzheitliche Strukturvergleiche auf Hypertextgraphen durchzuführen. Im Folgenden werden erzielte Erweiterungen auf der Basis des Graphähnlichkeitsmodells angegeben. Diese Erweiterungen zeigen eine wesentliche Verbesserung des Index-Konzepts auf:

7

- Auf Grundlage des parametrischen Graphähnlichkeitsmodells ist die Betonung vielfältiger Strukturaspekte möglich, wobei damit alle komplexen Objektausprägungen erfasst werden.

- Im Gegensatz zu Indizes ist nun die Anwendung multivariater Analysemethoden möglich. In dieser Arbeit werden speziell die Clusteringverfahren gewählt, wobei diese zu den Struktur entdeckenden Verfahren gehören. Auf der Basis aussagekräftiger Graphvergleiche werden damit viele Anwendungen verbessert, z.B. die strukturorientierte Filterung web-basierter Hypertexte.

- Insgesamt erhält man ein generisches Modell zur Messung der strukturellen Ähnlichkeit hierarchisierter und gerichteter Graphen, welches in allen drei Teilbereichen des Web Mining – Web Structure Mining, *Web Usage Mining* und *Web Content Mining* – anwendbar ist. Im Web Usage Mining ist das Graphähnlichkeitsmodell aus Kapitel (5) z.B. zur Erzeugung und Erforschung graphbasierter Benutzergruppen[14] einsetzbar.

Die Bestimmung der strukturellen Ähnlichkeit von Graphen stellt ein mathematisch schweres Problem dar. Klassische Verfahren zur Bestimmung der Graphähnlichkeit beruhen in den meisten Fällen auf Isomorphie- oder Untergraphisomorphiebeziehungen. In Kapitel (4.4) erfolgen eine Diskussion und Bewertung bekannter Verfahren zur Bestimmung der strukturellen Ähnlichkeit von Graphen. Diese zeigen, dass solche Verfahren im Hinblick auf jene graphorientierte Problemstellungen nicht anwendbar sind, bei denen die Verarbeitung von Graphen höherer Ordnung gefragt ist. Eine zentrale Konstruktionsidee des neuen Modells aus Kapitel (5) besteht darin, dass die betrachteten Graphen auf der Basis einer Abbildung in eindimensionale Strukturen transformiert werden. Es stellt sich heraus, dass die Ähnlichkeit der eindimensionalen Strukturen wesentlich effizienter bestimmt werden kann. Aus einer Menge von Ähnlichkeitswerten, die aus Alignments[15] der eindimensionalen Strukturen gewonnen werden, wird schließlich ein finaler Ähnlichkeitswert konstruiert, der die strukturelle Ähnlichkeit zweier Graphen ausdrückt. Kurz gefasst zeichnet sich das neue Modell durch die folgenden Vorteile gegenüber bekannten Verfahren aus:

- Starke Reduktion der Berechnungskomplexität.

- Berücksichtigung komplexer Kantenstrukturen während des Graphvergleichs.

- Hohe Flexibilität durch Parametrisierungsmöglichkeiten.

---

[14]Siehe Kapitel (7.2).
[15]Siehe Kapitel (5.5).

8

Auf Grundlage des neuen Modells wurden in dieser Arbeit folgende Ergebnisse erzielt und neue Anwendungsgebiete gefunden:

- Bessere Beschreibungs- und Erforschungsmöglichkeiten bestehender graph-basierter Hypertexte.

- Ableitung struktureller Aussagen bezüglich Testkorpora web-basierter Hypertexte. Dies geschieht z.B. auf Grundlage aussagekräftiger Ähnlichkeitswertverteilungen.

- Strukturorientierte Filterung web-basierter Dokumente in Form von DOM-Strukturen. Die Evaluierung des dazugehörigen Clustering-Experiments, welches in Kapitel (5.8.2) durchgeführt wurde, zeichnet sich durch hohe Precision- und Recallwerte aus.

- Das Graphähnlichkeitsmodell aus Kapitel (5) wurde von EMMERT-STREIB et al. (Emmert-Streib et al. 2005) verwendet, um eine effiziente Methode zur Klassifikation großer ungerichteter Graphen zu entwickeln. Die binäre Graphklassifikationsmethode wurde u.a. erfolgreich auf *Microarray-Daten* (Causton et al. 2003) aus Gebärmutterhalskrebs-Experimenten angewendet, mit dem Ziel, Tumorstadien zu unterscheiden (Emmert-Streib et al. 2005).

Kapitel 2

Strukturelle Aspekte hypertextueller Einheiten

Die Anwendung von klassischen Data Mining-Konzepten (Han & Kamber 2001) auf web-basierte Daten, wie z.B. die Clusteranalyse, wird als Web Mining (Chakrabarti 2002) bezeichnet. Ein Teilbereich des Web Mining, der in dieser Arbeit besonders im Vordergrund steht, ist das Web Structure Mining, welches die Aufdeckung und die Erforschung struktureller Aspekte web-basierter Hypertexte zum Hauptziel hat. Ausgehend von einer kurzen Darstellung der Grundlagen von Hypertext und Hypermedia in Kapitel (2.1) hat das vorliegende Kapitel (2) das Ziel, eine verständliche Einführung von Data Mining-Konzepten im Hinblick auf die Anwendung im Web Mining zu geben. Das Teilgebiet Web Structure Mining wird dabei besonders hervorgehoben, insbesondere graphentheoretische Methoden zur strukturellen Analyse von Hypertexten.

2.1 Hypertext und Hypermedia

Bekanntlich ist beim klassischen Medium *Buch* die Struktur und in der Regel auch die Lesereihenfolge sequenziell. Dagegen ist die Kerneigenschaft von *Hypertext*[1], dass die textuellen Informationseinheiten, die so genannten *Knoten*, auf der Basis von *Verweisen*, auch *Links* genannt, in Form eines gerichteten Graphen, also *nicht linear*, miteinander verknüpft sind (Kuhlen 1991). Die einfachste graphentheoretische Modellierung einer Hypertextstruktur ist die Darstellung als unmarkierter gerichteter Graph $\mathcal{H} := (V, E)$, $E \subseteq V \times V$. V heißt Knotenmenge und E heißt Kantenmenge. Weiter bezeichnet man ein Element $v \in V$ als Knoten

---

[1]In dieser Arbeit bezeichnet ein „Hypertext" konkrete Ausprägungen oder Instanzen (vgl. im Web: eine „Website"); Hypertext subsummiert in der vorliegenden Arbeit „Hypermedia". Software zur Handhabung von Hypertexten sei als „Hypertextsystem" bezeichnet.

und $e \in E$ als gerichtete Kante. Der Hypertext-Begriff wird in den Geisteswissenschaften und der modernen Informatik unterschiedlich interpretiert (Vogt 2000). So kann man abhängig von der Fachdisziplin und vom Autor durchaus auf unterschiedliche Definitionen des Hypertextbegriffs stoßen. Hypertext wird somit oft als Technologie, Methode oder Metapher bezeichnet (Vogt 2000). Tatsächlich wurden in der Literatur unzählige Definitionen und Ausprägungen von Hypertext gegeben, siehe z.B. (Charney 1987; Conklin 1987; Delisle & Schwartz 1987; Halasz 1988; Nelson 1987; Oren 1987; Smith et al. 1987). Bei dieser Fülle von Definitionen – wobei die Autoren unterschiedliche Aspekte herausstellen – betont HOFMANN (Hofmann 1991) vier wichtige Kernpunkte, die er für eine vollständige Charakterisierung von Hypertext in der Informatik als notwendig ansieht:

- Hypertexte haben die Gestalt von gerichteten Graphen (Netzwerke). Die Knoten enthalten bzw. repräsentieren die Informationen, die durch Verweise, die Links, miteinander verknüpft sind.

- Sowohl das Lesen als auch das Schreiben von Hypertext sind nichtlineare Tätigkeiten. Eine Datenstruktur, die diese Vernetzung unterstützt, ist dabei die Voraussetzung.

- Hypertexte sind nur in einem *medialen* Kontext, also maschinenunterstützt denkbar. Direkte Anwendungen davon sind klassische Hypertext- und Onlinesysteme.

- Hypertexte besitzen einen *visuellen* Aspekt. Das bedeutet, dass Hypertext nicht nur ein Konzept der Informationsstrukturierung, sondern auch eine Darstellungs- und Zugriffsform von textuellen Informationen ist.

Auch in der Sprachwissenschaft und in der Linguistik wurde Hypertext als eine neue Form der schriftlichen Sprachverwendung studiert, z.B. (Lobin 1999; Storrer 2004). Dabei wurden insbesondere linguistische Aspekte, wie *Kohärenz*- und *Kohäsionsbeziehungen*, in Hypertext untersucht. Eine bekannte Studie in diesem Problemkreis wurde von STORRER (Storrer 1999) durchgeführt. In dieser Arbeit geht es im Wesentlichen um die Fragestellung, ob die Ergebnisse über Untersuchungen von Kohärenzbildungsprozessen in linear organisierten Texten auf den Entwurf von Hypertexten übertragbar sind. Weiterhin wurde die Problemstellung der *automatischen Generierung* von Hypertext aus natürlichsprachigem Text untersucht, insbesondere wie und unter welchen Kriterien Hypertext automatisiert konstruierbar ist. Ein linguistisches Kriterium, welches als Grundlage zur Generierung von Hypertext aus Texten dient, wurde von MEHLER (Mehler 2001) angegeben.

Historisch gesehen wurde die Hypertext-Idee aus heutiger Sicht zweifellos von BUSH (Bush 1945) geschaffen. In seinem bekannten Artikel „As we may think"

12

(Bush 1945) beschrieb er das System **Memex** (Memory Extender), welches zum Ziel hatte, wissenschaftliche Dokumente nichtlinear zu verknüpfen und zu speichern, um dadurch die schon damals ständig wachsende Anzahl an wissenschaftlichen Publikationen für ein breites Publikum nutzbar zu machen. In seiner Ganzheit wurde dieses System jedoch nie realisiert, zumal es inkompatible Technologien (z.B. Buch und Microfiche) hätte überbrücken müssen. Der eigentliche „Hypertext"-Begriff wurde in den sechziger Jahren durch NELSON geprägt. Er führte die Ideen BUSH's weiter, indem er die technischen Voraussetzungen schaffte, um Hypertext auf Computersystemen zu realisieren. NELSON gilt als Architekt des universellen Hypertextsystems **Xanadu** (Nelson 1974), das aber oft als unrealistisch angesehen wurde, da es zum Ziel hatte, die Gesamtheit aller elektronischen Publikationen weltweit zu integrieren. Die Implementierung von **Xanadu** ist nur in Teilen erfolgt und wird bis heute fortgesetzt (Nielson 1993). Ein weiterhin sehr bekanntes Hypertextsystem ist **Augment** (Engelbart 1962), welches 1962 bis 1976 von ENGLEBART in Stanford realisiert wurde. Insgesamt gesehen wurden viele Hypertextsysteme entwickelt, wobei bekannte Vertreter z.B. **HyperCard**, **NoteCards**, **Neptune/HAM** und **HyperTies** (Schnupp 1992; Steinmetz 2000) sind. Detaillierte Informationen bezüglich der genannten Hypertextsysteme findet man in (Hofmann 1991; Schnupp 1992; Steinmetz 2000).

Der Begriff Hypermedia wird üblicherweise gebraucht, wenn in *Hypermedia-Dokumenten*[2] nicht nur Texte, sondern auch multimediale Objekte wie Graphiken, Ton- und Filmsequenzen nichtlinear miteinander verknüpft werden. In der Literatur wird auf Grund dieses Sachverhalts bisweiten Hypertext (textbasiert) und Hypermedia (medienbasiert) als zwei disjunkte Kategorien betrachtet. Für diese Arbeit ist es sinnvoller Hypermedia unter Hypertext zu subsummieren. Hypertext beschreibt dann Dokumente mit Graphstruktur, Hypermedia meint die Untermenge, welche mehrere Medien einbezieht. *Multimediasysteme* werden in der Literatur klar von Hypertextsystemen unterschieden (Hofmann 1991; Steinmetz 2000), da in Multimediasystemen die Dokumentstrukturen modelliert werden, ohne deren *strukturelle* Aspekte hervorzuheben. Tiefere Einblicke über Hypermedia- und Multimediasysteme geben z.B. STEINMETZ (Steinmetz & Nahrstedt 2004) und SCHULMEISTER (Schulmeister 2002), wobei SCHULMEISTER insbesondere didaktische und lernbezogene Aspekte von Hypermedia behandelt.

Als Anwendungsgebiete von Hypertext und Hypermedia kommen mittlerweile unterschiedlichste Wissenschafts- und Industriebereiche in Frage. Anwendungsgebiete sind beispielsweise *Büro und Management, Konstruktions- und Fertigungsbereiche, Schule und Weiterbildung, technische Dokumentenverwaltung, elektronische Enzyklopädien und Bücher, hypertextuelle Produktkataloge* und die *Wissensrepräsentation* (Kommers 1990; Schnupp 1992; Unz 2000). Weitere Überblicke

---

[2] Im Sprachgebrauch ist „Hypertext" wie bereits definiert gebräuchlich, aber nicht „Hypermedia", sondern „Hypermedia-Dokumente".

über die unterschiedlichen Anwendungsfelder sind in (Nielson 1996; Steinmetz 2000; Steinmetz & Nahrstedt 2004) zu finden.

2.2 Problemstellungen des Web Mining

Durch die Entstehung des World Wide Web (Bernes-Lee 2000), auch Web oder kurz WWW genannt, ist die Popularität von Hypertext in den neunziger Jahren deutlich gestiegen. 1989 wurde von BERNERS-LEE, einem damaligen Mitarbeiter des Forschungszentrums für Teilchenphysik (CERN) in Genf/Schweiz, die Idee des World Wide Web als Hypertextsystem geboren (Bernes-Lee 1989).

Da in der vorliegenden Arbeit die Entwicklung graphentheoretischer Modelle für web-basierte Dokumentstrukturen fokussiert wird, erfolgt zunächst ein kurzer Überblick über die Eigenschaften und Probleme des World Wide Web hinsichtlich der Informationssuche. Weiterhin werden die Kernbereiche des Web Mining detailliert dargestellt, wobei in dieser Arbeit das Web Structure Mining besonders thematisiert wird. Dies geschieht vor dem Hintergrund, dass das graphbasierte Modell aus Kapitel (5) zur Berechnung der strukturellen Ähnlichkeit web-basierter Hypertexte, zur Lösung von Problemstellungen im Web Structure Mining beiträgt.

2.2.1 Probleme des World Wide Web bezüglich der Informationssuche

Im klassischen Information Retrieval (IR) (Baeza-Yates & Ribeiro-Neto 1999; Ferber 2003) werden auf der Basis von Informationssystemen Fragestellungen der inhaltsorientierten Auffindung und Gewinnung (Retrieval) von Informationen in großen Datenbeständen untersucht. Dabei ist eine Benutzeranfrage an das System von zwei im Information Retrieval enthaltenen wesentlichen Begriffen geprägt (Baeza-Yates & Ribeiro-Neto 1999; Ferber 2003; Schauble 1997):

- *Vagheit*: Das Informationsbedürfnis kann durch den Benutzer nicht präzise und formal formuliert werden.

- *Unsicherheit*: Sie wird meistens durch die nicht aussagekräftige *Semantik*, also durch fehlende inhaltliche Informationen in den vorliegenden Dokumenten oder Texten induziert.

Vereinfacht gesehen, kann man das World Wide Web als sehr große und inhomogene Datenbank betrachten, die täglich viele Millionen Benutzeranfragen über die verfügbaren Suchdienste erhält. BAEZA-YATES et al. (Baeza-Yates & Ribeiro-Neto 1999) stellen die Probleme des World Wide Web hinsichtlich der Informationssuche detailliert vor: Einerseits bezüglich der Daten und andererseits bezogen auf systemabhängige Benutzeranfragen und deren Interpretation. Der erstgenannte Problemkreis wird dabei in folgende Unterpunkte untergliedert:

- *Verteilte Daten*: Die Daten sind auf Grund der netzwerkartigen Struktur des Webs auf viele Plattformen verteilt, wobei die Rechner in unbekannter Weise miteinander vernetzt sind und ihre Funktionssicherheit stark variiert.

- *Hoher Anteil an unbeständigen Daten*: Große Datenmengen ändern sich innerhalb kurzer Zeit. 1999 wurde ermittelt, dass sich zu dieser Zeit ca. 40% vom Gesamtinhalt des World Wide Web monatlich änderte.

- *Große Datenmengen*: Das Web unterliegt einem exponentialen Datenwachstum, das Skalierungsprobleme induziert.

- *Unstrukturiertheit und Redundanz*: Die meisten Dokumente im Web sind unstrukturiert und inkonsistent, insbesondere HTML-Seiten. Große Datenmengen werden kopiert oder gespiegelt, wodurch beachtliche Mengen an redundanten Daten entstehen.

- *Qualität der Daten*: Da es eine unzureichende *Datenkontrolle* gibt, die z.B. inhaltlich fehlerhafte Dokumente im World Wide Web vor dem *Upload* filtert, kann jeder beliebige Benutzer Daten einstellen, was die Qualität der Ergebnisse von Suchanfragen sehr beeinträchtigt.

- *Heterogenität der Daten*: Die Daten besitzen unterschiedliche *Datentypen*, z.B. Text, Graphik und Video und unterschiedliche Sprachalphabete.

Der zweite Problemkreis umfasst im Wesentlichen die Kernpunkte:

- Richtige Formulierung von Benutzeranfragen und deren Interpretierbarkeit.

- Interpretation von Systemantworten – u.a. die Selektion von „nutzbaren" Treffern – und Umgang/Optimierung von großen Trefferlisten.

Auf Grund der aufgeführten Probleme wird klar, dass das Ziel, brauchbare Benutzeranfragen zu formulieren und Systemantworten auf der Basis von Information Retrieval-Methoden zu optimieren, eine große Herausforderung darstellt. Um eine bessere Vorstellung von den Komponenten einer Suchmaschine zu bekommen, sei die Abbildung (2.1) (Baeza-Yates & Ribeiro-Neto 1999) betrachtet. Am Beispiel dieser Abbildung werden die wesentlichen Komponenten der Suchmaschine kurz umrissen, die hier aus zwei Blöcken bestehen: (i) aus dem *Benutzer-Interface*

15

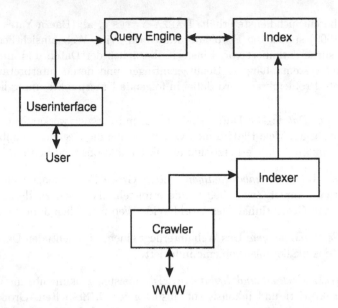

Abbildung 2.1: Crawler-Indexer Architektur auf der Basis der Suchmaschine `Alta Vista`

und der so genannten *Query Engine* und (ii) aus dem *Crawler* und dem *Indexer*. Wenn die Anfrage über das Benutzer-Interface zur Query Engine übertragen wird, führt die Query Engine eine Datenbankabfrage aus, mit dem Ziel, eine Rangordnung der Ergebnisdokumente zu erzeugen. Die Güte solcher Abfragen wird oft mit den Performancemaßen (Ferber 2003) *Recall* und *Precision*[3], die aus dem Information Retrieval stammen, gemessen. Der Indexer bestimmt dabei, welche Inhaltsfragmente zur Indexierung gewählt werden, z.B. *Plaintext*, *Ankertexte* oder *Meta-Tags*. Das Sammeln der web-basierten Dokumente übernimmt der Crawler, wobei die *Breiten-* und *Tiefensuche* bekannte Suchstrategien von Crawlern sind. Detaillierte Ausführungen über die Hintergründe von Suchstrategien im World Wide Web sind bei CHAKRABARTI (Chakrabarti 2002) und BAEZA-YATES et al. (Baeza-Yates & Ribeiro-Neto 1999) zu finden. Eine umfassende Darstellung der Infomationssuche im World Wide Web mit Hinweisen zur Optimierung von Benutzeranfragen an Suchmaschinen liefert GLÖGGLER (Göggler 2003).

2.2.2 Bereiche des Web Mining und deren Kernaufgaben

In der wissenschaftlichen Literatur werden die Begriffe „Data Mining" und „Wissensentdeckung" oft unterschiedlich definiert (Berry & Linoff 1997; Fayyad et al.

---

[3]Die Definitionen von Recall und Precision werden in Kapitel (3.5) auf der Basis einer Kontingenztabelle angegeben.

1996). So geben z.B. WROBEL et al. (Wrobel et al. 2003) die Definition des Begriffs „Wissensentdeckung" folgendermaßen an (Fayyad et al. 1996; Wrobel et al. 2003):

> *„Wissensentdeckung in Datenbanken ist der nichttriviale Prozess der Identifikation gültiger, neuer, potenziell nützlicher und schlussendlich verständlicher Muster in (großen) Datenbeständen."*

Als Teilschritt des Wissensentdeckungs-Prozesses bezeichnen WROBEL et al. (Wrobel et al. 2003) Data Mining als den eigentlichen Analyseschritt, das heißt, die Suche und Bewertung von Hypothesen. Entsprechend werden in kommerziellen[4] Bereichen Data Mining-Verfahren (Berthold & Hand 1999; Han & Kamber 2001; Witten & Eibe 2001) oft eingesetzt, um die gigantischen Datenmengen in vielen industriellen und wissenschaftlichen Bereichen zu analysieren und dabei neues Wissen zu generieren. Beispielsweise liegen in vielen Unternehmen große Mengen von Kundendaten vor, jedoch ist das Wissen über die Anforderungen und über das Verhalten der Kunden oft unzureichend. Solche Datenbestände werden in *Data Warehousing*-Systemen gespeichert und mit Methoden des Data Mining untersucht. Das Ziel einer solchen Untersuchung ist die Entdeckung von statistischen Besonderheiten und Regeln innerhalb der Daten, die beispielsweise für Studien des Kunden- oder Kaufverhaltens eingesetzt werden. Die Schwerpunkte der Data Mining-Methoden, die oft in der Praxis angewendet werden, lassen sich mit Hilfe der folgenden Übersicht erläutern:

- Die Suche nach *Assoziationsregeln* (Hastie et al. 2001): Ein bekanntes Beispiel ist die so genannte *Warenkorbanalyse*, die zum Ziel hat, aus dem aktuellen Kaufverhalten Assoziationsregeln für zukünftiges Kaufverhalten abzuleiten.

- Die *Clusteranalyse* (Everitt 1993): Der entscheidende Unterschied zwischen der Clusteranalyse und der *Kategorisierung* ist, dass bei der Clusteranalyse das Klassensystem von vornherein unbekannt ist. Das Ziel ist die Gruppierung[5] der Datenobjekte in Gruppen (Cluster), so dass sich die Objekte innerhalb eines Clusters möglichst ähnlich und zwischen den Clustern möglichst unähnlich sind. Dabei basiert die Ähnlichkeit zwischen den Objekten auf einem jeweils problemspezifischen Ähnlichkeitsmaß.

- Die *Kategorisierung* (Duda et al. 2001): Sie stellt Verfahren für die Einordnung von Objekten in Kategoriensysteme bereit. Die Kategorisierung stellt

---

[4]Wissensentdeckung und Data-Mining werden im kommerziellen Bereich meistens nicht unterschieden (Wrobel et al. 2003).

[5]Die Gruppierung wird in dieser Arbeit auch als Clusterung bezeichnet.

mit Hilfe von Zusammenhängen zwischen gemeinsamen Mustern und Merkmalen ein Kategoriensystem für die vorhandenen Objekte her, um dann auf der Basis eines statistischen Kategorisierungsmodells unbekannte Objekte in das Kategoriensystem einzuordnen. Bekannte Kategorisierungsverfahren stammen dabei aus dem Bereich des *Maschinellen Lernens* (Hastie et al. 2001).

- Die *Regressionsanalyse* (Hastie et al. 2001): Die Regressionsanalyse ist ein Verfahren aus der mathematischen Statistik, welches auf Grund von gegebenen Daten einen mathematischen Zusammenhang in Gestalt einer Funktion zwischen zwei oder mehreren Merkmalen herstellt. Ein bekanntes Beispiel ist die *lineare Regression* (Hastie et al. 2001).

Durch die äußerst starke Entwicklung des World Wide Web gewinnt die Anwendung von Data Mining-Verfahren auf web-basierte Daten immer mehr an Bedeutung. Während das Allgemeinziel des Web Mining die Informationsgewinnung und die Analyse der Webdaten ist, werden drei bekannte Teilbereiche detailliert unterschieden (Cooley et al. 1997; Kosala & Blockeel 2000; Rahm 2002; Spiliopoulou 2000):

- *Web Content Mining*: Das World Wide Web enthält mittlerweile viele Milliarden von Webseiten, täglich kommen hunderttausende dazu. Das Web Content Mining stellt Methoden und Verfahren bereit, mit deren Hilfe Informationen und damit neues Wissen aus dieser Datenflut automatisch extrahiert werden können. Diese Verfahren finden beispielsweise bei der Informationssuche mit *Suchmaschinen* im World Wide Web Anwendung. Während bekannte Suchmaschinen, wie z.B. `Yahoo`, auf einer einfachen textuellen Schlagwortsuche basieren, stellt die Konzeption neuer, besserer Verfahren für die Informationssuche im Bereich des Web Content Mining immer noch eine große Herausforderung dar. Die aktuellen Suchmaschinen sind nämlich kaum in der Lage, *semantische Zusammenhänge* zwischen web-basierten Dokumenten zu detektieren bzw. die Dokumente nach semantischen Gesichtspunkten zu kategorisieren.

- *Web Structure Mining*: Die Aufgabe des Web Structure Mining ist es, strukturelle Informationen von Websites zu nutzen, um inhaltliche Informationen zu gewinnen, wobei die *interne und externe Linkstruktur* dabei eine wichtige Rolle spielt. Interne Linkstrukturen können mit Auszeichnungssprachen wie `HTML` oder `XML` abgebildet werden und beschreiben innerhalb eines Knotens eingebettete graphentheoretische Strukturen. Die externe Linkstruktur beschreibt die Verlinkung der Webseiten untereinander und lässt sich in Form eines *hierarchisierten und gerichteten Graphen* darstellen. Die Graphstruktur des World Wide Web wurde in den letzten Jahren in vielen Arbeiten intensiv untersucht (Adamic & Huberman 2000; Deo & Gupta 2001;

18

Kumar et al. 2000b; Raghavan 2000), wobei diese Studien zur Entwicklung und Verbesserung von Suchalgorithmen im World Wide Web führten (Brin & Page 1998; Carrière & Kazman 1997; Kleinberg 1999; Spertus 1997). Weiterhin wurden *Ausgangsgrad-* und *Eingangsgradverteilungen* (Deo & Gupta 2001) von Knoten, *Zusammenhangskomponenten* (Deo & Gupta 2001) und der *Durchmesser* (Deo & Gupta 2001) des WWW-Graphen untersucht. Detaillierte Ergebnisse solcher Untersuchungen sind z.B. in (Broder et al. 2000; Deo & Gupta 2001; Huberman & Adamic 1999; Kumar et al. 2000b, a; Raghavan 2000; Watts 1999; Watts & Strogatz 1998) zu finden. Eine der bekanntesten Arbeiten, die im Bereich des Web Structure Mining eine wichtige Anwendung innerhalb der bekannten Suchmaschine Google gefunden hat, stammt von KLEINBERG (Kleinberg 1999). Dabei führte er die Begriffe *Hubs* und *Authorities* ein. KLEINBERG bezeichnet Authorities als Webseiten, die aktuelle und „inhaltlich brauchbare" Informationen enthalten, wobei sich diese graphentheoretisch durch hohe Knoten-Eingangsgrade auszeichnen. Dagegen werden Hubs als solche Webseiten bezeichnet, die viele „nützliche Links" zu gewissen Themengebieten offerieren. Ein guter graphentheoretischer Indikator für potenzielle Hubs ist nach KLEINBERG ein hoher Knoten-Ausgangsgrad der betrachteten Webseite.

- *Web Usage Mining*: Unter dem Web Usage Mining (Rahm 2002) versteht man die Suche und Analyse von Mustern, die auf das Nutzungsverhalten eines WWW-Benutzers schließen lässt. Üblich ist dabei die Anwendung von Data Mining-Verfahren mit dem Ziel, das Zugriffsverhalten mit Hilfe von *Web-Logs* zu protokollieren. Die Ergebnisse solcher Analysen sind für Unternehmen, besonders aber für Online-Versandhäuser aller Art interessant, weil aus ihnen Aussagen zur Effektivität, zur Qualität und zum Optimierungsbedarf der Websites abgeleitet werden können. Da bei vielbesuchten Websites täglich große Datenmengen von Web-Logs anfallen, kann der Einsatz von Data Warehouse-Systemen notwendig werden, um diese Datenmengen zielgerecht und effizient zu verarbeiten.

Die Bedeutung und Vertiefung des für diese Arbeit relevanten Web Structure Mining soll hier anhand von zwei weiteren Problemstellungen hervorgehoben werden, und zwar im Wesentlichen als Motivation für die weiteren Kapitel:

1. Das Allgemeinziel des Web Structure Mining ist die Erforschung der strukturellen Eigenschaften von web-basierten Dokumentstrukturen und den daraus resultierenden Informationen. An diesem Ziel orientierend, soll hier auf ein Problem aufmerksam gemacht werden, das bei der inhaltsorientierten Kategorisierung von web-basierten Hypertexten auftritt. MEHLER et al. (Mehler et al. 2004) stellten die Hypothese auf, dass die beiden Phänomene

19

funktionale Äquivalenz und Polymorphie charakteristisch für web-basierte Hypertextstrukturen sind. Dabei bezieht sich der Begriff der funktionalen Äquivalenz auf das Phänomen, dass dieselbe Funktions- oder Inhaltskategorie durch völlig verschiedene Bausteine web-basierter Dokumente manifestiert werden kann. Der Begriff der Polymorphie bezieht sich auf das Phänomen, dass dasselbe Dokument zugleich mehrere Funktions- oder Inhaltskategorien manifestieren kann. Dabei werden die Problemstellung und die neuen Begriffe in Kapitel (2.5) definiert. Das Kategorisierungsexperiment, das die oben genannte Hypothese untermauert, wird in Kapitel (3.4) charakterisiert.

2. Im Hinblick auf die Bestimmung der Ähnlichkeit web-basierter Hypertexte fassen *Dokument Retrieval*-Anwendungen die Dokumentstrukturen als die Mengen ihrer Wörter auf und berechnen auf der Basis des Vektorraummodells deren Ähnlichkeit. Als Motivation für graphorientierte Problemstellungen im Web Structure Mining und für die Kapitel (2.4), (5), wird an dieser Stelle ein Verfahren zur Bestimmung der strukturellen Ähnlichkeit web-basierter Dokumente erwähnt, das nicht auf der vektorraumbasierten Repräsentation beruht, sondern auf der Graphdarstellung der hypertextuellen Dokumente. Ausgehend von der automatisierten Extraktion der Hypertexte und einer GXL-Modellierung (Winter 2002) der Graphen, werden hierarchisierte und gerichtete Graphen erzeugt, die komplexe Linkstrukturen berücksichtigen (Mehler et al. 2004). Basierend auf diesen Graphrepräsentationen wird in Kapitel (5) das neue Verfahren (Dehmer & Mehler 2004; Emmert-Streib et al. 2005) zur Bestimmung der strukturellen Ähnlichkeit solcher Graphen entwickelt. Die für das Web Structure Mining resultierenden Anwendungsgebiete werden als Motivation für das neue Verfahren in Kapitel (5.1) dargestellt.

2.3 Existierende graphentheoretische Analysemethoden von Hypertextstrukturen

Wie in Kapitel (2.1) bereits dargestellt, lässt sich die auszeichnende strukturelle Eigenschaft von Hypertext, die Nichtlinearität, in Form eines Netzwerks mit Hilfe einer graphentheoretischen Modellierung beschreiben. Damit liegt die Frage nach der Einsetzbarkeit von graphentheoretischen Analysemethoden auf der Hand. Das vorliegende Kapitel (2.3) fokussiert die Realisierbarkeit graphbasierter Modellierungen und gibt einen Eindruck über die Tragfähigkeit der Aussagen, die man mit einfachen graphentheoretischen Modellen, angewendet auf die Hypertextstruktur, erzielen kann.

2.3.1 Motivation

Als erste Anwendung für graphorientierte Methoden sei die Analyse des *Lost in Hyperspace*"-Problems (Rivlin et al. 1994; Unz 2000) genannt. Aus der Natur der graphbasierten Modellierung, einer hohen Komplexität der vorliegenden Hypertextstruktur, einem fehlenden kontextuellen Zusammenhang der Links und der Tatsache, dass der Navigierende nur einen eingeschränkten Bereich im Hypertextgraph rezipiert, folgt, dass der Hypertextbenutzer die Orientierung verlieren kann. Graphentheoretische Analysemethoden, die als Abstraktionswerkzeug zu verstehen sind, werden oft eingesetzt, um das „Lost in Hyperspace"-Problem besser unter Kontrolle zu halten. Dazu werden graphentheoretische Kenngrößen definiert, die beispielsweise Aussagen über die Erreichbarkeit von Knoten und deren Einfluss im Hypertextgraph treffen (Botafogo & Shneiderman 1991; Botafogo et al. 1992; Rivlin et al. 1994). Die Definition von Indizes (Dehmer 2005; Mehler 2004) zur Beschreibung typischer Ausprägungen von Hypertextgraphen kann als weitere Motivation für den Einsatz graphbasierter Methoden angesehen werden. Beispielsweise können solche Maße von *Hypertextautoren* eingesetzt werden, um den Vernetztheitsgrad und die *Linearität* einer Hypertextstruktur zu bestimmen (Botafogo et al. 1992). Eine weitaus tiefer gehende Fragestellung wäre an dieser Stelle, ob man auf der Basis von graphentheoretischen Indizes eine Gruppierung von ähnlichen Strukturen vornehmen könnte, um dann auf ähnliche Funktionen und Qualitätsmerkmale zu schließen. In jedem Fall müssen aber Fragen nach der *Einsetzbarkeit* und der *Interpretierbarkeit* solcher Maßzahlen gestellt werden, die in Kapitel (2.3.3) kurz diskutiert werden.

Das Kapitel (2.3.2) gibt im Wesentlichen einen Überblick über die bekannten Arbeiten der graphentheoretischen Analyse von Hypertextstrukturen, wobei es nicht den Anspruch auf Vollständigkeit erhebt. Einerseits werden damit Möglichkeiten vorgestellt, wie man mit einfachen graphbasierten Mitteln Hypertexte auf Grund charakteristischer Eigenschaften beschreiben und solche Maße auf Probleme der Hypertextnavigation anwenden kann. Andererseits zeigen einige der nachfolgenden Arbeiten die Grenzen von graphentheoretischen Maßzahlen auf, die sich z.B. in der Allgemeingültigkeit ihrer Aussagekraft und in der Interpretierbarkeit ihrer Wertebereiche äußern.

Abgesehen von der graphentheoretischen Analyse von Hypertextstrukturen, besteht nach Meinung vieler Autoren im Hypertextumfeld ein deutlicher Mangel an grundlegenden formalen Konzepten, um komplexere hypertextuelle Strukturmerkmale, wie beispielsweise die semantische und pragmatische Unterscheidung von Knoten und Links, mit mathematischen Modellen auszudrücken, siehe z.B. TOCHTERMANN et al. (Tochtermann & Dittrich 1996). Dennoch gibt es viele Arbeiten, in denen verschiedenartige Aspekte von Hypertext und Hypertextsystemen formalisiert wurden, z.B. (d'Inverno et al. 1997; Fronk 2001, 2003; Lange

1990; Mühlhäuser 1991; Mehler 2001; Parunak 1991; Stotts & Furuta 1989), die aber oft nur spezielle Fälle oder Modellierungsaspekte adressieren.

Ein Teilgebiet der strukturellen Analyse von Hypertexten ist speziell die Untersuchung von Hypertextstrukturen mit graphentheoretischen Methoden. Dabei werden die Hypertexte oft in Matrixstrukturen abgebildet, meistens mit dem Ziel, Maßzahlen zu bilden, die zur strukturellen Charakterisierung oder zur Beschreibung von Graphmustern dienen. Die in der Fachliteratur existierenden Ansätze und Arbeiten, die sich mit der graphentheoretischen Analyse und Beschreibung von Hypertextstrukturen beschäftigen, verfolgen im Wesentlichen zwei Ziele:

- Die strukturelle Beschreibung und Charakterisierung von Hypertexten durch *globale* graphentheoretische Maße[6]. Sie heißen global, weil sie auf der gesamten Hypertextstruktur definiert sind und die Hypertexte ganzheitlich charakterisieren. Bekannte Beispiele sind die Hypertextmetriken *Compactness* und *Stratum* von (Botafogo et al. 1992).

- Die Suche, die Bestimmung und die graphentheoretische Interpretation von Graphmustern in Hypertexten: Solche spezifischen Graphmuster werden oft bei der Beschreibung von Hypertext-Navigationsproblemen (McEneaney 1999, 2000; Unz 2000) und im Zusammenhang von Lernproblemen (Noller et al. 2001; Richter et al. 2003; Winne et al. 1994) mit Hypertext analysiert und interpretiert.

In Kapitel (2.3.2) werden nun bekannte Arbeiten vorgestellt, die einerseits die Definition graphentheoretischer Indizes und andererseits die Untersuchung von Hypertext-Navigationsproblemen thematisieren.

2.3.2 Maße für die strukturelle Analyse von Hypertexten

Die ersten einschneidenden Arbeiten im Bereich der strukturellen Analyse stammen von BOTAFOGO et al. (Botafogo & Shneiderman 1991; Botafogo et al. 1992; Botafogo 1993). In (Botafogo et al. 1992) wurden die bekannten Hypertextmetriken Compactness und Stratum definiert, wobei in dieser Untersuchung Hypertextgraphen als unmarkierte gerichtete Graphen $\mathcal{H} = (V, E)$, $E \subseteq V \times V$ aufgefasst werden. Mit Hilfe der *konvertierten Distanzmatrix*

$$(\mathcal{KDM}_{ij})_{ij} := \begin{cases} w_{ij} & : \text{falls } w_{ij} \text{ existiert} \\ \mathcal{K} & : \text{sonst,} \end{cases} \qquad (2.1)$$

---

[6]Solche graphentheoretischen Maße heißen auch Indizes (Dehmer 2005; Mehler 2004).

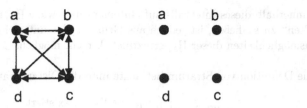

Abbildung 2.2: Der vollständige gerichtete Graph K_4 und der entsprechende Graph mit der leeren Kantenmenge.

wobei w_{ij} den kürzesten Weg[7] von v_i nach v_j und $\mathcal{K}$ die Konvertierungskonstante[8] bezeichnet, wird Compactness definiert als

$$\mathcal{C} := \frac{(|V|^2 - |V|) \cdot \mathcal{K} - \sum_{i=1}^{|V|} \sum_{j=1}^{|V|} \mathcal{KDM}_{ij}}{(|V|^2 - |V|) \cdot \mathcal{K} - (|V|^2 - |V|)}. \tag{2.2}$$

$|V|$ bezeichnet die Ordnung[9] des Hypertextgraphs und nach Definition gilt $\mathcal{C} \in [0, 1]$. Es ist $\mathcal{C} = 0 \iff \mathcal{H} = (V, \{\})$. Weiterhin gilt $\mathcal{C} = 1 \iff |E| = |V \times V| - |V|$. $(|V|^2 - |V|) \cdot \mathcal{K}$ ist der Maximalwert der Matrixelemente aus der konvertierten Distanzmatrix. Er wird angenommen, falls $E = \{\}$. $(|V|^2 - |V|)$ ist der minimale Wert der Summe der Matrixelemente und wird erreicht, wenn $\mathcal{H}$ der *vollständige Graph*[10] ist. Informell ausgedrückt bedeutet das, dass der Wert für das Gütemaß Compactness bezüglich einer bestimmten Hypertextstruktur Aufschluss darüber gibt, wie „dicht" die Hypertextstruktur vernetzt ist. Ein hoher Compactness-Wert im Sinne von BOTAFOGO et al. sagt aus, dass von jedem Knoten aus jeder andere Knoten leicht erreicht werden kann. Als Beispiel betrachte man die Graphen aus Abbildung (2.2). Der erste Graph ist der vollständige gerichtete Graph K_4 und nach Gleichung (2.2) folgt $\mathcal{C} = 1$. Der zweite Graph besitzt die leere Kantenmenge, deshalb $\mathcal{C} = 0$. In (Botafogo et al. 1992) wurde von einigen Hypertexten der Compactness-Wert bestimmt und näher untersucht. So besaß beispielsweise die hypertextuelle Beschreibung des Fachbereichs Informatik der Universität Maryland CMSC (Computer Science Department at the University Maryland) einen Compactness-Wert von $\mathcal{C}=0.53$. Für das Buch in Hypertextform HHO (Hypertext Hands On!) (Shneiderman & Kearsley 1989) wurde der Wert $\mathcal{C}=0.55$ ermittelt. Da es sich bei diesen Hypertexten um hierarchische, baumähnliche Graphen handelte, lag die Vermutung nahe, dass ein Compactness-Wert von ca. 0.5 typisch für solch strukturierte Hypertexte ist. Die Bildung eines Intervalls, in das man die Compactness-Werte von Hypertexten einordnen kann, um dann aus dem

---

[7]Siehe Definition (4.1.5) in Kapitel (4.1).
[8]BOTAFOGO et al. setzen in ihren Untersuchungen $\mathcal{K} = |V|$.
[9]Die Ordnung eines Graphen ist die Anzahl der Knoten.
[10]Allgemein wird der vollständige Graph mit n Knoten in der Graphentheorie als K_n bezeichnet.

Wert innerhalb dieses Intervalls auf Gütemerkmale wie z.B. „gutes Navigationsverhalten" zu schließen, ist jedoch aus Gründen der unterschiedlichen Interpretationsmöglichkeiten dieser Hypertextmetrik nicht möglich.

Für die Definition von Stratum betrachte man die Distanzmatrix von $\mathcal{H}$

$$(\mathcal{D}_{ij})_{ij} := \left\{ \begin{array}{ll} w_{ij} & : \text{falls } w_{ij} \text{ existiert} \\ \infty & : \text{sonst} \end{array} \right.$$

$(\hat{\mathcal{D}}_{ij})_{ij}$ sei die Matrix, die man durch Ersetzung der Matrixelemente ∞ durch 0 in $(\mathcal{D}_{ij})_{ij}$ erhält. BOTAFOGO zeigt in (Botafogo et al. 1992), dass damit für Stratum $\mathcal{S}$ die Gleichungen

$$\mathcal{S} = \left\{ \begin{array}{ll} \dfrac{4\sum_{i=1}^{|V|}\left(\left|\sum_{j=1}^{|V|}\hat{\mathcal{D}}_{ji}-\sum_{j=1}^{|V|}\hat{\mathcal{D}}_{ij}\right|\right)}{|V|^3} & : \text{falls } |V| \text{ gerade} \\[2em] \dfrac{4\sum_{i=1}^{|V|}\left(\left|\sum_{j=1}^{|V|}\hat{\mathcal{D}}_{ji}-\sum_{j=1}^{|V|}\hat{\mathcal{D}}_{ij}\right|\right)}{|V|^3-|V|} & : \text{falls } |V| \text{ ungerade,} \end{array} \right.$$

bestehen. Nach Definition von $\mathcal{S}$ gilt $\mathcal{S} \in [0,1]$. $\mathcal{S} = 0$ bedeutet, dass die Hypertextstruktur in sich geschlossen und beispielsweise kreisförmig angeordnet ist. $\mathcal{S} = 1$ beschreibt $\mathcal{H}$ in Form einer vollständig linearen Graphstruktur. Wenn man zur gegebenen Hypertextstruktur die zugehörige Hierarchisierung betrachtet, drückt Stratum aus, wie tief und linear die hierarchische Struktur ist. Beide Maße, Compactness und Stratum, sind auf unmarkierten gerichteten Graphen definiert und beinhalten keinerlei semantische Relationen des vorgelegten Hypertextes. BOTAFOGO et al. führten diese Untersuchungen durch, indem sie von allen semantischen, pragmatischen und syntaktischen Typmerkmalen der hypertextuellen Träger abstrahierten. Ein bekanntes Phänomen von *quantitativen* Maßen zur strukturellen Charakterisierung von Hypertexten und zur Beschreibung von Hypertextnavigationsproblemen ist, dass die Ergebnisse solcher Maße oft vom konkret betrachteten Hypertext abhängen und mit anderen Messungen schlecht vergleichbar sind. Um diesem Problem entgegenzuwirken, führte HORNEY (Horney 1993) eine weitere Untersuchung zur Messung von Hypertextlinearität, in Bezug auf die Hypertextnavigation, durch. Dabei untersuchte HORNEY Pfadmuster, die durch bestimmte Aktionen der Benutzer im Hypertext erzeugt wurden, indem er Pfadlängen, ausgehend von den Knoten, bestimmte und mittelte. Dieses Prinzip wandte er auf das gesamte Hypertext-Dokument an und erhielt somit lineare Funktionen für diese Sachverhalte, die er als ein Maß für die Linearität eines Hypertextes definierte.

Neben BOTAFOGO et al. untersuchten und evaluierten auch DE BRA et al. (DeBra & Houben 1997; DeBra 1999) Compactness und Stratum. Da in (Botafogo et al. 1992) Compactness und Stratum unter der Annahme definiert sind, dass im

Hypertextgraph lediglich Vorwärtsbewegungen[11] ausgeführt werden, formulieren sie diese Maße neu, und zwar unter dem Aspekt, Backtracking-Bewegungen[12] im Hypertextgraph durchzuführen. Somit werden durch die modifizierten Metriken *navigational Compactness* und *navigational Stratum* von DE BRA et al. die Navigationseigenschaften von Benutzern in Hypertextstrukturen besser ausgedrückt.

Ebenfalls wurden die Auswirkungen von Compactness und Stratum auf das Navigationsverhalten in (McEneaney 1999, 2000) untersucht, indem aus den schon bekannten Maßen Pfadmetriken definiert und diese empirisch evaluiert wurden. Anstatt der in (Botafogo et al. 1992) definierten Matrizen verwendete MCENEANEY Pfadmatrizen für die analoge Anwendung dieser Hypertextmetriken. In der Pfadmatrix repräsentiert ein Matrixelement die Häufigkeit von Knotenübergängen von einem Knoten zu jedem anderen Knoten im Navigationspfad. Diese Pfadmetriken ermöglichen aus graphentheoretischen Mustern, dargestellt durch Navigationspfade, die Navigationsstrategien von Hypertextbenutzern zu erkennen.

Eine Hypertextmetrik, welche Stratum ähnlich ist, wurde von COULSTON et al. in (Coulston & Vitolo 2001) definiert, indem sie die Navigationstiefe von Hypertextstrukturen basierend auf HUFFMAN-Codes vergleichen. Dabei stellt der HUFFMAN-Code einer Nachricht, dargestellt als Zeichenkette, die Binärcodierung jedes Zeichens der Nachricht dar, mit dem Ziel, dass die Länge der codierten Nachricht minimal ausfällt. Darauf basierend werden (i) die Informationen, die sich aus der Besuchsreihenfolge der Webseiten im Hypertextgraph ergeben, in einen HUFFMAN-Baum (Huffman 1952) transformiert, (ii) das codierte Navigationsverhalten des Benutzers wird in eine *Baumstruktur* transformiert, so dass diese mit dem erzeugten HUFFMAN-Baum strukturell vergleichbar ist. Um schließlich diese beiden Strukturen zu vergleichen, definieren COULSTON et al. ein Maß, welches das Benutzerverhalten mit einem optimalen Navigationsmuster, codiert durch den HUFFMAN-Code, vergleicht. Damit messen COULSTON et al. das Navigationsverhalten von Hypertextbenutzern gegen das durch den HUFFMAN-Code erzeugte Optimum.

Außer Compactness, Stratum und den bisher vorgestellten Maßen gibt es noch weitere graphentheoretische Maße im Hypertextumfeld. UNZ (Unz 2000) beschreibt die zwei weiteren Maße *Density* und *Kohäsion*. Hauptsächlich gibt UNZ aber in (Unz 2000) einen umfassenden Überblick über das Thema „Lernen mit Hypertext", insbesondere bezogen auf Navigationsprobleme und die Informationssuche in Hypertexten. Density und Kohäsion wurden ursprünglich von WINNE

---

[11] Im Sinne von BOTAFOGO et al. heißt das: Falls der Weg von v_i zu v_j nicht existiert, wird er mit der Konvertierungskonstante K bewertet. Der Begriff des Weges wird in Definition (4.1.5) definiert.

[12] Das heißt, man folgt der gerichteten Kante (v_j, v_i), falls man vorher die Bewegung (v_i, v_j) ausgeführt hat.

et al. (Winne et al. 1994) eingeführt, um das Verhalten von Hypertextbenutzern im Zusammenwirken mit bestimmten Lernaktionen, wie z.B. „einen Text markieren", „einen Text unterstreichen" und „eine Notiz machen" im Hypertextsystem STUDY graphentheoretisch zu analysieren. Um die spezifischen Graphmuster der Hypertextbenutzer zu gewinnen, bilden WINNE et al. formale Sequenzen von ausgeführten Lernaktionen in Adjazenzmatrizen[13] ab und erhalten so Graphmuster, die das Benutzerverhalten wiedergeben. Um dann messen zu können, welche Aktionen bei den Hypertextbenutzern welche Auswirkungen hatten, definierten WINNE et al. die Indizes

$$\mathcal{D} := \frac{\sum_{i=1}^{|V|} \sum_{j=1}^{|V|} a_{ij}}{|V|^2}, \qquad \text{(Density)} \qquad (2.3)$$

und

$$\mathcal{COH} := \frac{\sum_{i=1}^{|V|} \sum_{j=1}^{|V|} a_{ij} \cdot a_{ji}}{\frac{|V|^2 - |V|}{2}}. \qquad \text{(Kohäsion)} \qquad (2.4)$$

In den Gleichungen (2.3), (2.4) bezeichnet a_{ij} den Eintrag in der Adjazenzmatrix in der i-ten Zeile und der j-ten Spalte. $\mathcal{D}$ gibt das Verhältnis der Anzahl der tatsächlich vorkommenden Kanten, zur Anzahl aller möglichen Kanten inklusive Schlingen (Volkmann 1991) an und nach Definition gilt $\mathcal{D} \in [0,1]$. $\mathcal{COH}$ misst den Anteil von zweifach-gerichteten Kanten – das sind Kanten der Form $(v_i, v_j), (v_j, v_i)$ für zwei Knoten $v_i, v_j \in V$ – ohne Schlingen. Der Ausdruck $\frac{|V|^2 - |V|}{2}$ gibt die Anzahl aller möglichen Knotenpaare an und es gilt ebenfalls $\mathcal{COH} \in [0,1]$. Aus der Definition der Kohäsion schließen WINNE et al.: Je höher der Wert für die Kohäsion eines betrachteten Graphmusters ist, desto weniger schränkten die Lernaktionen den Hypertextbenutzer ein. Genereller betrachtet kann man diese Maße als benutzerspezifische Präferenzen innerhalb des Graphmusters interpretieren. Weitergehend und allgemeiner untersuchten NOLLER et al. (Noller et al. 2001) und RICHTER et al. (Richter et al. 2003) diese Problematik und entwickelten eine automatisierte Lösung zur Analyse von Navigationsverläufen. Die Navigationsmuster analysierten sie mit graphentheoretischen Mitteln und interpretierten sie ebenfalls als psychologische Merkmale wie z.B. gewisse Verarbeitungsstrategien, konditionales Vorwissen und benutzerspezifische Präferenzen.

Bis hierher wurden globale graphentheoretische Maße vorgestellt, die zur strukturellen Charakterisierung von Hypertext und zur Interpretation von Graphmustern dienen. Bekannt sind aber auch solche graphentheoretischen Maße, die zur Charakterisierung von Graphelementen konstruiert wurden, insbesondere für die Knoten in einem Graph. Solche Maße sind in der Fachliteratur allgemeiner als *Zentralitätsmaße* bekannt und finden meist Anwendung in der *Theorie der sozialen Netzwerke* (Scott 2001). Sehr bekannte und grundlegende Arbeiten in diesem Bereich findet man bei HARARY (Harary 1959) und HARARY et al. (Harary

---

[13]Siehe Gleichung (4.1) in Kapitel (4.1.1).

1965). *Knotenzentralitätsmaße*, die etwas über die „Wichtigkeit" und „Bedeutsamkeit" von Knoten im Graph aussagen, wurden auch von BOTAFOGO et al. (Botafogo et al. 1992) definiert, bzw. bekannte Maße in einem neuen Kontext angewendet. So definierten sie die Maße

$$ROC_v := \frac{\sum_{i=1}^{|V|} \sum_{j=1}^{|V|} \mathcal{KDM}_{ij}}{\sum_{j=1}^{|V|} \mathcal{KDM}_{vj}}, \qquad \text{(Relative Out Centrality)}$$

$$RIC_v := \frac{\sum_{i=1}^{|V|} \sum_{j=1}^{|V|} \mathcal{KDM}_{ij}}{\sum_{j=1}^{|V|} \mathcal{KDM}_{jv}}. \qquad \text{(Relative In Centrality)}$$

Dabei bedeuten $\mathcal{KDM}_{ij}$ wieder die Einträge in der konvertierten Distanzmatrix, die durch die Definitionsgleichung (2.1) bereits angegeben wurde. BOTAFOGO et al. wandten das ROC-Maß an, um beispielsweise so genannte *Landmarks* — so werden identifizierbare Orientierungspunkte im Hypertext bezeichnet – zu kennzeichnen, weil Landmarks die Eigenschaft besitzen, mit mehr Knoten verbunden zu sein als andere Knoten im Hypertext. BOTAFOGO et al. kennzeichneten damit Knoten mit einem hohen ROC-Wert als Kandidaten für Landmarks. Dagegen sind Knoten mit niedrigem RIC-Wert im Hypertextgraph schwer zu erreichen. Letztlich dienen aber diese beiden Maße zur Analyse von Navigationsproblemen und damit wieder zum besseren Umgang mit dem „Lost in Hyperspace"-Problem.

Zum Abschluss dieser Übersicht wird eine Arbeit genannt, die ein graphentheoretisches Maß für den Vergleich von Hypertextgraphen liefert. So definierten WINNE et al. (Winne et al. 1994) das Maß *Multiplicity* für zwei gerichtete Graphen $\mathcal{H}_1$ und $\mathcal{H}_2$ als

$$\mathcal{M} := \frac{\sum_{i=1}^{|V|} \sum_{j=1}^{|V|} a_{ij} \cdot b_{ij}}{|V|^2} \qquad i \neq j. \qquad (2.5)$$

Nach Definition gilt $\mathcal{M} \in [0,1]$ und a_{ij} bzw. b_{ij} bezeichnen in Gleichung (2.5) die Einträge in der Adjazenzmatrix von $\mathcal{H}_1$ bzw. $\mathcal{H}_2$. Dabei wird hier die Knotenmenge V als gemeinsame Knotenmenge der beiden Graphen angesehen und Multiplicity misst damit die Anzahl der gemeinsamen Kanten beider Graphen, relativ zur Anzahl aller möglichen Kanten. Die Motivation zur Definition von Multiplicity war, individuelle Taktiken und Strategien, die sich in zwei Graphmustern niederschlagen, vergleichbarer zu machen.

Eine Analyse von Hypertextstrukturen unter den Gesichtspunkten des Information Retrieval, in der auch Hypertextstrukturen anhand ihrer spezifischen Graphstruktur verglichen wurden, nahmen FURNER at al. (Furner et al. 1996) vor. Die graphentheoretischen Konstrukte, die in diesem Experiment angewendet wurden, waren z.B.

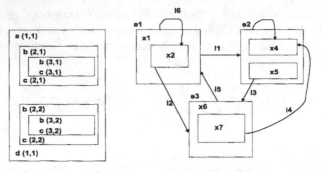

Abbildung 2.3: Das linke Bild zeigt das Hypertext File *abbccbbccd*. Jedem Symbol ist das Paar (Level, Ordnung) zugeordnet. Das rechte Bild zeigt einen Hypertext, der aus drei Hypertext Files *e*1, *e*2 und *e*3 besteht, zusammen mit seiner Linkstruktur. Beispielsweise enthält *e*1 zwei Matched Pairs, nämlich *x*1 und *x*2.

- Knotenindizes: Ein Beispiel ist der Ausgangs- und Eingangsgrad[14] eines Knotens.

- Graphindizes: Graphentheoretische Kenngröße für die strukturelle Beschreibung von Graphen. Beipielsweise wurde in (Furner et al. 1996) der aus der Chemie bekannte WIENER-Index (Wiener 1947) verwendet.

Das Hauptziel ihrer Untersuchung war jedoch die Aufdeckung von Zusammenhängen zwischen der Entstehung von Linkstrukturen und der Effektivität von *Hypertext Retrieval*-Systemen.

PARK stellt in (Park 1998) eine interessante Untersuchung der strukturellen Eigenschaften von Hypertextstrukturen vor, dessen Methoden von den bisher hier erwähnten abweichen. Er fasst Hypertextstrukturen als *formale Sprachen* auf und untersucht dann die von den Hypertextstrukturen erzeugten Sprachen und Grammatiktypen. PARK definiert dazu in (Park 1998) eine Grammatik $G_1 = (V, \Sigma, P, \sigma)$, wobei

$$V = \{\sigma, X, a, b, c, d\} \text{ (Alphabet)},$$
$$\Sigma = \{a, b, c, d\}, \ \Sigma \subseteq V,$$
$$P = \{\sigma \to aXd, X \to XbXcX, X \to \epsilon\},$$
$$\epsilon \quad \text{bezeichnet das leere Wort},$$
$$\sigma \quad \text{bezeichnet das Startsymbol}.$$

Um den Aufbau einer Hypertextstruktur mit seiner Konstruktion zu erfassen, unterscheidet PARK zwischen der inneren Stuktur – den *Hypertext Files* – und

---

[14]Siehe Definition (5.2.1) in Kapitel (5.2).

28

Themenbereich	Literaturangaben	Positiv/Negativ
Indizes zur strukturellen HT-Charakterisierung (Compactness, Stratum)	(Botafogo et al. 1992; Coulston & Vitolo 2001; Horney 1993)	Einfache Implementierbar-keit/Unzureichende Interpretierbarkeit
Indizes zur Beschreibung von HT-Lernaktionen (Density, Kohäsion)	(Unz 2000; Winne et al. 1994)	Einfache Implementierbar-keit/Unzureichende Strukturerfassung; Nur für Spezialfälle definiert
Struktureller Vergleich von HT-Graphmustern (Multiplicity)	(Winne et al. 1994)	Einfache Implementierbar-keit/Unzureichende Strukturerfassung
Knotenzentralitätsma-ße für Hypertexte (ROC, RIC)	(Botafogo et al. 1992; Harary 1959)	Intuitive Definition/Lediglich auf unmarkierten Graphen definiert
Maße zur Beschreibung von HT-Navigationsverläufen	(Botafogo et al. 1992; Coulston & Vitolo 2001; DeBra & Houben 1997; DeBra 1999; Horney 1993; McEneaney 1999, 2000; Noller et al. 2001; Richter et al. 2003)	Einfache mathematische Model-lierung/Unzureichende Interpretierbarkeit

Abbildung 2.4: Tabellarische Zusammenfassung der Ergebnisse aus Kapitel (2.3.2).

der äußeren Struktur eines Hypertextes. Hypertext Files können nun mit Wörtern modelliert werden, die von der Grammatik G_1 erzeugt werden, also $w \in L(G_1)$. Die äußere Struktur, die aus einer Menge von Hypertext Files versehen mit einer Linkstruktur besteht, definiert PARK als $HT = (E, X, L)$. Dabei gilt:

E ist eine endliche Menge von Hypertext Files,

X ist die endliche Menge von allen *Matched Pairs* der Elemente von E,

L ist die endliche Menge von geordneten Paaren von Matched Pairs in X.

Das Konzept der Matched Pairs benötigt PARK, um verlinkbare Einheiten von Wörtern aus $L(G_1)$ zu beschreiben. Um Matched Pairs in einem Wort zu identifizieren, wird in (Park 1998) das *Level* und die *Ordnung* von Symbolen in Wörtern $w \in L(G_1)$ definiert. Das Level eines Symbols, das die Tiefe des Symbols im Wort angibt, kann ausgedrückt werden, indem die Produktionsmenge der Grammatik G_1 in attributierter Form geschrieben wird. Die Abbildung (2.3) (Park 1998) zeigt schematisch ein Hypertext File zusammen mit einer Linkstruktur. Durch seine

Untersuchung mit Beschreibungsmitteln aus der *Theorie der formalen Sprachen* erhält PARK schließlich neuartige Einblicke in strukturelle Aspekte von Hypertext, weil er ein nicht graphentheoretisches Beschreibungsmittel wählt und damit neue Modellierungsmöglichkeiten aufdeckt.

2.3.3 Zusammenfassende Bewertung

Die Abbildung (2.4) fasst die Ergebnisse des Kapitels (2.3.2) bewertend zusammen. Die Darstellungen in Kapitel (2.3.2) zeigen insgesamt, dass die Wirkung und die Aussagekraft von globalen Maßen zur strukturellen Charakterisierung von Hypertexten und zur Beschreibung von Graphmustern, z.B. Navigationsverläufe, beschränkt ist. Das liegt zum einen daran, dass einige der vorgestellten Maße für speziellere Problemstellungen entwickelt wurden oder in einer speziellen Studie entstanden sind, z.B. bei WINNE et al. (Winne et al. 1994). Auf der anderen Seite erlauben quantitativ definierte Maße wie z.B. Compactness (Botafogo et al. 1992) keine allgemeingültigen Aussagen über eine verlässliche strukturelle Klassifikation von Hypertextgraphen bzw. über die Güte und Verwendbarkeit solcher Strukturen. Eine aussagekräftige Evaluierung der Maße und die Interpretation einer solchen Auswertung ist in vielen Fällen nicht erfolgt. Ein positiver Aspekt ist die durchgängig klare, einfache mathematische Modellierung und die leichte Implementierbarkeit, indem von komplexeren Typmerkmalen der Knoten und Links abstrahiert wird. Der negative Aspekt, der daraus unmittelbar resultiert, ist die fehlende semantische Information über solche Typmerkmale, die sich auch in der mangelnden Interpretierbarkeit von Werteintervallen innerhalb des ausgeschöpften Wertebereichs äußert.

2.3.4 Fazit

Für den Vergleich von Hypertextgraphen, im Hinblick auf lernpsychologische Implikationen, wurde das Maß Multiplicity von WINNE et al. (Winne et al. 1994), welches über der Kantenschnittmenge definiert ist, vorgestellt. Mit Multiplicity ist kein ganzheitlich struktureller Vergleich komplexer Hypertextgraphen möglich, da dieses Maß zu wenig von der gemeinsamen Graphstruktur erfasst. Wünschenswert wäre für den strukturellen Vergleich solcher Hypertextgraphen ein Modell, welches (i) möglichst viel von der gemeinsamen Graphstruktur erfasst und (ii) parameterisierbar ist, d.h. die Gewichtung spezifischer Grapheigenschaften ermöglicht. An dieser Stelle sei nun als Ausblick und Motivation für weitere Arbeiten die automatisierte Aufdeckung und die verstärkte Erforschung der graphentheoretischen Struktur gerade für web-basierte Hypertexte genannt, weil (i) bisher wenig über deren charakteristische graphentheoretische Struktur und deren Verteilungen bekannt ist (Schlobinski & Tewes 1999) und (ii) im Hinblick auf anwendungsorientierte Problemstellungen die Graphstruktur ganz besonders als Quelle zur Informationsgewinnung dienen kann. Das bedeutet, mit stetig wachsender Anzahl der hypertextuellen Dokumente im WWW werden Aufgaben wie die gezielte Informationsextraktion, das automatisierte *web-basierte Graphmatching* und die Gruppierung[15] ähnlicher Graphstrukturen für ein effizientes *Web Information Retrieval* (Kobayashi & Takeda 2000) immer wichtiger. In Bezug auf das web-basierte Graphmatching wurde bereits das am Ende des Kapitels (2.2) skizzierte Verfahren erwähnt, welches in Kapitel (5) motiviert und entwickelt wird.

2.4 Existierende Clusteringverfahren zur Analyse hypertextueller Daten

In Kapitel (2.3.2) wurden bekannte Arbeiten zur graphentheoretischen Analyse von Hypertextstrukturen vorgestellt. Dabei kamen auch Maße zur Beschreibung einzelner typischer Ausprägungen von Hypertexten und deren Anwendungen zur Sprache. Im Hinblick auf weiterführende graphentheoretische Methoden im Bereich des Web Structure Mining, wie das am Ende von Kapitel (2.2.2) skizzierte Verfahren, werden in diesem Kapitel eine Gruppe von multivariaten Analysemethoden, die Clusteringverfahren, vorgestellt. Bei den in Kapitel (2.3.2) dargestellten Verfahren stand die Charakterisierung typischer Ausprägungen graphbasierter Hypertexte auf der Basis numerischer Maßzahlen im Vordergrund. Im Gegensatz dazu gehören die Clusteringverfahren zur Gruppe der *Struktur entdeckenden* Verfahren, weil deren Ziel die Aufdeckung von strukturellen Zusammenhängen zwischen den betrachteten Objekten ist. Dabei ist die Einbeziehung mehrerer vorliegender Objektausprägungen die stark auszeichnende Eigenschaft von Clusteringverfahren (Backhaus et al. 2003). Als weitere Anwendung innerhalb des Web Structure Mining und als eine Motivation für Kapitel (5.8) können Clusteringverfahren beispielsweise (i) zur Aufdeckung von *Typklassen* web-basierter Hypertexte eingesetzt werden, z.B. die Klasse der Mitarbeiterseiten innerhalb eines akademischen Webauftritts oder (ii) zur Trennung von strukturell signifikant unterschiedlichen Webseiten.

Clusteringverfahren (Anderberg 1973; Backhaus et al. 2003; Berthold & Hand 1999; Bock 1974; Chakrabarti 2002; Everitt 1993; Fasulo 1999; Jain & Dubes 1988; Späth 1977; Steinhausen & Langer 1997) werden zur Clusterung von Objekten angewendet, um möglichst *homogene*[16] Cluster zu erzeugen. In der

---

[15]Die zu Grunde liegenden Verfahren der Datengruppierung heißen Clusteringverfahren. Siehe Kapitel (2.4).

[16]Die Clusterhomogenität wird in Kapitel (2.4.1) erklärt.

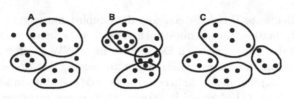

Abbildung 2.5: A: Disjunkte, aber nicht partitionierende Clusterung mit *nicht gruppierbaren* Objekten. B: Überlappende Clusterung. C: Partitionierende Clusterung

Regel ist bei Beginn der Clusterung die Anzahl der Cluster und die Clusterverteilung unbekannt, somit auch die Zuordnung der Objekte innerhalb der einzelnen Cluster. Clusteringverfahren sind deshalb im Bereich des *unüberwachten Lernens* (Hastie et al. 2001) angesiedelt, weil sie ohne Lernregeln eine möglichst optimale Clusterung finden sollen. Die Clusterung erzeugt man, indem ähnliche Objekte in Clustern zusammengeschlossen werden mit dem Ziel, dass die Objekte der gefundenen Cluster eine ganz bestimmte *Charakteristik* aufweisen, bzw. jedes Cluster einen eigenen *Typ* repräsentiert. Abbildung (2.5) zeigt verschiedene Varianten von Clusterungen, die entweder je nach Anwendungsfall gewünscht sind oder deren Effekte, wie z.B. die Überlappung der Cluster, verfahrensbedingt auftreten.

Formeller ausgedrückt lässt sich diese Aufgabe für das Web Mining folgendermaßen beschreiben: Es sei $D := \{d_1, d_2, \ldots, d_n\}$, $\mathbb{N} \ni n > 1$ die Menge der zu clusternden Dokumente. Will man die Clusteraufgabe in voller Allgemeinheit beschreiben, so fasst man die Dokumentenmenge als eine Menge $O := \{O_1, O_2, \ldots, O_n\}$ von unspezifizierten Objekten O_i, $1 \leq i \leq n$ auf. Eine Clusterung C_{fin} ist nun eine k-elementige *disjunkte Zerlegung* von D, also $C_{fin} := \{C_i \subseteq D \mid 1 \leq i \leq k\}$. Die Cluster C_i sollen dabei die Eigenschaft besitzen, dass, basierend auf einem problemspezifischen Ähnlichkeitsmaß $s : D \times D \longrightarrow [0, 1]$ (oder Abstandsmaß $d : D \times D \longrightarrow [0, 1]$), die Elemente $d \in C_i$ eine hohe Ähnlichkeit zueinander besitzen, wohingegen die Elemente $d, \tilde{d}$ mit $d \in C_i \wedge \tilde{d} \in C_j, i \neq j$ eine geringe Ähnlichkeit zueinander besitzen sollen. Die Ähnlichkeits- oder Abstandsmaße basieren bei web-basierten Dokumentstrukturen zum einen direkt auf *inneren* (strukturellen) Eigenschaften eines Dokuments, wie z.B. die Darstellung gemäß des Vektorraummodells im Information Retrieval oder die graphbasierte Dokumentmodellierung. Zum anderen können auch *äußere* Merkmale, die ebenfalls über Ähnlichkeitsmaße zwischen den Dokumenten gemessen werden können, betrachtet werden, z.B. die *zip*-komprimierte Dokumentgröße (Li et al. 2003). Bei der Anwendung solcher Clusteringverfahren im Web Mining spielt die aus dem Information Retrieval bekannte *Cluster Hypothese* (Chakrabarti 2002) eine wichtige Rolle. Sie sagt aus, dass die Ähnlichkeit zwischen relevanten und nichtrelevanten Dokumenten größer ist, als die Ähnlichkeit zwischen zufällig gewählten Teilmengen der Dokumentenmenge D. Verwendung findet sie bei der Konzeption und der Optimierung von Clusteringverfahren.

Clusteringverfahren besitzen außer dem Web Mining weiterhin vielfältige Anwendungsgebiete, z.B. die Datenanalyse in Unternehmen und die Mustererkennung in wissenschaftlichen Forschungsgebieten. In der Praxis des Web Mining finden oft *partitionierende* und *hierarchische* Clusteringverfahren Anwendung, wobei es noch eine Vielzahl anderer Verfahren gibt, z.B. *graphentheoretische, probabilistische* und *Fuzzy*-Clusteringverfahren (Bock 1974; Everitt 1993; Jain & Dubes 1988). Bevor ein Clusteringverfahren angewendet wird, ist es wichtig, die Ausprägungen der Beschreibungsmerkmale zu analysieren, um dann entscheiden zu können, ob zur Beschreibung der Unterschiede zwischen den Dokumenten ein Ähnlichkeits- oder ein Abstandsmaß gewählt wird. Die Frage nach der Lösung einer Clusteraufgabe stellt in der Regel ein Problem dar, da sie von der jeweiligen Anwendung und vom Verwendungszweck der Clusterung abhängt. Oft wählt man eine überschaubare Anzahl der gewonnenen Cluster aus, um sie entweder (i) aus der jeweiligen Anwendungsperspektive zu interpretieren oder (ii) sie mit statistischen Mitteln auf ihre Aussagekraft hin zu überprüfen. Generell sind die Anforderungen an moderne Clusteringverfahren hoch, da sie auf der Basis ihrer Konzeption möglichst viele Eigenschaften besitzen sollen, z.B.:

- Geringe Parameteranzahl.

- Einfache Interpretierbarkeit der Cluster.

- Gute Eigenschaften bei *hochdimensionalen* und *verrauschten* Daten.

- Die Verarbeitung von möglichst vielen Datentypen wie z.B. *ordinale* oder *nominale* Daten (Kähler 2002).

Jedoch ist nicht jedes Verfahren, das diese Eigenschaften besitzt, für eine Clusteraufgabe geeignet, weil die Verfahren gewisse Vor- und Nachteile besitzen, die in der Regel von den Daten, dem zu Grunde liegenden Ähnlichkeits- oder Abstandsmaß und der Konstruktion des Verfahrens abhängen. Dennoch wurden die meisten bekannten Clusteringverfahren theoretisch und praktisch intensiv untersucht, so dass sie gut voneinander abgrenzbar sind und somit die Auswahl eines Verfahrens für eine Clusteraufgabe leichter fällt.

2.4.1 Interpretation von Clusterlösungen

Um die Wirkungsweise von Clusteringverfahren besser zu verstehen, wird zunächst allgemein die Forderung der Cluster-*Homogenität*, die bereits in Kapitel (2.4) kurz erwähnt wurde, erläutert. Eine anschauliche Interpretation dieses Maßes, bezüglich eines Clusters C, liefert BOCK (Bock 1974), indem er die Homogenität als numerische Größe $h(C) \geq 0$ beschreibt, die angibt, wie ähnlich sich die Objekte in C sind oder anders formuliert, wie gut sich diese Objekte durch ihre charakteristischen Eigenschaften beschreiben lassen. Ausgehend von einer Objektmenge $O = \{O_1, O_2 \ldots, O_n\}$, einem Cluster $C \subseteq O$ und einer Ähnlichkeitsmatrix $(s_{ij})_{ij}$, $1 \leq i \leq n$, $1 \leq j \leq n$, $s_{ij} \in [0,1]$, gibt BOCK in (Bock 1974) ein Maß für die Homogenität von C durch

$$h(C) := \frac{1}{|C| \cdot (|C| - 1)} \sum_{\mu \in I_C} \sum_{\nu \in I_C} s_{\mu\nu} \in [0,1] \qquad (2.6)$$

an, wobei I_C die entsprechende Indexmenge von C bezeichnet. Je größer $h(C)$ ist, desto homogener ist C und umgekehrt. Ist anstatt der Ähnlichkeitsmatrix eine Distanzmatrix $(d_{ij})_{ij}$, $1 \leq i \leq n$, $1 \leq j \leq n$ gegeben, so sind

$$h_1^\star(C) := \frac{1}{|C| \cdot (|C| - 1)} \sum_{\mu \in I_C} \sum_{\nu \in I_C} d_{\mu\nu} \, ,$$

$$h_2^\star(C) := \frac{1}{2|C|} \sum_{\mu \in I_C} \sum_{\nu \in I_C} d_{\mu\nu}$$

Maße für die *Inhomogenität*, und es gilt hier: Je kleiner die Werte von $h_i^\star(C), i \in \{1,2\}$ sind, desto homogener ist C und umgekehrt. BACKHAUS et al. (Backhaus et al. 2003) geben den F-Wert als Maß zur Homogenitätsbeschreibung eines Clusters C durch

$$F := \frac{\mathrm{Var}(m_j, C)}{\mathrm{Var}(m_j)}$$

an. Dabei beschreibt $\mathrm{Var}(x)$ die *Varianz* (Backhaus et al. 2003) einer Variablen x, wobei die Varianz als *statistisches Streuungsmaß* interpretiert werden kann. Der F-Wert ist das Verhältnis der Varianz der Merkmalsvariablen m_j, die eine Merkmalsausprägung des Objektes O_j ausdrückt, im zu prüfenden Cluster C zur Varianz von m_j in der Erhebungsgesamtheit. Kleine F-Werte drücken eine geringe Streuung der Variablen m_j im Cluster C aus, im Vergleich zur Streuung von m_j in der Erhebungsgesamtheit. In diesem Fall gilt das betrachtete Cluster C als homogen. Dagegen ist ein Cluster C als nicht homogen anzusehen, falls $F > 1$ gilt, denn dies bedeutet umgekehrt, dass im Cluster C die Streuung von m_j höher ist als die von m_j in der Erhebungsgesamtheit.

In Anbetracht der großen Anzahl von existierenden Clusteringverfahren und unter Berücksichtigung ihrer Stärken und Schwächen, bezogen auf den jeweiligen Datenraum, ist eine Interpretation der gesamten Clusterlösung unbedingt notwendig. Allein die Qualität der Daten, eine mögliche Parametrisierung des zu Grunde liegenden Ähnlichkeitsmaßes, die Wahl des Clusterabstands und weitere Parameter des Clusteringverfahrens haben einen wesentlichen Einfluss auf die Clusterlösung und damit auch auf die Interpretation. Die Interpretation kann (i) mit Hilfe von numerischen Maßen zur Bewertung der Clusterhomogenität oder mit Hilfe von gewählten Abbruchkriterien – denen meistens ebenfalls Homogenitätsbetrachtungen zu Grunde liegen – erfolgen oder (ii) durch Visualisierung und kreatives Interpretieren. Falls wieder eine Objektmenge $O = \{O_1, O_2 \ldots, O_n\}$ und die Ähnlichkeitsmatrix $(s_{ij})_{ij}$ vorausgesetzt wird, so wäre beispielsweise die Maximierung der *mittleren Homogenität* $h(C_{fin})$ (Bock 1974) von $C_{fin} := \{C_i \subseteq O \mid 1 \leq i \leq k\}$ eine mathematische Interpretation und somit auch ein Bewertungskriterium für die Güte einer Clusterlösung. Es ist

$$h(C_{fin}) := \max_{C_{fin}} \sum_{i=1}^{k} h(C_i),$$

wobei $h(C_i)$ wieder durch die Gleichung (2.6) repräsentiert wird. Da je nach Anwendungsfall auch eine ausgepägte *Separation*, die Clustertrennung, gewünscht sein kann, ist die Maximierung des Ausdrucks (Bock 1974)

$$A(C_{fin}) := \max_{C_{fin}} \sum_{i=1}^{k} \sum_{j=1}^{k} \alpha(C_i, C_j),$$

ein Maß für die Clustertrennung der Partition C_{fin}. Dabei bezeichnet $\alpha(C_i, C_j)$ den Abstand[17] zwischen den Clustern C_i und C_j. Darüber hinaus gibt es weitere Möglichkeiten, um die Güte und die Aussagekraft von Clusterlösungen statistisch zu bewerten (Backhaus et al. 2003; Bock 1974; Jain & Dubes 1988; Rieger 1989). Insgesamt gesehen kann oftmals das Ergebnis einer Clusterung als der erste Schritt betrachtet werden, um detailliertes Wissen über die betrachteten Objekte zu erlangen und um darüber hinaus eventuell neue Eigenschaften der Objekttypen zu erkennen. Weiterhin ist es notwendig, die Interpretation einer Clusterlösung vor einem speziellen Anwendungshintergrund zu sehen. Oder das Ergebnis der Clusterung stellt die Grundlage für eine weitergehende praktische Anwendung dar, da eine Clusterlösung, für sich isoliert betrachtet, keine weitreichende Aussagekraft besitzt.

2.4.2 Hierarchische Clusteringverfahren

Um nun die grundlegende Funktionsweise von hierarchischen Clusteringverfahren für das Web Mining zu beschreiben, sei wieder die Dokumentenmenge $D := \{d_1, d_2, \ldots, d_n\}$ mit einem problemspezifischen Ähnlichkeitsmaß $s : D \times D \longrightarrow [0, 1]$ (oder Abstandsmaß) betrachtet. BOCK motiviert in (Bock 1974) hierarchische Clusteringverfahren mit Eigenschaften der Homogenität in Bezug auf partitionierende Clusteringverfahren, bei denen $C_{fin} := (C_1, C_2, \ldots, C_k)$ die Eigenschaften einer *Partition*[18] von D erfüllt. Dabei ist offensichtlich, dass bei partitionierenden Verfahren (i) größere Homogenitätswerte der Cluster C_i durch eine

---

[17]Siehe Kapitel (2.4.2).
[18]Siehe Kapitel (2.4.3).

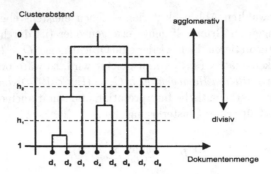

Abbildung 2.6: Dendogramm für eine Clusteraufgabe mit acht Dokumenten. Die gestrichelten Linien deuten die gewählten Homogenitätsstufen an.

größere Kardinalität der Menge C_{fin} erreicht werden können, und umgekehrt (ii) sich hohe Homogenitätswerte nur bei hinreichend großer Kardinalität von C_{fin} erreichen lassen. Prinzipiell kann man zwei Arten von partitionierenden Verfahren unterscheiden: (i) Die Kardinalität der Menge C_{fin} ist vorgegeben oder (ii) die Homogenitätswerte der Cluster C_i werden von Anfang an durch Schranken gefordert. Dann ergibt sich im ersten Fall die Homogenität der Cluster durch das Verfahren selbst und im zweiten Fall ist k von der geforderten Ähnlichkeit innerhalb der Cluster abhängig. Da aber bei Clusteraufgaben die Zahl k und die Werte der Homogenitätsschranken in der Regel nicht bekannt sind, gelten beide der eben vorgestellten Möglichkeiten als nicht optimal. Hierarchische Clusteringverfahren versuchen dieses Problem dadurch zu lösen, dass sie eine Sequenz von Clusterungen erzeugen, mit dem Ziel, dass die Homogenitätswerte der Cluster mit wachsendem k steigen. Weiterhin gilt nach Konstruktion dieser Verfahren, dass immer homogenere Cluster dadurch gebildet werden, dass größere Cluster in kleinere unterteilt werden und dass dieses Prinzip beliebig nach unten fortgesetzt wird. Generell werden bei hierarchischen Clusteringverfahren *divisive* (top-down) oder *agglomerative* (bottom-up) Clusteringverfahren unterschieden, wobei sich in der Praxis die agglomerativen Verfahren durchsetzten. CHAKRABARTI (Chakrabarti 2002) gibt eine Vorschrift in *Pseudocode* an, aus der die wesentlichen Konstruktionsschritte von agglomerativen Verfahren leicht zu erkennen sind:

1. Die initiale und damit die feinste Partition von D ist $C_{fin} := \{C_1, C_2, \ldots, C_n\}$, wobei $C_i = \{d_i\}$.

2. `while` $|C_{fin}| > 1$ `do`.

3. Wähle $C_i, C_j \in C_{fin}$ und berechne den Abstand $\alpha(C_i, C_j)$.

4. Streiche C_i und C_j aus C_{fin}.

5. Setze $\gamma := C_i \cup C_j$.

6. Füge γ in C_{fin} ein.

7. od while

Das Ergebnis einer Clusterung mit hierarchischen Verfahren lässt sich als *Dendogramm* visualisieren. Ein Dendogramm einer fiktiven Clusterung zeigt die Abbildung (2.6). Dabei lassen sich nun auf jeder gewünschten Homogenitätsstufe h_i die Cluster ablesen und strukturell miteinander vergleichen. Man erkennt in Abbildung (2.6) deutlich ein auszeichnendes Merkmal eines agglomerativen Clusteringverfahrens: Auf der untersten Ebene stellen die Dokumente einelementige Cluster $\{d_1\}, \{d_2\}, \ldots, \{d_8\}$ dar; mit fallender Homogenität werden die Cluster auf den Ebenen immer gröber, bis sie zu einem einzigen verschmolzen werden, welches alle Dokumente enthält. Ein weiteres wichtiges Merkmal eines hierarchischen Clusteringverfahrens liegt darin, dass Dokumente, die auf der Basis eines Ähnlichkeitsmaßes als sehr ähnlich gelten, sehr früh zu einem Cluster verschmolzen werden. Das ist aber gleichbedeutend damit, dass der dazugehörige Homogenitätswert h_i im Dendogramm nahe bei Eins liegt. Weiterhin sind die Cluster auf den jeweiligen Homogenitätsstufen im Dendogramm bezüglich ihrer inneren Struktur interpretierbar, da ein Cluster, das im Dendogramm über mehrere Homogenitätsstufen in sich geschlossen bleibt, als sehr homogen angesehen werden kann. Wird dagegen ein Dokument erst im letzten oder vorletzten Schritt mit einem Cluster verschmolzen, so muss es auf Grund seiner Merkmale weniger ähnlich sein, als die Dokumente in einem sehr homogenen Cluster. Für das Ergebnis einer Clusteraufgabe, die mit einem hierarchischen Verfahren gelöst werden soll, ist aber auch die Güte der Daten, die Aussagekraft des zu Grunde liegenden Ähnlichkeits- oder Abstandsmaßes und vor allen Dingen die Wahl des Maßes α entscheidend, um die Abstände $\alpha(C_i, C_j)$ zweier Cluster zu berechnen. Ausgehend von einem Ähnlichkeitsmaß $s : D \times D \longrightarrow [0,1]$ und den Clustern C_i und C_j, sind

$$\alpha_{SL}(C_i, C_j) := \min_{d, \tilde{d}} \left\{ s(d, \tilde{d}) \mid d \in C_i, \tilde{d} \in C_j \right\} \ (Single\ Linkage),$$

$$\alpha_{AL}(C_i, C_j) := \frac{1}{|C_i||C_j|} \sum_{\tilde{d} \in C_i} \sum_{d \in C_j} s(d, \tilde{d}) \ (Average\ Linkage),$$

$$\alpha_{CL}(C_i, C_j) := \max_{d, \tilde{d}} \left\{ s(d, \tilde{d}) \mid d \in C_i, \tilde{d} \in C_j \right\} \ (Complete\ Linkage)$$

gängige Clusterabstände.

Zusammenfassend formuliert ist die übersichtliche und anschauliche Darstellbarkeit des Ergebnisses in Form eines Dendogramms als positive Eigenschaft von hierarchischen Clusteringverfahren zu sehen. Das Dendogramm, welches auch als Baumstruktur visualisiert werden kann, verlangt dabei nicht eine Clusteranzahl als Vorgabe, sondern auf jeder Ebene entsteht eine Anzahl von Clustern in natürlicher Weise. Weiterhin sind die einfache Implementierbarkeit und die gute Interpretierbarkeit der entstehenden Cluster als Vorteile von hierarchischen Verfahren zu werten. Für Daten, bei denen eine hierarchische Struktur zu erwarten ist, sind hierarchische Clusteringverfahren besonders sinnvoll. Da in der Regel diese Kenntnis nicht vorhanden ist, muss das Dendogramm für den jeweiligen Anwendungsfall interpretiert werden, da die hierarchische Struktur durch den Algorithmus erzwungen wird. Als Nachteil ist die Komplexität von hierarchischen Clusteringverfahren zu sehen, weil die Erzeugung der Ähnlichkeitsmatrix bereits quadratische Laufzeit besitzt und somit für Massendaten problematisch wird. Die Verwendung von verschiedenen Clusterabständen ist ebenfalls ein kritischer Aspekt, da Clusterabstände wie Single Linkage bzw. Complete Linkage oft die Tendenz zur Entartung haben, d.h. die Bildung von besonders großen bzw. kleinen Clustern.

2.4.3 Partitionierende Clusteringverfahren

In diesem Kapitel werden die Ziele und die grundlegende Wirkungsweise von partitionierenden Clusteringverfahren, die schon in Kapitel (2.4.2) kurz angesprochen wurden, erläutert. Wieder ausgehend von der Dokumentenmenge D und einem Ähnlichkeitmaß $s : D \times D \longrightarrow [0,1]$, bildet die Menge $C_{fin} := (C_1, C_2, \ldots C_k)$ eine partitionierende Clusterung von D, falls die Eigenschaften $C_i \cap C_j, i \neq j$ (Disjunktheit) und $\bigcup_{1 \leq i \leq k} C_i = D$ (volle Überdeckung der Menge D) erfüllt sind. Basierend auf der vorgegebenen Menge D formuliert BOCK (Bock 1974) die Hauptaufgabe der partitionierenden Clusteringverfahren als die Suche nach einer disjunkten, also nicht überlappenden Clusterung, welche die obigen Eigenschaften einer Partition besitzt und die auszeichnenden Merkmale der Dokumente optimal widerspiegelt. Weiterhin schlägt BOCK in (Bock 1974) Ansätze zur Lösung dieses Problems vor, z.B.:

- Bereitstellung von statistischen oder entscheidungstheoretischen Modellen, mit denen die noch unbekannten Cluster und deren Objekteigenschaften als Paramcter behandelt und abgeschätzt werden können.

- Einführung eines *Optimalitätskriteriums*, auf dem die *lokal optimale* Clusterung maßgeblich basiert.

- Initiale Festlegung von Startclustern und anschließende Konstruktion der gesuchten Cluster.

- Zuhilfenahme von daten- und anwendungsspezifischen Heuristiken.

38

Bei partitionierenden Verfahren ist die finale Clusteranzahl k bei Beginn der Clusterung nicht bekannt und die Dokumente $d \in D$ werden ausgehend von gewählten Startclustern solange ausgetauscht, bis sich auf Grund eines Abbruchkriteriums eine möglichst lokal optimale Clusterung ergibt. Dagegen liegt bei der hierarchischen Clusterung auf jeder Hierarchiestufe eine eindeutige Menge von Clustern verfahrensbedingt vor, wobei diese Cluster nicht mehr aufgebrochen werden. Das in Theorie und Praxis bekannteste partitionierende Clusteringverfahren ist das k-means-Verfahren (Berkhin 2002; Chakrabarti 2002; Späth 1977; Steinhausen & Langer 1997), wobei es in verschiedenen Ausprägungen existiert, die sich meistens in der Art und Formulierung des Optimalitätskriteriums unterscheiden. Da k-means nur für quantitative Eingabedaten konzipiert ist, deren Abstände oft über die quadrierte *euklidische Distanz* berechnet werden, eignet sich für das *Dokumenten-Clustering* eine Abwandlung von k-means, das k-medoids Verfahren[19]. Anstatt von numerischen Startobjekten, die bei Beginn die Clusterzentren repäsentieren, wählt man in k-medoids Objekte (*Medoide*) aus D als Clusterzentren. Im weiteren Verlauf des Verfahrens werden lediglich die Ähnlichkeiten bzw. die Distanzen benötigt, um das Optimalitätskriterium in Form einer Zielfunktion und die neuen Medoids zu berechnen. Die wesentlichen Schritte von k-medoids lassen sich nachfolgend formulieren, wobei davon ausgegangen wird, dass die Dokumente $d \in D$ in einer für das Clustering geeigneten Repräsentation vorliegen (Han & Kamber 2001):

1. Wähle zufällig k Dokumente als initiale Medoide und definiere damit die Menge M ($|M| = k$).

2. `while` (no change) `do`.

3. Ordne jedes verbleibende Dokument dem nächsten Medoid zu (minimaler Abstand).

4. Wähle zufällig ein Dokument $d_r \in D$, das kein Medoid ist.

5. Berechne auf der Basis eines Kostenkriteriums c die Gesamtkosten S des Austauschs von d_r mit dem aktuellen Medoid d_{act}.

6. `if` c `then` tausche d_{act} mit d_r um eine neue Menge M von Medoiden zu bilden.

7. `od while`.

Abbildung (2.7) zeigt das fiktive Ergebnis eines partitionierenden Clusteringverfahrens. Vorteile von partitionierenden Clusteringverfahren wie k-means und

---

[19]Die eigentliche Methode wird auch als PAM=Partitioning Around Medoids (Struyf et al. 1996) bezeichnet.

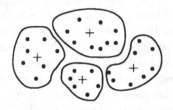

Abbildung 2.7: Cluster mit ihren Zentren.

k-medoids sind ihr intuitiver Aufbau und die einfache Implementierbarkeit. Als Lösungen liefern solche Verfahren aber nur *lokale Optima*, da mit einer anderen Startkombination eventuell eine bessere Clusterlösung berechnet werden könnte. Um diesem Problem entgegenzuwirken, bietet sich entweder eine Kombination mit anderen Clusteringverfahren oder eine iterierte Anwendung an. Ein Nachteil von beiden Verfahren, k-means und k-medoids, ist die Vorgabe der initialen Clusterzahl k, da diese in der Regel unbekannt ist. Eine weitere Schwäche von k-means ist die mangelnde *Robustheit* des Verfahrens, das heißt sein Verhalten bezüglich „Ausreißer", da bei der Berechnung der quadrierten euklidischen Distanzen offensichtlich hohe Distanzwerte ermittelt werden und diese die Clusterbildung stark beeinflussen. Dagegen besitzt k-medoids eine schlechtere Komplexität in Bezug auf Massendaten, aber eine bessere Robustheit (Hastie et al. 2001; Struyf et al. 1996).

2.4.4   Sonstige Clusteringverfahren

Bisher wurden die hierarchischen und partitionierenden Clusteringverfahren detailliert vorgestellt, da diese Verfahren aus praktischen Gründen und auf Grund ihrer Interpretationsmöglichkeiten im Umfeld des Web Mining oft eingesetzt werden. In der Fachliteratur werden jedoch noch viele andere Clusteringverfahren behandelt, siehe z.B. (Anderberg 1973; Bock 1974; Chakrabarti 2002; Everitt 1993; Fasulo 1999; Jain & Dubes 1988; Späth 1977; Steinhausen & Langer 1997). Darunter gibt es Verfahren und Modelle, die entweder in der Literatur oder in der Praxis ebenfalls einen hohen Bekanntheitsgrad erlangten. Einige werden im Folgenden skizziert:

- *Kombinatorische* Clusteringverfahren: Bei partitionierenden Verfahren ist die Frage nach einer Clusterung $C_{fin} = \{C_1, C_2, \ldots, C_k\}$ der n-elementigen Dokumentenmenge D, wobei C_{fin} die Eigenschaften einer Partition besitzt. Die einfachste kombinatorische Lösung dieser Aufgabe wäre naiv dadurch zu bestimmen, dass man verschiedene Clusterlösungen auf der Basis eines Optimalitätskriteriums berechnet, z.B. ähnlich wie in k-medoids, in der Hoffnung, auf eine optimale Lösung zu stoßen. Betrachtet man jedoch die

Anzahl der bei k Cluster möglichen Partitionen von D, so gilt (Hastie et al. 2001; Steinhausen & Langer 1997):

$$S(n,k) = \frac{1}{k!} \sum_{j=0}^{k} (-1)^j \binom{k}{j} \cdot (k-j)^n$$

oder als Rekursionsgleichung

$$\begin{aligned}
S(n+1,k) &= S(n,k-1) + k \cdot S(n,k), \\
S(n,1) &= 1, \\
S(n,n) &= 1, \\
S(n,0) &= 0, \\
S(0,k) &= 0, \\
S(n,k) &= 0, \; n < k.
\end{aligned}$$

In der *Kombinatorik* werden die $S(n,k)$ als die STIRLING-Zahlen zweiter Art bezeichnet, beispielsweise ist $S(10,4) = 34.105$ und $S(15,4) = 42.355.950$. Damit erkennt man, dass die Methode der *totalen Enumeration*, also das Ausprobieren aller möglichen Kombinationen, aus Komplexitätsgründen für praktische Zwecke unmöglich einsetzbar ist. Hinweise zur Optimierung kombinatorischer Verfahren und weitere Überblicke sind bei STEINHAUSEN et al. (Steinhausen & Langer 1997) und ARABIE et al. (Arabie et al. 1996) zu finden.

- *Graphentheoretische* Clusteringverfahren: Ausgehend von der Dokumentenmenge D und einem problemspezifischen Abstandsmaß (ein Ähnlichkeitsmaß kann leicht in ein Abstandsmaß umgewandelt werden) $d : D \times D \longrightarrow [0,1]$, wird eine Abstandsmatrix $(d_{ij})_{ij}$, $1 \leq i \leq n$, $1 \leq j \leq n$ induziert, wobei $d_{ij} \in [0,1]$. Diese Struktur kann, graphentheoretisch interpretiert, als ein kanten-markierter, vollständiger und ungerichteter Graph $G_D = (V_D, E_D, f_{E_D}, A_{E_D})$, $f_{E_D} : E_D \longrightarrow A_{E_D} := \{d_{ij} | 1 \leq i \leq n, 1 \leq j \leq n\}$ betrachtet werden. Nun interessiert man sich für *Umgebungen*, in denen auf Grund der Abstandswerte d_{ij} ähnliche Dokumente gruppiert werden und die Menge D somit auf diese Weise geclustert werden kann. BOCK (Bock 1974) charakterisiert dieses Problem mit dem Begriff der d-Umgebung. Er versteht unter der d-Umgebung des Dokuments $d_k \in D$ die Menge der Dokumente $d_i \in D$, deren Abstandswerte die Ungleichung $d_{ik} \leq d$, $d > 0$ erfüllen. Genauer formuliert definiert BOCK ein Cluster $C \subseteq D$ als d-Cluster falls (i) $C \neq \{\}$, (ii) $\forall \; d_k \in C$ gehört auch die d-Umgebung von d_k zum d-Cluster dazu und (iii) kein Cluster $\tilde{C}$ mit $\tilde{C} \subseteq C$ darf die Eigenschaften (i) und (ii) erfüllen. Man betrachte nun denjenigen Teilgraphen $G_D^d = (V_D, E_D^d)$, $E_D^d = E_D \setminus \{e = \{d_i, d_j\} | f_{E_D}(e) > d, \forall \; d_i, d_j \in V_D\}$ von G_D, für dessen Kantenmarkierungen die Ungleichungen $f_{E_D}(e) \leq d, \forall e \in E_D^d$ gelten. BOCK

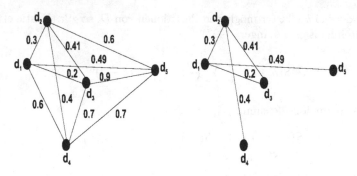

Abbildung 2.8: $|D| = 5$. Der vollständige Graph G_D und sein Teilgraph $G_D^{0,5}$.

beweist, dass die d-Cluster gerade die Zusammenhangskomponenten (Harary 1974) des Teilgraphen G_D^d von G_D sind. Abbildung (2.8) zeigt beispielhaft für eine Menge $D = \{d_1, d_2, \ldots, d_5\}$ mit gegebener Distanzmatrix den vollständigen Graph G_D und den Teilgraph $G_D^{0,5}$. Ein wichtiges und einfaches graphentheoretisches Konstruktionsmittel für die d-Cluster ergibt sich sofort aus dem *minimalen Spannbaum* von G_D. Dabei ist der minimale Spannbaum gerade der Teilgraph B_D mit den Eigenschaften: (i) B_D ist ein Baum, (ii) B_D enthält alle Knoten aus G_D und (iii) die Summe seiner Kantenmarkierungen fällt minimal aus. Die Konstruktionsmethode des minimalen Spannbaums und die anschließende Gewinnung der d-Cluster wird ausführlich in (Bock 1974) beschrieben. Weitere graphentheoretische Clusteringverfahren werden in (Fasulo 1999) vorgestellt. Je nach Anwendungsfall werden auch *Dichte-basierte* Clusteringverfahren verwendet, die auf Grund ihrer Konstruktionsweise sehr verwandt zu graphentheoretischen Verfahren sind. Sie werden in (Fasulo 1999; Han & Kamber 2001) näher beschrieben. MEHLER (Mehler 2002) stellt einen Algorithmus zur *perspektivischen* Clusterung ausgehend von so genannten *Kohäsionsbäumen* vor, die insbesondere der automatischen Textverlinkung dienen.

- *Probabilistische* Clusteringverfahren: CHAKRABARTI beschreibt in (Chakrabarti 2002) Probleme des Clustering für web-basierte Dokumente in Bezug auf das Vektorraummodell. Algorithmen im Web Information Retrieval setzen voraus, dass die Elemente im Dokumentenraum zufälligen Prozessen unterliegen, wobei die Verteilungen innerhalb der Dokumente zunächst nicht bekannt sind. Probabilistische Clusteringverfahren ordnen die Objekte mit einer bestimmten Wahrscheinlichkeit einem Cluster zu, dabei ist aber in der Regel die Verteilung der Objekte und die Anzahl der Cluster unbekannt. Ein bekannter Algorithmus im Bereich der probabilistischen Clusteringverfahren ist der EM-Algorithmus (*Expectation Maximization*), der im Wesentlichen auf zwei Schritten beruht: (i) die Bestimmung der Clusterwahrscheinlichkeiten (Expectation) und (ii) die Parameterabschätzung der Verteilung mit dem Ziel, die Wahrscheinlichkeiten zu maximieren (Maximization). Der EM-Algorithmus wird, bezogen auf das Web Information Retrieval, ausführlich in (Chakrabarti 2002) erklärt, wobei man weitere Überblicke in (Berkhin 2002; Everitt 1993; Fasulo 1999) findet.

2.5 Modellbildung: Polymorphie und funktionale Äquivalenz

In Kapitel (2.4) wurden bestehende Clusteringverfahren als Motivation für spätere Anwendungen im Web Structure Mining diskutiert. In dieser Arbeit wird sich herausstellen, dass insbesondere die agglomerativen Clusteringverfahren ein wichtiges Bindeglied zur ähnlichkeitsbasierten Analyse web-basierter Dokumente darstellen.

Im Hinblick auf die Erprobung eines neuen graphbasierten Repräsentationsmodells für web-basierte Dokumente, besitzt die bereits in der Einleitung formulierte These eine zentrale Bedeutung:

Die graphbasierte Repräsentation hypertextueller Dokumente stellt einen zentralen Ausgangspunkt einerseits für graphbasierte Modellierungen und ähnlichkeitsbasierte Analysealgorithmen und andererseits für anwendungsorientierte Aufgaben im Web Structure Mining dar.

Vorbereitend zur ähnlichkeitsbasierten Graphanalyse, werden zunächst Auswirkungen der inhaltsbasierten Kategorisierung im Rahmen des üblichen Vektorraummodells betrachtet. Auf der Basis einer grundlegenden Arbeit von MEHLER et al. (Mehler et al. 2004), werden nun die Phänomene Polymorphie und funktionale Äquivalenz diskutiert. Darauf aufbauend thematisiert schließlich Kapitel (3) die aus der Polymorphie resultierenden Probleme während der inhaltsbasierten Kategorisierung web-basierter Dokumente. Die Ergebnisse des Kategorisierungsexperiments werden in Kapitel (3.5) dargestellt und interpretiert. Da das eigentliche Kategorisierungsexperiment im Rahmen des Vektorraummodells durchgeführt wurde, rechtfertigen die negativen Ergebnisse die Erprobung eines neuen graphbasierten Repräsentationsmodells. Um nun im Folgenden die Polymorphie und funktionale Äquivalenz zu erklären, wird zunächst der Begriff der *logischen Dokumentstruktur* kurz erläutert.

Der Begriff der „Dokumentstruktur" wird in verschiedenen Kontexten gebraucht und umfasst z.B. die *physikalische Erscheinungsform* und die *logische Struktur* eines Dokuments. So sehen WILHLEM et al. in (Wilhelm & Heckmann 1999)

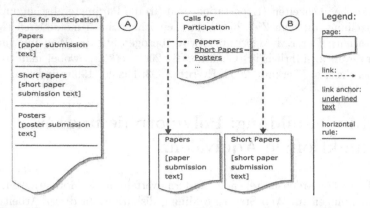

Abbildung 2.9: Schematische Darstellung zweier funktional äquivalenter Präsentationen (Mehler et al. 2004). Im Fall (A) auf der Basis einer Liste und (B) mit einem *compound document* (Eiron & McCurley 2003), welches aus mehreren Webseiten besteht.

die messbaren Markierungen auf einem *Substrat*, z.B. Schrift auf Papier oder Zeichen auf dem Bildschirm, als die physikalische Erscheinungsform der externen Dokumentstruktur an. Dagegen beschreibt die logische Dokumentstruktur die von einem Autor gewollte Bedeutung der Dokumentbestandteile und fokussiert damit die inhaltliche Gliederung des Dokuments. Bezogen auf web-basierte Dokumente wird die logische Dokumentstruktur mit Auszeichnungssprachen wie z.B. XML oder HTML beschrieben. Somit besteht ein Dokument aus Elementen, die als die logischen Komponenten interpretiert werden, z.B. Autor, Titel und Überschrift.

(Mehler et al. 2004, 2005a) stellten zur Analyse der *logischen Hypertext-Dokumentstruktur* ein Modell auf, welches in vier Ebenen gegliedert ist und auf dessen Grundlage die Unterscheidung von *Strukturtypen* und ihrer Instanzen beruht. Die Dokumenttypen repräsentieren dabei Websites, wie z.B. Wissenschaftler- oder Konferenz/Workshop-Websites. In (Mehler et al. 2004, 2005a) wurde dieses Vier-Ebenen-Modell anhand von englischsprachigen Konferenz-Websites veranschaulicht. Um problembezogene Aspekte der inhaltsbasierten Kategorisierung dieser Hypertexte zu untersuchen, wurde in (Dehmer et al. 2004; Mehler et al. 2004) ein Kategorisierungsexperiment durchgeführt. Bei den zu kategorisierenden Objekten handelte es sich um englischsprachige Webseiten von Konferenz/Workshop-Websites im Bereich Mathematik und Informatik. Analog der automatischen Textkategorisierung, deren Ziel in der Abbildung von Texteinheiten auf ein vordefiniertes Kategoriensystem besteht, liegt die Aufgabe der Hypertextkategorisierung in der Abbildung hypertextueller Einheiten auf ein statisch vorgegebenes Kategoriensystem. Im Mittelpunkt des Experiments stand nun die Untersuchung zweier Phänomene, die bei der inhaltsbasierten Kategorisierung web-basierter Hypertexte beobachtet wurden: Die Polymorphie und die funktionale Äquiva-

44

lenz. Zur Erklärung der beiden Phänomene an einem Beispiel soll im Folgenden Abbildung (2.9) aus (Mehler et al. 2004) betrachtet werden.

Die Abbildung zeigt zwei web-basierte Präsentationen, welche dieselbe Funktions- oder Inhaltskategorie „Calls for Participation" manifestieren. Die linke Präsentation (A) manifestiert jedoch mehrere Funktions- oder Inhaltskategorien und ist somit nicht mehr eindeutig einer Kategorie zuzuordnen. Darauf bezieht sich die Polymorphie (Dehmer et al. 2004; Mehler et al. 2004): Dasselbe Dokument besteht aus Ausdruckseinheiten, die mehrere Funktions- oder Inhaltskategorien manifestieren. Weiterhin wird hier die Funktions- oder Inhaltskategorie „Calls for Participation" einmal mittels Präsentation (A) und im zweiten Fall, funktional äquivalent, auf der Basis der Präsentation (B) dargestellt. Präsentation (A) und Präsentation (B) gelten deshalb als funktional äquivalent, da verschiedene Bausteine web-basierter Komponenten ähnliche Funktionen realisieren können. Im Fall (A) wird die Dokumentenuntergliederung durch so genannte *horizontal rules* erreicht, im Fall (B) basiert die Aufgliederung auf der Basis von Links. In (Mehler et al. 2004) wurde erstmalig die Hypothese formuliert, dass die Polymorphie und die funktionale Äquivalenz charakterisch für web-basierte Hypertextstrukturen sind. Daraus ergeben sich aber unmittelbar Probleme für die inhaltsbasierte Kategorisierung, die in Kapitel (3.5) interpretiert werden.

2.6 Konkreter Modellierungsansatz auf der Basis von GXL

In (Mehler et al. 2004) wurde ein Modell für die Repräsentation von Hypertexten eingeführt, das zum einen funktional äquivalente Strukturtypen repräsentieren kann und zum anderen inhaltsorientierte Daten, z.B. Text und strukturelle Aspekte eines Hypertextes integriert. Basierend auf der hierarchischen (graphbasierten) Struktur einer Website führte das zu einem Modell, in dem (i) die hypertextuellen Einheiten durch Merkmalsvektoren repräsentiert werden und (ii) komplexe, interne und externe Linkstrukturen berücksichtigt werden. Dabei erfolgte die Realisierung des Modells in der XML-basierten Graphenaustauschsprache GXL (Graph exchange Language) (Winter 2002). Diese Beschreibungssprache für Graphen wurde mit dem Ziel entwickelt, ein standardisiertes Format für möglichst viele graphbasierte Anwendungen zu schaffen. Dieser Vorteil zeigt sich in der Vielfalt der Grapharten, die in GXL abbildbar sind: *typisierte, attributierte, gerichtete, geordnete, hierarchische* Graphen und *Hypergraphen*.

Um eine bessere Vorstellung über die Funktionsweise von GXL und deren Konstrukte zu gewinnen, werden einige Definitionsregeln für die Beschreibung der GXL-Graphtypen angeführt:

```
<gxl>
  <graph id="Testgraph" hypergraph="true">
    <node id="page1">
      <graph id="internalGraph1">
        <node id="anchor11"/>
        <node id="anchor12"/>
        <node id="anchor13"/>
        <edge from="anchor12" to="anchor13"
      </graph>
    </node>
    <node id="page2">
      <graph id="internalGraph2">
        <node id="anchor21"/>
      </graph>
    </node>
    <rel id="hyperedge">
      <relend target="page1" direction="in">
      <relend target="anchor11" direction="in">
      <relend target="page2" direction="out">
      <relend target="anchor21" direction="out">
    </rel>
  </graph>
</gxl>
```

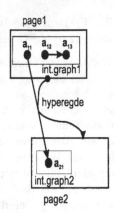

Abbildung 2.10: (i): Das linke Bild zeigt einen fiktiven Hypergraph in GXL bestehend aus zwei Webseiten mit internen Graphen und einem Hyperlink. (ii): Das rechte Bild zeigt die graphentheoretische Struktur.

1. Das eigentliche Dokument ist mit den *Tags* `<gxl>` und `</gxl>` gekennzeichnet.

2. Jeder darin eingebette Graph ist mit den Tags `<graph>` und `</graph>` gekennzeichnet. Darin muss das Attribut `"id"`, welches den Namen des Graphen spezifiziert, belegt sein. `"egdeids"`, `"egdemode"`, `"role"` und `"hypergraph"` sind weitere Attribute, die Standardwerte besitzen. Beispielsweise entscheidet das Attribut `"hypergraph"` ob der jeweilige Graph *Hyperkanten* enthält. Der Standardwert von `"hypergraph"` ist `"false"`. Über den Wert `"directed"`/`"undirected"` des Attributes `"egdemode"` kann eine Kante im Graphen als gerichtet oder ungerichtet definiert werden. Weitere Attribute in einem Graph werden auf der Basis von `"attr"`-Tags spezifiziert. Dabei wird der Attributname über `"name"` festgelegt und mögliche Wertetypen der Attribute sind z.B. `"string"`, `"float"` und `"bool"`. Container- und Mengentypen werden durch `"<seq>"` und `"<set>"` definiert, wobei diese Ausdrücke wieder ihre eigenen Typen enthalten können.

3. Hierarchien erzeugt man dadurch, dass innerhalb der Knoten und Kanten wieder Graphstrukturen eingeschachtelt werden. Hyperkanten werden in GXL mit den Tags `"<rel>"` und `"<relend>"` abgebildet. Mit `"<relend>"` werden die Endpunkte der Relation festgelegt. Der Wert des Attributes `"target"` markiert das zu verbindende Element und `"direction"` mit seinen Werten `"in"` und `"out"` legt die Richtung der Hyperkante fest.

4. Ein Graph kann mittels `<type>` auf ein im Dokument befindliches GXL-Schema (Winter 2002) verweisen, welches dann als Schema-Graph im Dokument enthalten sein muss. Das Graph-Schema legt erst die eigentliche

46

Bedeutung des Graphen in der Anwendung fest, indem es Regeln für z.B. Knoten- und Kantenbeziehungen und Attribute festlegt.

Als Beispiel zeigt die Abbildung (2.10) (i) das GXL-Codefragment eines fiktiven Hypergraphen mit deren eingeschachtelten Graphen und (ii) die graphentheoretische Struktur des Hypergraphen. In vielen bekannten Arbeiten werden Hypertexte nur als gerichtete und unmarkierte Graphen $\mathcal{H} := (V, E)$, $E \subseteq V \times V$ dargestellt (Botafogo et al. 1992; Unz 2000; Winne et al. 1994). Ein wesentlicher Nachteil dieses graphentheoretischen Modells ist, dass dabei die internen Linkstrukturen der Webseiten unberücksichtigt bleiben. Im Hinblick auf eine verstärkte Analyse web-basierter Hypertexte mit dem Hauptziel adäquatere Modellierungsmöglichkeiten aufzudecken, ist es jedoch notwendig Webseiten mit ihren internen Linkstrukturen abzubilden. In (Mehler et al. 2004) wurde daher die GXL-Repräsentation der web-basierten Einheiten auf der Basis von attributierten, getypten, gerichteten und verschachtelten Hypergraphen realisiert. Die technische Umsetzung auf der Basis des HyGraph-Systems erfolgte in (Gleim 2004, 2005).

Mathematisch stellen Hypergraphen eine Verallgemeinerung der gewöhnlichen Graphdefinition dar, da eine Hyperkante mehr als zwei Knoten verbinden kann. Dabei werden Knoten zu Kanten zusammengefasst, indem sie als Knotenmengen geschrieben werden. Während der Verallgemeinerung des Graphkonzepts gelangt man zunächst nur zu *ungerichteten Hypergraphen* (Berge 1989), da durch die Zusammenfassung von Knoten zu Kanten die Richtungsinformationen verloren gehen. Ein ungerichteter Hypergraph $\mathcal{H} = (V, E)$ ist auf einer endlichen Knotenmenge $V := \{v_1, v_2, \ldots, v_n\}$ definiert. Er besteht aus einer Menge $E := (E_1, E_2, \ldots, E_m)$, wobei deren Elemente, die Hyperkanten, Teilmengen der Knotenmenge V mit den Eigenschaften (i) $E_i \neq \{\}, 1 \leq i \leq m$ und (ii) $V = \bigcup_{1 \leq i \leq m} E_i$ sind. Falls $|E_i| = 2, 1 \leq i \leq m$, so entartet $\mathcal{H}$ zu einem gewöhnlichen Graph. Ein gerichteter Hypergraph (Gallo et al. 1993) hingegen enthält nur gerichtete Hyperkanten in der Form von geordneten Paaren $E = (X, Y)$, wobei X als *tail* und Y als *head* der Hyperkante bezeichnet wird. Basierend auf dieser Definition können nun Attributmengen, Knoten- und Kantenalphabete mit ihren zugehörigen Markierungsfunktionen definiert werden, z.B. (Tompa 1989). Abbildung (2.11) zeigt beispielhaft einen gerichteten Hypergraph.

2.7 Zusammenfassende Bewertung und Fazit

Ausgehend von einer kurzen Darstellung der Grundlagen von Hypertext und Hypermedia wurden in diesem Kapitel (2) im Wesentlichen Data Mining-Konzepte besprochen mit dem Ziel, sie auf bestehende und zukünftige Problemstellungen

47

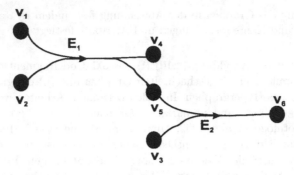

Abbildung 2.11: Ein einfacher gerichteter Hypergraph mit den Hyperkanten $E_1 = (\{v_1, v_2\}, \{v_4, v_5\})$, $E_2 = (\{v_5, v_3\}, \{v_6\})$.

des Web Mining anzuwenden. Dabei wurden insbesondere bestehende graphentheoretische Methoden zur strukturellen Analyse von Hypertexten diskutiert, wobei deren zusammenfassende und kritische Bewertung bereits in Kapitel (2.3.2) erfolgte.

Ein weiterer Schwerpunkt von Kapitel (2) stellt Kapitel (2.4) dar. Das Hauptziel von Kapitel (2.4) bestand in der Diskussion und der kritischen Bewertung existierender Clusteringverfahren, um damit besser entscheiden zu können, welche Verfahren sich für zukünftige Problemstellungen im Web Mining eignen. Die Abbildung (2.12) fasst die dargestellten Clusteringverfahren und deren Eigenschaften bewertend zusammen. In dieser Arbeit werden schließlich auf Grund der guten visuellen Interpretierbarkeit von hierarchischen Clusteringverfahren, in Kombination mit mathematischen Hilfsmitteln zur Bewertung[20] von Clusterlösungen, speziell die agglomerativen Verfahren ausgewählt. Insgesamt betrachtet dienen sie für anwendungorientierte Problemstellungen im Web Structure Mining, z.B. für die strukturorientierte Filterung web-basierter Dokumente, wobei sie bereits erzeugte Ähnlichkeitsmatrizen als Eingabe erhalten.

Betrachtet man allgemein die Anzahl der heute vorliegenden Clusteringverfahren, so erscheint die Auswahl eines geeigneten Verfahrens für den gewünschten Anwendungsfall schwer. Die Auswahl sollte sich auf jeden Fall an den vorliegenden Daten, am zu Grunde liegenden Ähnlichkeitsmaß und an der geplanten Weiterverwendung einer Clusterlösung orientieren. Zur Interpretation von Clusterlösungen wurden in Kapitel (2.4.1) mathematische Hilfsmittel vorgestellt. In Hinsicht auf die Clusterung strukturell ähnlicher Hypertexte ist es denkbar auch visuelle oder anwendungsbezogene Kriterien als zusätzliche Gütekennzeichen einer Clusterlösung zu definieren. Somit stellt eine Clusterlösung kein isoliert betrachtetes

---

[20]Damit sind hier die Homogenitätsmaße aus Kapitel (2.4.1) und das Abbruchkriterium von RIEGER (Rieger 1989) gemeint.

Clusteringverfahren	Literaturangaben	Positiv/Negativ
Hierarchische Clusteringverfahren	(Bock 1974; Chakrabarti 2002; Everitt 1993; Jain & Dubes 1988)	Aussagekräftige und einfache Interpretierbarkeit/u.U. laufzeitintensiv
Partitionierende Clusteringverfahren	(Bock 1974; Berkhin 2002; Chakrabarti 2002; Han & Kamber 2001; Struyf et al. 1996)	Intuitive Konstruktion; Einfache Implementierbarkeit/unbekannte Start-Clusteranzahl
Kombinatorische Clusteringverfahren	(Arabie et al. 1996; Hastie et al. 2001; Steinhausen & Langer 1997)	Intuitive Konstruktion; Einfache Implementierbarkeit/Oft unzureichendes Komplexitätsverhalten
Graphentheoretische Clusteringverfahren	(Bock 1974)	Gute theoretische Fundierung/Kompliziert im praktischen Einsatz

Abbildung 2.12: Tabellarische Zusammenfassung der Clusteringverfahren aus Kapitel (2.4).

Ergebnis dar, sondern dient als Grundlage für Anwendungen im Web Structure Mining.

In Vorbereitung auf die inhaltsbasierte Kategorisierung im Rahmen des bekannten Vektorraummodells, wurden in Kapitel (2.5) die Begriffe funktionale Äquivalenz und Polymorphie für web-basierte Einheiten definiert (Mehler et al. 2004). Der Begriff der funktionalen Äquivalenz bezieht sich dabei auf das Phänomen, dass dieselbe Funktions- oder Inhaltskategorie durch völlig verschiedene Bausteine web-basierter Dokumente manifestiert werden kann. Der Polymorphie-Begriff bezieht sich auf das Phänomen, dass dasselbe Dokument zugleich mehrere Funktions- oder Inhaltskategorien manifestieren kann. Die aus der Polymorphie resultierenden Probleme, während der inhaltsbasierten Kategorisierung web-basierter Einheiten, werden in Kapitel (3) ausführlich dargestellt.

Anstatt des bekannten Vektorraummodells stellt in dieser Arbeit das graphbasierte Repräsentationsmodell für web-basierte Dokumente den zentralen Ausgangspunkt für die ähnlichlichkeitsbasierte Graphanalyse dar. Das in Kapitel (2.6) vorgestellte Modell auf der Basis der Graphenaustauschsprache GXL, ist dabei die konkrete Realisierung der graphbasierten Repräsentation (Mehler et al. 2004). Die softwaretechnische Umsetzung innerhalb des HyGraph-Systems erfolgte in (Gleim 2004, 2005). Die positiven Aspekte des GXL-Repräsentationsmodell werden nun zusammenfassend formuliert:

- Repräsentation funktional äquivalenter Strukturtypen (Mehler et al. 2004).

- Integration von inhaltsorientierten Daten (z.B. Text) und strukturellen Aspekten (hierarchische Graphstruktur).

- Hohe Flexibilität und große Vielfalt von modellierbaren GXL-Graphen.

Im Zuge der web-basierten Kommunikation wäre es für die zukünftige Entwicklung des Web Structure Mining besonders wünschenswert, neuere Methoden zur adäquaten Modellierung web-basierter Dokumente bereitzustellen. Im speziellen Umfeld des Web Structure Mining, in welchem mit graphentheoretischen Methoden Eigenschaften, Ausprägungen und sogar strukturelle Vergleiche hypertextueller Graphstrukturen bestimmt werden, besteht in der Zukunft besonderer Bedarf. Auf Grundlage des in Kapitel (2.6) vorgestellten GXL-Modells sind damit graphentheoretische Methoden angesprochen, mit denen eine aussagekräftige ähnlichkeitsbasierte Analyse möglich wird. Darauf basierend können aktuelle anwendungsorientierte Problemstellungen, z.B. die strukturorientierte Filterung und Fragen bezüglich zeitlich bedingter struktureller Veränderungen webbasierter Hypertextstrukturen, besser gelöst werden. Die Grundlage für die ähnlichkeitsbasierte Analyse im Bereich des Web Structure stellt in dieser Arbeit ein Graphähnlichkeitsmodell dar, welches in Kapitel (5) motiviert und entwickelt wird.

Kapitel 3

Grenzen der inhaltsbasierten Kategorisierung von Hypertextstrukturen

Obwohl sich die vorliegende Arbeit auf die struktur- und graphbasierte Analyse hypertextueller Dokumente konzentriert, wurden umfangreiche Teilarbeiten auch zur inhaltsbasierten Kategorisierung durchgeführt. Insbesondere erhält man dadurch ein besseres Verständnis für die Abgrenzung, sowie für die Möglichkeiten und Grenzen der beiden Teilbereiche. Im klassischen Sinne ist der wissenschaftliche Beitrag dieses Kapitels daher auch ein „Negativergebnis". Wie im Verlauf des Kapitels klar wird, wurden dazu sowohl mathematisch-theoretische Arbeiten als auch softwaretechnische Entwicklungen und darauf aufbauende Experimente durchgeführt. Ausgehend von einer Motivation der Problemstellung in Kapitel (3.1) wird in Kapitel (3.2) die web-basierte Extraktion und die Konstruktion des verwendeten Testkorpus T_C detailliert dargestellt. Da das eigentliche Kategorisierungsexperiment auf der Basis eines maschinellen Lernverfahrens durchgeführt wurde, erfolgt dessen Motivation in Kapitel (3.3). In Kapitel (3.4) wird das Experiment mathematisch-theoretisch charakterisiert. Mit der Interpretation der Evaluierungsergebnisse und einem Fazit schließt dieses Kapitel ab.

3.1 Motivation

Das Ziel der Hypertextkategorisierung besteht darin, web-basierte Einheiten auf ein bestehendes System von Inhaltskategorien abzubilden (Chakrabarti et al. 1998). In (Mehler et al. 2004) wurde die Hypothese formuliert, dass Polymorphie und funktionale Äquivalenz charakteristisch für web-basierte Hypertexte sind. Im üblichen Rahmen der Hypertextkategorisierung wird die Zuordnung zwischen web-basierten Einheiten und Kategorien aber als funktional angesehen, das heißt, jede web-basierte Einheit, z.B. eine Webseite, wird höchstens einer Kategorie zugeordnet (Chakrabarti et al. 1998; Dehmer et al. 2004; Mehler et al. 2004). Unmittelbare Auswirkungen der Polymorphie wären Probleme bei der inhaltsbasierten Kategorisierung. Genauer formuliert würde sich dies darin äußern, dass Webseiten nicht mehr als eindeutig zu kategorisierende Einheiten anzusehen wären. Somit wäre die Kategorisierung im Sinne des üblichen Verständnisses nicht sinnvoll möglich. Um dies formal zu fassen, sei zunächst allgemein ein maschinelles Lernverfahren L, ein statisch definiertes Kategoriensystem $K := \{K_1, K_2, \ldots, K_{|K|}\}$ und eine Menge von Trainingsmengen $T := \{T_1, T_2, \ldots, T_{|K|}\}$ vorausgesetzt. Weiterhin bezeichnet U die endliche Menge der zu kategorisierenden Webseiten. Nach Anwendung des Lernverfahrens L wird die Zuordnung zwischen den Webseiten und den Kategorien nicht als Funktion, sondern in Form einer Relation $\mathcal{R}$ erwartet. Sie kann wie folgt ausgedrückt werden (Dehmer et al. 2004):

$$\mathcal{R} \subseteq U \times K, \ \mathcal{R} := \{(u, K_i) | U \ni u \text{ gehört zur Kategorie } K_i \in K\}. \tag{3.1}$$

Mit der experimentellen Aufdeckung dieser Relation beschäftigt sich das Kapitel (3.5).

Bekannte Untersuchungen im Bereich der Hypertextkategorisierung sind die Arbeiten von YANG et al. (Yang et al. 2002) und FÜRNKRANZ (Fürnkranz 2002). YANG et al. kategorisierten mehrere hypertextuelle Korpora unter verschiedenen Webseiten-Repräsentationen auf der Grundlage maschineller Lernverfahren, wie z.B. das Naive-BAYES (Hastie et al. 2001) und das k-NN Verfahren (Hastie et al. 2001). Die Ergebnisse zeigten unter anderem, dass eine geeignete Repräsentation der hypertextuellen Daten entscheidend für den Erfolg einer solchen Studie ist. Weiterhin hatte sich die Einbeziehung von Meta-Daten positiv auf das Ergebnis der Kategorisierung ausgewirkt. Während zur inhaltsbasierten Kategorisierung üblicherweise die jeweiligen Informationen der zu kategorisierenden Einheit verwendet werden, beschreibt FÜRNKRANZ (Fürnkranz 2002) einen Ansatz, der vom Erstgenannten abweicht: Textteile von Webseiten, die alle auf die Zielseite zeigen, werden extrahiert und zur Kategorisierung der Zielseite verwendet. Voraussetzung für diesen Ansatz ist, dass möglichst viele Webseiten als Referenzen auf die zu untersuchende Seite verweisen. Bei großen Datenmengen wären Klassifikationsaufgaben, beispielsweise im Bereich von Suchmaschinen, eine nützliche Anwendung des Verfahrens von FÜRNKRANZ.

Trotz dieser und weiterer Arbeiten ist die eigentliche Problemstellung der Hypertextkategorisierung nicht zufriedenstellend gelöst. Mögliche Gründe sind z.B.:

- Die gigantische Anzahl der im WWW existierenden Dokumente und deren inhaltliche und strukturelle Heterogenität.

- Die Tatsache, dass sich viele verschiedenartige Informationen, z.B. Plaintext und HTML-(Meta)Tags, aus den zu kategorisierenden Einheiten extrahieren lassen.

Dadurch bleiben die Hauptprobleme der Hypertextkategorisierung offen, die sich hauptsächlich in zwei schwierigen und noch unbeantworteten Fragestellungen widerspiegeln:

1. Wie müssen die in den Websites enthaltenen Informationen für die Kategorisierung angemessen repräsentiert sein?

2. Auf welche Weise sind Kategorisierungsverfahren zum optimalen Lernen von statistischen Mustern zur Hypertextkategorisierung einzusetzen?

Die erste Frage thematisiert eine geeignete Repräsentation der zu kategorisierenden Informationen. Dabei werden oftmals zur Hypertextkategorisierung die Methoden der Textklassifikation übertragen, indem Textklassifikationsverfahren auf der Basis einfacher Dokument-Repräsentationen, wie z.B. die Häufigkeitsverteilungen der vorkommenden Wörter angewendet werden. Man nimmt aber damit in Kauf, dass strukturelle Aspekte der zu kategorisierenden Einheiten vernachlässigt werden. Die zweite Frage zielt auf die Auswahl eines maschinellen Lernverfahrens, welches für die jeweilige Kategorisierungsaufgabe am optimalsten ist. Da jedoch diese Frage in der Praxis schwierig zu beantworten ist, sollte sich die Auswahl des Verfahrens auf jeden Fall an der speziellen Problemstellung und an der Art und Beschaffenheit der vorliegenden Daten orientieren.

Insgesamt will das Kapitel (3) auf der Grundlage der aufgestellten Hypothese des Kapitels - Polymorphie und funktionale Äquivalenz sind charakteristisch für web-basierte Hypertexte - die Grenzen der inhaltsbasierten Kategorisierung webbasierter Einheiten aufzeigen. Bestätigt sich diese These, so wären davon unmittelbar auch Bereiche des Web Mining, wie z.B. das Web Retrieval und die inhaltsbasierte Filterung, betroffen. Vor diesem Hintergund müsste damit die verstärkte strukturelle Analyse und die adäquate Modellierung web-basierter Dokumente fokussiert werden, um negative Effekte bei der inhaltsorientierten Kategorisierung zu vermeiden.

Um im Folgenden die formulierte Hypothese mit Evaluierungsergebnissen zu untermauern, beschäftigt sich Kapitel (3.2) zunächst mit der Konstruktion des Testkorpus für das Kategorisierungsexperiment.

3.2   Das Testkorpus und die Extraktion web-basierter Hypertexte

Das Experiment zielte auf die inhaltsbasierte Kategorisierung von englischsprachigen Konferenz/Workshop-Websites im Bereich Mathematik und Informatik ab, wobei die Webseiten auf der Grundlage ihres textuellen Inhaltes[1] kategorisiert wurden. Die Schritte zur Erstellung des Testkorpus T_C lassen sich wie folgt darstellen:

1. Konstruktion der Linkmenge L_C: Auf der Basis eines im Rahmen dieser Arbeit entwickelten Java-Programms, welches ausgehend von einer Webseite alle darin befindlichen Links extrahierte, wurde mit Hilfe von englischsprachigen Konferenzkalender-Websites[2] eine entsprechende Menge von Konferenz-Links konstruiert. Es ist: $|L_C| = 1000$.

2. Extraktion der Hypertexte basierend auf L_C: Die Extraktion erfolgte auf Grundlage des im Rahmen der Arbeit entwickelten HyGraph-Systems (Gleim 2004, 2005). Unter Eingabe einer Start-Website und auf der Basis von Extraktionsfiltern, extrahiert HyGraph mit Hilfe eines implementierten *Webcrawlers* (Göggler 2003) alle beteiligten Webseiten und stellt die GXLRepräsentation her. Für das *Parsing* der Webseiten wurde HTMLParser (Oswald 2005) aus der freien Softwaredatenbank Sourceforge verwendet. Um die vom Benutzer gewünschten Extraktionen auszuführen, war die Implementation von Extraktionsfiltern sinnvoll. Mögliche Filtereinstellungen sind (Gleim 2004, 2005):

   - StayOnSingleHost: Nur Webseiten auf dem gleichen Host wie die Startseite werden vom Webcrawler in die Extraktion einbezogen.

   - StayOnSingleHostPath: Nur Webseiten auf dem gleichen Host wie die Startseite und in einem Verzeichnispfad werden vom Webcrawler in die Extraktion einbezogen.

   - Unlimited: Alle erreichbaren Webseiten werden vom Webcrawler in die Extraktion einbezogen.

   Weiterhin ist auch eine *Mehrfachextraktion* möglich. In diesem Einstellungsmodus kann anstatt von nur einer Startseite eine Liste von Startseiten übergeben werden.

   Zur Kategorisierung wurde als inhaltsbasierte Repräsentation der Webseiten das „*Bag of Words*"-Modell gewählt. Dabei handelt es sich um eine

---

[1]Text-Tokens, die innerhalb von <body> eingeschlossen sind.
[2]z.B. http://www.siam.org/meetings/calendar.htm.

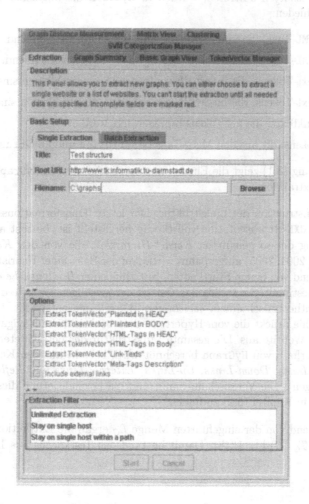

Abbildung 3.1: Konfigurationsbereich der Einzelextraktion von `HyGraph`. Im oberen Bereich werden die Grundeinstellungen der Extraktion festgelegt. Der mittlere Bereich der Maske legt die Tokenart und damit die jeweilige „Bag of Words" fest. Mit Hilfe des unteren Konfigurationsbereichs wird der Extraktionsfilter gesetzt.

Kodierung der jeweiligen *Tokens*, wobei in diesem Fall die Häufigkeit der Tokens als Repräsentation ausgewählt wurde. Da aber bei Webseiten mehrere Tokenarten auftreten, wurden in HyGraph die folgenden Tokenarten unterschieden:

- HTML-Tags, die innerhalb von <head> eingeschlossen sind.
- HTML-Tags, die innerhalb von <body> eingeschlossen sind.
- Text-Tokens, die innerhalb von <head> eingeschlossen sind.
- Text-Tokens, die innerhalb von <body> eingeschlossen sind.
- Linktexte, die als Tokens repräsentiert werden.
- Tokens, die aus den Meta-Tags Description und Keywords stammen.

Abbildung (3.1) zeigt die Einstellungsmöglichkeiten von HyGraph bei einer Einzelextraktion.

3. Die Konstruktion der Linkstruktur: Der letzte Transformationsschritt, bevor die GXL-Repräsentation vollständig hergestellt ist, besteht aus der Berechnung der so genannten *Kernel-Hierarchie*, die von den *Kernel-Links* (Gleim 2004, 2005) aufgespannt wird. Auf der Basis einer Heuristik werden, ausgehend von einem Startknoten, mit Hilfe einer *Breitensuche* die Kernel-Links bestimmt. Sie stellen das *Gerüst* der jeweiligen Website dar, welches graphentheoretisch einem *gerichteten Wurzelbaum* entspricht. Die Kernel-Hierarchie drückt die vom Hypertextautor beabsichtigte Navigationsstruktur der Website aus. Die gesamte Linkstruktur der betrachteten Graphen, die innerhalb von HyGraph berechnet wird, besteht aus den Kernel-Links, *Across-Links*, *Down-Links*, *Up-Links*, *External-Links* und *Reflexive-Links* (Schlingen). Die Veranschaulichung und die Formalisierung dieser Linktypen ist in Kapitel (5.2) zu finden.

Ausgehend von der eingeführten Menge L_C ergab die Extraktion des Testkorpus T_C: $|T_C| = 13481$. Damit bestand das Testkorpus aus 13481 Webseiten.

3.3   Motivation des maschinellen Lernverfahrens

Im Bereich des *Text Mining* (Mehler 2004) werden Texte mit Hilfe von Data Mining-Verfahren analysiert. Um die Bedeutung der Texte zu reproduzieren, wird in der Regel das „Bag of Words"-Modell angewendet, in dem die Bedeutung als Häufigkeitsverteilung der vorkommenden Wörter (Tokens) aufgefasst wird. Abbildung (3.2) zeigt schematisch die Darstellung einer „Bag of Words" an einer beispielhaften Webseite.

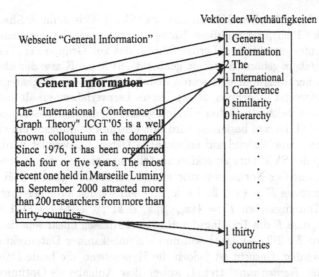

Abbildung 3.2: Vereinfachte schematische Darstellung der „Bag of Words".

Die Kategorisierung der Webseiten erfolgte hier auf Grundlage einer „Bag of Words" der Text-Tokens, die innerhalb des <body>-Tags eingeschlossen waren. Schwachpunkte, die sich beim praktischen Einsatz des „Bag of Words"-Modells ergeben, sind im Wesentlichen:

- Ordnungsbeziehungen zwischen den Tokens gehen verloren.

- Bei vielen Textklassifikationsproblemen entstehen *Feature-Vektoren* mit sehr hoher Dimension[3] (Dimensionsproblem).

- Benutzung unterschiedlicher Vokabularien und verrauschte Daten.

In Bezug auf das Dimensionsproblem besteht die Möglichkeit, eine *Dimensionsreduktion* (Yang & Pedersen 1997) der Feature-Vektoren durchzuführen. Eine andere Möglichkeit, diesem Problem entgegenzuwirken, ist der Einsatz von *Kernel-Verfahren* (Schölkopf et al. 1999), die auf Grund ihrer theoretischen Konzeption für hochdimensionale Kategorisierungsprobleme sehr geeignet sind. Vom maschinellen Lernverfahren unabhängig ist jedoch, dass der Kategorisierung eine gründliche Analyse des zu klassifizierenden Inhalts vorausgeht. Zum einen muss untersucht werden, ob der Inhalt überhaupt klassifizierbar ist. Das heißt, er muss sich möglichst eindeutig einer bestimmten Kategorie zuordnen lassen. Zum anderen muss das Kategoriensystem, welches für die Aussagekraft der Kategorisierungsaufgabe wesentlich ist, sinnvoll und repräsentativ gewählt werden.

---

[3]Oft ist die Vektorlänge > 50000.

Die *Support Vector Machine*-Kategorisierung (SVM) (Cristianini & Shawe-Taylor 2000; Vapnik 1995), die für diese Kategorisierungsaufgabe verwendet wurde, ist ein bekanntes maschinelles Lernverfahren, das zur Gruppe der *Vektorraumbasierten Verfahren* gehört. Weiterhin gehört die SVM zur Klasse der *überwachten* maschinellen Lernverfahren und wurde insbesondere in der Textkategorisierung erfolgreich eingesetzt (Joachims 2002). Dieses Lernverfahren erhält zunächst als *Eingabevektoren* bekannte Daten (Trainingsdaten), deren Klassenzugehörigkeiten bekannt sind. Darauf basierend wird mittels Entscheidungsregeln ein Modell *gelernt*, welches anschließend auf unbekannte Daten angewendet wird. Um das Grundprinzip der SVM kurz zu erklären, stellt man sich ein *linear separierbares Lernproblem* vor: Der Normalenvektor w und das Absolutglied $b \in \mathbb{R}$ der trennenden Hyperebene $E := \{x \in \mathbb{R}^n |\ < w, x > +b\}$ werden auf einer vorgegebenen Menge von Trainingsdaten $T := \{(x_i, y_i) |\ x_i \in \mathbb{R}^n, y_i \in \{+1, -1\}, 1 \leq i \leq n\}$ so eingestellt, dass E die Trainingsdaten in zwei Klassen linear separiert. Gemäß einer Funktion $\delta : \mathbb{R}^n \longrightarrow \{\pm 1\}$ soll nun ein unbekannter Datenvektor korrekt klassifiziert werden. Gesucht ist jedoch die Hyperebene, die beide Datenklassen mit *maximaler Trennspanne*[4] trennt, wobei diese Aufgabe als Optimierungsproblem formuliert werden kann (Hearst et al. 1998). Die Kernidee besteht darin, die Daten, die laut Annahme im Eingaberaum X in ihrer Ursprungsdimension nicht linear separierbar sind, auf der Basis einer Abbildung

$$\Phi : X \longrightarrow F,\ X \ni x \mapsto \Phi(x) = (\Phi_1(x), \Phi_2(x), \ldots, \Phi_m(x)),$$

in einen höherdimensionalen *Featureraum* F zu transformieren. Anstatt im Eingaberaum X wird nun im Featureraum F eine lineare Trennung durch eine Hyperebene mit maximaler Trennspanne m vorgenommen. Zur besseren Veranschaulichung wird die maximal trennende Hyperebene und die Transformation des Eingaberaums in den Featureraum in Abbildung (3.3) schematisch gezeigt. Unter der Voraussetzung, dass in F das Skalarprodukt[5] $< \Phi(x), \Phi(y) >$ definiert ist, ist das wesentliche Konstruktionsmittel der Hyperebene eine *Kernel-Funktion* $k(x, y)$. Ein Vektorraum X wird auch *innerer Produktraum* genannt, falls eine in beiden Argumenten lineare Abbildung $< \cdot, \cdot >: X \times X \longrightarrow \mathbb{R}$ existiert, wobei für alle $x, y \in X$ die Eigenschaften (Cristianini & Shawe-Taylor 2000)

$$< x, y > \ = \ < y, x >, \tag{3.2}$$

$$< x, x > \ \geq \ 0, \tag{3.3}$$

$$< x, x > \ = \ 0 \quad \Longleftrightarrow \quad x = 0, \tag{3.4}$$

gelten. Falls $x, y \in \mathbb{R}^n$, dann ist die Abbildung

$$< \cdot, \cdot >: \mathbb{R}^n \times \mathbb{R}^n \longrightarrow \mathbb{R}, < x, y > := \sum_{i=1}^{n} x_i \cdot y_i$$

---

[4]Die maximale Trennspanne wird auch als *Margin* bezeichnet.
[5]Allgemeiner auch *inneres Produkt* (Fischer 2003) genannt.

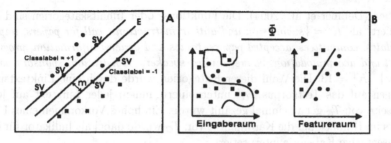

Abbildung 3.3: A: Positiv (+1) und negativ (-1) klassifizierte Datenpunkte. m bezeichnet die maximale Trennspanne. Die Supportvektoren, die die Lage der trennenden Hyperebene E maßgeblich bestimmen, sind mit SV markiert. B: Im linken Koordinatensystem ist keine lineare Trennung möglich. Schematische Transformation der Eingabedaten in den höherdimensionalen Featureraum mit anschließender linearer Trennung.

ein inneres Produkt (Skalarprodukt) im $\mathbb{R}^n$ mit den Eigenschaften (3.2), (3.3), (3.4). Weiterhin heißt

$$k(x,y) := < \Phi(x), \Phi(y) >$$

Kernel-Funktion, falls für $x, y \in X$ gemäß der Abbildung $\Phi : X \longrightarrow F$ das Skalarprodukt $< \Phi(x), \Phi(y) >$ in F definiert ist. Man kann leicht zeigen, dass eine Kernel-Funktion die Eigenschaften eines Skalarproduktes besitzt, aber effizienter zu berechnen ist (Cristianini & Shawe-Taylor 2000). Dabei zeigt sich der wesentliche Vorteil der Kernel-Funktionen darin, dass die maximal trennende Hyperebene im Featureraum F ohne die explizite Anwendung der Transformationsfunktion Φ bestimmt werden kann. Bekannte Kernel-Funktionen, die oftmals in Verbindung mit SVM's angewendet werden, sind für $x, y \in X$

$$
\begin{array}{llll}
k(x,y) & := & <x,y> & \text{(Linear)}, & (3.5) \\
k(x,y) & := & (c<x,y>+c_0)^d, \ c, c_0 \in \mathbb{R}, d \in \mathbb{N} & \text{(Polynomial)}, & (3.6) \\
k(x,y) & := & e^{-\gamma||x-y||^2}, \gamma \in \mathbb{R} & \text{(Radial Basis Funktion)}. & (3.7)
\end{array}
$$

Ein Problem bleibt aber die Parameterauswahl in den Gleichungen (3.6), (3.7) bei einer konkreten Kategorisierungsaufgabe.

3.4 Das Kategorisierungsexperiment

In diesem Kapitel wird nun die spezielle Kategorisierungsaufgabe charakterisiert, indem die Schritte, angefangen mit der Konstruktion der Trainingsmengen bis zur optimalen Parameterbestimmung der Kernel-Funktion, detailliert erläutert werden. Es sei das Kategoriensystem

$$K := \{K_1, K_2, \dots, K_{|K|}\} \tag{3.8}$$

gegeben (Dehmer et al. 2004). Die Funktions- oder Inhaltskategorien sind hier definiert[6] als $K := \{$ *submission and author instructions, call for papers, important dates, committees, accepted papers, topics and general information, program, travel and accommodation, venue, invited speakers, registration, sponsors, workshops* $\}$, $|K| = 13$. Die Wahl dieser Kategorien wurde durch eine Linktextsuche bezogen auf das Testkorpus T_C[7] untermauert, indem jeder Linktext auf jeder Webseite von T_C genau einmal gezählt wurde. Ein hohes Vorkommen eines Linktextes im Hinblick auf die Kardinalität von T_C wurde dabei als Indikator für eine repräsentative Kategorie interpretiert.

Um nun das eigentliche Kategorisierungsexperiment vor dem Hintergrund des Dimensionsproblems, mit einer SVM durchzuführen, wurde aus praktischen Gründen die SVM-Bibliothek LibSVM (Hsu et al. 2003) ausgewählt. Da die SVM-Klassifikation ursprünglich für rein binäre Probleme[8] entwickelt wurde und das gewählte Kategoriensystem (3.8) insgesamt 13 Kategorien enthält, kam in diesem Experiment die *Multiclass*-Strategie *„One Against All"* zum Einsatz. Dabei wird das vorliegende 13-Kategorienproblem in 13 binäre Probleme unterteilt, indem für jede Kategorie ein SVM-Klassifikator gelernt wird. Dazu sind die *Klassen-Labels* der (positiven) Trainingsbeispiele für die entsprechende Kategorie auf +1 zu setzen, alle anderen (negativen) werden auf -1 gesetzt. Die Menge der Trainingsmengen $T := \{T_1, T_2, \ldots, T_{|K|}\}$, die einen wesentlichen Einfluss auf das Kategorisierungsergebnis besitzt, wird im Folgenden konstruiert. Dabei wird die Konstruktion der Trainingsmenge T_i schrittweise erläutert:

1. Es seien $\mathcal{L}_{T_i}(t) \in \{+1, -1\}, t \in T_i, 1 \le i \le |K|$ die Klassen-Labels der Beispiele t bezüglich der Trainingsmenge T_i. Weiterhin sei $\mathcal{T}$ die Menge aller gelabelten Trainingsbeispiele und für deren Kategorie-Labels $\mathcal{L}$ gilt: $a \in \mathcal{T} :\Longleftrightarrow \mathcal{L}(a) \in \{1, 2, \ldots, |K|\}$.

2. Definiere die Indexmenge $I_{-i} := \{1, 2, \ldots, i-1, i+1, \ldots, |K|\}$ und es sei $\mathcal{T}_{K_i} := \{a \in \mathcal{T} \mid \mathcal{L}(a) = i\}$. Die Trainingsbeispiele in der Menge $\mathcal{T}_{K_i}$ sind dabei die zukünftigen positiven (+1) Trainingsbeispiele für die gesuchte Menge T_i. Um die Mengen der Negativbeispiele (-1) zu konstruieren, definiert man weiterhin die Mengen $\tilde{\mathcal{T}}_{K_j} := \{a \in \mathcal{T} \mid \mathcal{L}(a) = j\}, \forall j \in I_{-i}$. Dabei setzen sich die Mengen $\tilde{\mathcal{T}}_{K_j}$ wie folgt zusammen: Auf der Basis einer *einfachen Zufallsstichprobe* aus $\mathcal{T}$ werden die zukünftigen Negativbeispiele gezogen, und es gelte die Bedingung

$$|\mathcal{T}_{K_i}| = \sum_{j \in I_{-i}} |\tilde{\mathcal{T}}_{K_j}|. \qquad (3.9)$$

---

[6]Die Aufzählungsreihenfolge entspricht der Ordnung $K_1, K_2, \ldots, K_{13}$.
[7]Siehe Kapitel (3.2).
[8]Ein bekanntes binäres Problem ist die Filterung von Spam-Emails. Damit liegen genau zwei Klassen vor: Spam-Emails (+1) und keine Spam-Emails (-1).

Aus der Gleichung (3.9) folgt, dass die zukünftigen Negativbeispiele der Menge T_i auf die übrigen Kategorien mit annähernd gleicher Kardinalität verteilt wurden.

3. Damit ergibt sich direkt die Definition der Trainingsmenge T_i:

$$T_i := \{a \in T_{K_i} | \mathcal{L}_{T_i}(a) = +1\} \bigcup_{j \in I_{-i}} \{a \in \tilde{T}_{K_j} | \mathcal{L}_{T_i}(a) = -1\}. \qquad (3.10)$$

Basierend auf Gleichung (3.10) wurde nun für jede Kategorie $K_i, 1 \leq i \leq |K|$, bezogen auf jede Trainingsmenge T_i, ein binärer SVM-Klassifizierer gelernt. Um auf der Grundlage der Trainingsmengen $T_i, 1 \leq i \leq |K|$ Modelle $m_1, m_2, \ldots, m_{|K|}$ zur Vorhersage der noch unbekannten Webseiten $u \in U$ zu erzeugen, müssen die optimalen Parametervektoren auf der Basis einer Kernel-Funktion bestimmt werden. Da für die konkrete SVM-Implementierung der SVM-Typ „C-SVM" und ein RBF-Kernel in Form von Gleichung (3.7) verwendet wurde, müssen Parametervektoren der Form (C, γ) optimiert werden. Die Schritte der Parameteroptimierung sind wie folgt:

1. Definition des Suchraums:

$$P := \{(C, \gamma) | C = 2^g, \gamma = 2^s, g \in M_g := \{-4, 0, 4, \ldots, 20\},$$
$$s \in M_s := \{-16, -12, -8, \ldots, 8\}\}. \qquad (3.11)$$

2. Basierend auf einer 5-fold „Cross Validation" (CV) wurde für jede Trainingsmenge T_i der Klassifizierer mit allen Kombinationen der Parametermenge (3.11) aufgerufen mit dem Ziel, den CV-Fehler zu minimieren. Allgemein wird bei einer n-fold „Cross Validation" die Trainingsmenge in n gleich große Teile (folds) aufgeteilt. Danach wird auf $n-1$ Teilmengen trainiert und auf der n-ten Teilmenge der Generalisierungsfehler (Hastie et al. 2001) bestimmt. Führt man dieses Verfahren für alle möglichen n Unterteilungen durch und mittelt die jeweiligen CV-Fehler, so erhält man damit ein Kriterium für die Parameterauswahl.

3. Als Ergebnis der „Cross Validation", bezüglich aller Parameterkombinationen erhält man direkt die Menge der quadratischen Matrizen

$$M_{CV} := \left\{ (\epsilon_{ij}^{T_1})_{ij}, (\epsilon_{ij}^{T_2})_{ij}, \ldots, (\epsilon_{ij}^{T_{|K|}})_{ij} \,\middle|\, 1 \leq i \leq |M_g|, 1 \leq j \leq |M_s| \right\},$$

wobei $\epsilon_{ij}^{T_k}, 1 \leq k \leq |C|$ den CV-Fehler in der i-ten Zeile und der j-ten Spalte bezüglich T_k bezeichnet.

	Ist= +1	Ist= −1
Hyp(u)=+1	δ_{11}	δ_{12}
Hyp(u)=−1	δ_{21}	δ_{22}

Abbildung 3.4: Kontingenztabelle für eine binäre Kategorisierung.

4. Um abschließend die Menge $P_{fin}^{T_k}$ zu gewinnen, die den optimalen Parametervektor (C_{fin}, γ_{fin}) für die Trainingsmenge T_k enthält, setzt man

$$P_{fin}^{T_k} := \left\{ (C_{fin}, \gamma_{fin}) \, \middle| \, \epsilon_{fin}^{T_k} := \min_{\substack{1 \leq i \leq |M_g| \\ 1 \leq i \leq |M_s|}} \left\{ (\epsilon_{ij}^{T_k})_{ij} \right\} \right\}. \tag{3.12}$$

3.5 Interpretation der Evaluierungsergebnisse

Um zunächst die *Performance* der SVM-Kategorisierung zu evaluieren, wurden die Performancemaße Recall, Precision und *Accuracy* verwendet. Sie sind hier auf der Basis der Abbildung (3.4) definiert:

$$\text{Precision} := \frac{\delta_{11}}{\delta_{11} + \delta_{12}},$$

$$\text{Recall} := \frac{\delta_{11}}{\delta_{11} + \delta_{21}},$$

$$\text{Accuracy} := \frac{\delta_{11} + \delta_{22}}{\delta_{11} + \delta_{12} + \delta_{21} + \delta_{22}}.$$

In der Abbildung (3.5) sind die Ergebnisse der Performancemessung dargestellt. Erwartungsgemäß zeigen die Ergebnisse sehr hohe Recallwerte und sehr niedrige Precisionwerte. Der Recallwert (Raghavan et al. 1989) kann als Wahrscheinlichkeit interpretiert werden, dass eine Webseite, die für eine Kategorie K_i relevant ist, vom Lernalgorithmus auch als solche gekennzeichnet wird. Mit Ausnahme der Kategorie K_7 ($K_7 \cong program$) weisen die hohen Recallwerte auf ein *konservatives Klassifikationsverhalten* hin. Das bedeutet, dass die Entscheidungen des Klassifizierers für eine Kategorie mit sehr hohem Recallwert immer richtig sind. Der Precisionwert (Raghavan et al. 1989) kann als die Wahrscheinlichkeit interpretiert werden, dass eine vom Lernalgorithmus als relevant gekennzeichnete Webseite wirklich relevant ist. Damit sagen die sehr niedrigen Precisionwerte in diesem Experiment aus, dass viele Webseiten vom Lernalgorithmus solchen Kategorien zugeordnet wurden, denen sie nicht angehören. Weiterhin ist der Accuracywert (Joachims 2002) als die Wahrscheinlichkeit anzusehen, dass eine Webseite, die zufällig aus der vorliegenden Verteilung der Beispiele gewählt wurde, vom Lernalgorithmus zur richtigen Kategorie zugeordnet wird. Auf Grund

K_i	Precision	Recall	Accuracy
K_1	29,1%	99,0%	70,8%
K_2	41,6%	99,0%	82,5%
K_3	41,2%	99,0%	90,4%
K_4	50,0%	99,2%	88,2%
K_5	66,6%	99,0%	72,1%
K_6	35,0%	99,1%	90,4%
K_7	25,5%	66,0%	68,4%
K_8	50,0%	99,2%	80,3%
K_9	32,0%	99,0%	66,3%
K_{10}	25,0%	99,0%	80,1%
K_{11}	46,1%	99,0%	71,3%
K_{12}	41,6%	99,0%	82,9%
K_{13}	52,1%	99,2%	94,1%

K_i	# matchings	U_i
K_1	2107	0,10
K_2	2661	0,05
K_3	1992	0,05
K_4	1546	0,24
K_5	3846	0,02
K_6	3616	0,02
K_7	2716	0,14
K_8	2245	0,03
K_9	3045	0,02
K_{10}	2206	0,01
K_{11}	3339	0,03
K_{12}	4627	0,03
K_{13}	1141	0,02

Abbildung 3.5: Ergebnisse der Performancemessung.

Abbildung 3.6: Ergebnisse der Auswertung von U_i.

der Tatsache, dass die Webseiten-Repräsentation und somit die Kategorisierung auf dem bekannten Vektorraummodell basierte, folgt nun insgesamt aus Abbildung (3.5), dass die Kategorisierung sehr unsicher[9] und fehlerhaft ist. Auf Grund der niedrigen Precisionwerte liegt die Vermutung nahe, dass sich die ausgeprägte Falschkategorisierung in einer extremen Mehrfachzuordnung ausdrückt.

Dies bestätigt sich durch die Evaluierung des Eindeutigkeitskoeffizienten (Dehmer et al. 2004; Mehler et al. 2004) $U_i \in [0, 1]$. Für die Definition von U_i gelte zunächst die Definition $[|K_i(u)|] = 1 :\iff u$ gehört zu Kategorie K_i. Der Koeffizient

$$U_i := \frac{|\{u \in U \mid K_i(u) \wedge \neg(K_1(u) \vee \cdots \vee K_{i-1}(u) \vee K_{i+1}(u) \vee \cdots \vee K_{|K|}(u))\}|}{|\{u \in U \mid K_i(u)\}|},$$

der die Eindeutigkeit der Kategorisierung von Webseiten $u \in U$ bezüglich einer Kategorie K_i ausdrückt, ist informell definiert als das Verhältnis

$$\frac{\#\text{Webseiten } u \in U \text{ die ausschließlich zur Kategorie } K_i \text{ zugeordnet wurden}}{\#\text{Webseiten } u \in U \text{ die insgesamt zur Kategorie } K_i \text{ zugeordnet wurden}}.$$

Per Definition gilt: Je höher der Wert von $U_i \in [0, 1]$, desto eindeutiger ist die Kategorisierung der Webseiten bezogen auf die Kategorie $K_i \in K$ und umgekehrt. Abbildung (3.6) zeigt die Ergebnisse der Auswertung von U_i basierend auf dem Kategoriensystem (3.8). Die sehr kleinen Werte von U_i bestätigen die extreme Mehrfachkategorisierung. Damit untermauert diese Auswertung die zentrale Hypothese nachhaltig, dass Polymorphie ein charakteristisches Phänomen für webbasierte Hypertexte, insbesondere für Webseiten des betrachteten Testkorpus T_C,

---

[9]Bezogen auf die hohen Recall- und niedrigen Precisionwerte.

ist. Folglich ist die inhaltsbasierte Hypertextkategorisierung des Testkorpus T_C nicht eindeutig. Dies bestätigt wiederum, dass die Zuordnung zwischen den Webseiten und den Kategorien zu einer Relation in Form von Gleichung (3.1), die in Kapitel (3.1) definiert wurde, entartet ist. Die Zusammenfassung der Interpretationsergebnisse implizieren nun insgesamt, dass das gewählte Vektorraummodell die komplexe Dokumentstruktur dieser Hypertexte nicht genügend erfasst und damit in diesem Zusammenhang unzureichend ist.

3.6   Fazit

Praktische Aspekte des eingesetzten SVM-Lernverfahrens:

Bezogen auf die Evaluierung sind die Verarbeitung von Massendaten und ein gutes *Generalisierungsverhalten* als positive Aspekte für den Einsatz von SVM's zu nennen. Angewendet auf maschinelle Lernverfahren bedeutet letzteres in der statistischen Lerntheorie (Hastie et al. 2001): Extrahierte Gesetzmäßigkeiten aus vorliegenden Trainingsbeispielen sollen möglichst gut unbekannte Beispiele charakterisieren. Dagegen ist die langwierige Zusammenstellung der Trainingsmengen und die laufzeitintensive Parameterstudie negativ zu werten. Weiterhin ist in diesem Zusammenhang der hohe Zeitaufwand für die Datenvorverarbeitung zu nennen. Um das Laufzeitverhalten der Parameterstudie in dieser Untersuchung näher zu bestimmen, betrachte man die Optimierung der Parametervektoren (C, γ). Daraus folgt aber zunächst allgemein, dass bei einer zweiparametrigen Optimierung mit den vorgegebenen Parametermengen M_1, M_2 auf der Basis einer n-fold „Cross Validation" ein $|M_1| \cdot |M_2| \cdot n$-maliges Aufrufen des SVM-Klassifikators pro Trainingsmenge $T_i, 1 \leq i \leq |K|$ nötig ist. Mit den in Kapitel (3.4) definierten Mengen des Parameterraums (3.11) folgt damit, dass in dieser Untersuchung auf der Basis der 5-fold „Cross Validation" $|M_g| \cdot |M_s| \cdot 5 = 7 \cdot 7 \cdot 5 = 245$ Aufrufe des SVM-Klassifikators, pro Trainingsmenge $T_i, 1 \leq i \leq 13$, erforderlich waren. Unter Berücksichtigung der hohen Dimension (≈ 50000) der Feature-Vektoren war die Parameterstudie damit der laufzeitintensivste Teil der Evaluierung.

Schlussfolgerungen aus dem Kategorisierungsexperiment:

Die Evaluierungsergebnisse der Abbildungen (3.5), (3.6) untermauern nachhaltig die These, die untersuchten Webpages des Testkorpus T_C seien systematisch durch Polymorphie gekennzeichnet. Die Webseiten aus T_C stammen dabei aus einem Bereich, der als besonders strukturiert angesehen wird. Dies kann deshalb angenommen werden, da die Funktions- und Inhaltskategorien wiederholt strukturierte Texteinheiten enthalten müssen. Die extrem geringe Trennschärfe zwischen den Kategorien $K_i \in K$, ausgedrückt durch Abbildung (3.6), könnte aber auch durch eine ungünstige Auswahl (i) der Features, (ii) des eingesetzten maschinellen Lernverfahrens oder (iii) des Kategoriensystems entstanden sein (Dehmer et al. 2004; Mehler et al. 2004). Bezüglich (ii) wurde aber von JOACHIMS in (Joachims 2002) durch positive Evaluierungen der Performance gezeigt, dass die Textkategorisierung mit SVM's erfolgreich war. Daraus schließt JOACHIMS insbesondere, dass der SVM-Lernalgorithmus auf Grund seiner theoretischen Konzeption (Vapnik 1995) die wesentlichen Merkmale einer Textkategorierungsaufgabe, nämlich

1. hochdimensionale Featureräume,

2. die Existenz von wenigen nichtrelevanten Features und

3. dünn besetzte Feature-Vektoren,

geeignet berücksichtigt. Aus Punkt (2) der Aufzählung würde im Falle einer extremen Featurereduktion folgen, dass wichtige Klasseninformationen verloren gehen, und dass die Featurereduktion sogar eine Verschlechterung der Performance zur Folge hätte (Joachims 2002). Diese Argumente belegen damit den sinnvollen Einsatz des SVM-Klassifikators für die vorliegende Untersuchung. Abschließend formuliert geben die negativen Aspekte des Kategorisierungsexperiments im Rahmen des Vektorraummodells Anlaß zur Erforschung eines neuen Repräsentationsmodells im Hinblick auf eine adäquatere Modellierung web-basierter Dokumente. Dabei handelt es sich in dieser Arbeit um das graphbasierte Repräsentationsmodell auf Basis der hierarchischen Graphstruktur, welches die Grundlage für ähnlichkeitsbasierte Analysen im Web Structure Mining bildet.

Notwendige Schritte und Entwicklungen:

Für zukünftige Untersuchungen in diesem Problemkreis wäre es sinnvoll, weitere Kategorisierungsexperimente auf Grundlage neuer Testkorpora durchzuführen. Das Ziel solcher Untersuchungen wäre in erster Linie wieder der Nachweis der Polymorphie. Darüber hinaus sollten Experimente folgen, in denen die *Messbarmachung* der Polymorphie, also die numerische Bestimmung des Polymorphiegrades von Webseiten, im Vordergrund steht. Eine Beweisskizze für einen Polymorphiebeweis geben MEHLER et al. in (Mehler et al. 2005a). Ein weiteres Experiment, in dem die Kategorisierung mit einem neuen Testkorpus von englischsprachigen Konferenz/Workshop-Websites durchgeführt wurde, ist bei MEHLER et al. (Mehler et al. 2005b) zu finden.

Auf der Interpretation basierend, dass das Vektorraummodell wegen mangelnder Strukturerfassung komplexer Dokumentstrukturen zur inhaltsbasierten Kategorisierung ungeeignet ist, soll im Nachfolgenden als Alternative und im Hinblick auf das Kapitel (5) die Anwendung von Data Mining-Verfahren auf graphbasierte Repräsentationen web-basierter Hypertexte fokussiert werden. Auf der Basis einer geeigneten Graphrepräsentation[10] und eines aussagekräftigen Graphähnlichkeitsmodells (Dehmer & Mehler 2004; Emmert-Streib et al. 2005), welches in Kapitel (5) entwickelt wird, soll nun im Folgenden das web-basierte Graphmatching besonders thematisiert werden. Als Ergebnis der Berechnung der strukturellen Ähnlichkeit der Graphen von Webseiten-Testkorpora sollten auf Grundlage einer Graphmenge $\bar{\mathcal{H}} := \{\mathcal{H}_1, \mathcal{H}_2, \ldots, \mathcal{H}_n\}$ Ähnlichkeitsmatrizen der Form $(s_{ij})_{ij}$, $1 \leq i \leq n$, $1 \leq j \leq n$, $s_{ij} \in [0, 1]$ resultieren. Sinnvolle Untersuchungen sind z.B.:

- Die Bestimmung der Verteilung der Ähnlichkeitswerte, wobei solche Verteilungen zur Klassifikation graphbasierter Hypertexte eingesetzt werden können.

- Der Einsatz[11] von multivariaten Analyseverfahren, wobei speziell die Clusteringverfahren gewählt werden. Da die Clusteringverfahren Struktur entdeckende Verfahren sind, wird unter anderem die Auffindung von Clustern angestrebt, wobei die darin enthaltenen web-basierten Einheiten Instanzen eines eigenen strukturellen Objekttyps darstellen.

Im Hinblick darauf beschäftigen sich die nachfolgenden Kapitel mit der Motivation und der Entwicklung des Graphähnlichkeitmodells und dessen Anwendungen. Das Modell wird dabei praxisorientierte Aufgaben im Web Structure Mining übernehmen.

---

[10]Diese wurde in Kapitel (2.6) bereits vorgestellt.
[11]Siehe Kapitel (5.8).

66

Kapitel 4

Graphentheorie und strukturelle Ähnlichkeit: Bekannte Methoden

Die Anwendung und die Entwicklung graphentheoretischer Methoden nehmen in dieser Arbeit einen großen Raum ein. Deshalb wird in diesem Kapitel in der gebotenen Kürze ein Überblick über die Graphentheorie und deren Anwendungsgebiete gegeben, um die in dieser Arbeit entwickelten Methoden fachlich einordnen zu können. Ausgehend von der Definition graphentheoretischer Begriffe, wird in diesem Kapitel weiterhin der Ähnlichkeits-Begriff hinsichtlich strukturierter Objekte erklärt. In Vorbereitung auf die Motivation und die Entwicklung des Graphähnlichkeitsmodells in Kapitel (5), erfolgt in Kapitel (4.1.2) eine ausführliche Diskussion bekannter Methoden zur Bestimmung der strukturellen Ähnlichkeit von Graphen. Kapitel (4.3) beschäftigt sich mit Graph Mining-Konzepten und bekannten Methoden zur Ähnlichkeitsbestimmung web-basierter Dokumentstrukturen.

4.1   Erforderliche Grundlagen

Der elementare Begriff des unmarkierten gerichteten Graphen $\mathcal{H} := (V, E)$, $E \subseteq V \times V$ wurde in der vorliegenden Arbeit bereits an einigen Stellen verwendet. In diesem Kapitel (4.1) werden darauf aufbauende graphentheoretische Begriffe definiert. Da die in Kapitel (5) entwickelten graphentheoretischen Methoden sich in erster Linie auf gerichtete Graphen beziehen, werden auch die folgenden graphentheoretischen Begriffe für endliche[1] gerichtete Graphen formuliert (Ihringer 1994; Sobik 1986).

---

[1] In dieser Arbeit werden nur endliche Graphen betrachtet, d.h. $|V| < \infty$.

Definition 4.1.1 (Teilgraph) *Es sei* $\mathcal{H} := (V, E)$, $E \subseteq V \times V$ *ein (unmarkierter) gerichteter Graph gegeben. Dann heißt* $\mathcal{G} := (\hat{V}, \hat{E})$ *mit* $\hat{V} \subseteq V$ *und* $\hat{E} \subseteq E$ *Teilgraph von* $\mathcal{H}$ *und man schreibt* $\mathcal{H} \subseteq \mathcal{G}$.

Definition 4.1.2 (Induzierter Untergraph) *Es sei* $\mathcal{H} := (V, E)$ *ein gerichteter Graph und* $\mathcal{G} := (\hat{V}, \hat{E})$ *ein Teilgraph von* $\mathcal{H}$ *gegeben. Gilt außerdem* $\hat{E} = E \cap (\hat{V} \times \hat{V})$, *dann heißt* $\mathcal{G}$ *induzierter Untergraph von* $\mathcal{H}$.

Definition 4.1.3 (Markierter Graph) $\mathcal{H} := (V, E, f_V, f_E, A_V, A_E)$, $E \subseteq V \times V$ *heißt gerichteter und markierter Graph. Dabei bezeichnen* A_V, A_E *endliche nichtleere Knoten- und Kantenalphabete und* $f_V : V \to A_V$ *und* $f_E : E \to A_E$ *Knoten- und Kantenmarkierungsfunktionen.*

Es ist klar, dass Teilgraphen und induzierte Untergraphen für markierte Graphen auf Basis der entsprechenden Einschränkungen von f_V und f_E ebenso definiert werden können.

Der Isomorphie-Begriff, der die strukturelle Äquivalenz von Graphen ausdrückt, besitzt in der Graphentheorie eine fundamentale Bedeutung. Weiterhin werden in Kapitel (4.2) bekannte Verfahren zur Messung der strukturellen Ähnlichkeit von Graphen angegeben, die auf Isomorphiebeziehungen beruhen. Daher wird der Isomorphie-Begriff nun formal definiert (Sobik 1986).

Definition 4.1.4 (Graph-Isomorphie) *Es seien* $\mathcal{H} := (V, E, f_V, f_E, A_V, A_E)$ *und* $\mathcal{G} := (\hat{V}, \hat{E}, \hat{f}_V, \hat{f}_E, A_V, A_E)$ *markierte gerichtete Graphen.* $\mathcal{H}$ *und* $\mathcal{G}$ *heißen isomorph* $(\mathcal{H} \cong \mathcal{G})$:$\Longleftrightarrow$ *Es existiert eine eineindeutige Abbildung* ϕ *von* $V \cup E$ *auf* $\hat{V} \cup \hat{E}$ *mit den Eigenschaften:*

$$\phi(v) \in \hat{V}, \quad \forall v \in V$$
$$\phi(e) \in \hat{E}, \quad \forall e \in E$$
$$\phi((v, w)) = (\phi(v), \phi(w)), \quad \forall v, w \in V, (v, w) \in E$$
$$f_V(v) = \hat{f}_V(\phi(v)), \quad \forall v \in V$$
$$f_E(v) = \hat{f}_E(\phi(e)), \quad \forall e \in E.$$

Dabei heißt die Abbildung ϕ *Isomorphismus von* $\mathcal{H}$ *auf* $\mathcal{G}$. *Informell erklärt sind zwei Graphen isomorph genau dann, wenn der eine aus dem anderen durch Umbenennung der Knoten hervorgeht.*

Definition 4.1.5 (Wege und Zusammenhang) *Es sei* $\mathcal{H} := (V, E)$, $E \subseteq V \times V$ *ein (unmarkierter) gerichteter Graph gegeben. Die Folge* $v_0, v_1, \ldots, v_n$ *heißt (gerichteter) Kantenzug, falls* $e_i = (v_i, v_{i+1}) \in E, i = 0, 1, \ldots, n-1$. *Sind die* *(gerichteten) Kanten e_i alle verschieden, so nennt man die Folge (gerichteten) Weg. v_0 heißt Startknoten und v_n heißt Zielknoten. Im Fall $v_0 = v_n$ heißt der Weg Zyklus, ansonsten handelt es sich um einen offenen (gerichteten) Weg. $\mathcal{H}$ heißt zusammenhängend, wenn je zwei Knoten durch einen (gerichteten) Kantenzug verbindbar sind. Weiter heißt $\mathcal{H}$ stark zusammenhängend, wenn für je zwei Knoten v und w immer ein (gerichteten) Kantenzug von v nach w existiert.*

Abschließend für das Kapitel werden Graphen einer wichtige Graphklasse — die Bäume — definiert (Sachs et al. 1971).

Definition 4.1.6 (Baum) *Ein ungerichteter Graph heißt Baum, wenn er zusammenhängend und zyklenfrei ist. Ein gerichteter Graph heißt gerichteter Baum, wenn der zu Grunde liegende ungerichtete Graph ein Baum ist. Existiert darüber hinaus genau ein Knoten in den keine gerichtete Kante führt, dann wird der Graph Wurzelbaum genannt. Der auszeichnende Knoten heißt Wurzel.*

Weitere graphentheoretische Begriffe werden speziell in den Kapiteln (5.2), (5.3) definiert. Sie werden im Wesentlichen zur Motivation und Modellierung des Graphähnlichkeitsmodells aus Kapitel (5) benötigt.

4.1.1   Überblick und Resultate der Graphentheorie

Der Graphenbegriff kommt in vielen wissenschaftlichen Bereichen, aber auch in normalen Lebensbereichen sehr häufig vor. Versucht man ein einfaches lokales Schienennetz aufzuzeichnen, entsteht ein Graph, indem man zum Beispiel „Punkte als Bahnhöfe" und „Linien als Schienenstrecken" andeutet. Der Graph des lokalen Schienennetzes kann auf einer nächsten Stufe der Formalisierung als eine Instanz des globalen Hauptproblems „Graphen aller Schienennetze" aufgefasst werden. Anwendung findet die Graphentheorie heute in unzähligen Gebieten, z.B. der Informatik, der Elektrotechnik, der Soziologie, der Biologie und der Chemie. Es folgt nun ein kurzer Ausschnitt von Anwendungsfällen in den eben genannten Gebieten (Foulds 1992):

- In der Informatik werden Graphen z.B. in den Bereichen Datenbankmodellierung, Netzwerktheorie und Hypermedia eingesetzt. In der Elektrotechnik finden sie z.B. Anwendung in der Darstellung von Platinenlayouts und Telekommunikationsnetzen.

- In der Soziologie werden graphentheoretische Konstruktionen in der Theorie der sozialen Netzwerke (Harary 1959, 1965; Scott 2001) und in der Stammbaum- und Ahnenforschung angewendet.

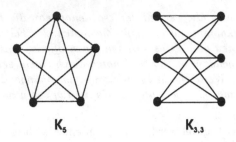

K_5 $K_{3,3}$

Abbildung 4.1: Der vollständige Graph K_5 mit 5 Knoten und der bipartite Graph $K_{3,3}$.

- Die Chemie und die Biologie verwenden Methoden der Graphentheorie zur Darstellung und Bestimmung der Ähnlichkeit von Molekülstrukturen (Basak et al. 2000; Pearson & Lipman 1988; Skvortsova et al. 1996).

Die Ursprünge der Graphentheorie enstanden 1738 durch die Formulierung des bekannten Königsberger Brückenproblems durch EULER (Euler 1736). Dieses Problem löste er, indem er die eigentliche Problemstellung in die Sprache der Graphentheorie übersetzte. EULER (Euler 1736) zeigte schließlich, dass kein Rundweg existiert, bei dem jede Brücke genau einmal überquert wird.

Die *moderne* Graphentheorie ist stark durch das Teilgebiet der *topologischen* Graphentheorie (Veblen 1922) geprägt, in der die strukturelle Untersuchung eines Graphen im Vordergrund steht. Die Ursprünge der topologischen Graphentheorie gehen auf EULER zurück, der 1750 die Polyederformel endeckte. Erst durch KURATOWSKI fand diese Formel 180 Jahre später Anwendung. Dabei benutzte er sie zur Charakterisierung von *planaren* Graphen. Ein Graph ist genau dann planar, wenn er so gezeichnet werden kann, dass sich die Kanten des Graphen nicht schneiden. Die Kanten dürfen sich lediglich in den Knoten des Graphen berühren. Als Ergebnis seiner Untersuchungen bewies er den bedeutenden

Satz 4.1.7 (Satz von Kuratowski) *Ein endlicher Graph ist genau dann planar, wenn er keine Unterteilung von K_5 oder $K_{3,3}$ als Teilgraphen enthält. Allgemein heißt ein Graph H Unterteilung eines Graphen G, wenn er aus G durch das sukzessive Einfügen von endlich vielen neuen Knoten gewonnen werden kann.*

Dabei stützt sich die Aussage von Satz (4.1.7) (Ihringer 1994) auf die nicht planaren Graphen K_5 und $K_{3,3}$, die in Abbildung (4.1) dargestellt sind. Weiter wurden in (Veblen 1922) Zusammenhänge zwischen der *reinen Topologie* (Jänich 1999) und der Graphentheorie untersucht, indem VEBLEN Graphen als *simpliziale Komplexe* (Schubert 1971) auffasst und Graphen mit Hilfe dieser Strukturen klassifiziert.

Ein weiterer Forschungsgegenstand, der ebenfalls der topologischen Graphentheorie angehört, sind *Graphminoren*. Ein Graph ist *Minor* eines Graphen G, wenn er durch Entfernen von Kanten und Knoten sowie durch das Zusammenziehen von Kanten aus G entsteht (Robertson & Seymour 1986). Insbesondere interessiert sich die Graphentheorie dabei für Strukturaussagen und -klassifikationen von Graphen auf der Basis von Minoren. Als bekannte Anwendung lässt sich mit Hilfe der Definition des Graphminors eine äquivalente Formulierung von Satz (4.1.7) angeben.

Satz 4.1.8 *Ein Graph G ist genau dann planar, wenn weder K_5 und $K_{3,3}$ Minoren von G sind.*

Ein ebenfalls gut erforschtes Teilgebiet der Graphentheorie ist die *algebraische* Graphentheorie (Godsil & Royle 2001). Ihr Hauptproblem besteht darin, Graphen mit Hilfe von algebraischen Strukturen, z.B. Matrizen und Gruppen, darzustellen, um die daraus resultierenden Eigenschaften algebraisch auszudrücken. Viele Forschungsarbeiten in der algebraischen Graphentheorie widmen sich der Untersuchung von Polynomen auf Graphen, z.B. chromatisches Polynom, TUTTE-Polynom und Rangpolynom (Bang-Jensen & Gutin 2002; Godsil & Royle 2001). Sie bilden so genannte Invarianten, deren Auffindung für die Unterscheidung von Graphen sehr wichtig ist. Dabei heißt eine Funktion auf Graphen Graph-Invariante, falls die Funktion isomorphen Graphen gleiche Werte zuordnet. Ein ebenfalls wichtiges Gebiet dieser Theorie ist die Erforschung von *Zufallsgraphen* (Bollabás 1998), wobei die ersten bedeutenden Arbeiten von ERDÖS und RÉNYI (Erdös 1961, 1964) stammen. Um nach ihren Überlegungen Zufallsgraphen zu konstruieren, starteten sie mit einer beliebigen Knotenmenge $V, |V| = n$ und erzeugten für jede Kombination von zwei Knoten Kanten mit der Wahrscheinlichkeit $p \in [0,1]$. Als Erwartungswert für die Kardinalität der Kantenmenge E folgt damit $\frac{n(n-1)}{2}$. Ein breites Anwendungsfeld für Zufallsgraphen bieten die Untersuchungen (Deo & Gupta 2001; Kumar et al. 2000b, a) des WWW-Graphen, wobei man mit solchen Modellen besonders das Wachstum beschreiben möchte.

Die Untersuchung des *Spektrums* eines Graphen, welche ebenfalls der algebraischen Graphentheorie zuzuordnen ist, soll als letztes Forschungsgebiet der modernen Graphentheorie erwähnt werden. Um den Begriff des Spektrums kurz zu erklären, betrachte man zu einem beliebigen Graphen $G = (V, E)$ die Adjazenzmatrix

$$\mathcal{A} := \left\{ \begin{array}{ll} 1 & : (v_i, v_j) \in E \\ 0 & : \text{sonst} \end{array} \right. \tag{4.1}$$

Das Spektrum von G besteht nun aus den beiden Mengen $M_\lambda = \{\lambda_1, \lambda_2, \ldots, \lambda_k\}$ und $M_n = \{n_1, n_2, \ldots, n_k\}$. Dabei bezeichnet M_λ die Menge der Eigenwerte der

71

Matrix $\mathcal{A}$, und M_n ist die Menge der Vielfachheiten[2]. Oft wird das Spektrum auch als Nullstellenmenge des *charakteristischen Polynoms* $\chi(\lambda) = \det(\mathcal{A} - \lambda E)$ formuliert. Ein großer Teil der Untersuchungen in der *spektralen* Graphentheorie hat zum Ziel, Zusammenhänge zwischen dem Spektrum und der Struktur eines Graphen aufzudecken. Diese Fragestellung wurde ausführlich in (Cvetkovic et al. 1997) untersucht und hat viele bekannte Ergebnisse hervorgebracht. Graphspektren besitzen ebenfalls interessante Anwendungen in der Informatik, z.B. spektrale Clusteralgorithmen in der Bildverarbeitung (Weiss 1999). Einen guten Überblick über die spektrale Graphentheorie erhält man in (Fan 1997; Cvetkovic et al. 1997).

Als wichtige Mitbegründer der modernen Graphentheorie sind neben EULER (Euler 1736), KURATOWSKI (Kuratowski 1930), ERDÖS (Erdös 1961, 1964) auch HALIN (Halin 1989) und SACHS (Sachs et al. 1971; Sachs 1972) zu nennen. Eine Einführung in die Grundlagen der Graphentheorie ist z.B. in (Behzad et al. 1979; Bornholdt & Schuster 2003; Diestel 2000; Harary 1974; Schmidt & T. 2002; Tittmann 1989; Turau 1996) zu finden.

4.1.2 Ähnlichkeit strukturierter Objekte

Will man die „Ähnlichkeit" zwischen bestimmten Objekten feststellen, so muss zunächst die Auswirkung dieses Begriffs diskutiert werden, weil nicht unmittelbar klar ist, was man unter dem Begriff „Ähnlichkeit" verstehen soll. Sollen beispielsweise unterschiedliche Testpersonen die Frage

Ist Objekt O_1 ähnlich zu Objekt O_2?

beantworten, so besitzen verschiedene Testpersonen eine wahrscheinlich unterschiedliche Vorstellung von der Ähnlichkeit zwischen diesen beiden Objekten. In der Regel bezieht sich der Begriff der Ähnlichkeit auf unterschiedliche Aspekte. Somit unterscheidet SOBIK (Sobik 1982) die folgenden Ähnlichkeitsaspekte:

- Die strukturelle Ähnlichkeit der Objektrepräsentation.

- Die sprachliche Ähnlichkeit der Objektrepräsentation.

- Die semantische Ähnlichkeit der Objektrepräsentation.

- Funktionale Ähnlichkeitsaspekte, also abhängig vom Gebrauch der Objekte.

- Ähnliche Verarbeitung in *kognitiven Prozessen*.

---

[2]Bezogen auf die Nullstellenmenge M_λ. n_i bezeichnet die Vielfacheit der Nullstelle λ_i von $\chi(\lambda)$.

SOBIK (Sobik 1982) stellt fest, dass ein auf der Grundlage einer formalen Repräsentation definiertes Ähnlichkeitsmaß diese unterschiedlichen Aspekte nicht alle gleichzeitig erfassen kann und dass der Ähnlichkeitsbegriff nicht vollständig formalisierbar ist. Das bedeutet aber, dass bei einem Entwurf eines Ähnlichkeitsmaßes darauf geachtet werden muss, ob das Maß Ähnlichkeitswerte erzeugt, die kognitiv plausibel und interpretierbar sind.

Ähnlichkeitsmaße sind keineswegs auf die Mathematik oder Informatik beschränkt, sie kommen in vielen anderen Wissenschaftsbereichen vor. Danach gibt es in den unterschiedlichsten wissenschaftlichen Gebieten viele Anwendungsmöglichkeiten für Ähnlichkeitsmaße, beispielsweise im Information Retrieval (Ferber 2003), in der Clusteranalyse (Anderberg 1973; Everitt 1993), in der Soziologie (Liebetrau 1983) und in der Psychologie (Gregson 1975; Tversky 1977). Je nachdem welche Objekte man aber untersucht ist die Vorgehensweise, die Ähnlichkeit zwischen den jeweiligen Objekten zu definieren, unterschiedlich. Dazu betrachte man die folgenden Beispiele aus der Mathematik:

1. Zwei Dreiecke sind in der Geometrie ähnlich, falls die folgende Aussage wahr ist: Stimmen zwei Dreiecke in zwei Winkeln überein, dann stimmen sie auch im dritten Winkel überein und sind somit per Definition ähnlich. Allgemeiner formuliert sind zwei geometrische Objekte ähnlich, wenn sie durch Drehung, Spiegelung und Streckung ineinander überführt werden können.

2. Zwei quadratische Matrizen $(X_{ij})_{ij}$ und $(Y_{ij})_{ij}, 1 \leq i \leq n, 1 \leq j \leq n$ heißen in der Algebra ähnlich, falls eine invertierbare Matrix I existiert, so dass die Matrizengleichung $X = IYI^{-1}$ gilt.

Diese Beispiele zeigen, dass es von der Beschaffenheit der Objekte abhängt, „wie" die Ähnlichkeit definiert und verifiziert wird. Im ersten Beispiel wird die Ähnlichkeit durch *geometrische Operationen*[3] festgestellt, im zweiten durch Ausführung *algebraischer Operationen*[4].

Im Hinblick auf eine neue Methode für die Ähnlichkeitsbestimmung strukturierter Objekte, die in Kapitel (5) mathematisch motiviert und entwickelt wird, werden in dieser Arbeit Instanzen einer speziellen Klasse von gerichteten Graphen als Objektrepräsentation betrachtet. Um sinnvolle und aussagekräftige Ähnlichkeitsmaße zu konstruieren, ist jedoch zunächst ein genaueres Verständnis der Begriffe Abstand, Distanz und Metrik hilfreich.

---

[3]Z.B. Strecken und Verschieben.
[4]In diesem Beispiel ist es die Matrixinversion und das Ausrechnen des Matrizenproduktes.

4.1.3 Abstand, Distanz und Metriken

In Kapitel (4.1.2) wurde der Ähnlichkeitsbegriff zwischen strukturierten Objekten motiviert und anhand von mathematischen Objekten erklärt, dass der Ähnlichkeitsbegriff unterschiedliche Ausprägungen hat. Je nachdem, welche Objekte man betrachtet, ist das, was man unter der Ähnlichkeit dieser Objekte verstehen will, genau zu definieren. Abstands- und Ähnlichkeitsmaße treten immer dann auf, wenn Beziehungen und spezifische Eigenschaften von strukturierten Objekten beschrieben werden. Dabei hängen der Abstands- und der Ähnlichkeitsbegriff unmittelbar zusammen: Ein gemäß des zu Grunde liegenden Ähnlichkeitsmaßes hoher Ähnlichkeitswert korreliert stark mit einem kleinen Abstandswert und umgekehrt. Der bekannteste Abstandsbegriff ist der euklidische Abstand, der nach dem Geometer EUCLID benannt ist. Um weitere Abstände vorzustellen, ist es sinnvoll, den grundlegenden Begriff der Metrik zu definieren (Heuser 1991).

Definition 4.1.9 (Metrik) *Ein metrischer Raum ist ein Tupel (X, d), bestehend aus einer nichtleeren Menge X und einer Abbildung $d : X \times X \longrightarrow \mathbb{R}$ mit den folgenden Eigenschaften:*

- $d(x, y) \geq 0 \quad \forall x, y \in X \text{ und } \; d(x, y) = 0 \Longleftrightarrow x = y \quad$ *(Positivität)*,

- $d(x, y) = d(y, x) \quad \forall x, y \in X \quad$ *(Symmetrie)*,

- $d(x, y) \leq d(x, z) + d(z, y) \quad \forall x, y, z \in X \quad$ *(Dreiecksungleichung)*.

Die Abbildung d heißt Metrik auf der Menge X, und $d(x, y)$ heißt Abstand zwischen den Punkten x und y.

Der bereits erwähnte euklidische Abstand ist nun für zwei Vektoren $x, y \in \mathbb{R}^n$ definiert durch

$$d(x, y) := \left(\sum_{i=1}^{n} (x_i - y_i)^2 \right)^{\frac{1}{2}}. \tag{4.2}$$

In der Ebene wird der euklidische Abstand zwischen zwei Punkten $x = (x_1, x_2)$ und $y = (y_1, y_2)$ auch als *Luftlinienabstand* bezeichnet. Equivalent kann dieser Abstand auch in der Menge der komplexen Zahlen (Rühs 1976) $(X = \mathbb{C})$ definiert werden. Weiter lassen sich allgemeinere Metriken definieren wie beispielsweise die bekannte MINKOWSKI Metrik,

$$d_p(x, y) := \left(\sum_{i=1}^{n} (x_i - y_i)^p \right)^{\frac{1}{p}}. \tag{4.3}$$

Für $p = 2$ geht der euklidische Abstand aus der MINKOWSKI Metrik hervor.

Es existieren auch Abstandsmaße, die auf nicht euklidischen Metriken beruhen. Nicht euklidische Abstände findet man beispielsweise im POINCARÉ-schen Geometriemodell und in der Funktionentheorie (Rühs 1976). Abschließend dazu sei erwähnt, dass es Abstands- und Ähnlichkeitsmaße gibt, die durch *Semimetriken* induziert werden. Bei einer Semimetrik ist die Dreiecksungleichung in Definition (4.1.9) nicht erfüllt, ansonsten gilt die Positivität und die Symmetrie. In Kapitel (5.6) werden spezielle Abstands- und Ähnlichkeitsmaße zur Bewertung von *Sequenz-Alignments*[5] benötigt. Abschließend für dieses Kapitel werden die formalen Definitionen für Abstands- und Ähnlichkeitsmaße aufgeführt.

Definition 4.1.10 (Abstands- und Ähnlichkeitsmaß) *Es sei X eine Menge. Eine positive reelle Funktion* $\omega : X \times X \longrightarrow [0,1]$ *heißt Abstandsmaß (distance measure), falls die folgenden Bedingungen gelten:*

- $\omega(x,y) = \omega(y,x) \quad \forall x, y \in X.$

- $\omega(x,x) = 0 \quad \forall x \in X.$

Eine positive reelle Funktion $\pi : X \times X \longrightarrow [0,1]$ *heißt Ähnlichkeitsmaß (similarity measure), falls die folgenden Bedingungen gelten:*

- $\pi(x,y) = \pi(y,x) \quad \forall x, y \in X.$

- $\pi(x,x) = 1 \quad \forall x \in X.$

4.2 Strukturelle Ähnlichkeit von Graphen

Da in Kapitel (5) die Ähnlichkeit relational repräsentierter Objekte, nämlich von Graphen untersucht wird, soll nachfolgend ein kurzer Überblick über existierende Forschungsarbeiten gegeben werden, die sich mit der Bestimmung der strukturellen Ähnlichkeit von Graphen beschäftigen. In vielen Anwendungsbereichen, z.B. in der Mustererkennung oder in der Bildverarbeitung, ist es wichtig und entscheidend, Aussagen über die Ähnlichkeit der jeweiligen Objekte zu treffen. Das Kernproblem kann allgemeiner formuliert werden: Es sei D eine Datenbank, in der Objekte mit bekannter Objektrepräsentation enthalten sind. Zu einem unbekannten Objekt als Eingabe sind nun diejenigen Objekte in D gesucht, die ähnlich[6] zur Eingabe sind. Im Fall einer graphbasierten Repräsentation wird diese Aufgabe in der Fachliteratur allgemein als *Graphmatching* (Bunke 2000b, a) bezeichnet. Ist

---

[5]Siehe Kapitel (5.4).
[6]Basierend auf einem zu Grunde liegenden Ähnlichkeitsmaß.

von Graphmatching die Rede, so findet man oft die Unterscheidungen *exaktes Graphmatching* und *inexaktes Graphmatching* (Bunke 2000b, a).

Falls zwei Graphen $\mathcal{H}_1$ und $\mathcal{H}_2$ gegeben sind, dann wird das exakte Graphmatching als die Aufgabe bezeichnet, den Graphisomorphismus[7] (Bang-Jensen & Gutin 2002) von $\mathcal{H}_1$ auf $\mathcal{H}_2$ oder den Untergraphisomorphismus[8] – das ist der Isomorphismus zwischen $\mathcal{H}_1$ und einem Untergraph von $\mathcal{H}_2$ – zu finden. Ein sehr bekannter Algorithmus zur Graphisomorphiebestimmung stammt von ULLMAN (Ullmann 1976). Aus Komplexitätsgründen ist das exakte Graphmatching jedoch für praktische Anwendungen, bei denen die zu Grunde liegenden Graphen von höherer Ordnung sind, kaum einsetzbar. Genauer formuliert ist das Graphisomorphieproblem von der Komplexitätsfrage her offen. Es ist zwar bisher kein effizienter Algorithmus mit *polynomialer* Laufzeit bekannt, doch konnte auch nicht die NP-*Vollständigkeit* (Schöning 2001) dieses Problems bewiesen werden. Jedoch ist die NP-Vollständigkeit für das Untergraphisomorphieproblem bewiesen. Tiefgehendere Untersuchungen über die Komplexität der Graphisomorphie findet man in (Arvind & Kurur 2002; Boppana et al. 1987; Schöning 1988). Das inexakte Graphmatching wird in der Literatur oft als das Problem aufgefasst, eine Folge von kostenbewerteten Transformationsschritten – Einfügung, Ersetzung und Löschung von Knoten und Kanten – derart anzugeben, so dass diese Transformationsfolge einen Graph $\mathcal{H}_1$ in den Graph $\mathcal{H}_2$ umwandelt und die gesamten Transformationskosten der Folge minimal ausfallen.

Mit dem Ziel, die eben genannten zwei Hauptklassen des Graphmatchings zu verfeinern, lassen sich viele aus der Literatur bekannten Ansätze, die sich mit der Auffindung von Graphabständen[9] beschäftigen, in gemeinsame Definitionsprinzipien eingruppieren. Diese Definitionsprinzipien sagen etwas Grundlegendes über die Idee aus, auf der ein Verfahren zur Bestimmung der strukturellen Ähnlichkeit von Graphen basiert. Bekannte Definitionsprinzipien für Graphabstände, die sich bei KADEN (Kaden 1986) finden, sind beispielsweise:

- Graphabstände durch eine minimale Anzahl von Änderungen.

- Graphabstände durch maximale Übereinstimmung.

- Graphabstände auf der Basis von Graphgrammatiken.

- Graphabstände, deren Definition auf verschiedenen Prinzipien beruhen (Kajitanai & Sakurai 1973; Kajitanai & Ueda 1975; Tanaka 1977).

---

[7]Das Auffinden des Isomorphismus zwischen zwei Graphen wird auch allgemeiner als Graphisomorphieproblem bezeichnet.

[8]Das Auffinden des Isomorphismus zwischen Graphen und Untergraphen (Subgraphen) wird allgemeiner auch als Untergraphisomorphie- oder Subgraphisomorphieproblem bezeichnet.

[9]Es gilt: Je ähnlicher zwei Graphen sind, desto geringer ist ihr Abstand und umgekehrt.

Im Folgenden werden einige wesentliche Arbeiten vorgestellt, die sich nach diesen Definitionsprinzipien eingruppieren lassen. Das erste Grundprinzip beruht darauf, durch eine minimale Anzahl von Änderungen – z.B. das Löschen und das Einfügen von Knoten und Kanten – einen Graph $\mathcal{H}_1$ in einen Graph $\mathcal{H}_2$ zu überführen. Graphabstände, die auf diesem Prinzip beruhen, wurden beispielsweise von SANFELIU et al. (Sanfeliu et al. 1981; Sanfeliu & Fu 1983) und SHAPIRO et al. (Shapiro 1982b) konstruiert. KADEN hat in (Kaden 1983) Graphmetriken durch Graphrelationen definiert, die diesem Prinzip konzeptionell sehr nahe stehen.

Bekannte Arbeiten gibt es vor allen Dingen im Bereich der Graphabstände durch maximale Übereinstimmung. BUNKE et al. legen mit (Bunke 1983; Bunke & Allermann 1983) den Grundstein für einen wichtigen Vertreter von Graphabständen aus diesem Definitionsprinzip (Kaden 1986). Es seien zwei markierte Graphen

$$\mathcal{H}_1 \quad := \quad (V_1, E_1, f_{V_1}, f_{E_1}, A_V, A_E)$$
$$\mathcal{H}_2 \quad := \quad (V_2, E_2, f_{V_2}, f_{E_2}, A_V, A_E)$$

gegeben. Dann definieren BUNKE et al. ein „Inexact Match" zwischen $\mathcal{H}_1$ und $\mathcal{H}_2$ als eine Abbildung $m : V_1 \longrightarrow V_2 \cup \{\$\}$. Dabei gilt $m(v) = m(v')$ genau dann, wenn $m(v) = \$$ und $m(v') = \$, \forall v, v' \in V_1$. Nach dieser Definition können die folgenden Fälle auftreten, falls ein „Inexact Match" zwischen $\mathcal{H}_1$ und $\mathcal{H}_2$ besteht:

1. Der Knoten $v \in V_1$ kann gelöscht werden.

2. Ein Knoten $v \in V_1$ kann ersetzt werden durch einen Knoten $v' \in V_2$.

3. Ein Knoten $v' \in V_2$ kann eingefügt werden.

Weiter gilt: $v \in V_1$ wird ersetzt durch $m(v) \in V_2$ genau dann, wenn $m(v) = \$$. Dabei drückt $m(v) = \$$ die Löschung von $v \in V_1$ und die gleichzeitige Einfügung eines Knotens $v' \in V_2 \backslash \{m(V_1)\}$ aus. $c(m)$ sind nun die Kosten eines „Inexact Match", die durch die Summierung der Einzelkosten der eben erklärten Operationen definiert sind. Falls jetzt $m_1, m_2, \ldots, m_n$ alle theoretisch möglichen „Inexact Matches" zwischen $\mathcal{H}_1$ und $\mathcal{H}_2$ sind, dann heißt m' ein „Optimal Inexact Match", wobei die Eigenschaft $c(m') = \min\{c(m_i) | 1 \leq i \leq n\}$ erfüllt sein muss. Ein „Optimal Inexact Match" ist also die Transformationsfolge, die $\mathcal{H}_1$ unter minimalen Kosten nach $\mathcal{H}_2$ transformiert. Unter Annahme einfacher mathematischer Beziehungen bezüglich der Transformationskosten erhalten BUNKE et al. (Bunke 1983) das folgende wichtige Resultat:

Satz 4.2.1 *Es seien $d(\mathcal{H}_1, \mathcal{H}_2)$ die Kosten des „Optimal Inexact Match" zwischen $\mathcal{H}_1$ und $\mathcal{H}_2$. Dann ist $d(\mathcal{H}_1, \mathcal{H}_2)$ eine Graphmetrik.*

77

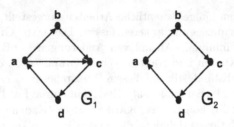

Abbildung 4.2: Zwei knotenmarkierte gerichtete Beispielgraphen.

Viele weitere Arbeiten hatten das Ziel, Graphabstände bezüglich maximaler Übereinstimmung durch größte gemeinsame isomorphe Untergraphen zu konstruieren. So definiert ZELINKA (Zelinka 1975) erstmalig einen Graphabstand über der Menge aller *Isomorphieklassen* von einer Klasse von Graphen. Unter einer Isomorphieklasse versteht man hier die Menge derjenigen Graphen, die zu einem vorgegebenen Graphen isomorph sind. ZELINKA betrachtet dabei Graphen mit gleicher Knotenanzahl, die keine Knotenmarkierungen, keine Schlingen und keine Mehrfachkanten besitzen. Der so genannte ZELINKA-Abstand beruht darauf, dass zwei Graphen umso ähnlicher sind, je höher die Ordnung eines gemeinsamen isomorphen induzierten Untergraphen ist. Die zentrale Aussage seiner Arbeit (Zelinka 1975) ist, dass der ZELINKA-Abstand die Eigenschaften einer Graphmetrik besitzt.

Satz 4.2.2 *Es seien $\mathcal{H}$, $\tilde{\mathcal{H}}$ unmarkierte Graphen ohne Schlingen und Mehrfachkanten. Weiter gelte $|V| = |\tilde{V}| = n$. $\overline{SUB}_m(\mathcal{H})$ bezeichnet die Menge der induzierten Untergraphen der Ordnung m. $\mathcal{H}^*$ bezeichnet die Isomorphieklasse von solchen Graphen, in der $\mathcal{H}$ liegt. Weiterhin sei $SUB_m(\mathcal{H}) := \{\mathcal{H}^* \,|\, \mathcal{H} \in \overline{SUB}_m(\mathcal{H})\}$. $SUB_m(\mathcal{H})$ ist gerade die Menge der Isomorphieklassen, in denen die induzierten Untergraphen der Ordnung m von $\mathcal{H}$ liegen. Dann ist*

$$d_Z(\mathcal{H}, \tilde{\mathcal{H}}) := n - SIM(\mathcal{H}, \tilde{\mathcal{H}}) \tag{4.4}$$

eine Graphmetrik, wobei

$$SIM(\mathcal{H}, \tilde{\mathcal{H}}) := \max\{m \,|\, SUB_m(\mathcal{H}) \cap SUB_m(\tilde{\mathcal{H}}) \neq \{\}\}. \tag{4.5}$$

SOBIK (Sobik 1982, 1986) verallgemeinerte die Graphmetrik auf knoten- und kantenmarkierte Graphen beliebiger Ordnung.

Satz 4.2.3 *Es sei $\mathcal{H} := (V, E, f_V, f_E, A_V, A_E)$ ein endlicher markierter Graph. Sind jetzt $\mathcal{H}, \tilde{\mathcal{H}}$ endliche, markierte Graphen beliebiger Ordnung, dann ist*

$$d_S(\mathcal{H}, \tilde{\mathcal{H}}) := \max\{|\mathcal{H}|, |\tilde{\mathcal{H}}|\} - SIM(\mathcal{H}, \tilde{\mathcal{H}})\} \tag{4.6}$$

eine Graphmetrik.

Als Beispielanwendung betrachte man die Abbildung (4.2). Die direkte Anwendung von Satz (4.2.3) liefert $d_S(G_1, G_2) = 4 - 3 = 1$. Weiterhin führte SOBIK in (Sobik 1982) Graphmetriken ein, indem er das Konzept von ZELINKA, also die Basierung auf dem größten gemeinsamen induzierten Untergraphen, ersetzte durch kleinste unterscheidender induzierter Untergraphen. Eine interessante Anwendung des ZELINKA-Abstandes lieferte KADEN (Kaden 1982). Er transformierte Graphen in *Kantengraphen*[10], wendete auf die transformierten Graphen den ZELINKA-Abstand an und untersuchte die Eigenschaften der transformierten Abstände. Der Kantengraph eines ungerichteten Graphen $G = (V, E)$ ist definiert als $\bar{G} = (E, \bar{E})$, $\bar{E} := \{e, \hat{e} | e, \hat{e} \in E$ und $e, \hat{e}$ sind inzident in $G\}$. Mit Hilfe der Graphen $\bar{G}^m$, die nach iterierter (m-mal) Kantengraphbildung $\bar{G}^m$ entstehen, erhielt KADEN den

Satz 4.2.4 *Es sei Λ_n die Menge der zusammenhängenden Graphen der Ordnung n. Für $0 \le m < n$ ist*

$$d_K^m(\mathcal{H}, \tilde{\mathcal{H}}) = d_S(\mathcal{H}^m, \tilde{\mathcal{H}}^m) = \max\{|\mathcal{H}^m|, |\tilde{\mathcal{H}}^m|\} - SIM(\mathcal{H}^m, \tilde{\mathcal{H}}^m)\}, \quad (4.7)$$

eine Graphmetrik.

Eine weitere bekannte Arbeit aus dem Definitionsprinzip der maximalen Übereinstimmung stammt von SHAPIRO (Shapiro 1982a). Dabei werden gerichtete Graphen $\mathcal{H} = (V, E)$, die zugehörige Adjazenzmatrix $\mathcal{A}$ und die Funktion

$$f(\mathcal{H}) = \{(f(v), f(\hat{v})) | (v, \hat{v}) \in E\}$$

betrachtet, wobei f eine beliebige Permutation von V bezeichnet. Es seien nun die Graphen $\mathcal{H}, \tilde{\mathcal{H}}$ gegeben, repräsentiert durch ihre Adjazenzmatrizen. Der Graphabstand von SHAPIRO beruht darauf, dass die Zeilen und Spalten der Adjazenzmatrix des Graphen $\mathcal{H}$ solange permutiert werden, bis es zu einer maximalen Übereinstimmung der Matrixelemente mit der Adjazenzmatrix $\tilde{\mathcal{A}}$ von $\tilde{\mathcal{H}}$ kommt. Mit dieser Konstruktion erhält SHAPIRO den Graphabstand

$$d(\mathcal{H}, \tilde{\mathcal{H}}) = \min_f \|f(\mathcal{H}) - \tilde{\mathcal{A}}\|, \quad (4.8)$$

der ebenfalls eine Graphmetrik ist.

Abschließend für dieses Kapitels wird noch eine bekannte Arbeit von GERNERT vorgestellt. Genauer gesagt führte GERNERT (Gernert 1979) eine Methode für die Bestimmung der Ähnlichkeit zwischen Graphen, basierend auf Graphgrammatiken ein, wobei Grundlagen über Graphgrammatiken z.B. in (Ehrig 1979; Nagl

---

[10] Im Englischen wird der Kantengraph auch als *line graph* (Bang-Jensen & Gutin 2002) bezeichnet.

1979) zu finden sind. Ausgehend von $S := \{G_1, G_2, \ldots, G_n\}$ und unter der Bedingung, dass die Graphen G_i, $1 \leq i \leq n$ zusammenhängend sind, setzte GERNERT eine Graphgrammatik α voraus, die eine Graphmenge $\tilde{S} := \{\tilde{G}_1, \tilde{G}_2, \ldots, \tilde{G}_p\}$, $S \subseteq \tilde{S}$ erzeugt. Mit Hilfe der Funktion

$$
f(\tilde{G}_i, \tilde{G}_k) := \begin{cases} 0 & : \tilde{G}_i \text{ ist isomorph zu } \tilde{G}_k \\ 1 & : \tilde{G}_i \longrightarrow \tilde{G}_k \text{ in nur einem Ersetzungschritt} \\ \text{undefiniert} & : \text{andernfalls} \end{cases}
$$

definierte GERNERT so genannte „Pfadlängen" zwischen den Graphen $\tilde{G}_r$ und $\tilde{G}_s$, falls $\tilde{G}_s$ durch eine gewisse Anzahl von Zwischenschritten, für die f definiert ist, ausgehend von $\tilde{G}_r$ erzeugt werden kann. Diese Pfadlänge sei nun als l bezeichnet. Es existiert aber mindestens ein Graph G^* mit der Eigenschaft $G^* \longrightarrow \tilde{G}_r$ und $G^* \longrightarrow \tilde{G}_s$. Beispielsweise könnte G^* auch der Startgraph der Graphgrammatik sein. Damit erhält GERNERT den

Satz 4.2.5

$$
d(G_i, G_k) := \min \left\{ l(G^*, G_i) + l(G^*, G_k) \,\middle|\, G^* \in \tilde{S} \wedge G^* \subseteq G_i \wedge G^* \subseteq G_k \right\}
$$

ist eine Graphmetrik.

Der Satz (4.2.5) besitzt eine einfache und anschauliche Interpretation. Unter der Annahme, man hätte in Bezug auf G_i und G_k einen „optimal passenden Ursprungsgraph" $G^\bullet$ ermittelt, setzt sich der Graphabstand aus den Transformationsschritten von $G^\bullet \longrightarrow G_i$ und $G^\bullet \longrightarrow G_k$ zusammen.

Abschließend sei erwähnt, dass das Graphmatching auf der Basis von Graphgrammatiken weiterführend in (Bunke 1982; Ehrig et al. 1992; Gernert 1981) untersucht wurde. Detaillierte Übersichtsartikel bezüglich Graphmatching sind in (Bunke 1983, 2000b, a; Jolion 2001) zu finden.

4.3 Graph Mining und weitere graphorientierte Ähnlichkeitsmaße

In Kapitel (2.2.2) wurden klassische Data Mining-Konzepte beschrieben, wobei das Data Mining die Entdeckung von Mustern und Strukturen in großen Datenbeständen zum Hauptziel hat. Das graphbasierte Data Mining, welches auch als *Graph Mining* (Inokuchi et al. 2003; Yan & Han 2002) bezeichnet wird, beschäftigt sich mit der Wissensexploration in graphbasierten Daten. Ausgehend von einer Datenbank graphbasierter Objekte ist die Suche (Washio & Motoda 2003) nach ähnlichen Graph- und Untergraphmustern innerhalb des Datenbestandes eine typische Aufgabenstellung im Graph Mining. Allgemeiner werden in (Schulz 2004) oft gestellte Problemstellungen des graphbasierten Data Mining skizziert:

1. Die Entdeckung ausgezeichneter Knotenmengen, z.B. hinsichtlich der Knotenzentralität[11].

2. Die Entdeckung ausgezeichneter Kantenmengen, z.B. spezieller Kantenzüge, die kürzeste Wege darstellen.

3. Die Suche und Entdeckung von Graphmustern (Rückert & Kramer 2004; Washio & Motoda 2003).

4. Strukturelle Vergleiche von Graphen.

Bezüglich Punkt (4) versteht man unter strukturellen Graphvergleichen insbesondere die Bestimmung der strukturellen Ähnlichkeit zwischen den Graphen. In Kapitel (4.2) wurden im Wesentlichen klassische Methoden zur Bestimmung der Graphähnlichkeit vorgestellt, die auf Isomorphiebeziehungen beruhen. Die Ansätze, die bezogen auf Punkt (4) in diesem Kapitel (4.3) diskutiert werden, stützen sich auf Methoden der theoretischen Informatik und des maschinellen Lernens. Im ersten Fall sind damit Verfahren zur Bestimmung der Graphähnlichkeit angesprochen, die auf der Basis von sogenannten Sequenz-Alignments[12] die strukturelle Ähnlichkeit zwischen Graphen einer wichtigen Graphklasse – den Bäumen beschreiben. Eine analoge Basis, die diesem Verfahren zu Grunde liegt, ist bezüglich der Problemstellung gegeben, die Distanz zwischen beliebigen Wörtern über einem gewählten Alphabet zu bestimmen (Gusfield 1997; Sankoff & Kruskal 1983; Sankoff et al. 1983). Es sei A ein endliches, nichtleeres Alphabet gegeben und w_1, w_2 sind Wörter aus A^*, der Menge der endlichen Zeichenketten über A. Es gilt ein bekannter Zusammenhang (Jiang et al. 1994): Für alle $w_1, w_2 \in A^*$ ist der Wert der *Editierdistanz*[13] von w_1 und w_2 gleich dem Wert eines optimalen[14] Alignments von w_1 und w_2. Unter einem Sequenz-Alignment versteht man hier die Zuordnung von Entsprechungen zwischen den Bausteinen von Wortsequenzen über einem zu Grunde liegenden Alphabet. Die eben beschriebene Äquivalenz lässt sich jedoch nicht für Alignments von Bäumen formulieren (Jiang et al. 1994). Aus einem Alignment von zwei Bäumen kann zwar die entsprechende Folge der

---

[11]Siehe Kapitel (2.3.2).
[12]Siehe auch Definition (5.4.1) in Kapitel (5.4).
[13]Siehe Kapitel (5.5), Gleichung (5.14).
[14]Das heißt unter minimalen Kosten bezüglich der Alignmentbewertung. Siehe auch Kapitel (5.5).

nötigen Editieroperationen[15] konstruiert werden, die umgekehrte Reihenfolge gilt aber nicht notwendigerweise.

Bekannte Verallgemeinerungen von Sequenz-Alignments beschreiben TAI (Tai 1979) und SELKOW (Selkow 1977). Zum Beispiel betrachtet TAI Alignments von geordneten und ungerichteten Wurzelbäumen. Bei einem geordneten Wurzelbaum ist die Reihenfolge der Kinder $v_1, v_2, \ldots, v_{\delta(v)}$ eines Knotens v signifikant, wobei $\delta(v)$ den Grad[16] von v bezeichnet. Algorithmische Verbesserungen dieser Variante und problem- bzw. anwendungsorientierte Weiterentwicklungen erfolgen in (Höchstmann et al. 2003; Shapiro & Zhang 1990; Zhang & Shasha 1989; Zhang et al. 1992), die besonders für Problemstellungen innerhalb der *Bioinformatik* (Lesk 2003) genutzt werden. So beschreiben HÖCHSTMANN et al. (Höchstmann et al. 2003) ein Verfahren, welches auf strukturellen Baumvergleichen beruht, um lokal und global ähnliche Baummuster in *RNA-Sekundärstrukturen* (Lesk 2003) zu bestimmen. Dabei sind genetische Informationen von Organismen in den meisten Fällen in der DNA gespeichert. Um solche Informationen nutzbar zu machen, müssen sie in Proteine übersetzt werden. Als Zwischenstufe einer solchen Übersetzung kann die RNA betrachtet werden. Neben einer beschreibenden RNA-Sequenz, der Primärstruktur, existiert in den meisten Fällen die RNA-Sekundärstruktur, die ausdrückt, welche Basen miteinander gepaart sind (Lesk 2003). Dabei werden in (Höchstmann et al. 2003) zunächst die ringförmigen RNA-Sekundärstrukturen in geordnete und ungerichtete Wurzelbäume transformiert. Um strukturelle Vergleiche von diesen Bäumen vorzunehmen, verwenden HÖCHSTMANN et al. in (Höchstmann et al. 2003) das entsprechende Verfahren von JIANG et al. (Jiang et al. 1994) und verallgemeinern es zur Bestimmung der strukturellen Ähnlichkeit von *Wäldern*. Dabei versteht man in (Höchstmann et al. 2003) unter einem *Wald* eine Sequenz aus den betrachteten Bäumen. Um das ursprüngliche Verfahren von JIANG et al. detaillierter zu beschreiben, wird zunächst die Knoteneinfügung und die Knotenlöschung bezüglich eines geordneten und ungerichteten Wurzelbaums $T = (V_T, E_T)$ erklärt. Die Einfügung (insert) eines Knotens $u \in V_T$ am Knoten $v \in V_T$ bedeutet (Tai 1979): Alle oder eine Teilmenge der Kinder von v werden Kinder von u und v wird Vaterknoten von u. Die Löschung (deletion) eines Knotens $u \in V_T$ ist gerade komplementär zur Einfügung und bedarf daher keiner separaten Definition (Tai 1979). Es seien nun T_1 und T_2 knotenmarkierte, geordnete und ungerichtete Wurzelbäume. Ein Alignment von T_1 und T_2 erhält man auf der Basis der folgenden Schritte (Jiang et al. 1994):

1. Füge das Lückensymbol '-' solange in T_1 und T_2 ein, bis die dadurch entstehenden Bäume $\tilde{T}_1$ und $\tilde{T}_2$, abgesehen von den Knotenmarkierungen, dieselbe Struktur besitzen.

---

[15]Siehe Kapitel (5.5).
[16]In Kapitel (5.2) wird der Grad für gerichtete und ungerichtete Graphen formal definiert.

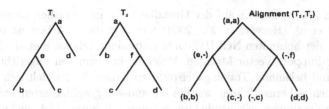

Abbildung 4.3: Zwei knotenmarkierte, geordnete und ungerichtete Wurzelbäume T_1 und T_2. Das rechte Bild zeigt ein optimales Alignment von T_1 und T_2.

2. Lege die Bäume $\tilde{T}_1$ und $\tilde{T}_2$ bildlich übereinander.

3. Den Wert des Alignments von T_1 und T_2 erhält man dadurch, indem die Kostenwerte aller Paare von Knotenmarkierungen aufsummiert werden.

4. Das optimale Alignment von T_1 und T_2 zeichnet sich durch minimale Kosten unter allen theoretisch möglichen Alignments aus.

Die Abbildung (4.3) (Jiang et al. 1994) zeigt beispielhaft ein optimales Alignment zweier Bäume T_1 und T_2. Auf der Basis dieses Verfahrens berechnen HÖCHSTMANN et al. (Höchstmann et al. 2003) mit Hilfe der *dynamischen Programmierung*[17] die globale Ähnlichkeit von Wäldern W_1 und W_2, die durch die maximale Summe der Knotenmarkierungen eines Alignments von W_1 und W_2 gegeben ist. Weiterhin geben sie Erweiterungen an, um auf Grundlage der Methode von JIANG et al. maximal ähnliche Teilbäume in Bäumen oder Wäldern zu bestimmen. Ein Problem während der Berechnung eines Baum-Alignments ist, dass oft nicht unmittelbar klar ist, wie z.B. Übereinstimmungen und Lückenpaarungen passend bewertet werden sollen. WANG et al. (Wang & Zhao 2003) geben daraufhin parametrische Algorithmen zur Bestimmung der strukturellen Ähnlichkeit von geordneten Bäumen an. Genauer entwickeln sie Alignment-Techniken für geordnete Bäume, einmal ohne und im anderen Fall mit Lückenstrafe. Ziel der Untersuchungen von WANG et al. ist es, Parameterintervalle zu finden, so dass in jedem solchen Intervall optimale Alignments existieren. Eine weitere Methode zur Bestimmung der strukturellen Ähnlichkeit von Bäumen auf der Grundlage eines abstrakten Maßes, sowie weitere Arbeiten in diesem Problemkreis, sind bei OOMMEN et al. (Oommen et al. 1996) zu finden. Als letzte Arbeit in diesem Ideenkreis sei eine Arbeit von MEHLER (Mehler 2002) erwähnt. MEHLER transformiert in (Mehler 2002) Texte in sogenannte „*Text Structure Strings*" (Mehler 2002), welche die Struktur der Texte, z.B. Sektionen, Paragraphen und Satzebene, widerspiegeln. Dabei stellen diese Strukturen Wurzelbäume dar. Um nun die Strukturen zu vergleichen, wendet MEHLER die bekannte LEVESTEIN-Metrik[18] auf die zu Grunde liegenden „Text Structure Strings" an.

---

[17]Siehe Kapitel (5.5).
[18]Siehe Kapitel (5.5).

Ein Graph Mining-Ansatz auf der Grundlage des maschinellen Lernens stellen HORVÁTH et al. (Horváth et al. 2004) vor. Ziel dieser Arbeit ist es, auf der Grundlage der bekannten NCI-HVI-Datensammlung (Horváth et al. 2004), mit Hilfe einer Support Vector Machine, Moleküle in Form von ungerichteten Graphen anhand bekannter Trainingsbeispiele zu lernen. Es handelt sich dabei um ein überwachtes Lernverfahren, welches anhand von graphbasierten Trainingsbeispielen, für die eine auszeichnende Grapheigenschaft bekannt ist, eine unbekannte Funktion mit minimalem Vorhersagefehler lernt. Auf diese Weise können charakteristische Molekülstrukturen im Bereich der HIV-Forschung in einer großen Datenmenge identifiziert werden. Ein entscheidener Kernpunkt dieses Verfahrens ist jedoch die Definition von geeigneten und effizienten Kernel-Funktionen[19] $k : \mathcal{G} \times \mathcal{G} \longrightarrow \mathbb{R}$ (Gärtner et al. 2003), die die Ähnlichkeit zwischen den gelabelten graphbasierten Instanzen aus $\mathcal{G}$ detektieren. Dabei basieren bekannte Graph-Kernels, z.B. (Borgelt & Berthold 2002) auf dem Prinzip, die Häufigkeit der in den Graphen vorkommenden Untergraphen zu bestimmen und anschließend die auszeichnende Eigenschaft der Kernel-Funktion auf diese Untergraphmengen anzuwenden. HORVÁTH et al. schlagen in (Horváth et al. 2004) einen Graph-Kernel vor, der auf Teilmengen von zyklischen und baumartigen Graphmustern basiert, wobei auch Permutationen von Zyklen mit einbezogen wurden. Dabei werden alle Graphen der zu Grunde liegenden Datenmenge auf diese Teilmengen abgebildet, unabhängig davon, wie häufig diese Muster auftreten. Der Grundmechanismus, der dieser Kernel-Funktion zu Grunde liegt, basiert auf den folgenden allgemeineren Teilschritten (Horváth et al. 2004; Horváth 2005):

1. Zerlegung eines komplexen Graphobjektes in eine Menge von charakteristischen Graphmustern.

2. Berechnung der Schnittmenge zweier Mengen von Graphmustern.

Gemäß dieser Schritte wurde die Kernel-Funktion $k_{CP}(G_i, G_j)$ (CP=Cylic Patterns) zweier graphbasierter Repräsentationen G_i, G_j schließlich definiert als

$$k_{CP}(G_i, G_j) := |C(G_i) \cap C(G_j)| + |\tau(G_i) \cap \tau(G_j)|,$$

wobei $C(G)$ bzw. $\tau(G)$ die Menge der zyklischen Muster bzw. der Baummuster von G bezeichnet. In (Horváth et al. 2004) wurde jedoch gezeigt, dass die Berechnung der Kernel-Funktion $k_{CP}(G_i, G_j)$, die auf der Zerlegung der Graphobjekte in zyklische und baumartige Untergraphen basiert, exponentielle Laufzeit erfordern kann. Um diesem negativen Aspekt entgegenzuwirken, betrachten HORVÁTH et al. (Horváth et al. 2004) die Menge der einfachen Zyklen, wobei der Weg

$$z = \{v_0, v_1\}, \{v_1, v_2\}, \ldots, \{v_{k-1}, v_k\} \quad \text{mit} \quad v_0 = v_k, v_i \neq v_j, 1 \leq i < j \leq k$$

---

[19]Siehe Kapitel (3.3).

einen einfachen Zyklus darstellt. Darauf basierend wird in (Horváth et al. 2004) eine Zahl effizient berechnet, die die Anzahl der einfachen Zyklen eines Graphen G nach oben beschränkt. Dieses Vorgehen stützt sich wiederum auf die Annahme, dass im Hinblick auf die zu Grunde liegende Datenmenge die Anzahl der einfachen Zyklen durch eine feste Zahl beschränkt ist. Somit lassen sich auf Basis der Menge der einfachen Zyklen einerseits zyklische und andererseits Graphmuster in Form von Bäumen extrahieren. Mit Hilfe der bereits erklärten Durchschnittsbildung werden damit effizient berechenbare Kernel-Funktionen definiert. Damit erreichen HORVÁTH et al. schließlich bessere Ergebnisse der Performancemessung, als mit herkömmlichen Kernel-Funktionen.

Eine effiziente Methode zur Klassifikation großer ungerichteter Graphen im Bereich des unüberwachten Lernens, die auf dem Graphähnlichkeitsmodell aus Kapitel (5) beruht, entwickelten EMMERT-STREIB et al. (Emmert-Streib et al. 2005). Dabei beruht diese Methode auf dem Prinzip, welches auch in der geschilderten Arbeit von HORVÁTH et al. (Horváth et al. 2004) angewendet wurde:

Die Dekomposition komplexer Graphobjekte in Teilmengen bekannter Graphmuster, z.B. Bäume, wobei die Strukturen dieser Teilmengen nun leichter und effizienter zu verarbeiten sind als die Ursprungsgraphen.

Auf der Grundlage einer eindeutigen Dekompositionsmethode für ungerichte Graphen, zerlegen EMMERT-STREIB et al. diese Graphen in ihre zugehörigen Mengen von hierarchisierten und gerichteten Graphen[20]. Die Frage der strukturellen Ähnlichkeit ungerichteter Graphen kann mit Hilfe einer binären Graphklassifikationsmethode beantwortet werden: Zwei ungerichtete Graphen G_1 und G_2 sind genau dann ähnlich, wenn die Ähnlichkeitswertverteilungen der zugehörigen Mengen hierarchisierter und gerichteter Graphen ähnlich sind. Damit kann nun für die Graphklassifikation die wesentliche Frage beantwortet werden, ob G_1 und G_2 derselben Graphklasse angehören. Hinsichtlich bekannter Arbeiten, z.B. (Novak et al. 1999; Palmer et al. 2002) zur Berechnung der strukturellen Ähnlichkeit großer ungerichteter Graphen im Hinblick auf die Klassifikation, ist der geschilderte Ansatz von EMMERT-STREIB et al. neuartig, da ganzheitliche Graphvergleiche und keine Graphmuster, z.B. Zusammenhangskomponenten oder einfache strukturelle Kennzahlen zur Klassifikation herangezogen werden. Das Anwendungsgebiet dieses Klassifikationsverfahrens wird in Kapitel (7.2) motiviert und detaillierter dargestellt.

Da das Hauptziel dieser Arbeit in der Entwicklung von neuen ähnlichkeitsbasiertern Analysemethoden graphbasierter Dokumente besteht, werden nun bekannte

---

[20]Zur formalen Definition hierarchisierter und gerichteter Graphen siehe Definition (5.3.1) in Kapitel (5.3).

Verfahren beschrieben, die sich speziell mit der Bestimmung der Ähnlichkeit web-basierter Dokumentstrukturen befassen. Beispielsweise stellt BUTTLER (Buttler 2004) in seiner Übersichtsarbeit Ansätze zur Bestimmung der strukturellen Ähnlichkeit web-basierter Dokumente vor, wobei es sich bei den betrachteten Dokumenten um XML oder DOM-Strukturen (Chakrabarti 2001) handelt. Die Ansätze lassen sich in charakteristische Gruppen einteilen:

1. Ähnlichkeitsmaße, die auf dem Editiermodell von Bäumen basieren. Sie wurden zu Anfang dieses Kapitels (4.3) besprochen, wobei ein typischer Vertreter die bereits diskutierte Arbeit von JIANG et al. (Jiang et al. 1994) ist.

2. Ähnlichkeitsmaße, die auf der Häufigkeit von Tags beruhen.

3. Ähnlichkeitsmaße, die auf der *Fouriertransformation* beruhen.

4. Bewertung der Dokumentähnlichkeit auf der Grundlage der Ähnlichkeit von Pfaden.

Wie bereits in diesem Kapitel (4.3) erwähnt, ist die Berechnung der Editierdistanz[21] d in Bezug auf die Bestimmung eines optimalen Alignments wesentlich. Im Bereich der Sequenz-Alignments von Wörtern über einem beliebigen Alphabet besteht sogar die bekannte Äquivalenz (Gusfield 1997; Jiang et al. 1994) zwischen Editierdistanz und Alignment. Auf Grundlage der Editierdistanz zweier Dokumentstrukturen D_i und D_j in Form von Bäumen, definiert BUTTLER das Maß

$$\text{TEDS}(D_i, D_j) := \frac{d(D_i, D_j)}{\max(|V_i|, |V_j|)} \quad \text{(Tree Edit Distance Similarity)},$$

wobei V_i bzw. V_j die Knotenmengen der entsprechenden Baumrepräsentationen D_i bzw. D_j bezeichnen.

Die Bestimmung der strukturellen Ähnlichkeit graphbasierter Dokumente auf der Basis von Tags, auf die sich der Punkt (2) der obigen Aufzählung bezieht, ist die einfachste Form zur Berechnung der strukturellen Dokumentähnlichkeit. Dieser Ansatz ist naheliegend, da in XML und DOM-Strukturen das Strukturschema einer Webseite im Wesentlichen durch die Menge der Tags bestimmt wird. Es seien mit TG_i und TG_j die Tag-Mengen der Dokumentrepräsentationen D_i und D_j bezeichnet. Dann definiert BUTTLER die strukturelle Ähnlichkeit von D_i und D_j in der grundlegendsten Form als

$$\text{TS}(D_i, D_j) := \frac{|TG_i \cap TG_j|}{|TG_i \cup TG_j|} \quad \text{(Tag Similarity)}.$$

---

[21]Siehe Kapitel (5.5), Gleichung (5.14).

86

Weiterhin beschreibt BUTTLER in (Buttler 2004) das Problem, dass unterschiedliche Webseiten, die eigentlich dasselbe Strukturschema ausdrücken, stark unterschiedliche Tag-Anzahlen besitzen können. Aus diesem Grund sind gewichtete Tag-Ähnlichkeitsmaße sinnvoll, die ebenfalls in (Buttler 2004) definiert werden.

Bezogen auf den Punkt (3) der Aufzählung stellt BUTTLER ein auf der Fouriertransformation (Fichtenholz 1964) basierendes Verfahren vor, welches ursprünglich von FLESCA et al. (Flesca et al. 2002) stammt. Hier werden lediglich die Konstruktionsschritte dieses Verfahrens kurz erläutert:

- Entfernung aller überflüssiger Informationen innerhalb des Dokuments, so dass eine Struktur verbleibt, die als Gerüst der Dokumentstruktur interpretiert werden kann. Dabei werden die jeweiligen Start- und End-Tags mit positiven ganzen Zahlen markiert.

- Transformation dieser Struktur in eine Zahlensequenz und anschließende Interpretation als *Zeitreihe*, wobei die Zeitreihe eine zeitlich geordnete Abfolge von Beobachtungen darstellt.

- Aus diesen Daten werden mit Hilfe der Fouriertransformation Signale hergestellt. Der Abstand zweier Dokumente reduziert sich auf die Berechnung der Differenz zweier Signalstärken, die durch Fouriertransformation erzeugt wurden.

Bezüglich Punkt (4) erläutert BUTTLER in (Buttler 2004) das Prinzip, die Dokumentähnlichkeit auf der Basis der Ähnlichkeit von Pfaden der zu Grunde liegenden graphbasierten Strukturen zu beschreiben. XML und HTML-Seiten, repräsentiert als DOM-Strukturen, können nämlich leicht als Sequenzen von Pfaden dargestellt werden, die jeweils von der Wurzel zu den Blättern im Baum führen. Ausführlicher wird dieses Prinzip von JOSHI et al. (Joshi et al. 2003) diskutiert, indem sie das *Bag of Tree Paths*-Modell einführen. Basierend auf der baumartigen DOM-Struktur, beschreiben JOSHI et al. alle Pfade von der Wurzel bis zu den Blättern als syntaktische Knotensequenzen. Da es sich um knotenmarkierte Bäume handelt, wobei die Knotenmarkierungen XML oder HTML-Tags darstellen, sind die Pfadsequenzen als die entsprechenden Knotensequenzen zu interpretieren.

Die Abbildung (4.4) zeigt einen beispielhaften DOM-Tree mit seinen Knotensequenzen, die Pfade repräsentieren. Es sei $D := \{d_1, d_2, \ldots, d_n\}$ eine Menge bestehend aus n web-basierten Dokumenten, die durch ihre DOM-Trees dargestellt sind. Ähnlich wie bei Textklassifikationsproblemen führen JOSHI et al. eine Feature-Selektion bezüglich D durch, um alle Pfade, die nur in sehr wenigen Dokumenten vorkommen, zu entfernen. Weiterhin sei nun $P := \{p_1, p_2, \ldots, p_p\}$ die verbleibende Gesamtmenge der Pfade. $f_j(p_i)$ bezeichnet die Vorkommenshäufigkeit von

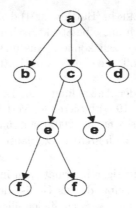

Abbildung 4.4: Ein fiktiver DOM-Tree mit seinen syntaktischen Knotensequenzen: a/b, a/c/e/f, a/c/e/f, a/c/e und a/d.

Pfad p_i in Dokument d_j und es gelte $f_{max} := \max_{i,j} f_j(p_i)$. Auf Grundlage dieser Voraussetzungen definieren JOSHI et al. die strukturelle Ähnlichkeit zwischen den Dokumenten d_j und d_l als

$$\mathrm{SIM}(d_i, d_l) := \frac{\sum_{k=1}^{\rho} \min(d_{j_k}, d_{l_k})}{\sum_{k=1}^{\rho} \max(d_{j_k}, d_{l_k})},$$

wobei $d_{j_k} := \frac{f_j(p_k)}{f_{max}}$. Dabei werden in diesem Modell die Knotenbeziehungen der Art Vaterknoten/Kindknoten berücksichtigt, nicht jedoch die Beziehungen der Kindknoten untereinander. Auf dieser Vorgehensweise basierend, definieren JOSHI et al. das weitergehende *Bag of XPaths*-Modell, welches zusätzlich Beziehungen der Kindknoten ausdrücken kann.

Abschließend für dieses Kapitel wird die Überblicksarbeit von CRUZ at al. (Cruz et al. 1998) angegeben. Neben den bereits schon erwähnten Methoden wie z.B. der Bestimmung der strukturellen Ähnlichkeit auf der Basis der Tag-Häufigkeiten und der Editierdistanz[22] von Bäumen, sei an dieser Stelle noch ein Verfahren aus (Cruz et al. 1998) angesprochen, welches auf der freien Definition von Formeln basiert. Ausgehend von gegebenen Dokumentstrukturen wird zunächst eine geeignete Datenrepräsentation gesucht. Auf Grundlage von Funktionen, die Eigenschaften der transformierten Dokumentstrukturen beschreiben, können nun darauf basierend Ähnlichkeitsmaße in Gestalt von Formeln definiert werden. Je nach ausgewählter Datenrepräsentation können damit bestimmte Eigenschaften und Ausprägungen der Dokumente mit gezielter Definition von Formeln betont werden.

---

[22]Siehe Kapitel (5.5), Gleichung (5.14).

4.4 Zusammenfassende Bewertung

In den Kapiteln (4.2), (4.3) wurden im Hinblick auf das neue Graphähnlichkeits-modell bekannte Methoden zur Bestimmung der Ähnlichkeit von Graphen und web-basierten Dokumentstrukturen vorgestellt, um die neuen Entwicklungen aus Kapitel (5) besser einordnen zu können. Abbildung (4.5) fasst die wesentlichen Ergebnisse bewertend zusammen.

Da nun in Kapitel (5) die Entwicklung eines Graphähnlichkeitsmodells für das web-basierte Graphmatching fokussiert wird, werden zunächst zwei Bedingungen angegeben, die von einem sinnvollen Graphmatching-Verfahren erfüllt werden müssen:

1. Die Verarbeitung von Massendaten.

2. Die Verarbeitung von Graphen hoher Ordnung.[23]

Bezüglich dieser Bedingungen ist das z.B. in Kapitel (4.2) vorgestellte exakte Gra-phmatching nicht für das web-basierte Graphmatching geeignet, weil einerseits die betrachteten Graphen oft unterschiedliche Ordnungen besitzen. Andererseits ist die Berechnung der Untergraphisomorphie nicht handhabbar, da die Algorithmen im schlechtesten Fall exponentielle Laufzeit besitzen und daher isomorphe Unter-graphen höherer Ordnung nur in einem unrealistischen Zeitaufwand zu berech-nen sind. Aus dem gleichen Grund sind die Graphmetriken, die auf den größten, gemeinsamen und isomorphen Untergraphen beruhen, im Hinblick auf das web-basierte Graphmatching nicht nutzbar. Da die Anzahl der Isomorphieklassen für Graphen höherer Ordnungen unüberschaubar ist, wäre ein extrem hoher kombi-natorischer Aufwand erforderlich, um solche Maße in Anwendungen einzusetzen, in denen die sofortige Berechnung der Graphähnlichkeit gefordert ist. Um eine bessere Vorstellung über die Mächtigkeit der Isomorphieklassen zu bekommen, ist in Abbildung (4.6) (Harary & Palmer 1973) ein Ausschnitt der Größenordnun-gen am Beispiel ungerichteter Graphen dargestellt. Auf Grund des ungenügenden Komplexitätsverhaltens ist diese Klasse von Verfahren zur Messung der struktu-rellen Ähnlichkeit für das web-basierte Graphmatching nicht einsetzbar. Gra-phabstände, basierend auf Graphgrammatiken, sind ebenfalls hauptsächlich nur von theoretischem Interesse, da in der Praxis die zu Grunde liegende Graphgram-matik schwer zu bestimmen ist. Die meisten der in Kapitel (4.2) dargestellten Arbeiten wurden jedoch theoretisch intensiv untersucht und sind deshalb gut voneinander abgrenzbar.

In Kapitel (4.3) wurden zuerst Verfahren zur Bestimmung der strukturellen Ähn-lichkeit auf der Basis von Alignments vorgestellt, deren Anwendung allerdings

---

[23]Denkbar wäre hier die Forderung $1 \leq |V| \leq 10000$.

Themenbereich	Literaturangaben	Positiv/Negativ
Graphabstände - Definitionsprinzip: Maximale Übereinstimmung (Graphisomorphie)	(Kaden 1982; Sobik 1982, 1986; Zelinka 1975)	Gute theoretische Fundierung/Ungenügendes Komplexitätsverhalten
Graphabstände - Definitionsprinzip: Maximale Übereinstimmung (Graphtransformationen)	(Bunke 1983; Bunke & Allermann 1983)	Gute theoretische Fundierung/Ungenügendes Komplexitätsverhalten
Graphmatching basierend auf Graphgrammatiken	(Bunke 1982; Ehrig et al. 1992; Gernert 1979, 1981)	Gute theoretische Fundierung/Schwierige Konstruktion der Graphgrammatik
Ähnlichkeitsmaße für Bäume	(Höchstmann et al. 2003; Jiang et al. 1994; Tai 1979; Oommen et al. 1996; Wang & Zhao 2003)	Effizient/Lediglich auf Bäumen definiert; Teilweise trivale Alignment-Technik
Graphmatching basierend auf Kernelmethoden	(Borgelt & Berthold 2002; Gärtner et al. 2003; Horváth et al. 2004; Horváth 2005)	Für spezielle Graphklassen effizient/Schwierige Konstruktion des Graphkernels
Strukturelle Ähnlichkeit web-basierter Dokumente	(Buttler 2004; Cruz et al. 1998; Flesca et al. 2002; Joshi et al. 2003)	Effizient/Lediglich auf DOM-Strukturen definiert; Mangelnde Strukturerfassung

Abbildung 4.5: Zusammenfassung der Ergebnisse aus den Kapiteln (4.2), (4.3).

auf Bäume beschränkt ist. Im Hinblick auf das web-basierte Graphmatching ist die Verarbeitung hierarchisierter und gerichteter Graphen von zentraler Bedeutung. Daher sind die diskutierten Alignment-Verfahren nicht anwendbar, da hierarchisierte und gerichtete Graphen eine wesentlich komplexere Kantenstruktur als reine Wurzelbäume besitzen. Im Gegensatz zu herkömmlichen Sequenz-Alignments von Wörtern beschreibt die Arbeit von HÖCHSTMANN et al. (Höchstmann et al. 2003), die sich auf das Alignment-Verfahren von JIANG et al. (Jiang et al. 1994) stützt, den Trivialfall eines Alignments. Das Alignment zwischen den Wurzelbäumen T_1 und T_2 besteht lediglich aus der Herstellung der maximalen strukturellen Übereinstimmung, abgesehen von Knotenmarkierungen.

HORVÁTH et al. stellen in (Horváth et al. 2004) ein überwachtes Lernverfahren auf der Basis eines SVM-Klassifikators vor. Daher ist die Erzeugung von Trainingsbeispielen erforderlich, die mit den Klassen-Labels (+1) und (-1) gekennzeichnet sind. Kernel-Funktionen, die einerseits auf der Dekomposition der

$|V|$	Anzahl der paarweise nichtisomorphen Graphen
1	1
2	2
3	4
4	11
5	34
6	156
7	1 044
8	12 346
9	271 346
10	12 005 108
11	1 018 997 864
12	165 091 172 592

Abbildung 4.6: Menge der Isomorphieklassen für ungerichtete Graphen.

betrachteten Graphen in strukturell charakteristische Teilmengen und andererseits auf der Schnittmengenbildung dieser Teilmengen beruhen, sind im Allgemeinen schwierig zu verwenden. Die Vorschrift zur effizienten Berechnung solcher Kernelfunktionen liegt bezüglich realer Graphmengen nicht unmittelbar auf der Hand.

Die Methoden aus Kapitel (4.3), die sich insbesondere mit der Bestimmung der strukturellen Ähnlichkeit web-basierter Dokumente befassen, sind ebenfalls nicht auf hierarchisierte und gerichtete Graphen anwendbar. Neben den vorgestellten Verfahren von BUTTLER (Buttler 2004), die auf der Editierdistanz von Bäumen beruhen, wurden in (Buttler 2004) auch Tag-basierte Verfahren vorgestellt. Die Vertauschung von Tags, die Strukturveränderungen in der DOM-Struktur zur Folge haben, spiegelt sich nicht in der Berechnung des Ähnlichkeitswertes wieder. Damit ist diese Klasse von Maßen zur Ähnlichkeitsmessung komplexer Dokumentstrukturen unzureichend.

Der Ansatz von JOSHI et al. (Joshi et al. 2003), der die Dokumentähnlichkeit auf der Basis der Ähnlichkeit von Pfaden beschreibt, ist wieder nur auf Wurzelbäumen definiert. Dieses Verfahren nimmt zwar Bezug auf die Baumstruktur der Webseite, die Betonung unterschiedlicher struktureller Aspekte während der Ähnlichkeitsmessung, z.B. die stärkere Berücksichtigung von Eingangs- und Ausgangsgraden[24], ist jedoch nicht möglich. Auf Grund der Tatsache, dass das Verfahren nur auf der Wurzelbaumstruktur operiert, kann lediglich die Ähnlichkeit web-basierter Dokumente in Form von DOM-Strukturen gemessen werden.

---

[24]Siehe Kapitel (5.2), Definition (5.2.1).

Kapitel 5

Graphbasierte Analyse und Retrieval: Neuer Ansatz

Die Bestimmung der strukturellen Ähnlichkeit von Graphen stellt ein herausforderndes Problem dar. Besonders bei ähnlichkeitsbasierten Graphanalysen auf großen Datenbeständen, wobei die Graphen von höherer Ordnung sind, ist die Konstruktion von effizienten und aussagekräftigen Ähnlichkeitsmaßen schwer. Im vorliegenden Kapitel (5) wird nun die Motivation und mathematische Modellierung einer neuen Methode zur effizienten Bestimmung der strukturellen Ähnlichkeit hierarchisierter und gerichteter Graphen angegeben. Sie ist auf Grund ihrer Konzeption für das web-basierte Graphmatching hinsichtlich Massendaten geeignet. Zum einen besteht das Hauptziel dieses neuen Ansatzes in der Umgehung von graphentheoretischen Modellen, die auf Isomorphie- oder Untergraphisomorphiebeziehungen aufbauen. Zum anderen wird die Entwicklung eines unüberwachten und parametrischen Verfahrens angestrebt, welches die strukturelle Ähnlichkeit auf der Basis ganzheitlicher Graphvergleiche bestimmt. Kapitel (5.1) stellt zunächst die grundlegende Motivation aus anwendungsorientierter und mathematischer Sicht dar. Ausgehend von weiterführenden graphentheoretischen Begriffen und Konstruktionen, die in den Kapiteln (5.2), (5.3) definiert werden, diskutiert Kapitel (5.4) den zentralen Lösungsansatz. Da das neue Verfahren auf einem Algorithmus basiert, welcher auf dynamischer Programmierung beruht, werden die erforderlichen Hilfsmittel in Kapitel (5.5) eingeführt. Mit der eigentlichen Konstruktion der Graphähnlichkeitsmaße in Kapitel (5.6) und einem experimentellen Teil in Kapitel (5.8) schließt das Kapitel (5) ab.

5.1 Motivation

In Kapitel (4.3) wurden bekannte Arbeiten vorgestellt, die auf der Basis von Heuristiken und im Hinblick auf spezielle Graphklassen, z.B. Bäume, Methoden zur Bestimmung der Graphähnlichkeit untersuchen (Höchstmann et al. 2003; Jiang et al. 1994; Tai 1979; Oommen et al. 1996; Wang & Zhao 2003). Allgemeiner wurden in Kapitel (4.2) Verfahren zur Bestimmung der Graphähnlichkeit besprochen. Die kritische Diskussion in Kapitel (4.4) zeigte jedoch deutlich, dass diese Verfahren, vor allem wegen der zu Grunde liegenden Isomorphiebeziehungen, für praktische Anwendungen im Web Structure Mining nicht einsetzbar sind.

Im Hinblick auf das web-basierte Graphmatching muss nun ein Verfahren gefunden werden, das im Hinblick auf Massendaten effizient und mit möglichst geringem Strukturverlust arbeitet. Um als Motivation die generelle Konstruktionsidee für ein solches Verfahren allgemeiner zu erläutern, wird im Folgenden eine Objektmenge O vorausgesetzt. Angenommen, es bestünde nun die Aufgabe, die Ähnlichkeit zwischen allen Objekten $O_i \in O, 1 \leq i \leq |O|$ auf Grundlage einer Methode M_O zu bestimmen. Dann besteht eine wesentliche Konstruktionsidee aus den folgenden Schritten:

1. Transformation der Objekte O_i mittels einer Abbildung $T : O \longrightarrow N$ in einen niedrigdimensionaleren Objektraum N. Dabei besitzt jedes Objekt $O_i \in O$ eine auf der Transformation T beruhende Entsprechung $N_i \in N$.

2. Die Anwendung von neu definierten oder bekannten Methoden M_N zur Bestimmung der Ähnlichkeit der transformierten Objekte N_i. Dies geschieht in der Hoffnung, die Ähnlichkeit zwischen allen Objekten N_i mit minimalem Strukturverlust nun wesentlich effizienter zu bestimmen.

Für die spezielle Problemstellung mit einer konkret vorgegebenen Objektmenge O ist dabei das Auffinden einer strukturerhaltenden Abbildung T das Hauptproblem. Auf Basis dieser Konstruktionsschritte erfolgt in Kapitel (5.4) der erste Definitionsschritt des neuen Ansatzes. Dieser geschieht konkret durch Transformation der graphbasierten Objekte in eindimensionale Strukturen.

Da in dieser Arbeit Problemstellungen des Web Structure Mining, insbesondere das web-basierte Graphmatching und dessen weiterführende Anwendungen im Vordergrund stehen, muss ein solches Verfahren auch praktische Anforderungen erfüllen. Im Mittelpunkt des Verfahrens steht dann ein aussagekräftiges Ähnlichkeitsmaß, mit dem die strukturelle Ähnlichkeit graphbasierter Hypertextrepräsentationen numerisch bestimmt wird. Im Hinblick auf die geplante Anwendung sind die folgenden Bedingungen von Bedeutung:

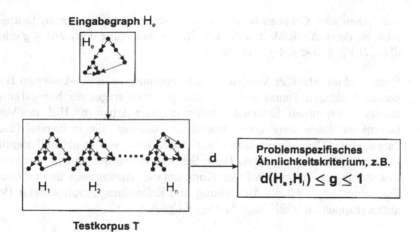

Abbildung 5.1: Das web-basierte Graphmatching.

- Das Ähnlichkeitsmaß muss in seiner algorithmischen Umsetzung möglichst effizient sein, da Massendaten und Graphen höherer Ordnung verarbeitet werden.

- Das Ähnlichkeitsmaß sollte einfach mathematisch formalisierbar sein.

- Das Ähnlichkeitsmaß sollte soviel „Graphstruktur" wie möglich erfassen. Eine Gewichtung und Bewertung spezifischer struktureller Eigenschaften auf der Basis von Parametern ist wünschenswert.

- Die experimentellen Ergebnisse der Ähnlichkeitsmessung sollten in Form von Matrizen der Gestalt $(s_{ij})_{ij}$, $1 \leq i \leq n$, $1 \leq j \leq n$, $s_{ij} \in [0,1]$ weiter zu verarbeiten sein. Daher sind die Eigenschaften eines Ähnlichkeitsmaßes wie z.B. $s_{ij} = s_{ji}$ und $s_{ij} \leq s_{jj} = 1$ gefordert.

Bereits im Web Structure Mining verspricht ein solches Verfahren ein hohes Anwendungspotenzial, z.B.:

- Die Bestimmung der strukturellen Ähnlichkeit von web-basierten Dokumentstrukturen wie z.B. Website-Strukturen[1] oder DOM-Trees (Chakrabarti 2001): Dieser Aufgabe liegt aber das web-basierte Graphmatching zu Grunde, welches in Abbildung (5.1) schematisch dargestellt wird. Ausgehend von einem Testkorpus $T = \{H_1, H_2, \ldots H_n\}$ und einem unbekannten Eingabegraph H_e soll nun ein System, in dem ein Ähnlichkeitsmaß

---

[1]Damit ist die gesamte Website in Form eines hierarchisierten und gerichteten Graphen gemeint. Siehe Definition (5.3.1) in Kapitel (5.3).

d zwischen zwei Graphen berechnet wird, diejenigen Graphen H_i bestimmen, für deren Ähnlichkeitswerte mit H_e die Bedingung $d(H_e, H_i) \leq g$ oder $d(H_e, H_i) \geq \bar{g}$, $0 < g, \bar{g} \leq 1$ erfüllt ist.

- Suche und struktureller Vergleich von Graphmustern in web-basierten Hypertextstrukturen: Damit sind auch Interpretationsfragen der Navigationsmuster angesprochen. Einerseits werden in dieser Arbeit mit Hilfe des Verfahrens auf Basis berechneter Ähnlichkeitsmatrizen, die in Kapitel (2.4) dargestellten Clusteringverfahren zur Aufdeckung von strukturell signifikanten Typklassen eingesetzt. Diese Schritte stellen bereits eine deutliche Erweiterung des bekannten Index-Konzepts dar. Andererseits ist in diesem Zusammenhang auch die Aufdeckung und Erforschung graphbasierter Benutzergruppen im Web Usage Mining möglich.

- Besseres Verständnis der graphentheoretischen Struktur von bestehenden Hypertexten: Angenommen, es sei ein Testkorpus T von graphbasierten Hypertexten gegeben. Dann ist auf der Grundlage des Maßes d die Bestimmung der Verteilungen der Ähnlichkeitswerte sinnvoll. Damit können wichtige Strukturfragen hinsichtlich der Klassifikation beantwortet werden, z.B.:

  Wieviel Prozent der web-basierten Hypertexte in T besitzen einen Ähnlichkeitswert kleiner gleich $\theta \in [0, 1]$?

- Über die Anwendung des Web Structure Mining hinaus kann das dem Verfahren zu Grunde liegende Graphähnlichkeitsmaß auf Grund seiner Konzeption leicht auf neue Graphprobleme in anderen Wissenschaftsbereichen, z.B. bei der Unterscheidung von Tumorstadien (Emmert-Streib et al. 2005), angewendet werden. Dabei ist das Graphähnlichkeitsmaß auf baumähnlichen Graphen definiert: Es handelt sich um hierarchisierte und gerichtete Graphen, die Knotenmarkierungen besitzen können. Da die Instanzen dieser Graphklasse sehr häufig in Verbindung graphbasierter Problemstellungen vorkommen, scheint die Gewichtungsmöglichkeit struktureller Aspekte besonders sinnvoll. So können strukturelle Aspekte, die für jede Problemstellung spezifisch sind, optimiert angepasst werden.

Nachdem das Verfahren zur Bestimmung der strukturellen Ähnlichkeit von graphbasierten Dokumentstrukturen aus der Sicht von praktischen Bedingungen und Anwendungen motiviert wurde, wird nun im Folgenden die mathematische Modellierung thematisiert. Um breite Anwendungsfelder zu schaffen, deren graphentheoretische Problemstellungen auf hierarchisierten und gerichteten Graphen beruhen, sollte zu Anfang der Modellierungsphase eine wesentliche Grundeigenschaft berücksichtigt werden. Diese basiert auf einer Folge von zunächst noch

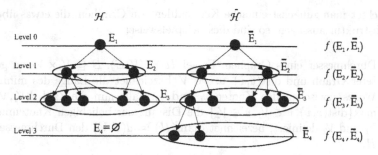

Abbildung 5.2: Wichtige Grundeigenschaft des zukünftigen Graphähnlichkeitsmaßes: Die Bildung der $f(E_i, \bar{E}_i)$ geschieht ebenenweise.

abstrakten Konstruktionsschritten, die durch die Abbildung (5.2) ausgedrückt werden:

- Jeder hierarchisierte und gerichtete Graph wird in Ebenen unterteilt, siehe Abbildung (5.2).

- Auf jeder Ebene i werden für H bzw. $\bar{H}$ spezifische Eigenschaften[2] E_i bzw. $\bar{E}_i$ abgeleitet und mittels einer Funktion f ein Ähnlichkeitswert $f(E_i, \bar{E}_i) \in [0,1]$ bestimmt. $f(E_i, \bar{E}_i)$ bezeichnet dabei den Ähnlichkeitswert auf der i-ten Ebene, basierend auf $E_i, \bar{E}_i$. Ein auszeichnendes Merkmal ist nun: Die Gesamtheit der Werte $f(E_i, \bar{E}_i)$ bildet nicht *per se* das Maß d, sondern auf der Grundlage der $f(E_i, \bar{E}_i)$ kann jederzeit ein neues d definiert werden.

- Somit ist die Möglichkeit gegeben, für jedes spezielle Graphähnlichkeitsproblem gewisse strukturelle Eigenschaften anders zu berücksichtigen.

Der wesentliche Vorteil einer solchen Konstruktion ist, dass das eigentliche Ähnlichkeitsmaß d nach speziellen, strukturellen Gesichtspunkten aus den Werten $f(E_i, \bar{E}_i)$ konstruiert werden kann. Somit ist grundsätzlich die Möglichkeit gegeben, je nach Problemstellung, das Ähnlichkeitsmaß d so zu konstruieren, dass es gewisse Grapheigenschaften „schwächer" oder „stärker" berücksichtigt.

Auf der Suche nach geeigneten strukturellen Ausprägungen der betrachteten Graphen stellt sich die wichtige und grundlegende Frage:

Welche Kennzahlen solcher Graphen sind effizient zu berechnen und erlauben die Definition von Ähnlichkeitsmaßen mit möglichst wenig Strukturverlust?

---

[2]Diese werden speziell in Kapitel (5.4) definiert.

Betrachtet man zunächst einfache Kennzahlen von Graphen, die etwas über die Graphstruktur aussagen, so sind dies beispielsweise:

- Durchmesser eines Graphen: Es sei $H = (V, E)$, $E \subseteq V \times V$ ein gerichteter Graph und $\mathrm{dist}(v, \tilde{v})$, $v, \tilde{v} \in V$ bezeichnet die Länge des minimalen Weges[3] zwischen den Knoten v_i und v_j. Falls nun die Zahl $d(V_1, V_2) := \max\{\mathrm{dist}(v, \tilde{v}) | v \in V_1, \tilde{v} \in V_2\}$ die Distanz der beliebigen Knotenmengen V_1 und V_2 definiert, bezeichnet $\mathrm{diam}(H) := d(V, V)$ den Durchmesser von H.

- n-Sphäre (Halin 1989) um den Knoten $v \in V$ bezogen auf einen Graph H: Sie ist definiert als die Menge $D_n(v, H) := \{\tilde{v} \in V | \mathrm{dist}(v, \tilde{v}) = n, n \geq 1\}$. Das heißt, sie umfasst gerade solche Knoten, die mit $v \in V$ einen minimalen Weg der Länge n gemeinsam haben.

- Die Höhe eines hierarchisierten Graphen: Sie ist definiert als die Länge des maximalen Weges von der Wurzel zu einem *Blatt*.

- Die Ordnungen der Graphen und spezifische Kantenschnittmengen[4].

Man sieht sofort, dass sich diese Größen für ganzheitliche Vergleiche solcher Strukturen nicht eignen: Denkbar wäre zwar die Bildung von Gruppen G_i, die beispielsweise Graphen mit einem bestimmten Durchmesser $\mathrm{diam}(\mathcal{H})$ oder einer Höhe h enthalten, um so Graphen mit ähnlichen strukturellen Eigenschaften zu gewinnen. Um aber Graphen ganzheitlich zu vergleichen, erfassen die obigen Größen zu wenig der gemeinsamen Graphstruktur. Im Hinblick auf das zu entwickelnde Ähnlichkeitsmaß, welches nach der Grundidee der Abbildung (5.2) konstruiert wird, sind nun geeignete strukturelle Kenngrößen gesucht. Dazu werden in Kapitel (5.2) die Gradsequenzen[5] von Graphen sowie deren Eigenschaften und Fragestellungen in diesem Problemkreis detailliert betrachtet.

5.2 Gradsequenzen von Graphen

Das Konzept sogenannter Gradsequenzen kommt in vielen graphentheoretischen Problemstellungen vor. Sie finden beispielsweise Anwendung bei CHEN (Chen 1974) zur Aufzählung von chemischen Isomeren (Christen & Meyer 1997). Da

---

[3]Falls dieser existiert, ansonsten gilt $\mathrm{dist}(v, \tilde{v}) = \infty$.

[4]Ein derartiges Ähnlichkeitsmaß, welches auf der Kantenschnittmenge zweier Graphen definiert ist, wurde z.B. von WINNE et al. (Winne et al. 1994) angegeben. Die Kritikpunkte dieses Maßes wurden bereits in Kapitel (2.3.3), (2.3.4) diskutiert.

[5]Weil hier gerichtete Graphen betrachtet werden, sind damit Sequenzen der Ausgangs- und der Eingangsgrade der Knoten des Graphen gemeint. Siehe Definition (5.2.2) in Kapitel (5.2).

$$\mathcal{H}$$

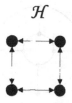

Abbildung 5.3: Ein gerichteter Graph mit der Ordnung $|V| = 4$.

in diesem Kapitel hauptsächlich gerichtete Graphen betrachtet werden, sind im Folgenden die meisten Definitionen für gerichtete Graphen formuliert. Um den Begriff der Gradsequenzen formal zu erfassen, benötigt man einige Definitionen wie folgt.

Definition 5.2.1 *Es sei* $\mathcal{H} = (V, E)$, $E \subseteq V \times V$, $|V| < \infty$ *ein gerichteter Graph.*

$$
\begin{aligned}
\mathcal{N}^+(v) &:= \{\tilde{v} \in V \setminus \{v\} | (v, \tilde{v}) \in E\} \text{ ist die Menge der out-Nachbarn von } v, \\
\mathcal{N}^-(v) &:= \{\tilde{u} \in V \setminus \{v\} | (\tilde{u}, v) \in E\} \text{ ist die Menge der in-Nachbarn von } v, \\
\delta_{out}(v) &:= |\mathcal{N}^+(v)|, \\
\delta_{in}(v) &:= |\mathcal{N}^-(v)|.
\end{aligned}
$$

Definition 5.2.2 *Es sei* $\mathcal{H} = (V, E)$, $E \subseteq V \times V$, $|V| < \infty$ *ein gerichteter Graph.* $s_j^{out}(\mathcal{H}) \in \mathbb{N}, 0 \leq j \leq k_{out} := \max_{v \in V}\{\delta_{out}(v)\}$ *bzw.* $s_i^{in}(\mathcal{H}) \in \mathbb{N}, 0 \leq i \leq k_{in} := \max_{v \in V}\{\delta_{in}(v)\}$ *bezeichnet die Anzahl der Knoten von* $\mathcal{H}$ *mit Ausgangsgrad* j *bzw. mit Eingangsgrad* i.

$$s^{out}(\mathcal{H}) := (s_0^{out}(\mathcal{H}), s_1^{out}(\mathcal{H}), \dots, s_{k_{out}}^{out}(\mathcal{H}))$$

bzw.

$$s^{in}(\mathcal{H}) := (s_0^{in}(\mathcal{H}), s_1^{in}(\mathcal{H}), \dots, s_{k_{in}}^{in}(\mathcal{H}))$$

bezeichnet die Ausgangsgrad- bzw. Eingangsgradsequenz von $\mathcal{H}$.

Um die Definition (5.2.2) beispielhaft anzuwenden, sei die Abbildung (5.3) betrachtet. Es gilt hier $s^{out}(\mathcal{H}) = (0, 0, 4) = s^{in}(\mathcal{H}) = (0, 0, 4)$.

Eine grundlegende und sofort ersichtliche Aussage (Sachs et al. 1971; Sachs 1972) bezüglich der Gradsequenzen ist

Proposition 5.2.3 *Es sei* $\mathcal{H} = (V, E)$, $E \subseteq V \times V$, $|V| = n$ *ein endlicher, gerichteter Graph. Dann gilt*

$$\sum_{i=1}^{n} \delta_{out}(v_i) = \sum_{i=1}^{n} \delta_{in}(v_i).$$

99

Abbildung 5.4: Ein 3-regulärer Graph.

Die Aussage von Proposition (5.2.3) gilt, da jeder Knoten $v_i \in V$, der eine ausgehende Kante besitzt, in $v_j \in V$ einen Eingangsgrad induziert. Da bei ungerichteten Graphen die Gleichung $\delta_{out}(v_i) = \delta_{in}(v_i), v_i \in V$ besteht, spricht man hier nur vom *Grad* $\delta(v_i)$ eines Knotens v_i. Eine Klasse von ungerichteten Graphen, die durch die Knotengrade charakterisiert werden, sind z.B. die *regulären* Graphen. Ein ungerichteter Graph heißt deshalb *k-regulär*, falls alle Knoten $v_i \in V, 1 \leq i \leq n$ den Grad k besitzen. Die Abbildung (5.4) zeigt einen 3-regulären Graph, wobei dieser in der Graphentheorie auch oft als *kubischer Graph* bezeichnet wird.

Die Untersuchung der Gradsequenzen von Graphen tritt oft bei strukturellen Fragestellungen auf, aber auch im Hinblick auf die Realisierbarkeit einer Sequenz natürlicher Zahlen. Für den gerichteten Fall heißt das genauer formuliert: Es seien die Sequenzen natürlicher Zahlen $s^{(1)} := (s_0, s_1, \cdots, s_p)$ und $s^{(2)} := (\hat{s}_0, \hat{s}_1, \cdots, \hat{s}_p)$ gegeben.

Unter welchen Bedingungen stellen $s^{(1)}$ und $s^{(2)}$ Ausgangsgrad- und Eingangsgradsequenzen eines Graphen G dar?

Diese Fragestellung wurde beispielsweise für gerichtete und ungerichtete Graphen in (Hakimi 1962, 1965; Ruskey et al. 1994) untersucht. Für gerichtete Graphen

$$G = (V, E), \ E \subseteq V \times V, \ |V| = n, \tag{5.1}$$

untersucht HAKIMI in (Hakimi 1965) die Frage der Realisierbarkeit, indem er jedem Knoten $v_i \in V$ das Paar $(\delta_{out}(v_i), \delta_{in}(v_i))$ zuordnet. Das bedeutet, dass jeder Knoten durch die Anzahl der ein- und ausgehenden Kanten identifiziert wird. Es sei nun eine Sequenz von 2-Tupeln der Form $S = (\delta_{out}(v_i), \delta_{in}(v_i)), 1 \leq i \leq n$ nach der wachsenden Komponentensumme geordnet. Dann ist ein Hauptergebnis dieser Arbeit, dass die Sequenz S durch einen schlingenfreien Graph (5.1) realisierbar ist, genau dann, wenn die Gleichung

$$\sum_{i=1}^{n} \delta_{out}(v_i) = \sum_{i=1}^{n} \delta_{in}(v_i), \tag{5.2}$$

und die Ungleichung

$$\sum_{i=1}^{n-1} \delta_{out}(v_i) + \delta_{in}(v_i) \geq \delta_{out}(v_n) + \delta_{in}(v_n) \tag{5.3}$$

gilt. Weitergehend weist HAKIMI in (Hakimi 1965) nach, dass ein zusammenhängender gerichteter Graph realisierbar ist, falls die Gleichung (5.2), die Ungleichung (5.3) und zusätzlich die Ungleichung

$$\sum_{i=1}^{n} \delta_{out}(v_i) \geq n - 1 \tag{5.4}$$

erfüllt ist. Ist S durch einen streng zusammenhängenden Graph realisierbar, dann gilt Gleichung (5.2), die Ungleichung (5.3) und

$$\min(\delta_{out}(v_i), \delta_{in}(v_i)) > 0 \quad \forall i : 1 \leq i \leq n. \tag{5.5}$$

Ein Ergebnis für ungerichtete Graphen, das als letztes in diesem Problemkreis genannt werden soll, ist ein Satz von ERDÖS und DALLAI (Volkmann 1991). Der Beweis ist in (Volkmann 1991) zu finden.

Satz 5.2.4 *Eine Sequenz $\delta(v_1) \geq \delta(v_2) \geq \cdots \geq \delta(v_n)$ ganzer natürlicher Zahlen realisiert einen Graphen ohne Schlingen und Mehrfachkanten genau dann, wenn $\sum_{i=1}^{n} \delta(v_i)$ gerade ist und wenn die Ungleichung*

$$\sum_{i=1}^{n} \delta(v_i) \leq p(p-1) + \sum_{i=p+1}^{n} \min\{p, \delta(v_i)\}, \quad \forall p : 1 \leq p \leq n$$

gilt.

Eine für diese Arbeit grundlegende Fragestellung ist, wie Aussagen über Gradsequenzen mit denen der Graphisomorphie wechselwirken. Von besonderem Interesse sind dabei solche Aussagen, aus denen auf der Basis von gewissen Bedingungen der Gradsequenzen Schlüsse bezüglich der Graphisomorphie gezogen werden können. Abschließend wird aus diesem Problemkreis die folgende Proposition angegeben:

Proposition 5.2.5 *Es seien $\mathcal{H}_1$ und $\mathcal{H}_2$ endliche und gerichtete Graphen. Falls ϕ der Isomorphismus von $\mathcal{H}_1$ auf $\mathcal{H}_2$ ist, so gilt für $v_i, 1 \leq i \leq n$*

$$\delta_{out}(v_i) = \delta_{out}(\phi(v_i)) \tag{5.6}$$

und

$$\delta_{in}(v_i) = \delta_{in}(\phi(v_i)). \tag{5.7}$$

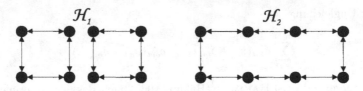

Abbildung 5.5: Zwei nicht isomorphe Graphen mit den gleichen Ausgangsgrad- und Eingangsgradsequenzen.

Aus Proposition (5.2.5) und mit der Definition der Isomorphie folgt nun unmittelbar die Aussage: $\mathcal{H}_1 \cong \mathcal{H}_2 \implies s^{out}(\mathcal{H}_1) = s^{out}(\mathcal{H}_2) \wedge s^{in}(\mathcal{H}_1) = s^{in}(\mathcal{H}_2)$. Das heißt, dass aus der Isomorphie von $\mathcal{H}_1$ und $\mathcal{H}_2$ folgt, dass diese Graphen gleiche Ausgangsgrad- und Eingangsgradsequenzen besitzen. Der einfache Beweis der Proposition ergibt sich aus der Isomorphiebedingung von $\mathcal{H}_1$ und $\mathcal{H}_2$. Die Umkehrung der Proposition gilt jedoch nicht notwendigerweise, wie Abbildung (5.5) zeigt: Für die Ausgangsgrad- und Eingangsgradsequenzen erhält man $s^{out}(\mathcal{H}_1) = (0,0,8) = s^{out}(\mathcal{H}_2) = (0,0,8)$, $s^{in}(\mathcal{H}_1) = (0,0,8) = s^{in}(\mathcal{H}_2) = (0,0,8)$. Da $\mathcal{H}_1$ nicht zusammenhängend ist, gilt offensichtlich $\mathcal{H}_1 \ncong \mathcal{H}_2$.

5.3   Hierarchisierte und gerichtete Graphen

Das Beispiel aus Abbildung (5.5) wirft unmittelbar die Frage auf, „wieviel Struktur" die Ausgangsgrad- und Eingangsgradsequenzen eines Graphen erfassen. Um vertiefende Beispiele anzugeben, wird im Folgenden die Graphklasse der knotenmarkierten, hierarchisierten und gerichteten Graphen formal definiert. In Kapitel (3.2) wurden diese Graphen bereits im Zusammenhang mit der web-basierten Extraktion erwähnt.

Definition 5.3.1 *Es sei die Knotenmenge*

$$\hat{V} := \{v_{0,1}, v_{1,1}, v_{1,2}, \ldots, v_{1,\sigma_1}, v_{2,1}, v_{2,2}, \ldots, v_{2,\sigma_2}, \ldots, v_{h,1}, v_{h,2}, \ldots, v_{h,\sigma_h}\},$$

eine Knotenmarkierungsfunktion $m_{\hat{V}} : \hat{V} \longrightarrow A_{\hat{V}}$ und ein Knotenalphabet $A_{\hat{V}}$ gegeben. h bezeichnet die maximale Länge eines Pfades von der Wurzel $v_{0,1}$ bis zu einem Blatt. $v_{i,j}$ bezeichnet den j-ten Knoten auf der i-ten Ebene, $0 \leq i \leq h$, $1 \leq j \leq \sigma_i$. σ_i ist maximal in dem Sinne, dass keine andere Knotensequenz existiert, so dass $v_{i,1}, v_{i,2}, \ldots, v_{i,\hat{\sigma}_i}$ mit $\hat{\sigma}_i > \sigma_i$. $\mathcal{L} : \hat{V} \longrightarrow \mathbb{N}$, $\mathcal{L}(v_{i,j}) := i$ ist eine Funktion, welche die Ebene eines Knotens $v_{i,j}$ bestimmt. Die Kantenmenge $\hat{E} := \hat{E}_1 \cup \hat{E}_2 \cup \hat{E}_3 \cup \hat{E}_4$ sei wie folgt definiert:

$$\hat{E}_1 := \{(v_{i,\nu}, v_{i-1,\nu_j}) | v_{i,\nu}, v_{i+1,\nu_j} \in \hat{V}, \ 1 \le j \le k, \ k := \delta_{out}(v_{i,\nu}),$$
$$\mathcal{L}(v_{i+1,\nu_j}) = \mathcal{L}(v_{i,\nu}) + 1 \wedge ((\not\exists(v_{i,\bar{\nu}}, v_{i+1,\nu_k}), \ \bar{\nu} > \nu) \vee$$
$$(\not\exists(v_{i,\hat{\nu}}, v_{i+1,\nu_1}), \hat{\nu} < \nu)), \nu_1 < \nu_2 < \cdots < \nu_k\} \quad (5.8)$$

$$\hat{E}_2 := \{(v_{i+s,\nu}, v_{i,\bar{\nu}}) | v_{i+s,\nu}, v_{i,\bar{\nu}} \in \hat{V}, \ \mathcal{L}(v_{i,\bar{\nu}}) = \mathcal{L}(v_{i+s,\nu}) - s, s \le h$$
$$\wedge \exists! (\underbrace{(v_{i,\bar{\nu}}, v_{i+1,\nu_1})}_{\in \hat{E}_1}, \cdots, \underbrace{(v_{i+s-1,\nu_j}, v_{i+s,\nu})}_{\in \hat{E}_1}), \ 1 \le \bar{\nu} \le \sigma_i,$$
$$1 \le \nu_1 \le \sigma_{i+1}, \cdots, 1 \le \nu_j \le \sigma_{i+s-1}, 1 \le \nu \le \sigma_{i+s}\}. \quad (5.9)$$

$$\hat{E}_3 := \{(v_{i,\bar{\nu}}, v_{i+s,\nu}) | v_{i,\bar{\nu}}, v_{i+s,\nu} \in \hat{V}, \ \mathcal{L}(v_{i+s,\nu}) = \mathcal{L}(v_{i,\bar{\nu}}) + s, 1 < s \le h$$
$$\wedge \exists! (\underbrace{(v_{i,\bar{\nu}}, v_{i+1,\nu_1})}_{\in \hat{E}_1}, \cdots, \underbrace{(v_{i+s-1,\nu_j}, v_{i+s,\nu})}_{\in \hat{E}_1}), \ 1 \le \bar{\nu} \le \sigma_i,$$
$$1 \le \nu_1 \le \sigma_{i+1}, \cdots, 1 \le \nu_j \le \sigma_{i+s-1}, 1 \le \nu \le \sigma_{i+s}\}. \quad (5.10)$$

$$\hat{E}_4 := \{(v_{i,\nu}, v_{i,\bar{\nu}}) | v_{i,\nu}, v_{i,\bar{\nu}} \in \hat{V}, \ \mathcal{L}(v_{i,\nu}) = \mathcal{L}(v_{i,\bar{\nu}}) \wedge (\nu < \bar{\nu} \vee \nu > \bar{\nu})\}$$
$$\cup \{(v_{i+s,\nu}, v_{i,\bar{\nu}}) | v_{i+s,\nu}, v_{i,\bar{\nu}} \in \hat{V}, \ (v_{i+s,\nu}, v_{i,\bar{\nu}}) \notin \hat{E}_2,$$
$$\mathcal{L}(v_{i,\nu}) = \mathcal{L}(v_{i+s,\nu}) - s, s \le h\}$$
$$\cup \{(v_{i,\nu}, v_{i+s,\bar{\nu}}) | v_{i,\nu}, v_{i+s,\bar{\nu}} \in \hat{V}, \ (v_{i,\nu}, v_{i+s,\nu}) \notin \hat{E}_1, \hat{E}_3,$$
$$\mathcal{L}(v_{i+s,\bar{\nu}}) = \mathcal{L}(v_{i,\nu}) + s, s \le h\}. \quad (5.11)$$

Dann bezeichnet $\hat{\mathcal{H}}_m = (\hat{V}, \hat{E}, m_{\hat{V}}, A_{\hat{V}})$ den knotenmarkierten, hierarchisierten und gerichteten Graph. Falls $\hat{\mathcal{H}}_m$ ohne Knotenmarkierung aufgefasst wird, gilt $A_{\hat{V}} := \{\}.$

Die Abbildung (5.6) zeigt beispielhaft einen knotenmarkierten, hierarchisierten und gerichteten Graph, zusammen mit seinen Kantentypen. Eine informelle Erklärung der Kantentypen aus Definition (5.3.1) kann wie folgt formuliert werden (Mehler et al. 2004):

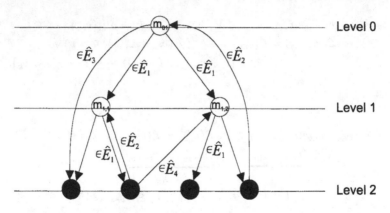

Abbildung 5.6: Kantentypen eines Graphen nach Definition (5.3.1).

- $(\hat{E}_1)$ *Kernel-Kanten*: Die so genannte *Kernel-Hierarchie* wird durch die *Kernel-Kanten* aufgespannt. Die Kernel-Hierarchie entspricht der Graphstruktur eines gerichteten Wurzelbaums. *Kernel-Kanten* verbinden die Knoten der Kernel-Hierarchie mit ihrem unmittelbaren Nachfolgerknoten[6].

- $(\hat{E}_2)$ *Up-Kanten* verbinden sinngemäß Knoten, denen in umgekehrter Richtung eine Folge von Kernel-Kanten zu Grunde liegt. Mit anderen Worten: Sie verbinden Knoten der Kernel-Hierarchie mit einem Vorgängerknoten der Kernel-Hierarchie.

- $(\hat{E}_3)$ *Down-Kanten* verbinden Knoten der Kernel-Hierarchie mit einem Nachfolgerknoten der Kernel-Hierarchie. Ihnen liegt in richtiger Richtung eine Folge von Kernel-Kanten zu Grunde.

- $(\hat{E}_4)$ *Across-Kanten* verbinden Knoten der Kernel-Hierarchie, wobei kein Knoten ein unmittelbarer Vorgänger in Bezug auf die zu Grunde liegende Kernel-Hierarchie ist.

Da es sich bei den Graphen der Definition (5.3.1) um baumähnliche Strukturen handelt, liegt die folgende Aussage auf der Hand.

Proposition 5.3.2 *Es sei* $\hat{\mathcal{H}}_m = (\hat{V}, \hat{E}, m_{\hat{V}}, A_{\hat{V}})$. *Dann ist*

$$\hat{\mathcal{H}}_m^T := (\hat{V}, E_T, m_{\hat{V}}, A_{\hat{V}}), \ E_T := \hat{E} \backslash \{\hat{E}_2, \hat{E}_3, \hat{E}_4\}$$

ein gerichteter Wurzelbaum, zyklenfrei und es gilt $|E_T| = |\hat{V}| - 1$.

---

[6]Im Sinne der Kernel-Hierarchie.

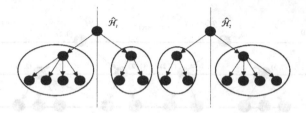

Abbildung 5.7: Zwei nicht symmetrische Graphen mit den gleichen Ausgangsgrad- und Eingangsgradsequenzen.

Daraus folgt ebenfalls unmittelbar eine rekursive Definition der Wurzelbaumstruktur.

Corollar 5.3.3 *Es sei* $w := v_{0,1}$. *Dann ist*

$$\hat{\mathcal{H}}_m^{T_{rec}} := \left(w, \hat{\mathcal{H}}_m^{T_1}, \hat{\mathcal{H}}_m^{T_2}, \ldots, \hat{\mathcal{H}}_m^{T_{\delta_{out}(w)}} \right)$$

eine rekursive Definition von $\hat{\mathcal{H}}_m^T$.

Im Folgenden wird beispielhaft die Fragestellung wieder aufgegriffen, wie stark die Beziehungen zwischen Ausgangs- und Eingangsgradsequenzen auf die Graphtopologie einwirken. Die Graphen aus Abbildung (5.7) besitzen die gleichen Ausgangsgrad- und Eingangsgradsequenzen, es gilt:

$$s^{out}(\hat{\mathcal{H}}_1) = (6,0,2,0,1) = s^{out}(\hat{\mathcal{H}}_2) = (6,0,2,0,1) \wedge$$
$$s^{in}(\hat{\mathcal{H}}_1) = (1,8) = s^{in}(\hat{\mathcal{H}}_2) = (1,8).$$

Da in einem Gradsequenzvektor[7] eines gerichteten Graphen $\mathcal{H}$ nur die Anzahl $s_j^{out}(\mathcal{H})$ der Knoten mit Ausgangsgrad j bzw. $s_i^{in}(\mathcal{H})$ mit Eingangsgrad i gezählt werden, wird die Nichtsymmetrie[8] durch die Gleichheit der Ausgangsgrad- und Eingangsgradsequenzen nicht erfasst. Damit sind einfache Vergleiche von Gradsequenzvektoren zur Durchführung von Graphvergleichen unzureichend.

5.4 Zentraler Lösungsansatz

In Kapitel (5.1) wurde im Hinblick auf die Konstruktion der neuen Methode zur Bestimmung der Ähnlichkeit strukturierter Objekte eine abstrakte Idee dargestellt, die im Wesentlichen aus zwei Schritten besteht:

---

[7]Siehe Definition (5.2.2) in Kapitel (5.2).

[8]Die Symmetrieachsen der Graphen aus Abbildung (5.7) sind durch vertikale Linien angedeutet.

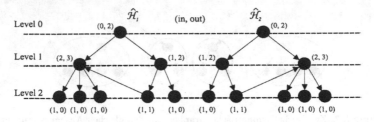

Abbildung 5.8: Induzierte Ausgangsgrad- und Eingangsgradsequenzen auf den Ebenen.

1. Die Definition einer Transformation $T : O \longrightarrow N$, die Objekte $O_i \in O$ in einen niedrigdimensionaleren Objektraum N abbildet.

2. Gesucht sind nun bekannte oder neue Methoden, um die Ähnlichkeit der Objekte $N_i \in N$ jetzt effizienter und mit möglichst wenig Strukturverlust zu berechnen.

Weiterhin wurde in Kapitel (4.4) diskutiert, dass Ähnlichkeitsmaße, die auf Graphisomorphie beruhen, auf Grund ihres ungenügenden Komplexitätsverhaltens für das web-basierte Graphmatching ungeeignet sind. Der obigen Konstruktionsidee folgend muss nun eine geeignete Transformation gewählt werden, um hierarchisierte und gerichtete Graphen in eindimensionale Strukturen – hier werden *formale Zeichenketten* gewählt – abzubilden. Bevor mit der Darstellung des zentralen Lösungsansatzes begonnen wird, folgt zunächst eine Definition, um die Begriffe Sequenz und Alignment besser zu erfassen.

Definition 5.4.1 (Sequenz und Sequenz-Alignment) *Unter einer Sequenz versteht man im Folgenden ein Wort über einem beliebig gewählten Alphabet. Eine Zuordnung von Entsprechungen zwischen den Bausteinen von Sequenzen wird als Sequenz-Alignment, oder falls kein Konflikt besteht, als Alignment bezeichnet.*

Nun betrachte man beispielhaft die hierarchisierten und gerichteten Graphen aus Abbildung (5.8). Unterteilt man nun die Graphen ebenenweise, so lässt sich die i-te Ebene als formale Knotensequenz[9] $v_{i,1}, v_{i,2}, \ldots, v_{i,\sigma_i}$ beschreiben. Das impliziert aber, dass jede Knotensequenz der Form $v_{i,1}, v_{i,2}, \ldots, v_{i,\sigma_i}$, Ausgangsgrad- und Eingangsgradsequenzen auf der Ebene $i, 0 \leq i \leq h$ induzieren. Die Abbildung (5.8) zeigt die durch die entsprechenden Knotensequenzen induzierten Ausgangs- und Eingangsgrade in Tupelform.

---

[9]Das sind ebenfalls Wörter über einem speziell gewählten Alphabet. Im Hinblick auf das Alignment von induzierten Ausgangsgrad- und Eingangsgradsequenzen auf der Ebene i sei angemerkt, dass diese Gradsequenzen unabhängig von evtl. vorhandenen Knotenmarkierungen existieren.

106

Wendet man diese Betrachtungsweise auf die gesamte Graphstruktur an, so folgt für beliebige Graphen $\hat{\mathcal{H}}_m^1$ und $\hat{\mathcal{H}}_m^2$, die der Definition (5.3.1) genügen, die Darstellung:

$$
\begin{aligned}
S_0^{\hat{\mathcal{H}}_m^1} &:= w_1^{\hat{\mathcal{H}}_m^1}, \\
S_1^{\hat{\mathcal{H}}_m^1} &:= v_{1,1}^{\hat{\mathcal{H}}_m^1} \circ v_{1,2}^{\hat{\mathcal{H}}_m^1} \circ \cdots \circ v_{1,\delta_{out}(w_1^{\hat{\mathcal{H}}_m^1})}^{\hat{\mathcal{H}}_m^1}, \\
&\vdots \\
S_{h_1}^{\hat{\mathcal{H}}_m^1} &:= v_{h_1,1}^{\hat{\mathcal{H}}_m^1} \circ v_{h_1,2}^{\hat{\mathcal{H}}_m^1} \circ \cdots \circ v_{h_1,\sigma_{h_1}}^{\hat{\mathcal{H}}_m^1}
\end{aligned}
$$

und

$$
\begin{aligned}
S_0^{\hat{\mathcal{H}}_m^2} &:= w_2^{\hat{\mathcal{H}}_m^2}, \\
S_1^{\hat{\mathcal{H}}_m^2} &:= v_{1,1}^{\hat{\mathcal{H}}_m^2} \circ v_{1,2}^{\hat{\mathcal{H}}_m^2} \circ \cdots \circ v_{1,\delta_{out}(w_2^{\hat{\mathcal{H}}_m^2})}^{\hat{\mathcal{H}}_m^2}, \\
&\vdots \\
S_{h_2}^{\hat{\mathcal{H}}_m^2} &:= v_{h_2,1}^{\hat{\mathcal{H}}_m^2} \circ v_{h_2,2}^{\hat{\mathcal{H}}_m^2} \circ \cdots \circ v_{h_2,\sigma_{h_2}}^{\hat{\mathcal{H}}_m^2}.
\end{aligned}
$$

Dabei gelte die Definition $w_k^{\hat{\mathcal{H}}_m^k} := v_{0,1}^{\hat{\mathcal{H}}_m^k}, k \in \{1,2\}$ und es sei $v_{i,j}^{\hat{\mathcal{H}}_m^1}, 0 \leq i \leq h_1, 1 \leq j \leq \sigma_i$[10] der j-te Knoten auf der i-ten Ebene von $\hat{\mathcal{H}}_m^1$. Diese Definition gilt für $v_{i,j}^{\hat{\mathcal{H}}_m^2}$ aus $\hat{\mathcal{H}}_m^2$ analog. Da somit eine gewünschte Transformation eines hierarchisierten und gerichteten Graphen in eine Folge von formalen Knotensequenzen durchgeführt wurde, ist nun ein geeignetes Verfahren zu wählen, um die Ähnlichkeit der transformierten Zeichenketten zu bestimmen. Diese Aufgabe wird im Folgenden durch Sequenz-Alignments (Lesk 2003) realisiert. Um nun die strukturelle Ähnlichkeit der Ursprungsgraphen $\hat{\mathcal{H}}_m^1$ und $\hat{\mathcal{H}}_m^2$ zu bestimmen, ist damit ein optimales[11] Alignment der formalen Zeichenketten bezüglich einer Kostenfunktion α, gesucht. Das heißt aber: Je kostengünstiger[12] die Sequenz-Alignments der induzierten Ausgangsgrad- und Eingangsgradsequenzen auf Ebene i, $0 \leq i \leq \rho := \max(h_1, h_2)$ sind, desto ähnlicher ist die gemeinsame Struktur von $\hat{\mathcal{H}}_m^1$ und $\hat{\mathcal{H}}_m^2$. Um solche Alignments durchzuführen, müssen Funktionen[13] zur Bewertung der Alignments definiert werden. Somit kann insbesondere auf Ebene i ein Ähnlichkeitswert der Alignments bestimmt werden. Damit ist aber die erwünschte Grundeigenschaft, die durch Abbildung (5.2) ausgedrückt wird, erfüllt: Die Werte, die die Güte der Alignments der Ausgangsgrad- und Eingangsgradsequenzen auf den Ebenen detektieren, bilden nicht automatisch das angestrebte Graphähnlichkeitsmaß d.

---

[10]σ_i bezeichnet wieder den maximalen Index auf der Ebene i.

[11]Das heißt unter minimalen Kosten. Siehe dazu Kapitel (5.5).

[12]Im Hinblick auf Ähnlichkeitsfunktionen, die die Güte solcher Alignments auswerten. Siehe Kapitel (5.6).

[13]Siehe Kapitel (5.6).

Die Problemstellung, die Bestimmung des optimalen Alignments zwischen zwei Graphen auf der Grundlage der entsprechenden Wort-Repräsentationen als Optimierungsproblem aufzufassen, lautet nun:

Ausgehend von einem zu Grunde liegenden Sequenz-Alignment ist derjenige Pfad im Alignment-Graph[14] gesucht, der mit minimalen Kosten bewertet wird.

Zur Lösung des Optimierungsproblems wird das Verfahren der dynamischen Programmierung (Bellman 1957) eingesetzt, wobei die dynamische Programmierung aus der Klasse der *bottom-up-Algorithmen* stammt.

5.5 Berechnungsgrundlagen

Im vorliegenden Kapitel (5.5) wird der Grundstein der dynamischen Programmierung gelegt und ein bekannter Algorithmus zur Berechnung optimaler Sequenz-Alignments eingeführt. Probleme bezüglich optimaler Sequenz-Alignments wurden in der Fachliteratur intensiv untersucht (Gusfield 1997; Sankoff & Kruskal 1983; Sankoff et al. 1983). In der vorliegenden Arbeit werden Sequenz-Alignments zur Lösung einer neuen und aktuellen Problemstellung verwendet: Die Bestimmung der strukturellen Ähnlichkeit hierarchisierter und gerichteter Graphen. Dazu werden im ersten Schritt die Graphen in formale Knotensequenzen abgebildet. Im zweiten Schritt wird auf der Basis von Sequenz-Alignments der induzierten Ausgangsgrad- und Eingangsgradsequenzen auf den Ebenen die strukturelle Ähnlichkeit der Graphen bestimmt. Da die Berechnung solcher Sequenz-Alignments effizient ist, kann somit im Gegensatz zu bekannten Methoden die auf Isomorphiebeziehungen beruhen, eine drastische Reduktion der Berechnungskomplexität erreicht werden. Weiterhin besitzt ein effizientes und aussagekräftiges Verfahren zur Bestimmung der strukturellen Ähnlichkeit hierarchisierter und gerichteter Graphen ein hohes Anwendungspotenzial, da graphorientierte Problemstellungen dieser Graphklasse in vielen wissenschaftlichen Bereichen vorkommen.

Zunächst wird die dynamische Programmierung (DP) informell und *optmimierungstheoretisch* motiviert, wobei das Hauptziel die Entwicklung algorithmischer Vorschriften zur Berechnung optimaler Sequenz-Alignments ist. Die dynamische Programmierung, die als Optimierungsverfahren bezeichnet werden kann, besitzt in den unterschiedlichsten Wissenschaftsbereichen viele Anwendungen (Nehmhauser 1969), z.B. in der Betriebswirtschaft, in der Biologie, in der Informatik und in den Ingenieurwissenschaften. Dabei legt BELLMAN 1957 den Grundstein

---

[14]Siehe Kapitel (5.5).

der dynamischen Programmierung, indem er das für viele Optimierungsverfahren wichtige BELLMAN'sche Optimalitätsprinzip (Bellman 1957, 1967; Nehmhauser 1969) formuliert. Ausgehend von diskreten, deterministischen und mehrstufigen Entscheidungsprozessen,[15] drückt BELLMAN die Grundeigenschaften optimaler *Entscheidungspolitiken*[16] folgendermaßen aus (Bellman 1957, 1967):

> *„Eine optimale Entscheidungspolitik hat die Eigenschaft, dass unge-*
> *achtet des Anfangszustandes und der ersten Entscheidung, die verblei-*
> *benen Entscheidungen eine optimale Entscheidungspolitik hinsichtlich*
> *des aus der ersten Entscheidung resultierenden Zustandes darstellen. "*

Der Beweis, die Formalisierung und die mathematischen Zusammenhänge des Prinzips werden in (Bellman 1957, 1967) dargestellt. Mit anderen Worten sagt das eben formulierte Optimalitätsprinzip aus: Teillösungen von Optimallösungen sind selbst optimal und Optimallösungen setzen sich sukzessiv aus Teillösungen zusammen. Diese Aussage und die Additivitätsforderung der Zielfunktion macht sich die dynamische Programmierung zu Nutze. Die dynamische Programmierung gehört dabei zur Gruppe der bottom-up-Verfahren. Das bedeutet, dass für das betrachtete Optimierungsproblem zunächst alle relevanten Teilprobleme gelöst und diese in Tabellenform gespeichert werden. Nach SCHÖNING (Schöning 1997) zergliedert sich die Designphase eines Algorithmus, der auf dynamischer Programmierung beruht, in folgende Schritte:

- Charakterisierung des Lösungsraums und Struktur der gesuchten optimalen Lösung.

- Rekursive Definition der optimalen Lösung. Sie setzt sich rekursiv aus kleineren Optimallösungen zusammen.

- Konzeption des Algorithmus in bottom-up-Form, so dass n optimale Teillösungen $T_1, T_2, \ldots, T_n$ zusammen mit ihren Werten in Tabellenform gespeichert werden. Wird nun die optimale Teillösung $T_k, k > 1$ gesucht, nutzt die dynamische Programmierung das Prinzip aus, dass die optimalen Teillösungen $T_1, T_2, \ldots, T_{k-1}$ bereits berechnet wurden.

In der Informatik gibt es viele Algorithmen, die auf dynamischer Programmierung beruhen, z.B.: Das *Rucksack-Problem*, *optimale binäre Suchbäume* und der COOKE-YOUNGER-KASAMI-Algorithmus (CYK). Großen Bekanntheitsgrad hat die dynamische Programmierung durch ihre Anwendungen in der Biologie und in

---

[15]Ein diskreter, deterministischer und mehrstufiger Entscheidungsprozess ist ein Prozess, in dem endlich oder höchstens abzählbar viele Entscheidungen den Prozessverlauf bestimmen.

[16]So bezeichnet BELLMAN (Bellman 1957, 1967) eine Folge von zulässigen Entscheidungen $(q_1, q_2, \ldots, q_N)$.

der Bioinformatik. Dort wird sie vor allem zur Berechnung biologischer Sequenz-Alignments eingesetzt (Altschul et al. 1997; Needleman & Wunsch 1970; Sankoff & Kruskal 1983; Sankoff et al. 1983).

Um im Nachfolgenden das optimale Sequenz-Alignment der gegebenen Graphen $\hat{\mathcal{H}}_m^1$ und $\hat{\mathcal{H}}_m^2$ zu bestimmen, betrachte man $\hat{\mathcal{H}}_m^1$ und $\hat{\mathcal{H}}_m^2$ in der Darstellung

$$S_1 := w_1^{\hat{\mathcal{H}}_m^1} \circ v_{1,1}^{\hat{\mathcal{H}}_m^1} \circ v_{1,2}^{\hat{\mathcal{H}}_m^1} \circ \cdots \circ v_{h_1,\sigma_{h_1}}^{\hat{\mathcal{H}}_m^1}, \tag{5.12}$$

$$S_2 := w_2^{\hat{\mathcal{H}}_m^2} \circ v_{1,1}^{\hat{\mathcal{H}}_m^2} \circ v_{1,2}^{\hat{\mathcal{H}}_m^2} \circ \cdots \circ v_{h_2,\sigma_{h_2}}^{\hat{\mathcal{H}}_m^2}, \tag{5.13}$$

wobei die Graphen jeweils in formale Knotensequenzen transformiert sind. Auf der Basis der Definitionen von S_1 und S_2 bezeichne $S_k[i]$ die i-te Position der Sequenzen S_k und es gelte $S_1[n] = v_{h_1,\sigma_{h_1}}^{\hat{\mathcal{H}}_m^1}$, $S_2[m] = v_{h_2,\sigma_{h_2}}^{\hat{\mathcal{H}}_m^2}$, $\mathbb{N} \ni n, m \geq 1$, $S_k[1] = w_k^{\hat{\mathcal{H}}_k}$, $k \in \{1, 2\}$.

In Vorbereitung auf den gesuchten Algorithmus, der das optimale Alignment zwischen den Sequenzen (5.12), (5.13) bestimmt, folgt zunächst die Definition des Alignment-Graphen. Dieser verdeutlicht einfache Zusammenhänge zwischen optimalen Sequenz-Alignments und der auf der Basis einer Kostenfunktion minimal bewerteter Pfade.

Definition 5.5.1 (Alignment-Graph) *Es sei* $V_{S_1,S_2} := \{(i,j)|0 \leq i \leq n, 0 \leq j \leq m\}$, $e_{Del} := (i-1,j) \to (i,j)$, $e_{Ins} := (i,j-1) \to (i,j)$, $e_{Subst} := (i-1,j-1) \to (i,j)$ *und* $f_{E_{S_1,S_2}} : E_{S_1,S_2} \longrightarrow \mathbb{R}_+$ *eine Kantenmarkierungsfunktion. Die Kantenmenge* E_{S_1,S_2} *wird vollständig definiert durch*

$$E_{S_1,S_2} := \{e_{Del}| f_{E_{S_1,S_2}}(e_{Del}) = [S_1[i], -], i \in [1,n]\}$$
$$\cup \{e_{Ins}| f_{E_{S_1,S_2}}(e_{Ins}) = [-, S_2[j]], j \in [1,m]\}$$
$$\cup \{e_{Subst}| f_{E_{S_1,S_2}}(e_{Subst}) = [S_1[i], S_2[j]], i \in [1,n], j \in [1,m]\}.$$

$G_{S_1,S_2} := (V_{S_1,S_2}, E_{S_1,S_2}, f_{E_{S_1,S_2}})$ *heißt Alignment-Graph der Sequenzen* S_1 *und* S_2.

Die Kanten des Graphen haben dabei operationale Bedeutungen bezüglich S_1 und S_2. Es gilt: $(i-1,j) \to (i,j)$ entspricht der Löschung von $S_1[i]$ in S_1, $(i,j-1) \to (i,j)$ entspricht der Einfügung von $S_2[j]$ in S_1 an der i-ten Position und $(i-1,j-1) \to (i,j)$ entspricht der Ersetzung von $S_1[i]$ durch $S_2[j]$.

Eine zentrale Eigenschaft solcher Alignment-Graphen ist, dass jeder Pfad mit insgesamt minimalen Kosten von der Position (0,0) zum Zielknoten (n,m)[17] ein

---

[17]Ein Alignment-Graph spannt eine matrizenähnliche Struktur auf. Den Knoten des Alignment-Graphen kann man anschaulich Matrixpositionen (i,j) zuordnen. Ein Beispiel zeigt die Abbildung (5.9).

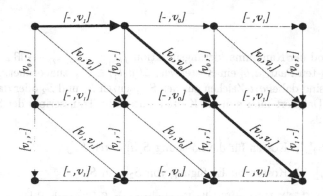

Abbildung 5.9: Der Alignment-Graph G_{S_1,S_2} der Sequenzen S_1, S_2.

Edit Transscript - mit minimaler Zahl von Editieroperationen – darstellt. GUS-FIELD (Gusfield 1997) definiert das Edit Transscript wie folgt: Es sei w_1 ein Wort über einem gewählten Alphabet und eine Folge von Editieroperationen I, D, R, M gegeben. I (insert) bezeichnet die Einfügung, D (deletion) bezeichnet die Löschung, R (replace) bezeichnet die Ersetzung und M (match) bezeichnet die Übereinstimmung. Die Transformation von w_1 in das Wort w_2 auf der Basis dieser Editieroperationen heißt Edit Transscript. Dabei drückt der folgende Satz von GUSFIELD (Gusfield 1997) einen einfachen Zusammenhang zwischen optimalen Sequenz-Alignments und minimal bewerteter Pfade aus.

Satz 5.5.2 *Es seien die Sequenzen S_1 bzw. S_2 mit den Sequenzlängen n bzw. m gegeben. Dann gilt: Ein Edit Transscript für S_1 und S_2 besitzt eine minimale Anzahl von Editieroperationen genau dann, wenn ein Pfad mit insgesamt minimalen Kosten, ausgehend von der Knotenposition $(0,0)$ zur Knotenposition (n,m) im Alignment-Graph G_{S_1,S_2} korrespondiert.*

Weiter erhält GUSFIELD (Gusfield 1997) unmittelbar das

Corollar 5.5.3 *Die Menge der Pfade mit insgesamt minimalen Kosten von der Knotenposition $(0,0)$ zur Knotenposition (n,m) im Alignment-Graph spezifiziert genau die Menge der optimalen Edit Transscripts von S_1 zu S_2. Entsprechend beschreibt die Menge der optimalen Edit Transscripts die Menge aller optimalen Alignments von S_1 zu S_2.*

Zur besseren Veranschaulichung des Alignment-Graphen wird ein Beispiel[18] betrachtet. Dazu sei $S_1 := v_0 \circ v_1$ und $S_2 := v_1 \circ v_0 \circ v_1$.

Der Alignment-Graph G_{S_1,S_2} ist in Abbildung (5.9) zu sehen. Die fettgedruckten Pfeile geben ein optimales Alignment an. Das Alignment ist dann

---

[18]Vereinfachend wurden die oberen Indizes der Knoten weggelassen.

$$
\begin{array}{ccc}
- & v_0 & v_1 \\
v_1 & v_0 & v_1
\end{array}
$$

Entsprechend der Kantenmarkierungsfunktion $f_{E_{S_1,S_2}} : E_{S_1,S_2} \longrightarrow \mathbb{R}_+$ wird dann jedem align-ten Paar $[a,b]$ ein Kostenwert $d([a,b]) \in \mathbb{R}_+$ zugeordnet. Allgemein betrachtet sind dabei a, b Zeichen aus den Sequenzen S_1 und S_2 oder das Lücken-symbol $-$. Definiert man nun die Kosten eines Edit Transscripts der Sequenzen S_1 und S_2 als

- $d(-, S_2[j])$: Kosten für die Löschung $S_1[i]$ durch $S_2[j]$,

- $d(S_2[j], -)$: Kosten für Einfügung von $S_2[j]$ in S_1,

- $d(S_1[i], S_2[j])$: Kosten für die Ersetzung von $S_1[i]$ durch $S_2[j]$,

so ist die Editierdistanz der Sequenzen S_1 und S_2 definiert durch

$$
d_{fin}(S_1, S_2) := \min_{S_1 \to S_2} \sum d([a,b]). \tag{5.14}
$$

Die Editierdistanz (5.14) drückt damit das Kostenminimum für alle Folgen von Editieroperationen $[a,b]$ aus, um S_1 in S_2 zu transformieren. Die Gleichung (5.14) ist dabei eine bekannte Wortmetrik, die urspünglich von LEVENSTEIN (Levenstein 1966) entdeckt wurde. In dieser Arbeit wird die LEVENSTEIN-Metrik jedoch in einem neuen Problemkreis angewendet. Sie dient als Hilfsmittel zur Konstruktion optimaler Sequenzalignments, die zur Berechnung der strukturellen Ähnlichkeit graphbasierter Objekte verwendet werden.

Der Algorithmus, der nun das optimale Alignment zwischen S_1 und S_2 mit Hilfe der dynamischen Programmierung berechnet, erzeugt eine Matrix $(\mathcal{M}(i,j))_{ij}, 0 \leq i \leq n, 0 \leq j \leq m$. Es ist dabei $\mathcal{M}(i,j)$ die Editierdistanz der Sequenzen $\tilde{S}_1, \tilde{S}_2$, wobei $\tilde{S}_1$ bzw. $\tilde{S}_2$ aus den ersten i Zeichen von S_1 bzw. aus den ersten j Zeichen von S_2 besteht. Gesucht ist nun ein optimaler und damit minimale Kosten produzierender Pfad von $\mathcal{M}(0,0)$ nach $\mathcal{M}(n,m)$. $\mathcal{M}(n,m)$ entspricht gerade der Editierdistanz (5.14). Der eigentliche und bereits bekannte Algorithmus (Gusfield 1997; Lesk 2003) ist rekursiv und wird wie folgt angegeben:

Definition 5.5.4 (Algorithmus-Editierdistanz) *Es seien die Sequenzen S_1 bzw. S_2 mit den Wortlängen n bzw. m gegeben.*

$$
\mathcal{M}(0,0) := 0, \tag{5.15}
$$
$$
\mathcal{M}(i,0) := \mathcal{M}(i-1,0) + \alpha(S_1[i], -) \; : \; 1 \leq i \leq n, \tag{5.16}
$$
$$
\mathcal{M}(0,j) := \mathcal{M}(0,j-1) + \alpha(-, S_2[j]) \; : \; 1 \leq j \leq m, \tag{5.17}
$$

$$
\mathcal{M}(i,j) := \min \begin{cases} \mathcal{M}(i-1,j) + \alpha(S_1[i], -) \\ \mathcal{M}(i,j-1) + \alpha(-, S_2[j]) \; : i \in [1,n], \, j \in [1,m] \\ \mathcal{M}(i-1,j-1) + \alpha(S_1[i], S_2[j]). \end{cases} \tag{5.18}
$$

Dieser Algorithmus berechnet die Editierdistanz $\mathcal{M}(n,m)$ zwischen S_1 bzw. S_2. Dabei bezeichnet α eine Kostenfunktion, die den Editieroperationen die jeweiligen Kosten zuordnet.

Für die dynamische Programmierung ist typisch, dass sich der Algorithmus rekursiv aus optimalen Teillösungen zusammensetzt. Durch die Bedingung (5.15) wird das Matrixelement $\mathcal{M}(0,0)$ initialisiert, die Gleichungen (5.16), (5.17) legen die Lückenstrafe für alle Zeichen der beiden Sequenzen fest. Dazu wird die erste Zeile und die erste Spalte der Matrix erzeugt. Die Bedingung (5.18) sagt aus, dass alle drei möglichen Schritte in die Berechnung eingehen und daraus der Minimalwert gewählt wird. Da nicht nur die Werte $\mathcal{M}(i,j)$, sondern auch *Zeiger* zu den ensprechenden Matrixeinträgen gespeichert werden, findet man ein optimales Alignment durch *Traceback*. Das bedeutet, man verfolgt den Weg anhand der Minimumzeiger von $\mathcal{M}(n,m)$ zu $\mathcal{M}(0,0)$ zurück und erhält somit das optimale Alignment. Jedoch muss das optimale Alignment nicht notwendig eindeutig sein.

Im Hinblick auf das web-basierte Graphmatching und deren Anwendungen im Web Structure Mining wird abschließend eine einfache Komplexitätsaussage bezüglich des Algorithmus von Definition (5.5.4) angegeben.

Proposition 5.5.5 *Es seien die Sequenzen S_1 und S_2 gegeben, denen die Graphen $\hat{\mathcal{H}}_m^1$ und $\hat{\mathcal{H}}_m^2$ mit ihren Knotenmengen $\hat{V}_1$ und $\hat{V}_2$ zu Grunde liegen. Der Algorithmus (Definition (5.5.4)) zur Bestimmung des optimalen Sequenz-Alignments besitzt eine Komplexität von $\mathcal{O}(|\hat{V}_1| \cdot |\hat{V}_2|)$.*

Beweis: Nach Definition (5.5.4) und insbesondere mit der Minimumbedingung (5.18) ist klar, dass die Matrix für die dynamische Programmierung mit dem Aufwand $\mathcal{O}(|\hat{V}_1| \cdot |\hat{V}_2|)$ erzeugt wird. Die Editierdistanz $\mathcal{M}(n,m)$[19] besitzt also die Komplexität $\mathcal{O}(|\hat{V}_1| \cdot |\hat{V}_2|)$. Mit Corollar (5.5.3) hat man damit auch das optimale Alignment identifiziert. $\square$

5.6 Strukturelle Ähnlichkeit hierarchisierter und gerichteter Graphen

In Kapitel (5.5) wurde auf der Basis der dynamischen Programmierung ein bekannter Algorithmus zur Bestimmung von optimalen Sequenz-Alignments angegeben (Lesk 2003). Optimale Sequenz-Alignments tragen in dieser Arbeit zur Entwicklung neuartiger und ähnlichkeitsbasierter Analysemethoden im Bereich

---

[19]Vorausgesetzt S_1 bzw. S_2 besitzen die Wortlängen n bzw. m.

des Web Structure Mining bei. Da die im Hypertextumfeld bekannten graphentheoretischen Indizes (Dehmer 2005; Mehler 2004) auf Grund ihrer beschränkten Aussagekraft nicht zur ähnlichkeitsbasierten Gruppierung graphbasierter Hypertexte verwendet werden können, besteht ein besonderer Bedarf an Verfahren, welche aussagekräftige und ganzheitliche Graphvergleiche web-basierter Dokumente ermöglichen. Im vorliegenden Kapitel (5.6) wird nun auf der Basis des zentralen Lösungsansatzes aus Kapitel (5.4) die mathematische Konstruktion von Ähnlichkeitsmaßen vorgestellt, die für ganzheitliche Graphvergleiche graphbasierter Hypertexte verwendet werden.

Mit Hilfe von Definition (4.1.10) aus Kapitel (4.1.3) werden zunächst Funktionen eingeführt, die zur Bewertung der Sequenz-Alignments dienen. Prinzipiell können dabei beliebige Funktionen verwendet werden. Aus Gründen der guten Interpretierbarkeit und der Möglichkeit Bewertungsparameter zu verwenden, wird im Folgenden die bekannte GAUSS-Funktion (Bronstein et al. 1993) der Form $e^{-(ax)^2} \in [0, 1], a \in \mathbb{R}$ verwendet, die als *Fensterfunktion* besonders in der Nachrichtentechnik Anwendung findet. Weiterhin tritt die GAUSS-Funktion oft in Untersuchungen der Wahrscheinlichkeitsdichte von Zufallsgrößen auf (Bronstein et al. 1993). Die Basis der GAUSS-Funktion bildet dabei die aus der Analysis bekannte e-Funktion, wobei die *konvergente Taylorreihenentwicklung* $\sum_{i=0}^{\infty} \frac{x^i}{i!}$ von e^x besteht (Bronstein et al. 1993). Elementare Eigenschaften der GAUSS-Funktion sind z.B.: (i) die X-Achse ist *Asymptote* für $x \longrightarrow \infty$ und (ii) die Y-Achse bildet die *Symmetrieachse* (Bronstein et al. 1993).

Je nachdem ob eine Ähnlichkeits- oder Abstandsfunktion benötigt wird, fällt die finale Bewertungsfunktion auf Basis der GAUSS-Funktion unterschiedlich aus. Wie gezeigt wird, erfüllen die verwendeten Funktionen die Eigenschaften von Definition (4.1.10).

Lemma 5.6.1 *Es sei* $\omega : \mathbb{R} \times \mathbb{R} \longrightarrow [0, 1]$ *definiert durch* $\omega(x, y) := 1 - e^{-\frac{1}{2} \frac{(x-y)^2}{(\sigma)^2}}, \sigma \in \mathbb{R}$. *Dann ist* ω *ein Abstandsmaß.*

Beweis: Es sind nur die Bedingungen von Definition (4.1.10) nachzuweisen. Dass $\omega(x, y) \in [0, 1], \forall x, y \in \mathbb{R}$ gilt, folgt unmittelbar aus der Definition von ω. Weiter ist $\omega(x, x) = 1 - 1 = 0, \forall x \in \mathbb{R}$. Da $(x - y)^2 = (y - x)^2, \forall x, y \in \mathbb{R}$, folgt daraus auch die Symmetriebedingung. Diese Eigenschaften gelten unabhängig vom Parameter $\sigma \in \mathbb{R}$.

Lemma 5.6.2 *Es sei* $\pi : \mathbb{R} \times \mathbb{R} \longrightarrow [0, 1]$ *definiert durch* $\pi(x, y) := e^{-\frac{1}{2} \frac{(x-y)^2}{(\sigma)^2}}, \sigma \in \mathbb{R}$. *Dann ist* π *ein Ähnlichkeitsmaß.*

Beweis: Analog zum Beweis von Lemma (5.6.1).

Um nun konkrete Abstandsmaße als Bewertungsfunktionen einzuführen, um mit deren Hilfe das optimale Alignment zwischen den Sequenzen

$$S_1 := w_1^{\hat{\mathcal{H}}_m^1} \circ v_{1,1}^{\hat{\mathcal{H}}_m^1} \circ v_{1,2}^{\hat{\mathcal{H}}_m^1} \circ \cdots \circ v_{h_1,\sigma_{h_1}}^{\hat{\mathcal{H}}_m^1},$$

$$S_2 := w_2^{\hat{\mathcal{H}}_m^2} \circ v_{1,1}^{\hat{\mathcal{H}}_m^2} \circ v_{1,2}^{\hat{\mathcal{H}}_m^2} \circ \cdots \circ v_{h_2,\sigma_{h_2}}^{\hat{\mathcal{H}}_m^2},$$

zu bestimmen, definiere man

$$\alpha^{out}\left(v_{i_1,j_1}^{\hat{\mathcal{H}}_m^1}, v_{i_2,j_2}^{\hat{\mathcal{H}}_m^2}\right) := \begin{cases} \omega^{out}\left(\delta_{out}(v_{i_1,j_1}^{\hat{\mathcal{H}}_m^1}), \delta_{out}(v_{i_2,j_2}^{\hat{\mathcal{H}}_m^2}), \sigma_{out}^1\right) & : \quad i_1 = i_2 \\ +\infty & : \quad else, \end{cases} \qquad (5.19)$$

$0 \leq i_k \leq h_k$, $1 \leq j_k \leq \sigma_{i_k}$, $k \in \{1,2\}$. Dabei gilt

$$\omega^{out}(x,y,\sigma_{out}^k) := 1 - e^{-\frac{1}{2}\frac{(x-y)^2}{\left(\sigma_{out}^k\right)^2}}, \quad x,y,\sigma_{out}^k \in \mathbb{R},$$

und

$$\alpha^{out}\left(v_{i,j_1}^{\hat{\mathcal{H}}_m^1}, -\right) := \omega^{out}\left(\delta_{out}(v_{i,j_1}^{\hat{\mathcal{H}}_m^1}), \xi, \sigma_{out}^2\right), \qquad (5.20)$$

$$\alpha^{out}\left(-, v_{i,j_2}^{\hat{\mathcal{H}}_m^2}\right) := \omega^{out}\left(\xi, \delta_{out}(v_{i,j_2}^{\hat{\mathcal{H}}_m^2}), \sigma_{out}^2\right). \qquad (5.21)$$

Die modifizierte Definition von ω^{out} berührt nicht die in Lemma (5.6.1) gezeigten Eigenschaften, sondern drückt lediglich eine Justierung des Abstandsmaßes auf der Basis von σ_{out}^k aus. Wird jetzt auf der Gundlage von

$$\omega^{in}(x,y,\sigma_{in}^k) := 1 - e^{-\frac{1}{2}\frac{(x-y)^2}{\left(\sigma_{in}^k\right)^2}}$$

in analoger Weise die Abstandsfunktion ω^{in} definiert als

$$\alpha^{in}\left(v_{i_1,j_1}^{\hat{\mathcal{H}}_m^1}, v_{i_2,j_2}^{\hat{\mathcal{H}}_m^2}\right) := \begin{cases} \omega^{in}\left(\delta_{in}(v_{i_1,j_1}^{\hat{\mathcal{H}}_m^1}), \delta_{in}(v_{i_2,j_2}^{\hat{\mathcal{H}}_m^2}), \sigma_{in}^1\right) & : \quad i_1 = i_2 \\ +\infty & : \quad else, \end{cases} \qquad (5.22)$$

$$\alpha^{in}\left(v_{i,j_1}^{\hat{\mathcal{H}}_m^1}, -\right) := \omega^{in}\left(\delta_{in}(v_{i,j_1}^{\hat{\mathcal{H}}_m^1}), \xi, \sigma_{in}^2\right), \qquad (5.23)$$

$$\alpha^{in}\left(-, v_{i,j_2}^{\hat{\mathcal{H}}_m^2}\right) := \omega^{in}\left(\xi, \delta_{in}(v_{i,j_2}^{\hat{\mathcal{H}}_m^2}), \sigma_{in}^2\right), \qquad (5.24)$$

so sind damit Abstandsmaße zur globalen Bewertung der Alignments[20] bereitgestellt. Somit kann auf der Basis der Kostenfunktion α das optimale Alignment nach Definition (5.5.4) berechnet werden. Der Parameter ξ mit $\xi > 0$ der in den Gleichungen (5.20), (5.21), (5.23), (5.24) auftritt, bewirkt, dass Alignments zwischen zwei Blättern in den jeweiligen Graphen besser bewertet werden als Alignments zwischen einem Blatt und einem Lückensymbol[21]. Weiterhin drücken die obigen Definitionen aus, dass die Alignments nur auf gleichen Ebenen durchgeführt werden. Dies wird mit einer künstlichen Bestrafung $(+\infty)$ bewirkt, da der Algorithmus, der auf dynamischer Programmierung beruht, niemals diesen kostenintensiven Pfad in der Berechnungsmatrix[22] wählt.

Da das finale Graphähnlichkeitsmaß, wie in Kapitel (5.4) erläutert wurde, ebenenorientiert[23] ist und damit Werte gewünscht sind, die die Ähnlichkeit von Alignments der induzierten Ausgangsgrad- und Eingangsgradsequenzen auf den Ebenen i, $0 \leq i \leq \rho := \max(h_1, h_2)$ detektieren, definiert man in analoger Weise Funktionen zur Bewertung der Ebenen-Alignments. Mit Hilfe einer Abbildung

$$\text{align}\left(v_{i,j_1}^{\hat{\mathcal{H}}_m^1}\right) := \begin{cases} v_{i,j_2}^{\hat{\mathcal{H}}_m^2} & : \quad \text{align}^{-1}\left(v_{i,j_2}^{\hat{\mathcal{H}}_m^2}\right) = v_{i,j_1}^{\hat{\mathcal{H}}_m^1} \\ - & : \quad else, \end{cases} \tag{5.25}$$

die einem Knoten im ersten Graph $v_{i,j_1}^{\hat{\mathcal{H}}_m^1}$ den beim Traceback ermittelten[24] Knoten $v_{i,j_2}^{\hat{\mathcal{H}}_m^2}$ im zweiten Graph zuordnet, kann ein kumulativer, normierter Ähnlichkeitswert für die Ausgangsgrad- und Eingangsgradalignments angegeben werden durch

$$\gamma_{\hat{\mathcal{H}}_m^k}^{out}(i) := \frac{\sum_{j=1}^{\sigma_i^k} \hat{\alpha}_{out}\left(v_{i,j}^{\hat{\mathcal{H}}_m^k}, \text{align}\left(v_{i,j}^{\hat{\mathcal{H}}_m^k}\right)\right)}{\sigma_i^k}, \tag{5.26}$$

$$\gamma_{\hat{\mathcal{H}}_m^k}^{in}(i) := \frac{\sum_{j=1}^{\sigma_i^k} \hat{\alpha}_{in}\left(v_{i,j}^{\hat{\mathcal{H}}_m^k}, \text{align}\left(v_{i,j}^{\hat{\mathcal{H}}_m^k}\right)\right)}{\sigma_i^k}, \tag{5.27}$$

$k \in \{1, 2\}$, jeweils aus der Sicht[25] der Sequenz S_k. $\hat{\alpha}_{out}$ bzw. $\hat{\alpha}_{in}$ sind in den Gleichungen (5.26), (5.27) völlig analog zu α_{out} bzw. α_{in} definiert. Die Justierungsparameter werden in gleicher Weise mit Werten $\hat{\sigma}_{out}^1, \hat{\sigma}_{out}^2$ bzw. $\hat{\sigma}_{in}^1, \hat{\sigma}_{in}^2$ belegt.

---

[20]Insgesamt gibt es damit die Alignment-Typen $[v, u]$, $[v, -]$ bzw. $[-, v]$, hier dargestellt in vereinfachter Schreibweise.

[21]Dies wird durchgängig mit '-' gekennzeichnet.

[22]Damit ist die Matrix gemeint, die der DP-Algorithmus erzeugt.

[23]Gemeint ist damit, dass letztlich Ähnlichkeitswerte auf allen Ebenen vorliegen.

[24]Unter minimalen Kosten.

[25]Es besteht ein einfacher Zusammenhang zwischen den Editieroperationen. Wenn eine Sequenz, auf der Basis der bekannten Editieroperationen, in eine andere transformiert wird, so ist eine Einfügung aus der Sicht der einen Sequenz eine Löschung aus der Sicht der anderen.

Damit ist nun die Möglichkeit gegeben, einen kumulierten und normierten Ähnlichkeitswert für die Ausgangsgrad- und Eingangsgradalignments auf der Ebene i zu bestimmen. Es gilt

$$\gamma^{out}(i) := 1-$$
$$\frac{1}{\sigma_i^1 + \sigma_i^2} \cdot \left\{ \sum_{j=1}^{\sigma_i^1} \hat{\alpha}^{out} \left(v_{i,j}^{\hat{\mathcal{H}}_m^1}, \text{align} \left(v_{i,j}^{\hat{\mathcal{H}}_m^1} \right) \right) \right\} +$$
$$\frac{1}{\sigma_i^1 + \sigma_i^2} \cdot \left\{ \sum_{j=1}^{\sigma_i^2} \hat{\alpha}^{out} \left(v_{i,j}^{\hat{\mathcal{H}}_m^2}, \text{align} \left(v_{i,j}^{\hat{\mathcal{H}}_m^2} \right) \right) \right\},$$

(5.28)

und entsprechend

$$\gamma^{in}(i) := 1-$$
$$\frac{1}{\sigma_i^1 + \sigma_i^2} \cdot \left\{ \sum_{j=1}^{\sigma_i^1} \hat{\alpha}^{in} \left(v_{i,j}^{\hat{\mathcal{H}}_m^1}, \text{align} \left(v_{i,j}^{\hat{\mathcal{H}}_m^1} \right) \right) \right\} +$$
$$\frac{1}{\sigma_i^1 + \sigma_i^2} \cdot \left\{ \sum_{j=1}^{\sigma_i^2} \hat{\alpha}^{in} \left(v_{i,j}^{\hat{\mathcal{H}}_m^2}, \text{align} \left(v_{i,j}^{\hat{\mathcal{H}}_m^2} \right) \right) \right\},$$

(5.29)

für $0 \le i \le \rho$, $\rho := \max(h_1, h_2)$. Im Folgenden wird gezeigt, dass man aus den Gleichungen (5.28), (5.29) Ähnlichkeitsmaße auf hierarchisierten und gerichteten Graphen konstruieren kann, die naheliegende und wohldefinierte Eigenschaften besitzen. Um die so gebildeten Graphähnlichkeitsmaße in eine Klasse von bekannten Ähnlichkeitsmaßen einzuordnen, folgt zunächst eine Definition von BATAGELJ (Batagelj 1988), die auf Grund ihrer Bedingungen die Beziehung zwischen Abstand und Ähnlichkeit ausdrückt.

Definition 5.6.3 (Ähnlichkeitsmaße) *Es sei E eine Menge von Einheiten, also die strukturelle Beschreibung der Objekte und eine Abbildung $\phi : E \times E \longrightarrow [0,1]$. Dann gilt: ϕ heißt Ähnlichkeitsmaß auf der Menge E, falls die Eigenschaft*

$$\phi(u,v) = \phi(v,u), \forall\, u,v \in E \quad (Symmetrie)$$

(5.30)

gilt und entweder die Eigenschaft

$$\phi(u,u) \le \phi(u,v), \forall\, u,v \in E \quad (Forward)$$

(5.31)

oder

$$\phi(u,u) \ge \phi(u,v), \forall\, u,v \in E \quad (Backward)$$

(5.32)

gilt.

Das zentrale Ergebnis von Kapitel (5.6) ist, dass die folgenden Ähnlichkeitsmaße bezogen auf die Menge der hierarchisierten und gerichteten Graphen, die Backward-Eigenschaft aus Definition (5.6.3) besitzen.

Satz 5.6.4 *Es seien die Graphen $\hat{\mathcal{H}}_m^1, \hat{\mathcal{H}}_m^2$ gegeben. Weiter sei $\lambda_i \in \mathbb{R}_+$, $0 \le i \le \rho$, $\rho := \max(h_1, h_2)$. Es gilt:*

$$d_1(\hat{\mathcal{H}}_m^1, \hat{\mathcal{H}}_m^2) \quad := \quad \frac{\sum_{i=0}^{\rho} \lambda_i \cdot \gamma^{fin}(i)}{\sum_{i=0}^{\rho} \lambda_i}, \tag{5.33}$$

$$d_2(\hat{\mathcal{H}}_m^1, \hat{\mathcal{H}}_m^2) \quad := \quad \frac{\sum_{i=0}^{\rho} \gamma^{fin}(i)}{\rho + 1}, \tag{5.34}$$

$$d_3(\hat{\mathcal{H}}_m^1, \hat{\mathcal{H}}_m^2) \quad := \quad \frac{\prod_{i=0}^{\rho} \gamma^{fin}(i)}{d_2(\hat{\mathcal{H}}_m^1, \hat{\mathcal{H}}_m^2)}, \tag{5.35}$$

sind Backward-Ähnlichkeitsmaße. Dabei ist $\gamma^{fin}(i)$ definiert als

$$\gamma^{fin}(i) := \zeta \cdot \gamma^{out}(i) + (1 - \zeta) \cdot \gamma^{in}(i), \quad \zeta \in [0, 1]. \tag{5.36}$$

Um den Satz (5.6.4) zu beweisen, wird ein einfaches Lemma im Voraus formuliert. Es drückt eine bekannte Beziehung zwischen dem arithmetischen und geometrischen Mittel aus.

Lemma 5.6.5 *Es gilt die Abschätzung*

$$(p_1 \cdot p_2 \cdots p_n)^{\frac{1}{n}} \le \frac{p_1 + p_2 + \cdots + p_n}{n}, \quad p_i \ge 0, \quad 1 \le i \le n. \tag{5.37}$$

Beweis: siehe (Heuser 1991).

Beweis von Satz (5.6.4): Zunächst werden die behaupteten Eigenschaften für die Maßzahl $d_1(\hat{\mathcal{H}}_m^1, \hat{\mathcal{H}}_m^2)$ bewiesen, wobei zuerst $1 \ge d_1(\hat{\mathcal{H}}_m^1, \hat{\mathcal{H}}_m^2)$ zu zeigen ist. Dazu betrachte man die Definition von $\gamma^{out}(i)$, also

$$\gamma^{out}(i) := 1 -$$
$$\frac{1}{\sigma_i^1 + \sigma_i^2} \cdot \left\{ \sum_{j=1}^{\sigma_i^1} \hat{\alpha}^{out} \left(v_{i,j}^{\hat{\mathcal{H}}_m^1}, \text{align}\left(v_{i,j}^{\hat{\mathcal{H}}_m^1} \right) \right) \right\} +$$
$$\frac{1}{\sigma_i^1 + \sigma_i^2} \cdot \left\{ \sum_{j=1}^{\sigma_i^2} \hat{\alpha}^{out} \left(v_{i,j}^{\hat{\mathcal{H}}_m^2}, \text{align}\left(v_{i,j}^{\hat{\mathcal{H}}_m^2} \right) \right) \right\}.$$

Um den Wertebereich von $\gamma^{out}(i)$ zu bestimmen, hat man hauptsächlich $\hat{\alpha}^{out}$ zu betrachten. Nach Definition (analog wie α^{out}) treten die Fälle $\hat{\alpha}^{out}\left(v_{i,j_1}^{\hat{\mathcal{H}}_m^1},-\right)$, $\hat{\alpha}^{out}\left(-,v_{i,j_2}^{\hat{\mathcal{H}}_m^2}\right)$, $\hat{\alpha}^{out}\left(v_{i,j_1}^{\hat{\mathcal{H}}_m^1},v_{i,j_2}^{\hat{\mathcal{H}}_m^2}\right)$ auf. Da diese Definitionen auf Funktionen des Typs $\omega(x,y):=1-e^{-\frac{1}{2}\frac{(x-y)^2}{(\sigma)^2}}$ basieren, erhält man zusammen mit Gleichung (5.25)

$$\hat{\alpha}^{out}\left(v_{i,j_1}^{\hat{\mathcal{H}}_m^1},\text{align}_{out}\left(v_{i,j_1}^{\hat{\mathcal{H}}_m^1}\right)\right)\le 1 \quad\text{und}\quad \hat{\alpha}^{out}\left(v_{i,j_2}^{\hat{\mathcal{H}}_m^2},\text{align}_{out}\left(v_{i,j_2}^{\hat{\mathcal{H}}_m^2}\right)\right)\le 1.$$

Nach Definition von $\gamma^{out}(i)$ folgt damit die Ungleichung $\gamma^{out}(i)\le 1$. Analog wird auch $\gamma^{in}(i)\le 1$ gezeigt.

Da nun $\gamma^{out}(i)\le 1$ und $\gamma^{in}(i)\le 1$, bekommt man auch wegen Gleichung (5.36)

$$\gamma^{fin}(i)\le \zeta+(1-\zeta)=1$$

und damit

$$d_1(\hat{\mathcal{H}}_m^1,\hat{\mathcal{H}}_m^2)\le \frac{\sum_{i=0}^{\rho}\lambda_i}{\sum_{i=0}^{\rho}\lambda_i}=1. \tag{5.38}$$

Um die Symmetrieeigenschaft von $d_1(\hat{\mathcal{H}}_m^1,\hat{\mathcal{H}}_m^2)$ zu zeigen, folgt zunächst die additive Vertauschbarkeit der Glieder von γ^{out} und γ^{in}, also

$$\gamma^{out}(i):=1-$$
$$\frac{1}{\sigma_i^1+\sigma_i^2}\cdot\left\{\sum_{j=1}^{\sigma_i^1}\hat{\alpha}^{out}\left(v_{i,j}^{\hat{\mathcal{H}}_m^1},\text{align}\left(v_{i,j}^{\hat{\mathcal{H}}_m^1}\right)\right)\right\}+$$
$$\frac{1}{\sigma_i^1+\sigma_i^2}\cdot\left\{\sum_{j=1}^{\sigma_i^2}\hat{\alpha}^{out}\left(v_{i,j}^{\hat{\mathcal{H}}_m^2},\text{align}\left(v_{i,j}^{\hat{\mathcal{H}}_m^2}\right)\right)\right\}$$
$$=1-$$
$$\frac{1}{\sigma_i^2+\sigma_i^1}\cdot\left\{\sum_{j=1}^{\sigma_i^2}\hat{\alpha}^{out}\left(v_{i,j}^{\hat{\mathcal{H}}_m^2},\text{align}\left(v_{i,j}^{\hat{\mathcal{H}}_m^2}\right)\right)\right\}+$$
$$\frac{1}{\sigma_i^2+\sigma_i^1}\cdot\left\{\sum_{j-1}^{\sigma_i^1}\hat{\alpha}^{out}\left(v_{i,j}^{\hat{\mathcal{H}}_m^1},\text{align}\left(v_{i,j}^{\hat{\mathcal{H}}_m^1}\right)\right)\right\}$$

und analog

$$\gamma^{in}(i) := 1-$$

$$\frac{1}{\sigma_i^1 + \sigma_i^2} \cdot \left\{ \sum_{j=1}^{\sigma_i^1} \hat{\alpha}^{in} \left(v_{i,j}^{\hat{\mathcal{H}}_m^1}, \text{align} \left(v_{i,j}^{\hat{\mathcal{H}}_m^1} \right) \right) \right\} +$$

$$\frac{1}{\sigma_i^1 + \sigma_i^2} \cdot \left\{ \sum_{j=1}^{\sigma_i^2} \hat{\alpha}^{in} \left(v_{i,j}^{\hat{\mathcal{H}}_m^2}, \text{align} \left(v_{i,j}^{\hat{\mathcal{H}}_m^2} \right) \right) \right\}$$

$$= 1-$$

$$\frac{1}{\sigma_i^2 + \sigma_i^1} \cdot \left\{ \sum_{j=1}^{\sigma_i^2} \hat{\alpha}^{in} \left(v_{i,j}^{\hat{\mathcal{H}}_m^2}, \text{align} \left(v_{i,j}^{\hat{\mathcal{H}}_m^2} \right) \right) \right\} +$$

$$\frac{1}{\sigma_i^2 + \sigma_i^1} \cdot \left\{ \sum_{j=1}^{\sigma_i^1} \hat{\alpha}^{in} \left(v_{i,j}^{\hat{\mathcal{H}}_m^1}, \text{align} \left(v_{i,j}^{\hat{\mathcal{H}}_m^1} \right) \right) \right\}.$$

Da $\gamma^{fin}(i)$ nach Gleichung (5.36) additiv definiert ist, folgt jetzt mit der eben gesehenen Vertauschbarkeit von $\gamma^{out}(i)$ und $\gamma^{in}(i)$, dass auch diese Glieder in $\gamma^{fin}(i)$ vertauschbar sind. Da auch $d_1(\hat{\mathcal{H}}_m^1, \hat{\mathcal{H}}_m^2)$ nach Definitionsgleichung (5.33) additiv definiert ist, folgt schließlich

$$d_1(\hat{\mathcal{H}}_m^1, \hat{\mathcal{H}}_m^2) = d_1(\hat{\mathcal{H}}_m^2, \hat{\mathcal{H}}_m^1).$$

Um den Beweis für das Maß $d_1(\hat{\mathcal{H}}_m^1, \hat{\mathcal{H}}_m^2)$ abzuschließen, ist noch die Backward-Eigenschaft zu zeigen. Falls nun $\hat{\mathcal{H}}_m^1 = \hat{\mathcal{H}}_m^2$ gilt, dann ist $\gamma^{out}(i) = 1$, $\gamma^{in}(i) = 1$ und auch $\gamma^{fin}(i) = 1$. Deshalb schließt man aus der Definitionsgleichung (5.33), dass $d_1(\hat{\mathcal{H}}_m^1, \hat{\mathcal{H}}_m^1) = 1$ und

$$d_1(\hat{\mathcal{H}}_m^1, \hat{\mathcal{H}}_m^1) = 1 \geq \frac{\sum_{i=0}^{\rho} \lambda_i \cdot \gamma^{fin}(i)}{\sum_{i=0}^{\rho} \lambda_i} = d_1(\hat{\mathcal{H}}_m^1, \hat{\mathcal{H}}_m^2).$$

Für die Maßzahl $d_2(\hat{\mathcal{H}}_m^1, \hat{\mathcal{H}}_m^2)$ gibt es nichts zu beweisen, da diese durch die Wahl[26] von $1 = \lambda_0 = \lambda_1 = \cdots = \lambda_\rho$ aus $d_1(\hat{\mathcal{H}}_m^1, \hat{\mathcal{H}}_m^2)$ als Spezialfall hervorgeht.

Um die Aussage des Satzes für die Maßzahl $d_3(\hat{\mathcal{H}}_m^1, \hat{\mathcal{H}}_m^2)$ zu zeigen, kann man Lemma (5.6.5) heranziehen. Da aber $\gamma^{fin}(i) \leq 1$, bekommt man insbesondere mit Lemma (5.6.5) die Abschätzung

$$\gamma^{fin}(0) \cdot \gamma^{fin}(1) \cdots \gamma^{fin}(\rho) \leq [\gamma^{fin}(0) \cdot \gamma^{fin}(1) \cdots \gamma^{fin}(\rho)]^{\frac{1}{\rho+1}}$$

$$\leq \frac{\gamma^{fin}(0) + \gamma^{fin}(1) + \cdots + \gamma^{fin}(\rho)}{\rho + 1}.$$

---

[26]In Definitionsgleichung (5.33).

Aus dieser Ungleichungskette folgt aber auch

$$1 \geq \frac{\gamma^{fin}(0) \cdot \gamma^{fin}(1) \cdots \gamma^{fin}(\rho)}{\frac{\gamma^{fin}(0) + \gamma^{fin}(1) + \cdots + \gamma^{fin}(\rho)}{\rho+1}}. \tag{5.39}$$

Die Symmetriebedingung von $d_3(\hat{\mathcal{H}}_m^1, \hat{\mathcal{H}}_m^2)$ ist auf Grund der additiven Vertauschbarkeit von $\gamma^{fin}(i)$ und der Tatsache, dass der Ausdruck im Nenner gerade $d_2(\hat{\mathcal{H}}_m^1, \hat{\mathcal{H}}_m^2)$ darstellt, erfüllt. Aus Ungleichung (5.39) erhält man nun die Backward-Bedingung

$$1 = d_3(\hat{\mathcal{H}}_m^1, \hat{\mathcal{H}}_m^1) \geq \frac{\prod_{i=0}^{\rho} \gamma^{fin}(i)}{d_2(\hat{\mathcal{H}}_m^1, \hat{\mathcal{H}}_m^2)}.$$

Damit ist der Satz insgesamt bewiesen. $\qquad\qquad\qquad\qquad\qquad\qquad$ $\square$

Bisher wurden mögliche Knotenmarkierungen der Graphen $\hat{\mathcal{H}}_m$ bei der Messung der strukturellen Ähnlichkeit nicht berücksichtigt. Damit die strukturelle Ähnlichkeit auch von knotenmarkierten, hierarchisierten und gerichteten Graphen bestimmt werden kann, ist lediglich die Ähnlichkeit zwischen den Knotenmarkierungen einzubeziehen. Dies kann über ein Maß erfolgen, das die Ähnlichkeit der Knotenmarkierungen auf der Grundlage eines Bewertungsschemas misst. Sehr ähnlich zur Definition von $\gamma^{fin}(i)$, ausgedrückt durch die Gleichung (5.36), kann nun ein entsprechendes $\gamma_m^{fin}(i)$ durch

$$\gamma_m^{fin}(i) := (1 - \zeta_m) \cdot \gamma^{fin}(i) + \zeta_m \cdot \gamma_m(i), \quad \zeta_m \in [0, 1], \tag{5.40}$$

definiert werden. Dabei ist

$$\gamma_m(i) :=$$

$$\frac{1}{\sigma_i^1 + \sigma_i^2} \cdot \left\{ \sum_{j=1}^{\sigma_i^1} \hat{\alpha}^m \left(v_{i,j}^{\hat{\mathcal{H}}_1} \cdot \text{align}_m \left(v_{i,j}^{\hat{\mathcal{H}}_1} \right) \right) + \sum_{j=1}^{\sigma_i^2} \hat{\alpha}^m \left(v_{i,j}^{\hat{\mathcal{H}}_2}, \text{align}_m \left(v_{i,j}^{\hat{\mathcal{H}}_2} \right) \right) \right\}.$$

$\hat{\alpha}^m$ misst dabei auf der Basis eines gewählten Bewertungsschemas[27] die Ähnlichkeit zwischen den Knotenmarkierungen. Dabei ist $\hat{\alpha}^m$, ähnlich wie die anderen Bewertungsfunktionen, definiert[28]. Konkret wurde dies mit einer Funktion des Typs $\pi(x, y) := e^{-\frac{1}{2} \frac{(x-y)^2}{(\sigma)^2}}$ realisiert, wobei $\pi(x, y)$ die Eigenschaften eines Ähnlichkeitsmaßes aus Definition (4.1.10) erfüllt. Auf der Basis von Gleichung (5.40) lässt sich der Satz (5.6.4) in analoger Weise formulieren und beweisen. Abschließend folgt damit das

---

[27]Dieses wird im konkreten Fall in Form einer positiv reellwertigen Matrix definiert.
[28]Beispielsweise α^{out} und α^{in}.

Corollar 5.6.6 *Es seien die Graphen* $\hat{\mathcal{H}}_m^1, \hat{\mathcal{H}}_m^2$ *und* $\lambda_i \in \mathbb{R}$, $0 \leq i \leq \rho$, $\rho :=$ $\max(h_1, h_2)$ *gegeben.*

$$d_1(\hat{\mathcal{H}}_m^1, \hat{\mathcal{H}}_m^2) \quad := \quad \frac{\sum_{i=0}^{\rho} \lambda_i \cdot \gamma_m^{fin}(i)}{\sum_{i=0}^{\rho} \lambda_i}, \tag{5.41}$$

$$d_2(\hat{\mathcal{H}}_m^1, \hat{\mathcal{H}}_m^2) \quad := \quad \frac{\sum_{i=0}^{\rho} \gamma_m^{fin}(i)}{\rho + 1}, \tag{5.42}$$

$$d_3(\hat{\mathcal{H}}_m^1, \hat{\mathcal{H}}_m^2) \quad := \quad \frac{\prod_{i=0}^{\rho} \gamma_m^{fin}(i)}{d_2(\hat{\mathcal{H}}_m^1, \hat{\mathcal{H}}_m^2)} \tag{5.43}$$

sind Backward-Ähnlichkeitsmaße. $\gamma_m^{fin}(i)$ *ist auf der Basis der Gleichung* (5.40) *definiert.*

5.7 Ergebnisse

In Kapitel (5.6) wurde die Konstruktion des Verfahrens zur Bestimmung der strukturellen Ähnlichkeit von knotenmarkierten, hierarchisierten und gerichteten Graphen vorgestellt. Basierend auf dem Algorithmus zur Berechnung optimaler Sequenz-Alignments gemäß Definition (5.5.4), konnten mit Hilfe von Bewertungsfunktionen die Graphähnlichkeitsmaße d_i definiert werden. Die so gebildeten Graphähnlichkeitsmaße unterscheiden sich deutlich von Maßen, denen Isomorphiebeziehungen zu Grunde liegen. In den meisten Fällen basieren diese Maße auf dem Prinzip der maximalen Übereinstimmung, das heißt, es werden größte, gemeinsame und isomorphe Untergraphen gesucht. Demgegenüber ist der in dieser Arbeit gewählte Ansatz grundlegend verschieden. Zusammenfassend formuliert, erfolgt zunächst die Transformation der Graphen in formale Knotensequenzen[29]. Darauf basierend wird die Ähnlichkeit der transformierten Strukturen auf Grundlage optimaler Sequenz-Alignments bestimmt.

Folgende elementare Vorteile gegenüber bekannten Ansätzen ergeben sich:

1. Drastische Reduktion der Berechnungskomplexität. Das heißt, dass die Ähnlichkeit der Graphen nun wesentlich effizienter berechnet werden kann, da die Graphen in Form von linearen Sequenzen vorliegen. Damit ist eine wichtige Eigenschaft im Hinblick auf das web-basierte Graphmatching erfüllt.

2. Ein weiterer Vorteil der oben skizzierten Konstruktion ist, dass bei einer noch so komplexen Graphstruktur alle induzierten Ausgangs- und Eingangsgrade in die Berechnung der $\gamma^{fin}(i)$ einfließen. Dadurch wird die Kantenstruktur während des Graphvergleichs vollständig berücksichtigt.

---

[29]Das sind eindimensionale Strukturen. Siehe Kapitel (5.4).

3. Aus der Parametrisierungsmöglichkeit[30] folgt, dass eine hohe Flexibilität hinsichtlich zu messender Strukturaspekte besteht. Die Parametrisierung wird dabei in zwei Klassen unterteilt:

   (a) $\sigma_{out}^1, \sigma_{out}^2, \sigma_{in}^1, \sigma_{in}^2 \in \mathbb{R}$ sind die Parameter (global) der Bewertungsfunktionen zur Bestimmung des optimalen Alignments der Grundsequenzen. Dagegen steuern die Parameter (lokal) $\hat{\sigma}_{out}^1, \hat{\sigma}_{out}^2, \hat{\sigma}_{in}^1, \hat{\sigma}_{in}^2 \in \mathbb{R}$ die Alignment-Bewertung bezüglich der Ebenen.

   (b) Der Parameter $\zeta \in [0,1]$ gewichtet Ausgangsgrad- und Eingangsgradalignments, ausgedrückt durch die Gleichung (5.36).

Mit einer speziellen Wahl der Parameter aus Punkt (3a) der Aufzählung, kann das Maß d_i „härter" oder „weicher" eingestellt werden. Ist beispielsweise ein Testkorpus T gegeben, das Graphen mit stark variierenden Ordnungen enthält, so ist es erforderlich, die eventuell starken „Höhenunterschiede"[31] durch geeignete Wahl dieser Parameter zu bewerten. Bezogen auf Punkt (3b), kann durch die konkrete Wahl von $\zeta \in [0,1]$ die Bewertung struktureller Teilaspekte erfolgen, z.B. die ausschließliche Betrachtung der Wurzelbaumstruktur. Daher wirken sich diese Parametrisierungsoptionen in der Anwendung auf neue Problemstellungen positiv aus, da sich das Verhalten des gewünschten Maßes d für jedes spezielle Graphähnlichkeitsproblem unterscheiden soll.

4. Die in Kapitel (5.6) beschriebene Konstruktion beruht nicht auf Isomorphiebeziehungen der betrachteten Graphen. Bei der Anwendung von Methoden des exakten Graphmatchings (Kaden 1982; Sobik 1982, 1986; Zelinka 1975) besteht oft das Problem, dass nicht isomorphe Graphen, die trotzdem intuitiv ähnlich erscheinen, als weniger ähnlich bewertet werden.

Die in Kapitel (5.6) beschriebene Konstruktion führt jedoch zu einem gewissen Strukturverlust, da auf der Basis der gewählten Alignment-Bewertung die Berücksichtigung der Kantentypen nicht explizit erfolgt. Das bedeutet genauer: Ausgehend von einem existierenden Ausgangsgrad- und Eingangsgradalignment auf der Ebene i wird nicht berücksichtigt, welcher Kantentyp, z.B. eine Kernel-Kante, eine Across-Kante oder eine Up-Kante, einen gewissen Ausgangs- bzw. Eingangsgrad induziert hat. Da wie beschrieben die Kantentypen nicht explizit berücksichtigt werden, erfolgt als Gegenmaßnahme die jeweilige Berechnung der prozentualen Verteilung der Kantentypen. Damit ist die Möglichkeit gegeben, eine Aussage über die Vorkommenshäufigkeit der Kantentypen zu treffen und damit die Parametrisierung hinsichtlich zu betonender Strukturaspekte passender

---

[30]Parameter der Bewertungsfunktionen.
[31]Bezogen auf zwei Graphenhöhen h_i und h_j.

zu wählen. Die experimentellen Ergebnisse aus Kapitel (5.8) zeigen jedoch, dass die Vernachlässigung der Kantentypen keine negativen Auswirkungen auf das Strukturerkennungsverhalten des letztlich verwendeten Graphähnlichkeitsmaßes hat. Insbesondere zeigt Kapitel (5.8.2), dass die auf der Basis von d_3 erzeugte Ähnlichkeitsmatrix zur strukturorientierten Filterung in Form eines Clustering-Experiments geeignet ist. Dies drückt sich in dieser Arbeit durch eine positive Evaluierung der Clustergüte aus. In Kapitel (6) stellt sich weiter heraus, dass das Maß d_3 zur Strukturerkennung komplexer Graphmengen auf großen Datenbeständen einsetzbar ist.

In dieser Arbeit wird die Graphstruktur web-basierter Dokumente als knotenmarkierter, hierarchisierter und gerichteter Graph aufgefasst, wobei in Kapitel (3.2) bereits die Berechnungsvorschrift der Kantenstruktur erklärt wurde. Auf der Basis einer einfachen Heuristik (Gleim 2004, 2005) wird ausgehend von einem fest gewählten Startknoten[32] mit Hilfe einer Breitensuche die Kernel-Hierarchie[33] bestimmt. Dabei spiegelt die Kernel-Hierarchie die vom Hypertextautor beabsichtigte Navigationsstruktur der Website wider. Zum einen ist die Berechnung der Kernel-Hierarchie entscheidend für die Konstruktion des Graphähnlichkeitsmodells aus Kapitel (5), da sich aus der Kenntnis der Kernel-Kanten die Ebenendarstellung der Graphstruktur ergibt. Zum anderen besitzt die Berechnungsvorschrift auf Grundlage der Breitensuche einen Schwachpunkt (Gleim 2004): Down-Kanten werden nicht als solche erkannt, sondern als Kernel-Kanten interpretiert. Zusammen mit den experimentellen Ergebnissen aus Kapitel (5.8) kann jedoch die gewählte Heuristik als gute Approximation an die tatsächlich hierarchische Website-Struktur betrachtet werden. Abschließend für das Kapitel (5.7) sei noch ein Vorteil der hierarchischen Graphdarstellung erwähnt. Die Berechnung der Kernel-Hierarchie und die anschließende Bestimmung der übrigen Kantentypen[34] lässt eine semantische Bewertung der Kantentypen zu. Zum Beispiel können Across-Kanten oft als *Themenwechsel* interpretiert werden, wobei Up-Kanten meistens zur einfacheren Navigation bezüglich Webseiten höhergelegener Ebenen dienen. Zusammen mit der Verteilung der Kantentypen, gibt die hierarchische Graphstruktur einen guten Überblick über potenzielle Navigationsmöglichkeiten.

5.8 Experimentelle Ergebnisse

Im folgenden Kapitel (5.8.1) werden die Graphähnlichkeitsmaße aus Kapitel (5.6) auf der Basis des Testkorpus T_C[35] evaluiert, wobei dessen graphentheoretische

---

[32]Dieser ist immer die Start-Webseite der gesamten Website-Struktur.
[33]Siehe Kapitel (5.3).
[34]Siehe Definition (5.3.1) aus Kapitel (5.3).
[35]Siehe Kapitel (3.2).

Kerndaten	Wert
$\min(|\hat{V}|)$	5
$\max(|\hat{V}|)$	97
$\min(\operatorname{diam}(\hat{\mathcal{H}}))$	1
$\max(\operatorname{diam}(\hat{\mathcal{H}}))$	27
$\operatorname{avg}(|\hat{V}|)$	23
$\operatorname{avg}(\operatorname{diam}(\hat{\mathcal{H}}))$	3

Abbildung 5.10: Kerndaten des Graphkorpus T_C.

Kerndaten in Abbildung (5.10) zu finden sind. Da die Ähnlichkeitsmaße zur strukturellen Untersuchung web-basierter Dokumente eingesetzt werden, liegt der Anwendungsschwerpunkt besonders im Web Structure Mining, da dieses die Erforschung struktureller Eigenschaften hypertextueller Dokumente zum Ziel hat.

Kapitel (5.8.1) untersucht zunächst die Wertebereichsausschöpfung der Graphähnlichkeitsmaße d_i. Damit kann im Vorfeld einer konkreten Evaluierung ermittelt werden, ob ein bestimmtes Maß d_i für die fokussierte Anwendung besonders geeignet bzw. ungeeignet ist. Dagegen wird in Kapitel (5.8.2) die Evaluierung webbasierter Dokumente diskutiert, die durch DOM-Strukturen (Chakrabarti 2001) repräsentiert werden. Die Kapitel (5.8.1), (5.8.2) folgen dabei einer gemeinsamen Reihenfolge von Untersuchungsschritten:

- Die Bestimmung einer Ähnlichkeitsmatrix $(s_{ij})_{ij}$, $1 \leq i \leq n$, $1 \leq j \leq n$, $s_{ij} \in [0,1]$, wobei diese als Grundlage verschiedener Anwendungen zu sehen ist, z.B. zur Berechnung von Verteilungen oder als Basis für den Einsatz von Data Mining-Verfahren.

- Die Anwendung von multivariaten Analyseverfahren, z.B. die Clusteringverfahren.

Die Interpretation der Ergebnisse, zum einen bezogen auf Website-Strukturen und zum anderen auf DOM-Trees, ist jedoch unterschiedlich, da für beide Dokumentengruppen verschiedene Problemstellungen behandelt werden.

5.8.1 Experimente mit Website-Strukturen

Um nun die Graphähnlichkeitsmaße aus Satz (5.6.4) auf der Basis von T_C zu evaluieren, ist der erste Schritt die Untersuchung der Wertebereichsausschöpfung.

Genauer ist dabei zu bestimmen, wie gut die Maße

$$d_1(\hat{\mathcal{H}}_m^1, \hat{\mathcal{H}}_m^2) \; := \; \frac{\sum_{i=0}^{\rho} \lambda_i \cdot \gamma^{fin}(i)}{\sum_{i=0}^{\rho} \lambda_i},$$

$$d_2(\hat{\mathcal{H}}_m^1, \hat{\mathcal{H}}_m^2) \; := \; \frac{\sum_{i=0}^{\rho} \gamma^{fin}(i)}{\rho + 1},$$

$$d_3(\hat{\mathcal{H}}_m^1, \hat{\mathcal{H}}_m^2) \; := \; \frac{\prod_{i=0}^{\rho} \gamma^{fin}(i)}{\frac{\sum_{i=0}^{\rho} \gamma^{fin}(i)}{\rho + 1}},$$

ihren Wertebereich ausschöpfen. Dabei gilt nach Konstruktion $d_i(\hat{\mathcal{H}}_m^1, \hat{\mathcal{H}}_m^2) \in [0, 1]$, $i = 1, 2, 3$. Für diese Untersuchung werden einige Fälle unterschieden, wobei sich darin unterschiedliche Parameterbelegungen und die Betonung verschiedenartiger struktureller Aspekte widerspiegeln. Dazu wurden die folgenden Datenklassen definiert:

Definition 5.8.1 *Die Datenklassen D_1-D_5, die durch unterschiedliche Parameterbelegungen definiert werden, beziehen sich auf das Testkorpus T_C:*

1. *D_1: $\zeta = 1.0$ (Ausschließlich Alignments von Kernel-Kanten); Falls $\gamma^{fin}(i) < 0.5$, setze $\lambda_i = 100$, anderfalls $\lambda_i = 1$; Parameterbelegung:*

$$\sigma_{out}^1 = 1.0, \sigma_{out}^2 = 2.0, \sigma_{in}^1 = 1.0, \sigma_{in}^2 = 2.0, \hat{\sigma}_{out}^1 = 3.0, \hat{\sigma}_{out}^2 = 5.0,$$
$$\hat{\sigma}_{in}^1 = 3.0, \hat{\sigma}_{in}^2 = 5.0.$$

2. *D_2: $\zeta = 0.3$; Falls $\gamma^{fin}(i) < 0.5$, setze $\lambda_i = 100$, andernfalls $\lambda_i = 1$; Parameterbelegung:*

$$\sigma_{out}^1 = 1.0, \sigma_{out}^2 = 1.0, \sigma_{in}^1 = 1.0, \sigma_{in}^2 = 1.0, \hat{\sigma}_{out}^1 = 1.0, \hat{\sigma}_{out}^2 = 5.0,$$
$$\hat{\sigma}_{in}^1 = 1.0, \hat{\sigma}_{in}^2 = 5.0.$$

3. *D_3: $\zeta = 0.5$; Falls $\gamma^{fin}(i) < 0.5$, setze $\lambda_i = 100$, andernfalls $\lambda_i = 1$; Parameterbelegung:*

$$\sigma_{out}^1 = 1.0, \sigma_{out}^2 = 1.0, \sigma_{in}^1 = 1.0, \sigma_{in}^2 = 1.0, \hat{\sigma}_{out}^1 = 1.0, \hat{\sigma}_{out}^2 = 5.0,$$
$$\hat{\sigma}_{in}^1 = 1.0, \hat{\sigma}_{in}^2 = 5.0.$$

4. *D_4: $\zeta = 0.5$; Falls $\gamma^{fin}(i) < 0.5$, setze $\lambda_i = 64$, andernfalls $\lambda_i = 16$; Parameterbelegung:*

$$\sigma_{out}^1 = 1.0, \sigma_{out}^2 = 2.0, \sigma_{in}^1 = 1.0, \sigma_{in}^2 = 2.0, \hat{\sigma}_{out}^1 = 3.0, \hat{\sigma}_{out}^2 = 5.0,$$
$$\hat{\sigma}_{in}^1 = 3.0, \hat{\sigma}_{in}^2 = 5.0.$$

5. D_5: $\zeta = 0.5$; Falls $\gamma^{fin}(i) < 0.5$, setze $\lambda_i = 100$, andernfalls $\lambda_i = 1$; Parameterbelegung:

$$\sigma_{out}^1 = 1.0, \sigma_{out}^2 = 1.0, \sigma_{in}^1 = 1.0, \sigma_{in}^2 = 1.0, \hat{\sigma}_{out}^1 = 3.0, \hat{\sigma}_{out}^2 = 5.0,$$
$$\hat{\sigma}_{in}^1 = 3.0, \hat{\sigma}_{in}^2 = 5.0.$$

Zunächst erfolgt für alle Datenklassen der Definition (5.8.1) die Interpretation der Verteilungen aus Abbildung (5.11). Dabei bezieht sich die Anordnung[36] der Verteilungen auf die Datenklassen D_1-D_5, wobei die jeweilige Parameterbelegung in Definition (5.8.1) angegeben ist. Da nach Satz (5.6.4) die Eigenschaften

$$d_i(\hat{\mathcal{H}}_m^1, \hat{\mathcal{H}}_m^2) = d_i(\hat{\mathcal{H}}_m^2, \hat{\mathcal{H}}_m^1) \quad \text{und} \quad d_i(\hat{\mathcal{H}}_m^1, \hat{\mathcal{H}}_m^1) = 1, \quad \hat{\mathcal{H}}_m^1, \hat{\mathcal{H}}_m^2 \in T_C$$

gelten, entsteht die zu Grunde liegende Ähnlichkeitsmatrix durch $\frac{|T_C|(|T_C|-1)}{2}$-male Ähnlichkeitsberechnung der Graphpaare, für jedes Maß d_i. Die Abbildung (5.11) zeigt die gerankten Ähnlichkeitswerte der Maße d_1, d_2 und d_3. Das bedeutet, dass die sortierten Ähnlichkeitspaarungen gegen eine Platznummer aufgetragen wurden.

Aus Abbildung (5.11) ersieht man für alle Datenklassen, dass die Maße

$$d_1(\hat{\mathcal{H}}_m^1, \hat{\mathcal{H}}_m^2) := \frac{\sum_{i=0}^{\rho} \lambda_i \cdot \gamma^{fin}(i)}{\sum_{i=0}^{\rho} \lambda_i} \quad \text{und} \quad d_2(\hat{\mathcal{H}}_m^1, \hat{\mathcal{H}}_m^2) := \frac{\sum_{i=0}^{\rho} \gamma^{fin}(i)}{\rho + 1},$$

den Wertebereich $[0, 1]$ nicht vollständig ausschöpfen und die graphbasierten Hypertexte „zu ähnlich" bewerten. Am deutlichsten erkennt man dies am Verhalten von d_2. Das liegt zum einen an der Definition von d_1 und d_2, zum anderen an der Parametrisierung, bezogen auf $\lambda_i \in \mathbb{R}$. Da d_2 lediglich das arithmetische Mittel der $\gamma^{fin}(i)$ ausdrückt, ist die mangelnde Ausschöpfung des Werteintervalls $[0, 1]$ deutlich ausgeprägter als bei d_1. Weiterhin reagiert d_1 wesentlich empfindlicher auf Strukturunterschiede als d_2, wobei sich diese Eigenschaft in den sprungartigen Schaubildern von d_1 widerspiegelt.

Dagegen zeigt das Maß $d_3(\hat{\mathcal{H}}_m^1, \hat{\mathcal{H}}_m^2) := \frac{\prod_{i=0}^{\rho} \gamma^{fin}(i)}{\frac{\sum_{i=0}^{\rho} \gamma^{fin}(i)}{\rho+1}}$ für alle Klassen der Definition (5.8.1) eine gute und kontinuierliche Wertebereichsausschöpfung. Der Kurvenverlauf von d_3 bezogen auf D_1, unterscheidet sich deutlich von den d_3-Verläufen der übrigen Klassen. Dieser Unterschied ist dadurch erklärbar, dass in D_1 ausschließlich Alignments von Kernel-Kanten betrachtet wurden. Das bedeutet: Die hypertextuellen Dokumentstrukturen repräsentieren gerichtete Wurzelbäume. Damit wurden die Alignments von Across-Kanten, Up-Kanten und Down-Kanten

---

[36]Das erste Bild in der oberen Reihe aus Abbildung (5.11) bezieht sich auf Datenklasse D_1, das zweite Bild in der oberen Reihe bezieht sich auf Datenklasse D_2 etc.

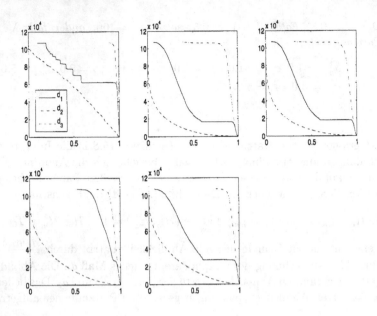

Abbildung 5.11: Verteilungen der gerankten Ähnlichkeitswerte für d_1, d_2 und d_3, bezogen auf alle Datenklassen der Definition (5.8.1). Die X-Achse bezeichnet den Ähnlichkeitswert $d_3(\hat{\mathcal{H}}_m^1, \hat{\mathcal{H}}_m^2) \in [0, 1]$. Auf der Y-Achse ist die Anzahl der Graphpaare aufgetragen.

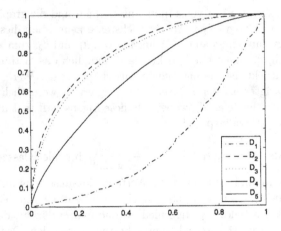

Abbildung 5.12: Kummulative Ähnlichkeitswertverteilungen für die Datenklassen der Definition (5.8.1). X-Achse: Ähnlichkeitswert $d_3(\hat{\mathcal{H}}_m^1, \hat{\mathcal{H}}_m^2) \in [0, 1]$. Y-Achse: Prozentsatz der Graphen, die einen Ähnlichkeitswert $d_3 \leq X$-Wert besitzen.

bewusst vernachlässigt. Bezüglich D_1-D_4 wurde der Parameter $\zeta \in [0,1]$, der die Gewichtung der Werte $\gamma^{out}(i)$ und $\gamma^{in}(i)$ steuert, variiert.

Abschließend ist das durch die Abbildung (5.11) gezeigte Verhalten von d_3 als positiv zu bewerten. Damit ist eine wesentliche Voraussetzung erfüllt, die die Grundlage für einen sinnvollen Einsatz im Web Structure Mining bildet. Um nun etwas über die Verteilung der Ähnlichkeitswerte innerhalb der Datenklassen zu erfahren, betrachte man die kummulative Ähnlichkeitswertverteilung in Abbildung (5.12). Als Graphähnlichkeitsmaß wurde dabei ausschließlich d_3 verwendet. Auffällig ist, dass sich das Schaubild der Klasse D_1 von den Kurvenverläufen der übrigen Datenklassen prinzipiell unterscheidet. Daraus erkennt man, dass z.B. ca. 20% der Graphen bereits einen Ähnlichkeitswert $d_3 \leq 0.5$ haben. Im Gegensatz dazu besitzen ca. 90% der Graphen aus D_2 einen Ähnlichkeitswert $d_3 \leq 0.5$. Insgesamt ersieht man aus Abbildung (5.12), dass die Graphen in D_1 signifikant ähnlicher[37] bewertet werden als die Graphen der übrigen Datenklassen. Dieses Verhalten ist deshalb plausibel, da die Graphen in D_1 ausschließlich als Wurzelbäume behandelt werden und somit die für Hypertexte typischen Across-Kanten, Up-Katen und Down-Kanten fehlen. Daraus folgt, dass sich der Großteil dieser Graphen deutlich weniger stark strukturell unterscheidet als die Graphen in den restlichen Datenklassen. Umgekehrt ist die Lage bei D_2-D_5: Durch Einbeziehung aller Kantentypen gilt der Hauptanteil der Graphen untereinander als strukturell unähnlich. Die Schaubilder für D_4 und D_5 sind identisch.

Um nun zu ermitteln, wie gut das Maß d_3 die strukturelle Ähnlichkeit von webbasierten Hypertexten wiedergibt, wird im Folgenden die Anwendung von Clusteringverfahren fokussiert. Jedoch lässt sich das Analyseergebnis nur für eine wesentlich kleinere Teilmenge $T_{\text{small}} \subseteq T_C$ anschaulich[38] darstellen. Für dieses Experiment wurde ein agglomeratives Clusteringverfahren gewählt, dessen Funktionsweise Kapitel (2.4.2) erläutert. Ausgehend von T_C wurde T_{small} so erzeugt, dass die Ähnlichkeitswerte der Graphpaarungen mit annähernd gleicher Anzahl vorkommen und den Wertebereich $[0,1]$ nahezu vollständig ausschöpfen. Wählt man nun für die Teilmenge $T_{\text{small}} \subseteq T_C, |T_{\text{small}}| = 22$, zur Berechnung der Fusionsschritte den Clusterabstand[39]

$$\alpha_{AL}(C_i, C_j) := \frac{1}{|C_i||C_j|} \sum_{\mathcal{H} \in C_i} \sum_{\tilde{\mathcal{H}} \in C_j} d_3(\mathcal{H}, \tilde{\mathcal{H}}),$$

so erhält man als Ergebnis der Clusterung Abbildung (5.13).

Da nun eine mögliche Clusterlösung interpretiert werden muss, liegt die Fragestellung nahe, ob sich Partitionen angeben lassen, die als mögliche Abbruchstufen

---

[37]Auf der Basis von d_3.

[38]In Form eines Dendogramms. Siehe Kapitel (2.4.2).

[39]Wegen seiner guten Interpretierbarkeit wurde Average Linkage gewählt. Siehe Kapitel (2.4.2).

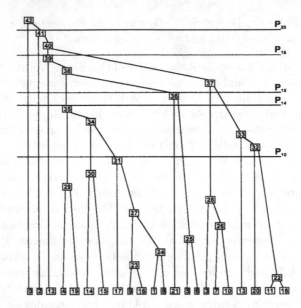

Abbildung 5.13: Dendogramm als Ergebnis der Clusterung von T_{small}. Die zweiundzwanzig Graphen sind jeweils mit Objektnummern bezeichnet.

gelten können. Ein solches Abbruchkriterium für agglomerative Clusteringverfahren wurde von RIEGER (Rieger 1989) entwickelt. Im Folgenden wird der Clusterabstand auf der j-ten Fusionsstufe vereinfachend als α_{AL}^j bezeichnet. RIEGER bildet zunächst die Betragsdifferenzen $\eta_i = |\alpha_{AL}^j - \alpha_{AL}^{j+1}|$, $i = 1, 2, \ldots, m-2$, wobei für jeden Fusionschritt j eine Knotennummer $m = |T_{\text{small}}| + j$ gebildet wird. Nun kann für jeden weiteren Fusionsschritt $j + 1$ die jeweilige Betragsdifferenz der Clusterabstände berechnet werden, wobei $j = 2, 3 \ldots, m-1$ gilt. Auf der Basis von $\bar{\eta} = \frac{1}{m-2} \sum_{i=1}^{m-2} \eta_i$ und der Bildung der Standardabweichung

$$\sigma = \sqrt{\sum_{i=1}^{m-2} (\eta_i - \bar{\eta})^2},$$

definiert RIEGER die untere Schranke $\theta = \bar{\eta} + \frac{\sigma}{2}$. Gilt nun $\eta_i \geq \theta$, so drückt diese Ungleichung eine gute Trennbarkeit der Cluster aus. Damit gilt jede gebildete Betragsdifferenz, die die Ungleichung $\eta_i \geq \theta$ erfüllt, als denkbare Abbruchstufe. Das Ergebnis der Berechnung aller möglichen Abbruchstufen ist in Abbildung (5.13) durch horizontale Linien angedeutet. Neben einer guten Trenneigenschaft werden aber auch diejenigen Cluster einer Partition gesucht, die möglichst homogen sind, das heißt, deren Elemente sich auf der Basis des Graphabstandsmaßes d_3 sehr ähnlich sind. Um die Homogenität der Cluster zu beschreiben wurde das

130

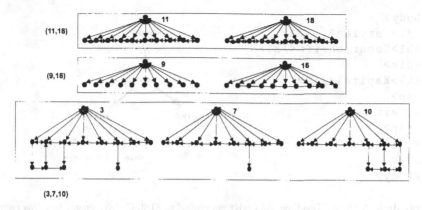

Abbildung 5.14: Web-basierte Hypertextgraphen der Cluster (11,18), (9,16) und (3,7,10). Die Clusterschreibweise in Tupelform verwendet dabei die Objektnummern. Es gilt $\zeta = 0.5$; Parameterbelegung siehe Punkt (5) der Definition (5.8.1).

Maß

$$h(C_i) := \frac{1}{|C_i| \cdot (|C_i| - 1)} \sum_{\mu \in I_{C_i}} \sum_{\nu \in I_{C_i}} s_{\mu\nu}$$

angewendet, welches bereits zur Cluster-Interpretation in Kapitel (2.4.1) vorgestellt wurde. Dabei wurde $s = d_3$ gesetzt; C_i bezeichnet ein Cluster auf einer gewissen Partition und I_C die entsprechende Indexmenge. Auf Grund der in Kapitel (2.4.2) erklärten Konstruktion eines agglomerativen Clusteringverfahrens nimmt die Homogenität im Dendogramm von den Blättern bis zur Wurzel hin immer weiter ab. Bezeichnet nun $P = (C_1, C_2, \ldots C_k)$ die Clustermenge einer Partition P, so kann die Einbeziehung der Homogenitätssumme

$$\sum_{i=1}^{k} h(C_i),$$

zusammen mit den berechneten Abbruchstufen als mögliches Kriterium für eine Clusterlösung aufgefasst werden. In Abbildung (5.13) wurde die Partition P_{10} gewählt, da einerseits das Abbruchkriterium erfüllt ist und andererseits die Partition die höchste verbleibende Homogenitätsumme aufweist.

Um einen Eindruck zu bekommen, wie gut d_3 die Ähnlichkeit der Graphen in den Clustern wiedergibt, sei dazu Abbildung (5.14) betrachtet. Aus der Partition P_{10} wurden beispielhaft die Cluster mit den Graphen (11,18), (9,16) und (3,7,10) ausgewählt. Gemäß der Haupteigenschaft des vorliegenden Clusteringverfahrens enthält das Cluster auf der ersten Fusionsstufe auf der Basis von d_3 die ähnlichsten Graphen: In diesem Fall besitzen die web-basierten Dokumente sogar identische Graphstrukturen. Die Graphen, die das Cluster $(9, 16)$ bilden,

131

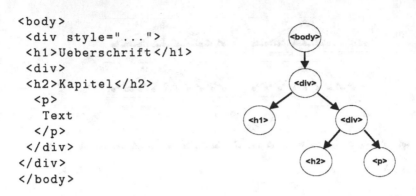

```
<body>
 <div style="...">
 <h1>Ueberschrift</h1>
 <div>
 <h2>Kapitel</h2>
  <p>
   Text
  </p>
 </div>
 </div>
</body>
```

Abbildung 5.15: (i): Das linke Bild zeigt ein einfaches HTML-Codefragment. (ii): Das rechte Bild bildet den entsprechenden DOM-Tree ab.

wurden im zweiten Fusionsschritt zusammengeschlossen. Sie unterscheiden sich lediglich durch eine Across-Kante auf der ersten Ebene. Ansonsten stimmen sie in ihren Ordnungen und Kantenmengen vollständig überein. Das Cluster mit den Graphen (3,7,10) wurde in einer fortgeschrittenen Fusionsstufe erzeugt, wobei das agglomerative Verfahren zuerst das Cluster (7,10) bildete. In einem weiteren Fusionsschritt wurde dann der Graph mit der Objektnummer 3 dazugefügt. Die Graphen 3, 7 besitzen bis zur ersten Ebene eine identische Struktur. Strukturelle Unterschiede zeigen sich auf der Ebene 2. Verglichen mit Graph 3 und Graph 7 besitzt Graph 10 bis zur ersten Ebene dieselbe Kantenstruktur, jedoch um einen Knoten reduziert. Für die weitere Interpretation der Cluster auf höher liegenden Partitionen gilt, dass nach Konzeption des agglomerativen Verfahrens die Graphen innerhalb der Cluster immer unähnlicher[40] werden. Im Cluster, welches die Wurzel des Dendogramms repräsentiert, sind schließlich alle Graphen verschmolzen. Es bleibt nun die Aufgabe, die Güte der Strukturerkennung von d_3 auf einen großen Datenbestand zu untersuchen. Dazu wird in Kapitel (6) gezeigt, dass d_3 in der Lage ist, Graphmengen web-basierter Dokumente strukturell zu trennen.

5.8.2 Experimente mit web-basierten Dokumenten

In Kapitel (5.8.1) wurde als erster Analyseschritt die Wertebereichsausschöpfung der Graphmaße aus Satz (5.6.4) untersucht. Bezüglich der Wertebereichsausschöpfung und der Cluster-Interpretation von Website-Strukturen erwies sich das Maß d_3 in Kapitel (5.8.1) als sehr geeignet. Auf Grund der Konzeption der Graphmaße können während der Ähnlichkeitsmessung durch die Parametrisierung unterschiedliche Strukturaspekte berücksichtigt werden. Diese Flexibilität wirkt sich

---

[40]Auf der Basis von d_3.

132

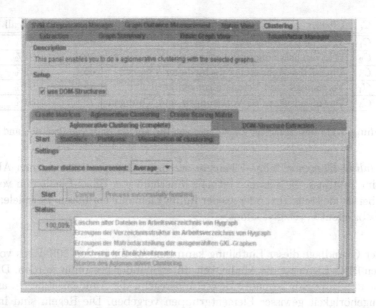

Abbildung 5.16: Ausgehend von einer Menge von GXL-Repräsentationen erfolgt die webbasierte Extraktion der DOM-Trees mit Hilfe von HTMLParser (Oswald 2005). Daran anschließend erzeugt HyGraph die jeweilige Ähnlichkeitsmatrix, die als Eingabe des Clusteringverfahrens dient. Die Registerkarten Statistics und Partitions dienen zur Berechnung der Clusterhomongenität und des Abbruchkriteriums aus Kapitel (5.8.1). Dagegen wird mit Hilfe der Registerkarte Visualization of Clustering das entsprechende Dendogramm erzeugt.

unmittelbar positiv auf die Messung der strukturellen Ähnlichkeit web-basierter Dokumente in Form von DOM-Strukturen (Chakrabarti 2001) aus, da lediglich die Belegung des Parameters ζ_m in Gleichung (5.40) zu ändern ist. Bezogen auf die Ähnlichkeitsmessung stellen DOM-Strukturen gerichtete Wurzelbäume mit Knotenmarkierungen dar, wobei die Knotenmarkierungen hier die Bedeutungen der HTML-Tags wiedergeben.

Beispielhaft zeigt die Abbildung (5.15) ein HTML-Codefragment zusammen mit dem zugehörigen DOM-Tree. Um nun die strukturelle Ähnlichkeit dieser Strukturen zu bestimmen, müssen außer einer geeigneten Parametrisierung von d_3 Aussagen über die Ähnlichkeit der Knotenmarkierungen getroffen werden. Dabei kann leicht ein einfaches Ähnlichkeitsschema auf der Basis der bestehenden HTML-Elementdefinition gegeben werden. HTML-Elemente lassen sich nämlich in zwei auszeichnende Gruppen einteilen (Münz 2005):

- *Block-Elemente*: Block-Elemente sind strukturierende HTML-Elemente, wobei sie eigene Absätze im Textfluss markieren. Beispiele: <ol>, <ul>, <p>. <table>.

133

C_i	Cluster	Precision	Recall
C_1	Mitarbeiter-Webseiten	84%	99%
C_2	Lehrveranstaltungsankündigungen	76%	91%
C_3	Übersichts-Webseiten verschiedener Themen	65%	92%
C_4	Vorlesungs- und Veranstaltungsmaterialien	85%	60%
C_5	Downloadseiten für Vorlesungen und Übungen	72%	84%

Abbildung 5.17: Bewertung der Clustergüte von W_1, auf der Basis von Precision und Recall.

- *Inline-Elemente*: Inline-Elemente erzeugen dagegen keine eigenen Absätze im Textfluss. Sie kommen oftmals innerhalb von Block-Elementen vor, wobei sie meistens Text oder wieder Inline-Elemente enthalten. Beispiele: <a>, <basefont>, <big>, <font>.

Auf der Grundlage dieser Einteilung kann nun für die in den DOM-Trees vorkommenden HTML-Elemente die Ähnlichkeit untereinander bestimmt werden. Dies geschieht mit Hilfe naheliegender Bewertungsregeln, die Ähnlichkeitswerte anhand der Zugehörigkeit gewisser Elementgruppen vergeben. Die Regeln sind im Wesentlichen:

- Zuweisung eines Ähnlichkeitswertes für Elemente in der gleichen Gruppe, nämlich Block- und Inline-Elemente.

- Minimaler Ähnlichkeitswert für Elemente ungleicher Elementgruppen.

- Zuweisung eines Ähnlichkeitswertes für Elemente in der gleichen Funktionsgruppe. Funktionsgruppen sind hier z.B. "isHeading" und "isTable".

- Zuweisung eines Ähnlichkeitswertes für Elemente in unterschiedlichen Funktionsgruppen.

Unter diesen Voraussetzungen kann jetzt unmittelbar das Graphmaß d_3 zur Ähnlichkeitsbestimmung der DOM-Trees verwendet werden. Analog zum Kapitel (5.8.1) wurde die daraus folgende Ähnlichkeitsmatrix als Eingabe für das agglomerative Clusteringverfahren verwendet und zwar auf der Basis von HyGraph (Gleim 2004, 2005). Die Abbildung (5.16) zeigt den entsprechenden Konfigurationsbereich von HyGraph, wobei als Clusterabstand wieder Average Linkage zur Anwendung kam.

Die Abbildungen (5.17), (5.18) präsentieren die Ergebnisse der Ähnlichkeitsmessung mit anschließender Clusterung zweier Websites W_1[41] und W_2[42], wobei die

---

[41]http://www.algo.informatik.tu-darmstadt.de.
[42]http://www.sec.informatik.tu-darmstadt.de.

C_i	Cluster	Precision	Recall
C_1	Mitarbeiter-Webseiten	99%	99%
C_2	Übersicht Forschungsthemen	99%	99%
C_3	Seminarankündigungen	75%	99%
C_4	Lehrveranstaltungsankündigungen	93%	93%
C_5	Webseiten für technische Dokumentationen	50%	99%

Abbildung 5.18: Bewertung der Clustergüte von W_2, auf der Basis von Precision und Recall.

Websites durch die Mengen ihrer DOM-Trees repräsentiert werden. Zur Auswahl einer plausiblen Abbruchstufe hinsichtlich der Clusterlösung wurde die Argumentation des vorherigen Kapitels angewendet. Um einen Eindruck von der Güte der Clusterung zu bekommen, kamen wieder die Maße Recall und Precision zur Anwendung. Falls M_r die Menge aller relevanten Dokumente und M_g die Menge der gefundenen Dokumente, bezogen auf ein Cluster C, bezeichnet, gilt (Ferber 2003):

$$\text{Precision} \; := \; \frac{|M_r \cap M_g|}{|M_g|},$$

$$\text{Recall} \; := \; \frac{|M_r \cap M_g|}{|M_r|}.$$

Die Evaluierungsergebnisse zeigen deutlich, dass das eingesetzte Clusteringverfahren auf der Grundlage der berechneten Ähnlichkeitsmatrix Typklassen erzeugte, die strukturell signifikante Webseiten enthalten. Das heißt, die Webseiten einer Klasse besitzen eine auffallend ähnliche Dokumentstruktur und manifestieren damit einen eigenen „Strukturtyp". Als Beispiel, bezogen auf W_1, zeigen die Abbildungen (5.19), (5.20) die HTML-Repräsentationen zweier Webseiten aus C_2. Die hohen Precisionwerte in den Abbildungen (5.17), (5.18) sagen aus, dass die gefundenen Webseiten tatsächlich relevant sind. Dagegen drücken die hohen Recallwerte aus, dass die Webseiten, die für ein Cluster C_i relevant sind, auch gefunden werden. Bezogen auf Precision fällt dagegen auf, dass das Cluster C_5 in Abbildung (5.18), im Vergleich mit den übrigen Werten, einen niedrigeren Wert besitzt. Weiter besitzt C_5 einen hohen Recallwert. Zusammengefasst bedeutet das: (i) Einige Webseiten, die bezüglich C_5 gefunden wurden, sind nicht relevant und (ii) alle relevanten Webseiten für dieses Cluster wurden gefunden. Bezogen auf Recall ist in Abbildung (5.17) die Situation für C_4 umgekehrt. Insgesamt gesehen sind die hohen Recall- und Precisionwerte als Gütekennzeichen dieser Clusterung positiv zu bewerten.

- Die Ergebnisse der Klausur sind an der Tür S4|03 B110 einzusehen. Klausureinsicht nach Bedarf ab dem 27.8.
- Zum 5. Aufgabenblatt: Je nachdem wie viele Zeilen aus der Datei idbpmm.txt als gültig erkannt werden, variieren auch die Werte der Parameter. Bei 236 Zeilen ergibt sich z.B. 183-7+1.
- Eine Übungs-Klausuraufgabe steht auf der Seite der Übungen. Die Klausuraufgaben werden einen ähnlichen Stil und Schwierigkeitsgrad haben.
- Die Klausur findet am Montag 21.07.03 um 15:00 im S101/051 statt und dauert 90 Minuten.
- Zum 4. Aufgabenblatt: Die Vorzeichen sollen sowohl beim Menschen als auch bei der Maus alle '+' sein! D.h. Sie müssen die Permutation zuerst in eine ohne Vorzeichen überführen und dann sortieren.
- Zum 4. Aufgabenblatt: Wenn mehrere Gene bei der Maus an derselben Position liegen, verwenden Sie nur das erste (in menschlicher Reihenfolge) davon.
- Zum 3. Aufgabenblatt: Beachten Sie, dass beim Berechnen der Rückwärtsmatrix auch die Rückwärts-Übergangsw. benutzt werden müssen, d.h. z.B. a(l,k) statt a(k,l). Die Lösung wurde entsprechend angepasst.

Literatur:

Bioinformatik

- Pavel A. Pevzner, "Computational Molecular Biology", MIT Press, 2000.
- Michael S. Waterman, "Introduction to Computational Biology", Chapman & Hall, 1995.
- J.Setubal/J.Meidanis, "Introduction to Computational Molecular Biology", Thompson, 1997.
- Das Skript von Ron Shamir: http://www.math.tau.ac.il/~rshamir/algmb/01/algmb01.html
- Das Skript von Volker Heun: http://wwwmayr.informatik.tu-muenchen.de/lehre/2002SS/cb/lecturenotes/

Chemie, Biologie, Genetik

- Rolf Knippers, "Molekulare Genetik", Georg Thieme Verlag, 1997.
- "Biochemie Light", knappe verständliche Einführung in Grundlagen der Biochemie ISBN 3-8171-1638-1
- "Der kleine Alberts" - Lehrbuch der Molekularen Zellbiologie, umfassende Übersicht über moderne Gentechnik, chemische Grundlagen, DNA, RNA, Proteine etc. ISBN 3-527-30493-2

Papers

- Kaplan, Shamir, Tarjan, "Faster and Simpler Algorithm for Sorting Signed Permutations by Reversals"

Abbildung 5.19: HTML-Repräsentation einer Webseite aus C_2, bezogen auf W_1.

Ankündigungen:

- Die Klausureinsicht ist voraussichtlich am Do. 05.8. um 14h (zusammen mit Optimierungsalgorithmen). Der Raum bzw. Terminänderungen stehen dann bei unserer Arbeitsgruppe (E123-E126) an der Tür.
- Die Klausur ist fertig korrigiert. Die Ergebnisse hängen an der Tür vom Raum E126.
- Eine Teillösung der Übungsklausuraufgabe steht auf der Seite der Übungen.
- Die Klausur findet am Montag, den 19. Juli von 9:30h bis 11h im Raum C205 (Piloty-Gebäude) statt.
- Eine Übungsklausuraufgabe steht auf der Seite der Übungen. Die Klausur wird natürlich umfangreicher sein, aber die Art der Aufgaben wird dadurch deutlich.
- Wegen der Verwirrung um die zweite Übung stelle ich noch mal verschiedene Varianten des Hirschberg-Algorithmus' gegenüber.
- Das Beispiel zum Globalen Alignment gibt es auch in vollständiger Fassung.
- Auf der Materialseite steht ab sofort das Biologie-Skript zur Verfügung.
- Die Vorlesung fällt in der ersten Woche (am 13.4.) leider aus, weil der Vorlesungssaal noch renoviert wird und kein Ersatzraum zur Verfügung steht. Am 20.4. findet die Vorlesung aller Voraussicht nach statt.
- Vorlesungstermin ist Dienstag um 14:25h im Raum C110 S2|02.

Literatur:

Bioinformatik

- Pavel A. Pevzner, "Computational Molecular Biology", MIT Press, 2000.
- Michael S. Waterman, "Introduction to Computational Biology", Chapman & Hall, 1995.
- J.Setubal/J.Meidanis, "Introduction to Computational Molecular Biology", Thompson, 1997.
- Das Skript von Ron Shamir: http://www.math.tau.ac.il/~rshamir/algmb/01/algmb01.html

Chemie, Biologie, Genetik

- Rolf Knippers, "Molekulare Genetik", Georg Thieme Verlag, 1997.
- "Biochemie Light", knappe verständliche Einführung in Grundlagen der Biochemie, ISBN 3-8171-1638-1
- "Der kleine Alberts" - Lehrbuch der Molekularen Zellbiologie, umfassende Übersicht über moderne Gentechnik, chemische Grundlagen, DNA, RNA, Proteine etc., ISBN 3-527-30493-2

Papers

- Kaplan, Shamir, Tarjan, "Faster and Simpler Algorithm for Sorting Signed Permutations by Reversals"

Abbildung 5.20: HTML-Repräsentation einer weiteren Webseite aus C_2, bezogen auf W_1.

5.8.3 Fazit

Bezogen auf das immer stärker werdende Dokumentaufkommen im World Wide Web sind insbesondere Methoden zur Clusterung strukturell ähnlicher Dokumente und Verfahren zur Informationsextraktion gefordert. Dabei zeigen die Ergebnisse aus Kapitel (5.8.2) wichtige Anwendungen im Bereich der strukturorientierten Filterung web-basierter Dokumente auf. Das bedeutet, dass der Einsatz von d_3 hinsichtlich Massendaten mit dem Ziel zunächst die erforderlichen Ähnlichkeitsmatrizen zu berechnen, sinnvoll ist. Bezogen auf DOM-Strukturen folgt daraus, dass ähnliche Dokumente dazu tendieren, ähnliche Informationen und Layout-Elemente zu besitzen. Weiterhin sagen die Cluster strukturell ähnlicher DOM-Strukturen etwas über ihre Bedeutungen aus. Zum Beispiel hat die Ähnlichkeitsbestimmung und anschließende Clusterung der Webseiten aus den Abbildungen (5.19), (5.20) gezeigt, dass es sich um Webseiten eines Aufzählungstyps handelt. Insgesamt hat man damit Dokumentgruppen gefunden, die auf der Grundlage ihrer Strukturtypen vergleichbar sind.

Anwendungen zur Messung der strukturellen Ähnlichkeit von Website-Strukturen, wobei die Websites in Form von hierarchisierten und gerichteten Graphen repräsentiert sind, treten im Zusammenhang mit Problemstellungen überall dort auf, bei denen (i) die Bildung von Gruppen strukturell ähnlicher Websites gefordert ist und (ii) die spezielle Aufgabenstellung auf Basis der Graphähnlichkeit zu lösen ist. Ein Beispiel für Punkt (ii) wäre z.B. die Bestimmung der strukturellen Auswirkungen eines Veränderungszyklus, bezogen auf eine zeitlich bedingte Folge von Website-Strukturen.

Die hohe Flexibilität hinsichtlich der potenziell zu messenden Strukturaspekte sei als besondere Eigenschaft des neuen Verfahrens nochmals hervorgehoben. Damit kann durch einfache Veränderung der Parametrisierung die Ähnlichkeitsmessung zum einen von Website-Strukturen und zum anderen von DOM-Strukturen fokussiert werden. Abschließend betrachtet wurden damit folgende Ergebnisse im Web Structure Mining erzielt, wobei weitere Anwendungsgebiete in Kapitel (7) thematisiert werden:

- Aufdeckung und bessere Beschreibung bestehender web-basierter Graphstrukturen. Auf Grund der Effizienz ist der Einsatz hinsichtlich Massendaten gegeben.

- Ableitung struktureller Aussagen bezüglich Testkorpora web-basierter Hypertexte, z.B. auf Grundlage von aussagefähigen Verteilungen der Graphähnlichkeitswerte.

- Die Evaluierungsergebnisse der Clusterung aus Kapitel (5.8.2) werden durch hohe Precision- und Recallwerte untermauert. Die in dieser Arbeit ent-

137

wickelte Methode zur Bestimmung der strukturellen Ähnlichkeit web-basierter Dokumente, leistet neben den bereits erwähnten Anwendungen für Website-Strukturen einen Beitrag im Bereich der strukturellen Dokumentfilterung.

- Abgesehen von den Anwendungen, die aus dem eigentlichen Filterungsprozess resultieren, könnte die strukturorientierte Filterung zukünftig als Vorstufe für eine bessere inhaltsbasierte Kategorisierung betrachtet werden.

Kapitel 6

Exkurs: Strukturvorhersage

In Kapitel (5.8.1) wurde auf Basis der Website-Strukturen die Fragestellung untersucht, ob das Graphähnlichkeitsmaß d_3 mit Hilfe eines agglomerativen Clusteringverfahrens in der Lage ist, homogene und aussagekräftige Cluster zu bilden. Da jedoch die Ähnlichkeitswertverteilungen der aus dem WWW extrahierten Website-Strukturen unbekannt sind, kann die Interpretation von Clustering-Experimenten problematisch sein. Daher wird im Folgenden auf der Grundlage bekannter Ähnlichkeitswertverteilungen die über Kapitel (5.8.1) hinausgehende Problemstellung betrachtet, ob mit Hilfe von d_3 strukturelle Beziehungen zwischen vorgegebenen Graphmengen detektiert werden können.

6.1 Erkennung struktureller Beziehungen zwischen Graphmengen

Detaillierter betrachtet lässt sich das Problem, welches in diesem Kapitel (6.1) behandelt wird, durch eine wichtige Frage untermauern:

> *Im Folgenden sind durch C_1 und C_2 Graphmengen von Website-Strukturen und deren Ähnlichkeitswertverteilungen[1] vorgegeben. Ist auf der Basis von d_3 eine Vorhersage der strukturellen Beziehung zwischen C_1 und C_2 möglich, wobei diese nicht aus den Verteilungen zu erkennen ist?*

Dieses Kapitel drückt die Frage nach der strukturellen Beziehung zwischen den Graphmengen aus. Das bedeutet hier: Wie stark unterscheiden sich die Hauptmasse der Graphen aus C_1 und C_2 strukturell voneinander? Die Konstruktion der Graphmengen wird im Folgenden schrittweise dargestellt:

---

[1] Auf der Basis von d_3.

1. Konstruktionsvorschrift für C_1:

- Erzeuge zufällig einen gerichteten Wurzelbaum

$$B_1^{C_1} = (\hat{V}, E_{B_1}^{C_1}), \ E_{B_1}^{C_1} \subseteq \hat{V} \times \hat{V}$$

  unter der Nebenbedingung $\hat{V} := \left\lceil \frac{|C_1|}{4} \right\rceil, |C_1| > 0$.

- Ausgehend von $B_1^{C_1}$ und einem gewählten Startknoten werden jeweils zufällig Across-Kanten, Up-Kanten oder Down-Kanten erzeugt.

- Die nach diesen Schritten konstruierten Website-Strukturen

$$\hat{\mathcal{H}}_m = (\hat{V}, \hat{E}, m_{\hat{V}}, A_{\hat{V}})$$

  genügen der Definition (5.3.1), wobei $A_{\hat{V}} := \{\}$ gilt.

2. Konstruktionsvorschrift für C_2:

- Erzeuge zufällig eine Folge von gerichteten Wurzelbäumen

$$B_i^{C_2} = (\hat{V}_i, E_{B_i}^{C_2})_{i=1,2,3}, \ E_{B_i} \subseteq \hat{V}_i \times \hat{V}_i$$

  unter den Nebenbedingungen $\hat{V}_i := \left\lceil \frac{|C_2|}{k_i} \right\rceil, |C_2| > 0, k_1 = 2, k_2 = 10$ und $k_3 = 20$.

- Ausgehend von $B_i^{C_2}$ und einem gewählten Startknoten werden jeweils zufällig Across-Kanten, Up-Kanten oder Down-Kanten erzeugt.

- Basierend auf den Wurzelbäumen $B_i^{C_2}$ genügen die so konstruierten Website-Strukturen der Definition (5.3.1).

Die Bestimmung der Ähnlichkeitsmatrizen[2] $(s_{ij})_{ij}, 1 \leq i \leq |C_1|, 1 \leq j \leq |C_1|$, $(s_{ij})_{ij}, 1 \leq i \leq |C_2|, 1 \leq j \leq |C_2|$ und $(s_{ij})_{ij}, 1 \leq i \leq |C_1 + C_2|, 1 \leq j \leq |C_1 + C_2|$, $s_{ij} \in [0,1]$ für die Graphmengen C_1 und C_2 wurde auf Basis der Parameterbelegung gemäß Punkt (5) der Definition (5.8.1) durchgeführt.

Das eigentliche Experiment kann auf der Grundlage dieser Voraussetzungen folgendermaßen unterteilt werden:

1. Graphische Darstellung der Ähnlichkeitswertverteilungen mit Hilfe der Matrizen $(s_{ij})_{ij}, 1 \leq i \leq |C_1|, 1 \leq j \leq |C_1|$ und $(s_{ij})_{ij}, 1 \leq i \leq |C_2|, 1 \leq j \leq |C_2|$.

---

[2]Auf der Basis von $s = d_3$.

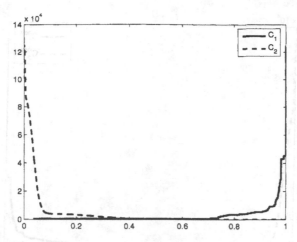

Abbildung 6.1: Das Schaubild zeigt die gerankten Ähnlichkeitswerte der Graphmengen C_1 und C_2. Es gilt $\theta = 0.5$ und $|C_1| = |C_2| = 500$. X-Achse: Ähnlichkeitswert $d_3(\hat{\mathcal{H}}_m^1, \hat{\mathcal{H}}_m^2) \in [0, 1]$. Y-Achse: Anzahl der Graphpaare.

2. Bilde die Menge $C := C_1 \cup C_2$ und berechne die Ähnlichkeitsmatrix $(s_{ij})_{ij}$, $1 \le i \le |C_1 + C_2|$, $1 \le j \le |C_1 + C_2|$.

3. Durch die Mischung der Graphmengen C_1 und C_2 sind während der Berechnung der Ähnlichkeitsmatrix neue Graphpaarungen entstanden, wobei hier die Gesamtheit der Paare durch $(\hat{\mathcal{H}}_m^i, \hat{\mathcal{H}}_m^j)_{ij}$ bezeichnet wird. Konstruiere die Mengen C_1^{new} und C_2^{new} nach folgendem Kriterium: Gilt die Ungleichung

$$d_3((\hat{\mathcal{H}}_m^i, \hat{\mathcal{H}}_m^j)) \ge \theta, \ \forall \, (\hat{\mathcal{H}}_m^i, \hat{\mathcal{H}}_m^j) \in (\hat{\mathcal{H}}_m^i, \hat{\mathcal{H}}_m^j)_{ij},$$

dann ordne dieses Paar der Menge C_1^{new}, ansonsten der Menge C_2^{new} zu. Dabei bezeichnet θ den Schwellwert der Mengenkonstruktion, wobei sich θ über den Verteilungsschnittpunkt[3] berechnet.

4. Bestimme nun die Anzahl der Graphpaarungen, die sich mit Graphen aus C_1 und C_1^{new} bildeten. Bezogen auf C_2 und C_2^{new} ist das Vorgehen analog. Die daraus resultierenden Paarungshäufigkeiten, die mit der Kardinalität $|C_1| + |C_2|$ normiert werden, gelten als Vorkommenswahrscheinlichkeiten für die entsprechenden Graphen in C_1^{new} bzw. C_2^{new}.

5. Die Graphen, die auf der Basis dieser Zählung die größte Häufigkeit bezüglich C_1^{new} und C_2^{new} erzielen, werden eindeutig der entsprechenden Menge zugeordnet.

---

[3]Dieser wurde in Abbildung (6.1) zu $\theta = 0.5$ berechnet.

141

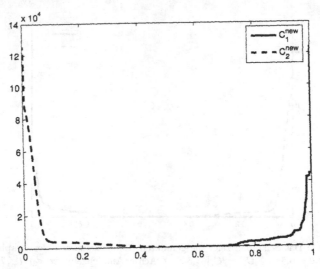

Abbildung 6.2: Das Schaubild zeigt die gerankten Ähnlichkeitswerte von C_1^{new} und C_2^{new}. Die Auftrennung der gemischten Menge $C = C_1 \cup C_2$ erfolgte mit $\theta = 0.5$. X-Achse: Ähnlichkeitswert $d_3(\hat{\mathcal{H}}_m^1, \hat{\mathcal{H}}_m^2) \in [0,1]$. Y-Achse: Anzahl der Graphpaare.

Auf dieser Konstruktion basierend kann die Kernfrage der Untersuchung damit beantwortet werden, wie gut die Auftrennung der gemischten Graphmenge mit Hilfe von d_3 gelingt.

6.2 Ergebnisse

Die Interpretation der Abbildung (6.1) ergibt, dass die Hauptmasse der Graphen aus C_1 untereinander sehr ähnlich[4] sind. Bezogen auf die Gesamtanzahl der Graphpaare aus C_1 existieren nur wenige Paarungen, die einen Ähnlichkeitswert $d_3 \leq 0.8$ besitzen. Hinsichtlich C_2 ist die Situation gerade umgekehrt: Der Hauptanteil der Graphen aus C_2 ist untereinander extrem unähnlich[5]. Die Abbildung (6.2) zeigt die Schaubilder der gerankten Ähnlichkeitswerte von C_1^{new} und C_2^{new}, wobei die Kurvenverläufe identisch mit denen aus Abbildung (6.1) erscheinen. Eine endgültige Aussage über die strukturelle Beziehung zwischen den Graphmengen kann aber nur eine Auftrennung der Graphmengen ergeben, da die Ähnlichkeitswertverteilungen keine Rückschlüsse über die Beziehung zwischen den Graphklassen erlauben. Um weiter eine Vorstellung über die kumulativen Ähnlichkeitswertverteilungen von C_1^{new} und C_2^{new} zu bekommen, betrachte

---

[4]Auf der Basis von d_3.

[5]Auf der Basis von d_3.

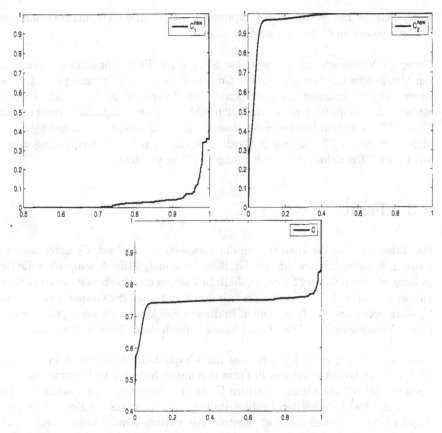

Abbildung 6.3: Kumulative Ähnlichkeitswertverteilungen von C_1^{new}, C_2^{new} und C. Auf der X-Achse ist jeweils der Ähnlichkeitswert $d_3 \in [0, 1]$ aufgetragen. Die Y-Achse bezeichnet den Prozentsatz der Graphen, die einen Ähnlichkeitswert $d_3 \leq X$-Wert besitzen.

man die Abbildung (6.3). Zum Beispiel besitzen 90% der Graphen aus C_2^{new} einen Ähnlichkeitswert $d_3 \leq 0.1$. Somit gelten diese Graphen auf der Basis von d_3 als sehr unähnlich. Dagegen gilt für C_1^{new}, dass bereits 20% der Graphen die Ungleichung $d_3 \leq 0.95$ erfüllen. Weiterhin zeigt die Abbildung (6.3) die kumulative Ähnlichkeitswertverteilung der gemischten Graphmenge C.

Die bereits geäußerte Vermutung, dass sich die Hauptmasse der Graphen aus C_1 und C_2 stark voneinander unterscheiden, wird nun auf die Kernfrage zurückgeführt, wie ausgeprägt die Trennung der gemischten Graphmenge C ausfällt. Mit anderen Worten muss damit die Frage beantwortet werden, wieviel Prozent der Graphen der Ausgangsmenge C_1 bzw. C_2 gemäß Punkt (4), (5) der Menge C_1^{new} bzw. C_2^{new} zugeordnet wurden. Das optimale Ergebnis der Mengentrennung wäre, dass die neu gewonnenen Graphmengen C_1^{new} und C_2^{new} identisch mit den Ursprungsmengen C_1 und C_2 sind.

Unter der Voraussetzung $|C_1| = |C_2| = 500$ gilt für die Kardinalität der gemischten Menge offensichtlich $|C| = 1000$. Um das Ergebnis der Trennung zu interpretieren, wurden zunächst die oben genannten Prozentzahlen berechnet. Die abschließende Auswertung ergab, dass sich 99.8% der ursprünglichen Graphen von C_1 in C_1^{new} befanden. Das bedeutet, dass lediglich ein Graph, der ursprünglich C_1 angehörte, nun C_2^{new} zugeordnet wurde. Dagegen wurden die Ursprungsgraphen aus C_2 zu 100% richtig der neuen Menge C_2^{new} zugeordnet.

6.3 Fazit

Die Tatsache, dass die Hauptmasse der Graphen aus C_1 bzw. C_2 untereinander strukturell unähnlich bzw. ähnlich ist, lässt keine endgültige Aussage über die Beziehung zwischen C_1 und C_2 zu. Deshalb bestätigen die Ergebnisse die Hypothese auf der Basis der Auftrennung, dass sich der Hauptanteil der Graphen aus C_1 und C_2 stark voneinander unterscheiden. In diesem Fall kommt die ausgeprägte strukturelle Verschiedenheit dieser Graphklassen durch deren Konstruktion zustande.

Diese Auswertung zeigt deutlich, dass das Graphähnlichkeitsmaß d_3 in der Lage ist, komplexe Graphstrukturen in Form von hierarchisierten und gerichteten Graphen strukturell zu erkennen und im Sinne der Trennung zu klassifizieren. Die Lösung der hier behandelten Problemstellung war nicht aus der Betrachtung der Ähnlichkeitswertverteilungen abzuleiten. Als weitergehende Anwendung ist die binäre Klassifikation von Graphmengen hierarchisierter und gerichteter Graphen von großem Interesse. Damit kann die Frage der Gleichheit von zwei spezifischen Graphmengen beantwortet werden.

Kapitel 7

Zusammenfassung und Ausblick

Kapitel (7) fasst die Ergebnisse dieser Arbeit zusammen. Darüber hinaus werden in Form eines Ausblicks Bereiche angegeben, in denen das Hauptergebnis der Arbeit, das Graphähnlichkeitsmodell für hierarchisierte und gerichtete Graphen, über die Kapitel (5.8.1), (5.8.2), (6) hinaus zukünftig Anwendung finden kann. Abschließend werden weiterführende Fragestellungen und Ansatzpunkte für zukünftige Untersuchungen aufgezeigt.

7.1 Zusammenfassung der Ergebnisse

In der vorliegenden Arbeit wurden strukturelle Aspekte web-basierter Hypertexte untersucht. Dabei stand die Entwicklung solcher graphentheoretischer Analysemethoden im Vordergrund, die anwendungsorientierte Problemstellungen im Web Structure Mining lösen. Die Untersuchungen dieser Arbeit lassen sich in zwei aufeinander aufbauende Teile untergliedern:

- Kapitel (3) zeigt die Grenzen der inhaltsbasierten Kategorisierung web-basierter Einheiten auf. Als Basis von Kapitel (3) gilt eine grundlegende Arbeit (Mehler et al. 2004), die die Phänomene Polymorphie und funktionale Äquivalenz definiert. Weiterhin thematisiert (Mehler et al. 2004) die aus der Polymorphie resultierenden Probleme bei der Kategorisierung hypertextueller Einheiten. In Kapitel (3.4) wurde dazu ein Experiment entworfen, welches die inhaltsbasierte Kategorisierung englischsprachiger Konferenz/Workshop-Websites im Bereich Mathematik und Informatik fokussiert. Die experimentellen Ergebnisse (Dehmer et al. 2004; Mehler et al. 2004) aus Kapitel (3.6) zeigen, dass die Performance-Evaluierung der SVM-Kategorisierung zu niedrigen Precision- und hohen Recallwerten führte. Die

145

sehr niedrige Trennschärfe der Kategorien weist auf eine extreme Mehrfach-kategorisierung hin, das heißt die zu kategorisierenden Webseiten wurden in den meisten Fällen mehreren Kategorien zugeordnet. Diese Ergebnisse untermauern nachhaltig die Hypothese, dass Polymorphie und funktionale Äquivalenz charakteristische Eigenschaften web-basierter Einheiten sind. Da das Experiment aus Kapitel (3.4) im Rahmen des bekannten Vektorraummodells erfolgte, wurde in Kapitel (5) die Entwicklung eines neuen Ansatzes zur Modellierung multimedialer Dokumentstrukturen dargestellt.

- Auf der Suche nach einem adäquaten Ansatz zur Modellierung web-basierter Hypertexte wurde in Kapitel (5) ein Verfahren vorgestellt, welches die graphbasierte Struktur der Hypertexte ganzheitlich berücksichtigt. Zusammen mit den Ergebnissen aus Kapitel (3) weist dieses Verfahren nach: Graphentheoretische Analysemethoden im Hinblick auf das Web Mining sind nur dann sinnvoll, wenn sie aussagekräftige und effiziente *strukturelle* Vergleiche graphbasierter Hypertexte ermöglichen. Damit ist der wesentliche Beitrag dieser Arbeit ein graphentheoretisches Modell, welches die Bestimmung der strukturellen Ähnlichkeit von Hypertextstrukturen in Form hierarchisierter und gerichteter Graphen beschreibt. Kurz gefasst lassen sich die Entwicklungs- und Modellierungsschritte wie folgt darstellen:

  – Es wurden strukturelle Parameter gesucht, die einerseits effizient berechenbar und andererseits aussagekräftig sind. Erste Zwischenergebnisse legten die Verwendung von Gradsequenzvektoren gerichteter Graphen nahe, welche aus den Adjanzenzmatrizen einfach zu berechnen sind. Allerdings sagen Vergleiche solcher Gradsequenzen wenig über die gemeinsame Graphstruktur aus (Kapitel (5.1), (5.2)).

  – Der entscheidende Schritt bestand darin, die Knotensequenzen und die dadurch induzierten Gradsequenzen ebenenweise zu betrachten. Die Frage nach der strukturellen Ähnlichkeit zweier graphbasierter Hypertexte in Form hierarchisierter und gerichteter Graphen, wurde dadurch gleichbedeutend mit der Bestimmung eines optimalen Sequenz-Alignments der zu Grunde liegenden Grundsequenzen (Kapitel (5.4), (5.5)).

  – Die Graphähnlichkeitsmaße, die auf dieser Grundidee und den definierten Bewertungsfunktionen beruhen, besitzen die Eigenschaften von Backward-Ähnlichkeitsmaßen. Auf Grund der Konstruktion können durch einfache Parameteränderungen hinsichtlich der Bewertungsfunktionen vielfältige strukturelle Teilaspekte während der Ähnlichkeitsbestimmung berücksichtigt werden (Kapitel (5.6), (5.8.1), (5.8.2)).

Dieses Modell bildet den Schlüssel für vielfältige Anwendungen, die über die Problemstellungen des Web Structure Mining hinausgehen. Um das Graphähnlich-

146

keitsmodell aus Kapitel (5) zu bewerten, wurden in den Kapiteln (5.8.1), (5.8.2) experimentelle Untersuchungen durchgeführt. Insgesamt wurden damit qualitativ wichtige Ergebnisse im Web Structure Mining erzielt:

- Auf der Basis der ähnlichkeitsbasierten Untersuchungsmethode wurden die graphentheoretischen Beschreibungsmöglichkeiten bestehender Hypertexte deutlich verbessert. Auf Grund des neuen Graphähnlichkeitsmodells können strukturelle Aussagen bezüglich Testkorpora web-basierter Einheiten mit Hilfe der Ähnlichkeitswertverteilungen leicht getroffen werden.

- Anstatt der Verwendung von graphentheoretischen Indizes (Botafogo et al. 1992; Dehmer 2005; Mehler 2004), die strukturelle Ausprägungen auf eine Maßzahl abbilden, können nun auf der Grundlage der Ähnlichkeitsmatrizen multivariate Analyseverfahren verwendet werden (Dehmer 2005). Als wichtiger Vertreter wurden hier die Clusteringverfahren[1] ausgewählt. Da in dieser Arbeit Ähnlichkeitsmatrizen die Eingabe der Clusteringverfahren bilden, sind alle Strukturmerkmale der komplexen graphbasierten Hypertexte in der Ähnlichkeitsmatrix abgebildet. Die Anwendungsmöglichkeit der Clusteringverfahren auf die berechneten Ähnlichkeitsmatrizen stellt eine wesentliche Verbesserung im Vergleich zu den Analysemöglichkeiten auf Grundlage graphentheoretischer Indizes dar, da es sich um Struktur entdeckende Verfahren handelt, die mehrere Objekteigenschaften gleichzeitig berücksichtigen.

- Die Evaluierungsergebnisse der Cluster-Gütebestimmung web-basierter Dokumente in Form von DOM-Strukturen weisen im Wesentlichen hohe Precision- und Recallwerte auf. Damit ist ein sinnvoller Einsatz in der strukturorientierten Filterung multimedialer Dokumentstrukturen gegeben.

- Überall dort, wo sich strukturorientierte und ähnlichkeitsbasierte Problemstellungen web-basierter Dokumente ergeben, kann das neue Graphähnlichkeitsmodell eingesetzt werden. Durch einfache Parameteränderung kann zum einen die strukturelle Ähnlichkeit von Website-Strukturen und zum anderen von DOM-Strukturen bestimmt werden. Während Website-Strukturen in Form von unmarkierten hierarchisierten und gerichteten Graphen repräsentiert werden, stellen DOM-Strukturen knotenmarkierte gerichtete Wurzelbäume dar.

Zusammenfassend formuliert belegen die experimentellen Ergebnisse der Kapitel (5.8.1), (5.8.2) die These, dass die graphbasierte Repräsentation hypertextueller Dokumente einen zentralen Ausgangspunkt für die Modellierung und ähnlichkeitsbasierte Analyse web-basierter Dokumente darstellt. Insbesondere zeigen die Ergebnisse aus Kapitel (6), dass das in dieser Arbeit für Evaluierungen

---

[1]Siehe Kapitel (2.4).

eingesetzte Graphähnlichkeitsmaß[2] zur Erkennung und Klassifikation komplexer Graphstrukturen geeignet ist.

Abgesehen von den Anwendungen im Web Structure Mining, wurde das Graphähnlichkeitsmodell aus Kapitel (5) bereits erfolgreich zur Klassifikation großer[3] ungerichteter Graphen eingesetzt (Emmert-Streib et al. 2005). Ein wichtiger Anwendungsbereich ist dabei ist die Unterscheidung von Tumorstadien. Die Klassifikationsmethode und der Anwendungshintergrund werden am Ende des Kapitels (7.2) detaillierter erklärt.

7.2 Ausblick

Das Web Mining ist im Vergleich zum klassischen Information Retrieval ein junges Forschungsgebiet. In Kapitel (2.2.2) wurden die Kernbereiche des Web Mining vorgestellt, wobei es insgesamt die Teilbereiche Web Structure Mining, Web Usage Mining und Web Content Mining umfasst. Da die in dieser Arbeit erzielten Ergebnisse besonders dem Web Structure Mining zuzuordnen sind, werden im Folgenden die Ergebnisse in den Rahmen der übrigen Teilbereiche des Web Mining gestellt.

Das Web Usage Mining besitzt die Aufgabe, anhand spezifischer Muster das Benutzerverhalten zu analysieren, wobei die Analysemuster mit Hilfe von Web-Logs gewonnen werden. In der Praxis findet das Web Usage Mining breite Anwendung, z.B. wird es zur Untersuchung des Kaufverhaltens und zur Qualitätsanalyse von Websites eingesetzt. Ein mögliches Anwendungsszenario der Ergebnisse aus Kapitel (5) im Web Usage Mining wird nun wie folgt beschrieben: Die vollständigen Benutzerdaten werden auf der Basis von Log-Dateien zunächst in knotenmarkierte, hierarchisierte und gerichtete Graphen transformiert. Da in den meisten Fällen eine eindeutige Einstiegs-Webseite vorliegt, ist die Berechnung der Kantenstruktur solcher Graphen leicht möglich. Die Knotenmarkierungen können beispielsweise durch unterschiedliche Dokumenttypen repräsentiert werden. Damit sind die Voraussetzungen zur Anwendung des Analyseansatzes aus den Kapiteln (5.8.1), (5.8.2) gegeben. Unter der Betonung gewünschter Strukturaspekte während der Berechnung der Ähnlichkeitsmatrix kann das agglomerative Clusteringverfahren angewendet werden. Dabei ist auch die Anwendung weiterer Clusteringverfahren aus Kapitel (2.4) möglich. Entscheidend für alle Clusteringverfahren ist dabei, dass die Cluster auf der Basis einer anwendungsorientierten Problemstellung interpretiert und damit nicht isoliert betrachtet werden. Abbildung (7.1) zeigt schematisch die Übertragung des in dieser Arbeit verwendeten

---

[2]d_3 aus Satz (5.6.4).
[3]Falls $G = (V, E)$ einen ungerichteten Graph bezeichnet, so gilt $|V| \approx 10^5$.

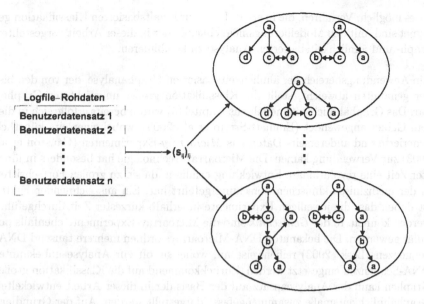

Abbildung 7.1: Schematische Darstellung der ähnlichkeitsbasierten Graphanalyse im Web Usage Mining.

ähnlichkeitsbasierten Analyseansatzes auf das Web Usage Mining.

Als Ergebnis entstehen Cluster, in denen auf der Basis des verwendeten Graphähnlichkeitsmaßes strukturell ähnliche Graphen zusammengeschlossen werden. Die Cluster stellen dabei Benutzergruppen dar, wobei Benutzer, die sich durch ähnliches Navigationsverhalten auszeichnen, Cluster mit ähnlichen Graphmustern erzeugen. Das beschriebene Anwendungsszenario ist somit leicht im *E-Learning* (Mühlhäuser 2004) anwendbar, falls das Ziel darin besteht, graphbasierte Benutzergruppen zu identifizieren. Da die Benutzerdaten bei Evaluierungen von Lernplattformen (Baumgartner et al. 2002) aufgezeichnet werden, können diese Daten auf der Grundlage der vorgestellten Analysemethode wie beschrieben untersucht und interpretiert werden. Weiterhin besitzen die gefundenen Gruppen eine lernpsychologische Bedeutung, da sich in den Graphmustern z.B. benutzerspezifische Präferenzen und konditionales Vorwissen widerspiegeln.

Ein weiteres zukünftiges Anwendungsgebiet ist das Web Content Mining (Kosala & Blockeel 2000), welches die Informationsextraktion hinsichtlich web-basierter Dokumente zum Ziel hat. Dabei tritt jedoch häufig das Problem auf, dass ohne ausreichend vorhandenes Wissen bezüglich der Dokumentstruktur, zu wenig über den Dokumentinhalt ausgesagt werden kann. Dieser negative Aspekt stellt ein Problem dar, falls das weiterführende Ziel die inhaltsbasierte Kategorisierung web-basierter Dokumente auf der Basis verschiedener Themengebiete ist. Damit

149

ist es möglich, Verfahren, die in erster Linie zur inhaltsbasierten Klassifikation geeignet sind, mit den Modellierungsmöglichkeiten der in dieser Arbeit vorgestellten graph- und ähnlichkeitsbasierten Analyse zu kombinieren.

Ein Anwendungsbereich der ähnlichkeitsbasierten Graphanalyse, der von den bisher genannten abweicht, stellt die Klassifikation großer ungerichteter Graphen dar. Das Graphähnlichkeitsmodell aus Kapitel (5) wurde bereits erfolgreich in diesem Gebiet angewendet (Emmert-Streib et al. 2005), wobei einerseits künstlich generierte und andererseits Daten aus *Microarray*-Experimenten (Causton et al. 2003) zur Verwendung kamen. Die Microarray-Technologie hat besonders in jüngster Zeit eine revolutionäre Entwicklung erfahren, da sie zu großen Fortschritten in der medizinisch-klinischen Forschung geführt hat. Ein auszeichnender Faktor ist dabei, dass die jeweiligen Experimente innerhalb kürzester Zeit durchgeführt werden können. In der *Gentechnik* sind die Microarray-Experimente ebenfalls populär geworden. Die bekannten DNA-Microarrays ordnen mehrere tausend DNA-Sequenzen (Lesk 2003) reihenweise an, wobei sie oft zur Analyse unbekannter DNA-Sequenzen eingesetzt werden. Zurückkommend auf die Klassifikation großer Graphen kann der Analyseansatz auf der Basis der in dieser Arbeit entwickelten Graphähnlichkeitsmaße zusammengefasst dargestellt werden: Auf der Grundlage eines in (Emmert-Streib et al. 2005) entwickelten Verfahrens, welches große Graphen eindeutig in eine Menge H hierarchisierter und gerichteter Graphen zerlegt, wurde eine binäre Graphklassifikation definiert. Das heißt, die Frage nach der Ähnlichkeit zweier großer Graphen G_1 und G_2 kann auf Grundlage der Ähnlichkeitswertverteilungen der zugehörigen Mengen H_1 und H_2 beantwortet werden. Die binäre Klassifikation ist also im folgenden Sinn definiert:

G_1 und G_2 sind genau dann ähnlich, wenn die zugehörigen Ähnlichkeitswertverteilungen der Mengen H_1 und H_2 ähnlich sind.

Mit dieser Konstruktion kann nun die Frage beantwortet werden, ob die Ursprungsgraphen G_1 und G_2 derselben Graphklasse angehören. Die in (Emmert-Streib et al. 2005) durchgeführten Experimente zur Graphklassifikation wurden zum einen mit Small World-Graphen (Watts 1999) und zum anderen mit Random-Graphen (Bollabás 1998) durchgeführt. Die erzielten Ergebnisse stellen eine wesentliche Verbesserung bezogen auf die bisherigen Ansätze im Vergleich großer Graphen dar. Da bestehende Ansätze (Novak et al. 1999; Palmer et al. 2002) oft auf Berechnungen der Gradverteilungen oder Graphzusammenhangsrelationen beruhen, geben die so gewonnenen Verteilungen zu wenig von der eigentlichen Graphstruktur wieder. Die Evaluierung in (Emmert-Streib et al. 2005) zeigte, dass ein Vergleich der Ähnlichkeitswertverteilungen wesentlich aussagekräftiger ist. In einem zweiten Schritt wurde die eben beschriebene Klassifikationsmethode auf die bereits erwähnten Microarray-Daten aus Gebärmutterhalskrebs-Experimenten angewendet, mit dem Ziel, Tumorstadien zu unterscheiden. Die Ergebnisse dieser Untersuchung (Emmert-Streib et al. 2005) wurden unter der folgenden Voraussetzung interpretiert: Falls das klinische Stadium des erkrankten Gewebes durch ungerichtete und unmarkierte Graphen ausdrückbar ist, so konnte auf der Basis der Ähnlichkeitswertverteilungen eine deutliche Unterscheidung und damit unterschiedliche Krankheitsstadien festgestellt werden. In der Zukunft sind weitere Experimente geplant, mit dem Hauptziel, die Tumorerkennung in besonders frühen Stadien zu verbessern.

7.3 Weiterführende Fragestellungen

Die weiterführenden Fragestellungen, die sich im Laufe der vorliegenden Arbeit herausbildeten, werden folgendermaßen charakterisiert:

- In Kapitel (5.4) wurde die Transformation der Graphen in formale Knotensequenzen betrachtet. Dabei ist die weitere Konstruktion des Graphähnlichkeitsmodells darauf aufgebaut, die strukturellen Vergleiche auf der Basis der Alignments der induzierten Eingangsgrad- und Ausgangsgradsequenzen ebenenweise durchzuführen. An dieser Stelle wären weitere Untersuchungen sinnvoll, mit dem Schwerpunkt, hierarchisierte und gerichtete Graphen in formale Zeichenketten abzubilden. Dabei sind insbesondere solche Transformationen gesucht, die einerseits die Kantenordnung der Graphen so ausgeprägt wie möglich erhalten und andererseits nicht zwangsläufig in der ebenenorientierten Betrachtungsweise münden. Beispielsweise beschreiben ROBLES-KELLY et al. (Robles-Kelly & Hancock 2003) ein Verfahren, das mit Hilfe spektraler[4] Methoden beliebige Graphen in formale Zeichenketten transformiert. Der nächste Schritt wäre wieder die Definition entsprechender Bewertungsfunktionen, um die Ähnlichkeit der in Sequenzen transformierten Graphen zu bestimmen. Solche Transformationsverfahren wären dann auf der Basis experimenteller Auswertungen zu evaluieren.

- Das in dieser Arbeit vorgestellte Graphähnlichkeitsmodell besitzt eine auszeichnende Grundeigenschaft: Die Gesamtheit der auf den Graphebenen abgeleiteten Ähnlichkeitswerte bilden nicht per se das gewünschte Graphähnlichkeitsmaß, sondern auf der Grundlage der Ähnlichkeitswerte kann jederzeit ein neues Maß definiert werden. In der Zukunft wäre die Erprobung und Evaluierung neu definierter Maße sinnvoll, mit dem Ziel, die Güte des Strukturerkennungsverhaltens zu bestimmen. Diese Untersuchungen sollten sich zum einen auf web-basierte Hypertexte und zum anderen auf die beschriebene Tumorunterscheidung konzentrieren.

---

[4]Siehe Kapitel (4.1.1).

- Soll die Anwendung der Ähnlichkeitsmaße auf der Basis neuer Testkorpora, bezogen auf unterschiedliche Graphähnlichkeitsprobleme erfolgen, so wären ausführliche Parameterstudien nötig. Dabei ist aber zu beachten, dass keine universellen Parametersätze für die Ähnlichkeitsmessung unterschiedlicher Graphklassen existieren, siehe z.B. (Emmert-Streib et al. 2005).

Mit dieser Dissertation hoffe ich, einen Beitrag geleistet zu haben, um anwendungsorientierte Problemstellungen im Web Structure Mining zufriedenstellender als bisher zu lösen. Da die Bestimmung der strukturellen Ähnlichkeit von Graphen in vielen Forschungsbereichen immer noch ein sehr herausforderndes Problem darstellt, wünsche ich mir, dass die darauf bezogenen Ergebnisse dieser Arbeit einen positiven Ausgangspunkt für weiterführende Arbeiten bilden.

Literaturverzeichnis

Adamic, L. and Huberman, B. (2000). Power-law distribution of the world wide web. *Science*, 287.

Altschul, S. F., Madden, T. L., Schaffer, A. A., Zhang, J., Zhang, Z., Miller, W., and Lipman, D. J. (1997). Gapped BLAST and PSI–BLAST: A new generation of protein database search programs. *Nucleic Acids Res.*, 25:3389–3402.

Anderberg, M. R. (1973). *Cluster Analysis for Applications. Probability and Mathematical Statistics*, volume 19. Academic Press.

Arabie, P., Lawrence, J. H., and Soete, G. D. (1996). *Clustering and Classification*. World Scientific Publishers.

Arvind, V. and Kurur, P. P. (2002). Graph isomorphism is in SPP. In *FOCS '02: Proceedings of the 43rd Symposium on Foundations of Computer Science*, pages 743 750, Washington, DC, USA. IEEE Computer Society.

Backhaus, K., Erichson, B., Plinke, W., and Weiber, R. (2003). *Multivariate Analysemethoden*. Springer.

Baeza-Yates, R. and Ribeiro-Neto, B., editors (1999). *Modern Information Retrieval*. Addison-Wesley, Reading, Massachusetts.

Bang-Jensen, J. and Gutin, G. (2002). *Digraphs. Theory, Algorithms and Applications*. Springer, London, Berlin, Heidelberg.

Bar-Hillel, Y. (1964). *Language and Information. Selected Essays on their Theory and Application*. Addison-Wesley Series in Logic. Addison-Wesley Publishing.

Basak, S. C., Nikolic, S., Trinajstic, N., Amic, D., and Beslo, D. (2000). QSPR modeling: Graph connectivity indices versus line graph connectivity indices. *Journal of Chemical Information and Computer Sciences*, 40(4):927–933.

Batagelj, V. (1988). Similarity measures between structured objects. In *Proceedings of an International Course and Conference on the Interfaces between Mathematics, Chemistry and Computer Sciences*, Dubrovnik, Yugoslavia.

Baumgartner, P., Häfele, H., and Maier-Häfele, K. (2002). *E-Learning Praxishandbuch. Auswahl von Lernplattformen*. Studien Verlag.

Bavelas, A. (1950). Communication patterns in task-oriented groups. *J. Acoust. Soc. Amer*, pages 725–730.

Behzad, M., Chartrand, G., and Lesniak-Foster, L. (1979). *Graphs & Digraphs*. International Series. Prindle, Weber & Schmidt.

Bellman, R. (1957). *Dynamic Programming*. International Series. Princeton University Press.

Bellman, R. (1967). *Dynamische Programmierung und selbstanpassende Regelprozesse*. Princeton University Press.

Berge, C. (1989). *Hypergraphs: Combinatorics of Finite Sets*. North Holland, Amsterdam.

Berkhin, P. (2002). Survey of clustering data mining techniques. Technical report, Accrue Software.

Bernes-Lee, T. (1989). Information management: A proposal. http://www.w3.org/History/1989/proposal.html.

Bernes-Lee, T. (2000). *Weaving the Web: The Original Design and Ultimate Destiny of the World Wide Web*. HarperBusiness Publishing.

Berry, M. J. and Linoff, G. (1997). *Data Mining Techniques: For Marketing, Sales, and Customer Support*. John Wiley & Sons, Inc., New York, NY, USA.

Berthold, M. and Hand, D. J., editors (1999). *Intelligent Data Analysis: An Introduction*. Springer-Verlag New York, Inc., Secaucus, NJ, USA.

Bock, H. H. (1974). *Automatische Klassifikation. Theoretische und praktische Methoden zur Gruppierung und Strukturierung von Daten*. Vandenhoeck & Ruprecht, Göttingen.

Bollabás, B. (1998). *Modern Graph Theory*. Graduate Texts in Mathematics. Springer, New York.

Boppana, R. B., Hastad, J., and Zachos, S. (1987). Does co-NP have short interactive proofs? *Inf. Process. Lett.*, 25(2):127–132.

Borgelt, C. and Berthold, M. R. (2002). Mining molecular fragments: Finding relevant substructures of molecules. In *Proceedings of the IEEE International Conference on Data Mining ICDM*, pages 51–58, Piscataway, NJ, USA. IEEE Press.

Bornholdt, S. and Schuster, H. G., editors (2003). *Handbook of Graphs and Networks: From the Genome to the Internet*. John Wiley & Sons, Inc., New York, NY, USA.

Botafogo, R. A. (1993). Cluster analysis for hypertext systems. In Korfhage, R. R., editor, *Proceedings of the 16th Annual International ACM SIGIR Conference on Research and Development in Information Retrieval*, pages 116–125, New York. ACM.

Botafogo, R. A., Rivlin, E., and Shneiderman, B. (1992). Structural analysis of hypertexts: Identifying hierarchies and useful metrics. *ACM Transactions on Information Systems*, 10(2):142–180.

Botafogo, R. A. and Shneiderman, B. (1991). Identifying aggregates in hypertext structures. In *HYPERTEXT '91: Proceedings of the third annual ACM conference on Hypertext*, pages 63–74, New York, NY, USA. ACM Press.

Brin, S. and Page, L. (1998). The anatomy of a large-scale hypertextual Web search engine. *Computer Networks and ISDN Systems*, 30(1-7):107–117.

Broder, A., Kumar, R., Maghoul, F., Raghavan, P., Rajagopalan, S., Stata, R., Tomkins, A., and Wiener, J. (2000). Graph structure in the web: Experiments and models. In *Proceedings of the 9th WWW Conference*, Amsterdam.

Bronstein, I. A., Semendjajew, A., Musiol, G., and Mühlig, H. (1993). *Taschenbuch der Mathematik*. Harri Deutsch Verlag.

Bunke, H. (1982). Attributed programmed graph grammars and their application to schematic diagram interpretation. In IEEE, editor, *IEEE Trans. Pattern Analysis and Machine Intelligence PAMI-4* , pages 574–582.

Bunke, H. (1983). What is the distance between graphs ? *Bulletin of the EATCS*, 20:35–39.

Bunke, H. (2000a). Graph matching: Theoretical foundations, algorithms, and applications. In *Proceedings of Vision Interface 2000*, pages 82–88.

Bunke, H. (2000b). Recent developments in graph matching. In *15th International Conference on Pattern Recognition*, volume 2, pages 117–124.

Bunke, H. and Allermann, G. (1983). A Metric on Graphs for Structural Pattern Recognition . In EUSIPCO, editor, *Proc. 2nd European Signal Processing Conference EUSIPCO* , pages 257–260.

Bush, V. (1945). As we may think. *The Atlantic Monthly*, 176(1):101–108.

Buttler, D. (2004). A short survey of document structure similarity algorithms. In *International Conference on Internet Computing*, pages 3–9.

Caley, A. (1875). On the analytical forms called trees, with application to the theory of chemical combinatorics. *Report of the British Association for the Advancement of Science*, pages 257–305.

Carrière, S. J. and Kazman, R. (1997). Webquery: Searching and visualizing the web through connectivity. *Comput. Netw. ISDN Syst.*, 29(8-13):1257–1267.

Causton, H. C., Brazma, A., and Quackenbush, J. (2003). *Microarray Gene Expression Data Analysis*. Blackwell Publishers.

Chakrabarti, S. (2001). Integrating the document object model with hyperlinks for enhanced topic distillation and information extraction. In *Proc. of the 10th International World Wide Web Conference, Hong Kong, May 1-5*, pages 211–220.

Chakrabarti, S. (2002). *Mining the Web: Discovering Knowledge from Hypertext Data*. Morgan Kaufmann, San Francisco.

Chakrabarti, S., Dom, B., and Indyk, P. (1998). Enhanced hypertext categorization using hyperlinks. In Haas, L. and Tiwary, A., editors, *Proceedings of ACM SIGMOD International Conference on Management of Data*, pages 307–318. ACM.

Charney, D. (1987). Comprehending non-linear text: the role of discourse cues and reading strategies. In *HYPERTEXT '87: Proceeding of the ACM conference on Hypertext*, pages 109–120, New York, NY, USA. ACM Press.

Chen, W. K. (1974). Applications and realizability of degree sequences of directed graphs without parallel edges and self-loops. *The Matrix and Tensor Quartely*, 24:123–130.

Chomsky, N. (1976). *Aspekte der Syntax-Theorie*. Suhrkamp Verlag.

Christen, H. R. and Meyer, G. (1997). *Grundlagen der allgemeinen und anorganischen Chemie*. Diesterweg Verlag.

Conklin, J. (1987). Hypertext: An introduction and survey. *Computer*, 20(9):17–41.

Cooley, R., Srivastava, J., and Mobasher, B. (1997). Web mining: Information and pattern discovery on the world wide web. In *Information and Pattern Discovery on the World Wide Web, Proceedings of the 9th IEEE International Conference on Tools with Artificial Intelligence (ICTAI'97), November 1997*.

Coulston, C. and Vitolo, T. M. (2001). A hypertext metric based on huffman coding. In *HYPERTEXT '01: Proceedings of the twelfth ACM conference on Hypertext and Hypermedia*, pages 243–244, New York, NY, USA. ACM Press.

Cristianini, N. and Shawe-Taylor, J. (2000). *An Introduction to Support Vector Machines*. Cambridge University Press.

Cruz, I. F., Borisov, S., Marks, M. A., and Webb, T. R. (1998). Measuring structural similarity among web documents: Preliminary results. In *EP '98/RIDT '98: Proceedings of the 7th International Conference on Electronic Publishing, Held Jointly with the 4th International Conference on Raster Imaging and Digital Typography*, pages 513–524, London, UK. Springer-Verlag.

Cvetkovic, D. M., Doob, M., and Sachs, H. (1997). *Spectra of Graphs. Theory and Application*. Academic Press.

DeBra, P. (1999). Using hypertext metrics to measure research output levels. http://citeseer.ist.psu.edu/debra99using.html.

DeBra, P. and Houben, G.-J. (1997). Hypertext metrics revisited: Navigational metrics for static and adaptive link structures. http://citeseer.ist.psu.edu/139855.html.

Dehmer, M. (2005). Data Mining-Konzepte und graphentheoretische Methoden zur Analyse hypertextueller Daten. *LDV Forum, Zeitschrift für Computerlinguistik*, 20(1):113–143.

Dehmer, M. and Mehler, A. (2004). A new method of measuring similarity for a special class of directed graphs. *Tatra Mountains Mathematical Publications*, Submitted for publication. August.

Dehmer, M., Mehler, A., and Gleim, R. (2004). Aspekte der Kategorisierung von Webseiten. In und Manfred Reichert, P. D., editor, *Proceedings des Multimediaworkshops der Jahrestagung der Gesellschaft für Informatik*, volume 2 of *Lecture Notes in Computer Science*, pages 39–43, Berlin. Springer.

Delisle, N. M. and Schwartz, M. (1987). Neptune - a hypertext system for software development enviroment. *Database Engineering*, 10(1):54–59.

Deo, N. and Gupta, P. (2001). World wide web: A graph-theoretic perspective. Technical report, Department of Computer Science, University of Central Florida.

Diestel, R. (2000). *Graphentheorie*. Springer, Berlin-Heidelberg.

d'Inverno, M., Priestley, M., and Luck, M. (1997). A formal framework for hypertext systems. In *IEE Proceedings - Software Engineering Journal*, volume 144, pages 175–184.

Duda, R. O., Hart, P. E., and Stork, D. G. (2001). *Pattern Classification*. Wiley, New York.

Ehrig, H. (1979). Introduction to the algebraic theory of graph grammars (A Survey). In *Proceedings of the International Workshop on Graph-Grammars and Their Application to Computer Science and Biology*, pages 1–69, London, UK. Springer-Verlag.

Ehrig, H., Habel, A., and Kreowski, H.-J. (1992). Introduction to graph grammars with application to semantic networks. *Computers and Mathematics with Applications*, 23(6-9):557–572.

Eiron, N. and McCurley, K. S. (2003). Untangling compound documents on the web. In *Proceedings of the 14th ACM conference on Hypertext and hypermedia, Nottingham, UK*, pages 85–94.

Emmert-Streib, F., Dehmer, M., and Kilian, J. (2005). Classification of large graphs by a local tree decomposition. In *Proceedings of DMIN'05, International Conference on Data Mining, Las Vegas, Juni 20-23*.

Engelbart, D. C. (1962). Augmenting Human Intellect: A Conceptual Framework. Technical report, Air Force Office of Scientific Research.

Erdös, P. (1961). Graph theory and probability. Part 2. *Canad. J. Math.*, 13:346–352.

Erdös, P. (1964). Some applications of probability to graph theory and combinatorial problems. In *Proceedings of Symposium of Smolenice, CSSR 1963*, pages 133–136.

Euler, L. (1736). Solutio problematis ad geometriam situs pertinentis. *Commentarii Academiae Petropolitanae*, 8:128–140.

Everitt, B. S. (1993). *Cluster Analysis*. Edward Arnold and Halsted Press.

Fan, R. K. C. (1997). *Spectral Graph Theory*, volume 12 of *Cbms Regional Conference Series in Mathematics*. American Mathematical Society.

Fasulo, D. (1999). An analysis of recent work on clustering algorithms. Technical report, University of Washington, Seatle, USA.

Fayyad, U. M., Piatetsky-Shapiro, G., and Smyth, P. (1996). From data mining to knowledge discovery: An overview. In Fayyad, U. M., Piatetsky-Shapiro, G., Smyth, P., and Uthurusamy, R., editors, *Advances in Knowledge Discovery and Data Mining*, pages 1- 34. AIII Press/MIT Press, Menlo Park, California.

Ferber, R. (2003). *Information Retrieval. Suchmodelle und Data-Mining-Verfahren für Textsammlungen und das Web.* dpunkt.verlag, Heidelberg.

Fichtenholz, G. M. (1964). *Differential- und Intergralrechnung.* VEB Deutscher Verlag der Wissenschaften.

Fischer, G. (2003). *Lineare Algebra.* Vieweg.

Flesca, S., Manco, G., Masciari, E., Pontieri, L., and Pugliese, A. (2002). Detecting structural similarities between XML documents. In *Proceedings of the International Workshop on the Web and Databases (WebDB 2002)*.

Foulds, L. R. (1992). *Graph Theory Applications.* Springer.

Fronk, A. (2001). *Algebraische Semantik einer objektorientierten Sprache zur Spezifikation von Hyperdokumenten.* PhD thesis, Universität Dortmund, Fachbereich Informatik, Lehrstuhl Software-Technologie.

Fronk, A. (2003). Towards the algebraic analysis of hyperlink structures. *International Journal on Software Engineering and Knowledge Engineering*, 13(6):655 684.

Furner, J., Ellis, D., and Willett, P. (1996). The representation and comparison of hypertext structures using graphs. In Agosti, M. and Smeaton, A. F., editors, *Information Retrieval and Hypertext*, pages 75-96. Kluwer, Boston.

Fürnkranz, J. (2002). Hyperlink ensembles: A case study in hypertext classification. *Information Fusion*, 3(4):299-312.

Gallo, G., Longo, G., and Pallottino, S. (1993). Directed hypergraphs and applications. *Discrete Applied Mathematics*, 42(2):177 201.

Gärtner, T., Flach, P. A., and Wrobel, S. (2003). On graph kernels: Hardness results and efficient alternatives. In *COLT*, pages 129-143.

Gernert, D. (1979). Measuring the similarity of complex structures by means of graph grammars. *Bulletin of the EATCS*, 7:3-9.

Gernert, D. (1981). Graph grammars which generate graphs with specified properties. *Bulletin of the EATCS*, 13:13-20.

Gleim, R. (2004). Integrierte Repräsentation, Kategorisierung und Strukturanalyse Web-basierter Hypertexte. Master's thesis, Technische Universität Darmstadt, Fachbereich Informatik.

Gleim, R. (2005). HyGraph: Ein Framework zur Extraktion, Repräsentation und Analyse webbasierter Hypertexte. In Fisseni, B., Schmitz, H.-C., Schröder, B., and Wagner, P., editors, *Sprachtechnologie, mobile Kommunikation und linguistische Ressourcen. Beiträge zur GLDV-Tagung 2005 in Bonn*, pages 42–53. Lang, Frankfurt a.M.

Godsil, C. and Royle, G. (2001). *Algebraic Graph Theory*. Graduate Texts in Mathematics. Academic Press.

Göggler, M. (2003). *Suchmaschinen im Internet*. Springer, Berlin.

Gregson, A. M. R. (1975). *Psychometrics of Similarity*. Academic Press, New York.

Gusfield, D. (1997). *Algorithms on Strings, Trees, and Sequences: Computer Science and Computational Biology*. Cambridge University Press.

Hakimi, S. L. (1962). On the realizability of a set of integers as degrees of a graph. *J. SIAM Appl. Math.*, 10:496–506.

Hakimi, S. L. (1965). On the degrees of the vertices of a directed graph. *J. Franklin Inst.*, 279:290–308.

Halasz, F. G. (1988). Reflections on notecards: Seven issues for the next generation of hypermedia systems. *Communications of the ACM*, 31(7):836–852.

Halin, R. (1989). *Graphentheorie*. Akademie Verlag.

Han, J. and Kamber, M. (2001). *Data Mining: Concepts and Techniques*. Morgan and Kaufmann Publishers.

Harary, F. (1959). Status and contrastatus. *Sociometry*, 22:23–43.

Harary, F. (1965). *Structural models. An introduction to the theory of directed graphs*. Wiley.

Harary, F. (1974). *Graphentheorie*. Oldenbourg.

Harary, F. and Palmer, E. M. (1973). *Graphical Enumeration*. Academic Press.

Hastie, T., Tibshirani, R., and Friedman, J. H. (2001). *The elements of statistical learning*. Springer, Berlin, New York.

Hearst, M. A., Schölkopf, B., Dumais, S., Osuna, E., and Platt, J. (1998). Trends and controversies - support vector machines. *IEEE Intelligent Systems*, 13(4):18–28.

Heuser, H. (1991). *Lehrbuch der Analysis. Teil 1*. Teubner, Stuttgart.

Höchstmann, M., Töller, T., Giegerich, R., and Kurtz, S. (2003). Local similarity in RNA secondary structures. In *Proceedings of the IEEE Computational Systems Bioinformatics Conference (CSB'03)*, pages 159–168.

Hofmann, M. (1991). *Benutzerunterstützung in Hypertextsystemen durch private Kontexte*. PhD thesis, Technische Universität Carolo-Wilhemina Braunschweig.

Horney, M. (1993). A measure of hypertext linearity. *Journal of Educational Multimedia and Hypermedia*, 2(1):67–82.

Horváth, T. (2005). Cyclic pattern kernels revisited. In *Proceedings of the 9-th Pacific-Asia Conference, PAKDD 2005*, pages 791–801.

Horváth, T., Gärtner, T., and Wrobel, S. (2004). Cyclic pattern kernels for predictive graph mining. In *Proceedings of the 2004 ACM SIGKDD International Conference on Knowledge Discovery and Data Mining*, pages 158–167.

Hsu, C. W., Chang, C. C., and Lin, C. L. (2003). A practical guide to SVM classification. Technical report, Department of Computer Science and Information Technology, National Taiwan University.

Huberman, B. and Adamic, L. (1999). Growth dynamics of the world-wide web. *Nature*, 399:130.

Huffman, D. A. (1952). A method for the construction of minimum redundancy codes. *Proceedings of the Institute of Radio Engineers*, 40(9):1098–1101.

Ihringer, T. (1994). *Diskrete Mathematik*. Teubner, Stuttgart.

Inokuchi, A., Washio, T., and Motoda, H. (2003). Complete mining of frequent patterns from graphs: Mining graph data. *Mach. Learn.*, 50(3):321–354.

Jain, A. K. and Dubes, R. C. (1988). *Algorithms for clustering data*. Prentice-Hall, Inc., Upper Saddle River, NJ, USA.

Jänich, K. (1999). *Topologie*. Springer.

Jiang, T., Wang, L., and Zhang, K. (1994). Alignment of trees - an alternative to tree edit. In *CPM '94: Proceedings of the 5th Annual Symposium on Combinatorial Pattern Matching*, pages 75–86, London, UK. Springer-Verlag.

Joachims, T. (2002). *Learning to classify text using support vector machines.* Kluwer, Boston.

Jolion, J. M. (2001). Graph matching: What we are really talking about? In *Third IAPR Workshop on Graph-based Representations in Pattern Recognition.*

Joshi, S., Agrawal, N., Krishnapuram, R., and Negi, S. (2003). A bag of paths model for measuring structural similarity in web documents. In *KDD '03: Proceedings of the ninth ACM SIGKDD international conference on Knowledge discovery and data mining*, pages 577–582, New York, NY, USA.

Kaden, F. (1982). Graphmetriken und Distanzgraphen. *ZKI-Informationen, Akad. Wiss. DDR*, 2(82):1–63.

Kaden, F. (1983). Halbgeordnete Graphmengen und Graphmetriken. In *Proceedings of the Conference Graphs, Hypergraphs, and Applications*, pages 92–95, DDR.

Kaden, F. (1986). Graphmetriken und Isometrieprobleme zugehöriger Distanzgraphen. *ZKI-Informationen, Akad. Wiss. DDR*, pages 1–100.

Kähler, W. M. (2002). *Statistische Datenanalyse. Verfahren verstehen und mit SPSS gekonnt einsetzen.* Vieweg.

Kajitanai, Y. and Sakurai, H. (1973). On distance of graphs defined by use of orthogonality between circuits and cutsets. Technical report, Inst. Electron. Comm. Engineers, Japan.

Kajitanai, Y. and Ueda, M. (1975). On the metric space of labeled graphs. Technical report, Inst. Electron. Comm. Engineers, Japan.

Kirchhoff, G. (1847). Über die Auflösung von Gleichungen, auf welche man bei der Untersuchung der linearen Verteilungen galvanischer Ströme geführt wird. *Annalen der Physik und Chemie*, 72:497–508.

Kleinberg, J. M. (1999). Authoritative sources in a hyperlinked environment. *Journal of the ACM*, 46(5):604–632.

Kobayashi, M. and Takeda, K. (2000). Information retrieval on the web. *ACM Computing Surveys*, 32(2):144–173.

Kommers, P. A. M. (1990). *Hypertext and acquisition of knowledge.* PhD thesis, University of Twente.

König, D. (1935). *Theorie der endlichen und unendlichen Graphen.* Chelsea Publishing.

Kosala, R. and Blockeel, H. (2000). Web mining research: A survey. *SIGKDD Explorations: Newsletter of the Special Interest Group (SIG) on Knowledge Discovery & Data Mining*, 2(1):1 15.

Kuhlen, R. (1991). *Hypertext: ein nichtlineares Medium zwischen Buch und Wissensbank.* Springer, Berlin.

Kumar, R., Raghavan, P., Rajagopalan, S., Sivakumar, D., Tomkins, A., and Upfal, E. (2000a). Stochastic models for the web graph. In *FOCS '00: Proceedings of the 41st Annual Symposium on Foundations of Computer Science*, page 57, Washington, DC, USA. IEEE Computer Society.

Kumar, R., Raghavan, P., Rajagopalan, S., Sivakumar, D., Tompkins, A., and Upfal, E. (2000b). The web as a graph. In *PODS '00: Proceedings of the nineteenth ACM SIGMOD-SIGACT-SIGART symposium on Principles of database systems*, pages 1 10, New York, NY, USA. ACM Press.

Kuratowski, K. (1930). Sur le problème des courbes gauches en topologie. *Fund. Math. Vol.*, 15:271–283.

Lange, D. B. (1990). A formal model of hypertext. In *NIST Hypertext Standardization Workshop*, pages 145–166.

Lesk, A. M. (2003). *Bioinformatik. Eine Einführung.* Spektrum Akademischer Verlag.

Levenstein, V. I. (1966). Binary codes capable of correcting deletions, insertions, and reversals. *Soviet Physics - Doklady*, 10(8):707–710.

Li, M., Chen, X., Xin, L., Ma, B., and Vitányi, P. M. (2003). The similarity metric. In *Proceedings of the 14th Annual ACM-SIAM Symposium on Discrete Algorithms*, pages 863–872. ACM Press.

Liebetrau, A. M. (1983). *Measures of association.* Sage University Paper Series on Quantitative Applications in the Social Sciences. Sage Publications, Beverley Hills.

Lobin, H. (1999). *Text im digitalen Medium. Linguistische Aspekte von Textdesign, Texttechnologie und Hypertext Engineering.* Westdeutscher Verlag, Opladen.

McEneaney, J. E. (1999). Visualizing and assessing navigation in hypertext. In *Proceedings of the 10th ACM Conference on Hypertext and Hypermedia: returning to our diverse roots*, pages 61–70.

McEneaney, J. E. (2000). Navigational correlates of comprehension in hypertext. In *Proceedings of the 11th ACM Conference on Hypertext and Hypermedia*, pages 251–255. ACM.

Mehler, A. (2001). *Textbedeutung. Zur prozeduralen Analyse und Repräsentation struktureller Ähnlichkeiten von Texten*, volume 5 of *Sprache, Sprechen und Computer / Computer Studies in Language and Speech*. Peter Lang, Frankfurt a. M. [Zugl. Dissertation Universität Trier].

Mehler, A. (2002). Hierarchical orderings of textual units. In *Proceedings of the 19th International Conference on Computational Linguistics, COLING'02, Taipei, Taiwan, August 24 - September 1*, pages 646–652, San Francisco. Morgan Kaufmann.

Mehler, A. (2004). Textmining. In Lobin, H. and Lemnitzer, L., editors, *Texttechnologie. Perspektiven und Anwendungen*, pages 83–107. Stauffenburg, Tübingen.

Mehler, A., Dehmer, M., and Gleim, R. (2004). Towards logical hypertext structure — a graph-theoretic perspective. In Böhme, T. and Heyer, G., editors, *Proceedings of the Fourth International Workshop on Innovative Internet Computing Systems (I2CS '04)*, Lecture Notes in Computer Science 3473, pages 136–150., Berlin/New York. Springer.

Mehler, A., Dehmer, M., and Gleim, R. (2005a). Zur Automatischen Klassifikation von Webgenres. In Fisseni, B., Schmitz, H.-C., Schröder, B., and Wagner, P., editors, *Sprachtechnologie, mobile Kommunikation und linguistische Ressourcen. Beiträge zur GLDV-Tagung 2005 in Bonn*, pages 158–174. Lang, Frankfurt a.M.

Mehler, A., Gleim, R., and Dehmer, M. (2005b). Towards structure-sensitive hypertext categorization. In *Proceedings of the 29th Annual Conference of the German Classification Society, Universität Magdeburg, March 9-11*, LNCS, Berlin/New York. Springer.

Mühlhäuser, M. (1991). Hypermedia-Konzepte zur Verarbeitung multimedialer Information. *Informatik-Spektrum*, 14(5):281–290.

Mühlhäuser, M. (2004). Elearning after four decades: What about sustainability? In *Proceedings of ED-MEDIA*, pages 3694–3700.

Münz, S. (2005). SELFHTML. http://de.selfhtml.org.

Nagl, M. (1979). *Graph-Grammatiken: Theorie, Anwendungen, Implementierung*. Vieweg.

Needleman, S. B. and Wunsch, C. D. (1970). A general method applicable to the search for similarities in the amino acid sequences of two proteins. *Journal of Molecular Biology*, 48:443–453.

Nehmhauser, G. L. (1969). *Einführung in die Prozesse der Programmierung*. Oldenbourg.

Nelson, T. (1974). *Computer Lib/Dream Machines*. Hugo Press.

Nelson, T. (1987). All for one and one for all. In *Vorartikel der Proceedings of HYPERTEXT'87*.

Nielson, J. (1993). *Hypertext and Hypermedia*. Academic Press Professional.

Nielson, J. (1996). *Multimedia, Hypertext und Internet. Grundlagen und Praxis des elektronischen Publizierens*. Vieweg.

Noller, S., Naumann, J., and Richter, T. (2001). LOGPAT - Ein webbasiertes Tool zur Analyse von Navigationsverläufen in Hypertexten. `http://www.psych.uni-goettingen.de/congress/gor-2001`.

Novak, L., Gibbons, A., and van C. J. Rijsbergen (1999). *Hybrid Graph Theory and Network Analysis*. Cambridge Tracts in Theoretical Computer Science. Cambridge University Press.

Oommen, B. J., Zhang, K., and Lee, W. (1996). Numerical similarity and dissimilarity measures between two trees. *IEEE Transactions on Computers*, 12(12):1426–1435.

Oren, T. (1987). The architecture of static hypertext. In *HYPERTEXT '87: Proceeding of the ACM conference on Hypertext*, pages 291–306, New York, NY, USA. ACM Press.

Oswald, D. (2005). HTMLParser - Sourceforge. `http://htmlparser.sourceforge.net`.

Palmer, C., Gibbons, P., and Faloutsos, C. (2002). ANF: A fast and scalable tool for data mining in massive graphs. In *Proceedings of the 8th ACM SIGKDD Internal Conference on Knowlege Discovery and Data Mining*.

Park, S. (1998). Structural properties of hypertext. In *HYPERTEXT '98: Proceeding of the ACM conference on Hypertext*, pages 180–187.

Parunak, V. D. H. (1991). Don't link me in: Set based hypermedia for taxonomic reasoning. In *HYPERTEXT '91: Proceedings of the third annual ACM conference on Hypertext*, pages 233–242, New York, NY, USA. ACM Press.

Pearson, W. and Lipman, D. (1988). Improved tools for biological sequence comparison. *Proc. National Academic of Sciences USA*, 85:2444–2448.

Petersen, J. (1891). Die Theorie der regulären Graphs. *Acta Mathematica*, 15:193–220.

Raghavan, P. (2000). Graph structure of the web: A survey. In *LATIN 2000: Theoretical Informatics. Proceedings of 4th Latin American Symposium*, pages 123–125.

Raghavan, V., Bollmann, P., and Jung, G. (1989). Critical investigation of recall and precision as measures of retrieval system performance. *ACM Transactions on Information Systems*, 7(3):205–229.

Rahm, E. (2002). Web usage mining. *Datenbank-Spektrum*, 2(2):75–76.

Richter, T., Naumann, J., and Noller, S. (2003). Logpat: A semi-automatic way to analyze hypertext navigation behavior. *Swiss Journal of Psychology*, 62:113–120.

Rieger, B. B. (1989). *Unscharfe Semantik: Die empirische Analyse, quantitative Beschreibung, formale Repräsentation und prozedurale Modellierung vager Wortbedeutungen in Texten.* Peter Lang, Frankfurt a.M.

Rivlin, E., Botafogo, R., and Shneiderman, B. (1994). Navigating in hyperspace: Designing a structure-based toolbox. *Commun. ACM*, 37(2):87–96.

Robertson, N. and Seymour, P. D. (1986). Graph minors. part 2. algorithmic aspects of tree-width. *Journal of Algorithms*, 7:309–322.

Robles-Kelly, A. and Hancock, R. (2003). Edit distance from graph spectra. In *Proceedings of the IEEE International Conference on Computer Vision*, pages 234–241.

Rückert, U. and Kramer, S. (2004). Frequent free tree disvovery in graph data. In *Proceedings of the 2004 ACM Symposium on Applied Computing*, pages 564–570.

Rühs, F. (1976). *Funktionentheorie.* VEB Deutscher Verlag der Wissenschaften, Berlin.

Ruskey, F., Eades, P., Cohen, B., and Scott, A. (1994). Alley cats in search of good homes. In *25th S.E. Conference on Combinatorics, Graph Theory, and Computing, Congressus Numerantium*, volume 102, pages 97–110.

Sachs, H. (1972). *Einführung der Theorie der endlichen Graphen. Teil 2*, volume 44. Mathematisch Naturwissenschaftliche Bibliothek.

Sachs, H., Finck, H. J., Hutschenreuther, H., Kaiser, H., Lang, R., Schäuble, M., Voß, H., and Walther, H. (1971). *Einführung der Theorie der endlichen Graphen*. Carl Hanser, München.

Sanfeliu, A. and Fu, K. S. (1983). A distance measure between attributed relational graphs for pattern recognition. *IEEE Transactions on Systems, Man, and Cybernetics*, pages 353–362.

Sanfeliu, A., Fu, K. S., and Prewitt, J. M. S. (1981). An application of a distance measure between graphs to the analysis of muscle tissue patterns. In *Workshop on Structural Pattern and Dyntactic Pattern Recognition*, pages 86–89.

Sankoff, D. and Kruskal, J. (1983). *Time Warps, String Edits and Macromolecules: The Theory and Practice of Sequence Comparison*. Addison-Wesley.

Sankoff, D., Kruskal, J. B., Mainville, S., and Cedergren, R. J. (1983). Fast algorithms to determine RNA secondary structures containing multiple loops. In Sankoff, D. and Kruskal, J., editors, *Time Warps, String Edits and Macromolecules: The Theory and Practice of Sequence Comparison*, pages 93–120. Addison-Wesley.

Schauble, P. (1997). *Multimedia Information Retrieval: Content-Based Information Retrieval from Large Text and Audio Databases*. Kluwer Academic Publishers, Norwell, MA, USA.

Schlobinski, P. and Tewes, M. (1999). Graphentheoretische Analyse von Hypertexten. NETWORX - Online-Publikationen zum Thema Sprache und Kommunikation im Internet. http://www.websprache.uni-hannover.de/networx/docs/networx-8.pdf.

Schmidt, G. and T., T. S. (2002). *Relationen und Graphen*. Wiley VCH.

Schnupp, P. (1992). *Hypertext*. Oldenbourg.

Schölkopf, B., Müller, K.-R., and Smola, A. J. (1999). Lernen mit Kernen: Support-Vektor-Methoden zur Analyse hochdimensionaler Daten. *Inform., Forsch. Entwickl.*, 14(3):154–163.

Schöning, U. (1988). Graph isomorphism is in the low hierarchy. *J. Comput. Syst. Sci.*, 37(3):312–323.

Schöning, U. (1997). *Algorithmen - kurz gefasst*. Spektrum Akademischer Verlag.

Schöning, U. (2001). *Theoretische Informatik - kurz gefasst*. Spektrum Akademischer Verlag.

Schubert, H. (1971). *Topologie.* Teubner.

Schulmeister, R. (2002). *Grundlagen hypermedialer Lernsysteme.* Oldenbourg.

Schulz, H. J. (2004). Visuelles Data Mining komplexer Strukturen. Master's thesis, Universität Rostock, Institut für Informatik.

Scott, F. (2001). *Social Network Analysis.* Sage Publications.

Selkow, S. M. (1977). The tree-to-tree editing problem. *Inf. Process. Lett.*, 6(6):184–186.

Sernetz, M. (2001). Fraktale biologische Strukturen: Chaos und Ordnung im Organismus. *Berichte der Justus Liebig-Gesellschaft zu Gießen e.V.*, 5:143–158.

Shapiro, B. A. and Zhang, K. (1990). Comparing multiple RNA secondary structures using tree comparisons. *Comp. Appl. Biosci.*, 6(4):309–318.

Shapiro, L. (1982a). Organization of relational models. In *Proceedings of Intern. Conf. on Pattern Recognition*, pages 360–365.

Shapiro, L. (1982b). Organization of relational models for scene analysis. *IEEE Transactions on Pattern Analysis and Machine Intelligence*, 4:595–603.

Shneiderman, B. and Kearsley, G. (1989). *Hypertext Hands-On!: An introduction to a new way of organizing and accessing information.* Addison-Wesley Longman Publishing Co., Inc., Boston, MA, USA.

Skvortsova, M. I., Baskin, I. I., Stankevich, I. V., Palyulin, V. A., and Zefirov, N. S. (1996). Molecular similarity in structure-property relationship studies. analytical description of the complete set of graph similarity measures. In *International symposium CACR-96. Book of Abstracts*, page 16.

Smith, J. B., Weiss, S. F., and Ferguson, G. J. (1987). A hypertext enviroment and its cognitive basis. In *HYPERTEXT '87: Proceeding of the ACM conference on Hypertext*, pages 195–214, New York, NY, USA. ACM Press.

Sobik, F. (1982). Graphmetriken und Klassifikation strukturierter Objekte. *ZKI-Informationen, Akad. Wiss. DDR*, 2(82):63–122.

Sobik, F. (1986). Modellierung von Vergleichsprozessen auf der Grundlage von Ähnlichkeitsmaßen für Graphen. *ZKI-Informationen, Akad. Wiss. DDR*, 4:104–144.

Späth, H. (1977). *Cluster - Analyse - Algorithmen.* Oldenbourg.

Spertus, E. (1997). ParaSite: Mining structural information on the web. In *Selected papers from the sixth international conference on World Wide Web*, pages 1205–1215. Elsevier.

Spiliopoulou, M. (2000). Web usage mining for web site evaluation. *Commun. ACM*, 43(8):127–134.

Steinhausen, D. and Langer, L. (1997). *Clusteranalyse. Einführung in Methoden und Verfahren der automatischen Klassifikation*. Walter de Gruyter.

Steinmetz, R. (2000). *Multimedia - Technologie*. Springer.

Steinmetz, R. and Nahrstedt, K. (2004). *Multimedia Systems*. Springer.

Storrer, A. (1999). Kohärenz in Text und Hypertext. In Lobin, H., editor, *Text im digitalen Medium. Linguistische Aspekte von Textdesign, Texttechnologie und Hypertext Engineering*, pages 33–65. Westdeutscher Verlag, Opladen.

Storrer, A. (2004). Text und Hypertext. In Lobin, H. and Lemnitzer, L., editors, *Texttechnologie. Perspektiven und Anwendungen*, pages 13–49. Stauffenburg, Tübingen.

Stotts, P. D. and Furuta, R. (1989). Petri-net-based hypertext: Document structure with browsing semantics. *ACM Trans. Inf. Syst.*, 7(1):3–29.

Struyf, A., Hubert, M., and Rousseeuw, P. (1996). Clustering in an object-oriented environment. *Journal of Statistical Software*, 1(4):1–30.

Sylvester, J. J. (1878). On an application of the new atomic theory to the graphical representation of the invariants and covariants of binary quantics. *American Journal of Mathematics*, 1:64–125.

Tai, K.-C. (1979). The tree-to-tree correction problem. *J. ACM*, 26(3):422–433.

Tanaka, E. (1977). A metric on graphs and its application. Technical report, IEE Japan.

Tittmann, P. (1989). *Graphentheorie*. Springer.

Tochtermann, K. and Dittrich, G. (1996). The Dortmund family of hypermedia models — concepts and their application. *Journal of Universal Computer Science*, 2(1):34–56.

Tompa, F. W. (1989). A data model for flexible hypertext database systems. *ACM Trans. Inf. Syst.*, 7(1):85–100.

Turau, V. (1996). *Algorithmische Graphentheorie*. Oldenbourg.

Tversky, A. (1977). Features of similarity. *Psychological Review*, 84:327–352.

Ullmann, J. R. (1976). An algorithm for subgraph isomorphism. *J. ACM*, 23(1):31–42.

Unz, D. (2000). *Lernen mit Hypertext. Informationsuche und Navigation.* Waxmann Verlag.

Vapnik, V. N. (1995). *The nature of statistical learning theory.* Springer, New York, NY, USA.

Veblen, O. (1922). Analysis situs. *Amer. Math. Soc. Colloq. Publ.*, 5.

Vogt, J. (2000). Hypertext. Die neue Form der Schriftlichkeit? Master's thesis, Universität Stuttgart, Institut für Literaturwissenschaft.

Volkmann, L. (1991). *Graphen und Digraphen. Eine Einführung in die Graphentheorie.* Springer.

Wang, L. and Zhao, J. (2003). Parametric alignments of ordered trees. *Bioinformatics*, 19(17):2237–2245.

Washio, T. and Motoda, H. (2003). State of the art of graph-based data mining. *SIGKDD Explor. Newsl.*, 5(1):59–68.

Watts, D. J. (1999). *Small worlds: The dynamics of networks between order and randomness.* Princeton University Press, Princeton, NJ, USA.

Watts, D. J. and Strogatz, S. H. (1998). Collective dynamics of 'small-world' networks. *Nature*, 393:440–442.

Weiss, Y. (1999). Segmentation using eigenvectors: A unifying view. In *ICCV '99: Proceedings of the International Conference on Computer Vision-Volume 2*, pages 975–982, Washington, DC, USA. IEEE Computer Society.

Wiener, H. (1947). Structural determination of paraffin boiling points. *Journal of the American Chemical Society*, 69(17).

Wilhelm, R. and Heckmann, R. (1999). *Grundlagen der Dokumentenverarbeitung.* Princeton University Press, Princeton, NJ, USA.

Winne, P. H., Gupta, L., and Nesbit, J. C. (1994). Exploring individual differences in studying strategies using graph theoretic statistics. *Journal of the American Chemical Society*, 40:177–193.

Winter, A. (2002). Exchanching graphs with GXL. http://www.gupro.de/GXL.

Witten, I. and Eibe, F. (2001). *Data Mining.* Hanser Fachbuchverlag.

Wrobel, S., Morik, K., and Joachims, T. (2003). Maschinelles Lernen und Data Mining. In Görz, G., Rollinger, C.-R., and Schneeberger, J., editors, *Handbuch der künstlichen Intelligenz*, pages 517- 597. Oldenbourg, München.

Yan, X. and Han, J. (2002). gspan: Graph-based substructure pattern mining. In *ICDM '02: Proceedings of the 2002 IEEE International Conference on Data Mining (ICDM'02)*, pages 721–724, Washington, DC, USA. IEEE Computer Society.

Yang, Y. and Pedersen, J. O. (1997). A comparative study on feature selection in text categorization. In *ICML '97: Proceedings of the Fourteenth International Conference on Machine Learning*, pages 412–420, San Francisco, CA, USA. Morgan Kaufmann Publishers Inc.

Yang, Y., Slattery, S., and Ghani, R. (2002). A study of approaches to hypertext categorization. *Journal of Intelligent Information Systems*, 18(2-3):219–241.

Zelinka, B. (1975). On a certain distance between isomorphism classes of graphs. *Časopis pro pěst. Mathematiky*, 100:371–373.

Zhang, K. and Shasha, D. (1989). Simple fast algorithms for the editing distance between trees and related problems. *SIAM J. Comput.*, 18(6):1245–1262.

Zhang, K., Statman, R., and Shasha, D. (1992). On the editing distance between unordered labeled trees. *Inf. Process. Lett.*, 42(3):133- 139.

Analysis - Arbeitsbuch

Thomas Bauer

Analysis - Arbeitsbuch

Bezüge zwischen Schul- und Hochschulmathematik – sichtbar gemacht in Aufgaben
mit kommentierten Lösungen

STUDIUM

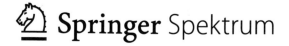

Thomas Bauer
Marburg,
Deutschland

ISBN 978-3-8348-1914-7   ISBN 978-3-8348-2312-0 (eBook)
DOI 10.1007/978-3-8348-2312-0

Die Deutsche Nationalbibliothek verzeichnet diese Publikation in der Deutschen Nationalbibliografie; detaillierte bibliografische Daten sind im Internet über http://dnb.d-nb.de abrufbar.

Springer Spektrum

Planung und Lektorat: Ulrike Schmickler-Hirzebruch | Barbara Gerlach
Gedruckt auf säurefreiem und chlorfrei gebleichtem Papier.

Springer Spektrum ist eine Marke von Springer DE.
Springer DE ist Teil der Fachverlagsgruppe Springer Science+Business Media.
www.springer-spektrum.de

Vorwort

■ **Schulmathematik und universitäre Mathematik – zwei getrennte Welten?**
Der Eindruck, dass Schulmathematik und universitäre Mathematik in zwei getrennten Welten liegen, kann bei Studienanfängern schnell entstehen – die Unterschiede, die schon in den ersten Wochen des Studiums sichtbar werden, sind in der Tat beträchtlich. Im Gebiet Analysis wird dies sehr deutlich: Beim Vergleich von Oberstufenanalysis und Hochschulanalysis finden sich auf den ersten Blick zwar viele inhaltliche Übereinstimmungen (Differenzieren, Integrieren), jedoch liegen gravierende Unterschiede darin, *wie* diese Inhalte behandelt werden. Die Unterschiede rühren gar nicht etwa daher, dass Schule und Universität sich bewusst gegenseitig voneinander abgrenzen wollen – oder gar daher, dass die Universität es den Studienanfängern absichtlich schwer machen wollte. Vielmehr sind sie eine Folge davon, dass Mathematik an Schule und Universität mit sehr verschiedenen Zielsetzungen betrieben wird. Ein markanter Aspekt, an dem dies deutlich wird, ist der folgende: Für die wissenschaftliche Arbeit mit Mathematik ist es von zentraler Bedeutung, ein konsistentes und lückenlos schlüssiges Gedankengebäude aufzubauen – jeder Schritt in diesem Aufbau soll dabei für alle Beteiligten mit einer vollständigen Begründung sichtbar werden. In der Schulmathematik ist die Lage ganz anders: Zum einen muss die Argumentationstiefe an die jeweilige Alters- und Lernstufe der Schüler angepasst werden, und zum anderen werden in der Schulmathematik andere Ziele mit höherer Priorität verfolgt, zum Beispiel der Einsatz von Mathematik zur Beschreibung von Phänomenen der uns umgebenden Welt. Die Setzung der Prioritäten steht natürlich auch im Zusammenhang mit dem Verhältnis zwischen Allgemeinbildung und fachspezifischer Bildung.

■ **Die Bruchstellen.** Der Übergang von der Schul- zur universitären Mathematik stellt daher für die meisten Studienanfänger eine Bruchstelle dar, deren Überwindung intensive gedankliche Auseinandersetzung und viel Arbeit erfordert. Für Lehramtsstudierende kommt ein weiterer Aspekt hinzu: Sie werden sich nach Abschluss ihres Studiums – dann als Lehrende – erneut der Schulmathematik zuwenden, und bei diesem Schritt kann eine zweite Bruchstelle auftreten. Felix Klein hat dieses Problem bereits 1924 in der Einleitung zu [Kl] formuliert und dabei den Begriff *Doppelte Diskontinuität* geprägt:

»Der junge Student sieht sich am Beginn seines Studiums vor Probleme gestellt, die ihn in keinem Punkte mehr an die Dinge erinnern, mit denen er sich auf der Schule beschäftigt hat; natürlich vergißt er daher alle diese Sachen rasch und gründlich. Tritt er aber nach Absolvierung des Studiums ins Lehramt über, so soll er plötzlich eben diese herkömmliche Elementarmathematik schulmäßig unterrichten; da er diese Aufgabe kaum selbständig mit der Hochschulmathematik in Zusammenhang bringen kann, so wird er in den meisten Fällen recht bald die althergebrachte Unterrichtstradition aufnehmen, und das Hochschulstudium bleibt ihm nur eine mehr oder minder angenehme Erinnerung, die auf seinen Unterricht keinen Einfluss hat.«

Die von Felix Klein beschriebene Gefahr, dass das im Lehramtsstudium erworbene Wissen über Mathematik in der späteren Berufstätigkeit zu wenig nutzbar gemacht wird, ist umso bedauerlicher, als das mathematische Fachwissen als wesentliche Komponente des Professionswissens von Lehrkräften durchaus erkannt und auch empirisch bestätigt ist (siehe etwa [S], sowie [Br+] zur COACTIV-Studie).

In neuester Zeit hat das Bewusstsein um die Bruchstellen stark zugenommen und es wurden verstärkt Aktivitäten unternommen, um sich diesem Problem zu stellen (siehe [Bp+] und [AH]). Nachfolgend wird beschrieben, welchen spezifischen Beitrag das vorliegende Buch leisten möchte.

■ **Was will dieses Buch erreichen?** Trotz der vorhandenen Unterschiede müssen Schul- und universitäre Mathematik keineswegs unverbunden nebeneinanderstehen – es gibt viele Bezüge, die sich nutzbar machen lassen, um Unterschiede zu verstehen und Bruchstellen zu überwinden. Das vorliegende Buch möchte die Studierenden im Gebiet Analysis dabei unterstützen. Es will dazu beitragen, stabile Verknüpfungen zwischen den Vorkenntnissen und Vorerfahrungen aus der Schulmathematik und den neu erarbeiteten Inhalten und Denkweisen der Hochschulmathematik zu bilden. Dies bedeutet einerseits, dass die in der Schulmathematik aufgebauten Vorstellungen genutzt werden, um Begriffsbildungen und Inhalte der Hochschulmathematik besser zu verstehen (Wirkrichtung *Schulmathematik → universitäre Mathematik*). Umgekehrt öffnet die Hochschulmathematik eine Perspektive, die dabei hilft, die Schulmathematik tiefer zu durchdringen und sie auch dort zu erklären, wo auf früherer Stufe Plausibilitätsbetrachtungen genügen müssen (Wirkrichtung *universitäre Mathematik → Schulmathematik*). Für diesen höheren Standpunkt und das vertiefte Durchdringen benötigt die Hochschulmathematik Arbeitsweisen, die in der Schulmathematik in der benötigten Intensität nicht gelernt werden können. Deshalb gehört zu einer stabilen Verknüpfung der Ebenen auch das Bewusstsein für die methodischen Unterschiede.

Im Laufe der Arbeit des Autors an dem Schnittstellenprojekt, aus dem dieser Text entstanden ist, haben sich zur Bearbeitung der beiden Wirkrichtungen

$$Schulmathematik \longrightarrow universitäre\ Mathematik$$
$$universitäre\ Mathematik \longrightarrow Schulmathematik$$

vier Teilziele herausgebildet, in denen Schulmathematik und Hochschulmathematik als *aufeinander bezogen* und *füreinander nützlich* gesehen werden sollen (siehe [Ba] und auch [BP]):

A. Grundvorstellungen aufbauen und festigen
B. Unterschiedliche Zugänge verstehen und analysieren
C. Mit hochschulmathematischen Werkzeugen Fragestellungen der Schulmathematik vertieft verstehen
D. Mathematische Arbeitsweisen üben und reflektieren

Zu jedem dieser Teilziele enthält dieses Buch Aufgaben mit kommentierten Lösungsvorschlägen. Sie finden ab Seite 1 eine Erläuterung der Teilziele und eine Übersicht der zugehörigen Aufgaben.

■ **Zur Konzeption des Buchs.** Dieses Buch ist als *Arbeitsbuch* konzipiert, das neben einem Lehrbuch zur Analysis genutzt werden kann. Von einem Lehrbuch unterscheidet es sich insbesondere durch zwei Charakteristika:

- Nicht »alle« Lerninhalte der Analysis sind hier abgehandelt – vielmehr wurden zu jedem der großen Themenbereiche aus der Anfangsausbildung in der Analysis (Folgen, Grenzwerte, Differenzierbarkeit, Integrierbarkeit) *exemplarische* Fragestellungen gewählt, an denen sich entscheidende Grundvorstellungen aufbauen und wesentliche mathematische Arbeitsweisen üben lassen.

- Die behandelten Themen werden bewusst in Form von *Aufgaben mit Lösungsvorschlägen* angeboten. Eine seit Langem bekannte Erkenntnis über das Lernen von Mathematik wurde in den letzten Jahren an Schule und Universität mit neuer Intensität in den Vordergrund gestellt: Der Erwerb mathematischen Wissens vollzieht sich nicht einfach durch eine Art von »Übertragung« vom Lehrenden auf den Lernenden, sondern ist ein höchst aktiver Prozess, bei dem die Eigentätigkeit des Lernenden eine entscheidende Rolle spielt. Die Aufgaben in diesem Buch sollen diesen Prozess unterstützen. Sie sind in keiner Weise als *Testaufgaben* gemeint, deren richtige Beantwortung man mittels der Lösungsvorschläge überprüfen solle, sondern es sind ausgesprochene *Lernaufgaben*: Die eigene Arbeit an den

Aufgaben und – erst nach intensiven eigenen Überlegungen – die Auseinandersetzung mit den kommentierten Lösungsvorschlägen sind die zentralen Lernaktivitäten, auf die es hier ankommt.

Viele der Aufgaben aus diesem Buch sind praktisch erprobt: Sie wurden in Lehrveranstaltungen zur Analysis im Rahmen der Übungen als spezielle *Schnittstellenaufgaben* eingesetzt, um die Studierenden auf diese Weise anzuregen, Bezüge zur Schulmathematik gezielt zu bearbeiten.

Das Buch ist wie folgt organisiert: In den Kapiteln 1 bis 4 sind die Aufgaben nach inhaltlichen Kategorien geordnet, die auch in Vorlesungen und Lehrbüchern zur Analysis verwendet werden. Das abschließende Kapitel 5 betont übergreifende Aspekte – es geht darin um die Reflexion von mathematischen Arbeitsweisen: Begriffe bilden, Definitionen aussprechen, Beispiele konstruieren, Vermutungen finden, Begründen und Beweisen. Hinweise zum praktischen Umgang mit diesem Buch finden Sie auf Seite 4 (für Studierende) und auf Seite 6 (für Lehrende).

■ **Danksagungen.** Ich danke Frau Prof. Dr. Lisa Hefendehl-Hebeker für die Ermunterung zum Schreiben dieses Buchs und für wertvolle Anregungen.

Mein besonderer Dank gilt meinem Kollegen Ulrich Partheil: Ihm danke ich herzlich für die mehrjährige Zusammenarbeit in dem Schnittstellenprojekt zur Analysis (siehe [BP] und [Ba]), aus dem dieser Text hervorgegangen ist. Viele der Aufgaben sind aus den immer angenehmen und produktiven Diskussionen mit ihm hervorgegangen oder wurden durch sie ganz entscheidend verbessert.

Mein Kollege Prof. Dr. Wolfgang Gromes hat das Manuskript vorab kritisch gelesen und mich mit vielen wertvollen Kommentaren und mit zahlreichen Anregungen zu Ergänzungen sehr unterstützt.

Den Mitarbeitern und Tutoren danke ich für ihr großes Engagement bei der Durchführung der Schnittstellenübungen, die auf Grundlage von Schnittstellenaufgaben angeboten wurden. Die Tutoren haben mir konstruktive Rückmeldungen zu den Aufgaben gegeben, die ich bei der Vorbereitung des Buchtexts berücksichtigen konnte. In chronologischer Reihenfolge nenne ich: Christina Böhr, Dr. Michael Funke, David Schmitz, Hendrik Baumbach, Malvin Gattinger, Thorsten Herrig und Michael Schmidt.

Ich danke Frau Schmickler-Hirzebruch von Springer Spektrum für die ausgesprochen angenehme Zusammenarbeit.

Marburg, Mai 2012   *Thomas Bauer*

Inhaltsverzeichnis

Die Ziele der Aufgaben – Erläuterungen und Übersicht

Es ist ein Anliegen dieses Buchs, Vorkenntnisse und Vorerfahrungen aus der Schulmathematik aufzugreifen und Studierende dabei zu unterstützen, Verbindungen zu den neu erarbeiteten Inhalten und Denkweisen der Hochschulmathematik aufzubauen. Die vier Teilziele, die dazu im Vorwort bereits genannt wurden, werden hier näher erläutert – zusammen mit einer Übersicht über die Aufgaben, in denen die jeweiligen Teilziele im Vordergrund stehen.[1] Neben der thematischen Sortierung im Inhaltsverzeichnis erhalten Sie so einen weiteren, alternativen Zugriff auf die Aufgaben in diesem Buch.

A. Grundvorstellungen aufbauen und festigen. *Grundvorstellungen* zu mathematischen Begriffen sind eine wichtige Komponente des Mathematikverstehens: Es handelt sich dabei um diejenigen Vorstellungen zu Begriffen, die als »interne Darstellungen« die Bedeutung des Begriffs beschreiben und die aktiviert werden, um den Begriff in inner- und außermathematischen Situationen zu verwenden (siehe dazu [Ho]). Zu einigen Gegenständen der Analysis (z. B. Funktionen, Ableitung, Integral) wurden bereits in der Schulmathematik Grundvorstellungen aufgebaut – etwa die Tangentenvorstellung zum Ableitungsbegriff. Es lohnt sich, an diese Vorerfahrungen anzuknüpfen und sie weiterzuentwickeln – zum Beispiel mit dem Ziel, aus einer schon vorhandenen intuitiven Vorstellung einen präzisen Begriff zu bilden. Schulanalysis erweist sich dann als *nützlich für das Verstehen von Hochschulanalysis*. Die folgenden Aufgaben gehören in diese Kategorie:

---

[1]Die Grenzen sind natürlich fließend: Bei zahlreichen Aufgaben lässt sich ohne Weiteres mehr als ein einziges Ziel identifizieren. Um Übersicht zu gewinnen, haben sich diese Kategorien in der Praxis dennoch als nützlich erwiesen – in den allermeisten Aufgaben dominiert eines der vier Ziele recht deutlich.

B. Unterschiedliche Zugänge verstehen und analysieren. In vielen Fällen, in denen in Schul- und universitärer Mathematik derselbe Begriff oder Sachverhalt behandelt wird, geschieht dies mit wesentlich verschiedenen *Zugängen*. Ein Beispiel: Die Sinusfunktion wird in der Schule üblicherweise über Streckenverhältnisse in rechtwinkligen Dreiecken eingeführt, während sie in der universitären Analysis in der Regel über die komplexe Exponentialfunktion oder über Reihen definiert wird.[2] Einige der Aufgaben in diesem Buch haben das Ziel, solche Unterschiede in Zugängen zu beleuchten und die Gründe zu verstehen, die zur Wahl des einen oder anderen Zugangs führen können. Unter anderem wird dabei deutlich, dass verschiedene Zugänge in einer konkreten Lern- oder Unterrichtssituation nicht beliebig gegeneinander ausgetauscht werden können. Eine Reihe von – auch konkurrierend auftretenden – Kriterien spielt bei der Wahl des Zugangs eine Rolle, insbesondere die Frage der *globalen Ordnung*: Was wurde bereits vorher gelernt und wie soll anschließend weitergearbeitet werden?

Die folgenden Aufgaben gehören zu dieser Kategorie:

C. Mit hochschulmathematischen Werkzeugen Fragestellungen der Schulmathematik vertieft verstehen. Einige der Aufgaben verfolgen das Ziel, Methoden und Erkenntnisse aus der universitären Analysis auf Fragen anzuwenden, die sich zwar im Rahmen der Schulmathematik stellen (oder stellen lassen), dort aber nicht vollständig beantwortet werden können. Es gibt dabei sowohl Fälle, bei denen in der Schulmathematik immerhin Plausibilitätsbetrachtungen angestellt werden können, als auch Fälle, in denen die Mittel der Hochschulmathematik überhaupt erst den Zugriff ermöglichen.

---

[2]Das Beispiel zeigt, dass in diesem Text mit dem Begriff *Zugang* nicht der (natürlich ebenfalls relevante) unterrichtsmethodische Aspekt gemeint ist, sondern das sachlogische Vorgehen – einschließlich der Anforderungen an den Weg, der dem fraglichen Begriff oder Sachverhalt vorausgeht, und der Konsequenzen für deren weitere Verwendung.

Die folgenden Aufgaben gehören zu dieser Kategorie:

D. Mathematische Arbeitsweisen üben und reflektieren. Die universitäre Mathematik wird durch Arbeitsweisen geprägt, die im schulischen Mathematikunterricht nicht alle in derselben Weise vorkommen: Man formuliert Definitionen, konstruiert Beispiele und Gegenbeispiele, findet Vermutungen und führt Beweise. Es lohnt sich für Studierende, diese Arbeitsweisen zu üben und bewusst zu reflektieren – einerseits, weil diese Fähigkeiten ständig benötigt werden, und andererseits, weil es die Haltung gegenüber dem eigenen Studienfach verändern kann, wenn man verstanden hat, »wie dieses Fach im Innersten funktioniert«. Für Lehramtsstudierende ist der souveräne Umgang mit diesen Arbeitsweisen für ihre spätere Unterrichtstätigkeit ganz unmittelbar von Bedeutung – zum Beispiel, um situationsangemessen auf verschiedenen Begründungsebenen mathematisch argumentieren zu können.

Die folgenden Aufgaben gehören zu dieser Kategorie:

Wie benutzt man dieses Buch? –
Hinweise für Studierende

Sie können dieses Buch auf vielfältige Weise nutzen, um sich die behandelten Themen zu erarbeiten. Hier sind ein paar Hinweise dazu:

■ **Arbeiten mit den Aufgaben.** Selbstverständlich können Sie die Aufgaben in diesem Buch der Reihe nach durcharbeiten – Sie müssen aber nicht so vorgehen. Ebenso gut können Sie »kreuz und quer« arbeiten: Wählen Sie einfach jeweils die Aufgaben, die Sie interessieren oder die für Ihren aktuellen Lernstand geeignet sind. Um Ihnen dies zu erleichtern, sind zu Beginn jeder Aufgabe zwei Hinweise angebracht:

Was sollten Sie schon kennen?

Unter dieser Überschrift finden Sie die wichtigsten Vorkenntnisse, auf die die Aufgabe aufbaut.

Was lernen Sie hier?

Unter dieser Überschrift werden die Ziele genannt, die die Aufgabe anstrebt und die den gewünschten Lerneffekt beschreiben.

Die Angaben unter »Was sollten Sie schon kennen« stellen keine unumstößlichen Regeln dar: Wenn Sie das in einer bestimmten Aufgabe behandelte Thema interessiert, dann sollten Sie sich nicht davon abhalten lassen, an der Aufgabe zu arbeiten, selbst wenn Sie noch nicht alle Vorkenntnisse mitbringen und daher beim ersten Anlauf vielleicht keine vollständige Lösung erarbeiten. Ohnehin sind viele der Aufgaben so angelegt, dass es sich lohnt, mehrfach zu ihnen zurückzukehren – Sie werden sehen, dass Sie dabei neue Aspekte entdecken und Ihr Verständnis sich von Mal zu Mal vertieft.

Ein Hinweis: Denken Sie zunächst intensiv über die Aufgaben nach und versuchen Sie, alleine oder in Gruppen Lösungen zu erarbeiten, bevor Sie auf die Lösungsvorschläge zugreifen. Um die gewünschte Lernwirkung zu erreichen, ist dieses Vorgehen von entscheidender Bedeutung. Das folgende Symbol vor den Lösungsvorschlägen soll Sie daran erinnern, diesen »Stopp« einzulegen:

$$* \quad * \quad *$$

■ **Die kommentierten Lösungsvorschläge.** Es ist hier ganz bewusst nicht von »Lösungen« (oder gar von »Musterlösungen«), sondern von *Lösungsvorschlägen* die Rede – bei vielen der Aufgaben gibt es gar nicht *die* richtige Lösung, sondern es sind durchaus verschiedene Lösungswege möglich. In manchen Fällen werden unterschiedliche Lösungsvarianten ausdrücklich angegeben, aber auch dort, wo dies nicht geschieht, kann man bestimmt noch andere – vielleicht sogar kürzere, einfachere oder elegantere – Wege einschlagen. Lassen Sie es den Autor wissen, wenn Sie solche Lösungen finden.

Beachten Sie auch: Was Sie hier finden, sind *kommentierte* Lösungsvorschläge – dort wird bewusst mehr gesagt als das zur Lösung »unbedingt Notwendige«: Der Text enthält darüber hinaus eine Reihe von Hinweisen, wie man zu der angegebenen Lösung gelangen kann, zeigt Alternativen auf und ergänzt die Lösung um Erläuterungen zu den behandelten Begriffen und Vorgehensweisen. Diese Zusätze würden von einer »Lösung« im engeren Sinne nicht erwartet werden – sie sind vielmehr als Unterstützung für Sie gedacht, damit Sie unter möglichst vielen Aspekten von den Aufgaben profitieren.

Zum Weiterarbeiten

Unter dieser Überschrift finden Sie am Ende vieler Aufgaben Anregungen zum Weiterarbeiten am gerade behandelten Thema. Das Spektrum reicht von Hinweisen auf interessante Literatur über Varianten der Aufgabenstellung bis zu weitergehenden Untersuchungen, die die Aufgabe in spannender Weise fortsetzen.

Wie lässt sich dieses Buch einsetzen? – Hinweise für Lehrende

Die Aufgaben in diesem Buch können auf verschiedene Weisen eingesetzt werden:

- **In den Übungen zur Analysis-Vorlesung.** Der Autor und einige seiner Kollegen haben die Aufgaben bislang innerhalb der Übungen zur Analysis eingesetzt: Sie wurden in den wöchentlich zu bearbeitenden Arbeitsblättern – neben traditionellen Aufgaben – als *Schnittstellenaufgaben* gestellt, um auf diese Weise die Bezüge zu schulmathematischen Vorerfahrungen gezielt aufzugreifen, zu nutzen und weiterzuentwickeln. In [BP] und [Ba] ist dieses Konzept beschrieben.

   Unter der Überschrift »Zum Weiterarbeiten« werden in diesem Buch im Anschluss an viele der Aufgaben weitergehende Anregungen zur Beschäftigung mit den behandelten Themen gegeben. Auch dort finden sich viele Fragestellungen, die sich sehr gut für Übungsaufgaben eignen.

- **Begleitend zur Analysis-Ausbildung.** Eine zweite Möglichkeit für den Einsatz der Aufgaben besteht darin, sie zur Begleitung der Analysis-Vorlesung zu nutzen, beispielsweise in einer parallel stattfindenden Schnittstellen-Lehrveranstaltung. Dies ist eine attraktive Gelegenheit, um – jeweils angepasst an den Fortgang der Vorlesung – mit Hilfe der in diesem Buch bereitgestellten Aufgaben zur Vertiefung und zum Rückbezug auf die Schulmathematik beizutragen.

   Darüber hinaus können die Aufgaben auch im vorlesungsbegleitenden Selbststudium wirksam werden. Die kommentierten Lösungsvorschläge sind u. a. deshalb ausführlich gehalten, um diesen Weg zu eröffnen.

- **Nach der Analysis-Ausbildung.** Auch nach Abschluss der Analysis-Ausbildung der ersten Studiensemester lassen sich die Aufgaben – zum Beispiel in einem Proseminar – mit Gewinn einsetzen. Das Ziel eines solchen Rückblicks, in dem das in der Analysis Gelernte reflektiert und vertieft wird, könnte es sein, den Studierenden einen günstigen Ausgangspunkt für die Weiterarbeit im Studium zu geben und ihre Haltung zur universitären Mathematik positiv zu beeinflussen.

- **Für Lehrkräfte an Schulen.** Der durch die Aufgaben mögliche Rückblick und die in den Aufgaben behandelten Inhalte können auch Lehrkräften, die an Schulen Mathematik unterrichten, neue Anregungen und Ideen vermitteln, um ihr mathematisches Fachwissen für die Gestaltung fachlich gehaltvoller Lernumgebungen zu nutzen.

1

Funktionen, Folgen und Grenzwerte

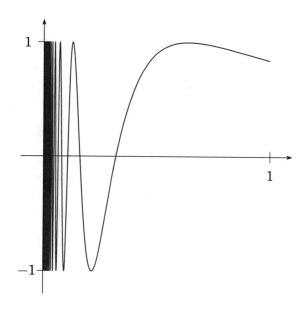

Zur Orientierung

■ **Funktionen.** Durch Funktionen wird es möglich, die Abhängigkeiten zwischen Größen zu quantifizieren und Veränderungen zu messen. Der Funktionsbegriff gehört daher zu den wichtigsten Begriffen der modernen Mathematik. Mit Recht wird *funktionaler Zusammenhang* auch im Mathematikunterricht an Schulen als *fundamentale Idee* hervorgehoben.

Das Gebiet Analysis stellt Begriffe und Methoden bereit, um reellwertige Funktionen

$$f : D \to \mathbb{R},$$

die auf Teilmengen $D \subset \mathbb{R}$, oder allgemeiner $D \subset \mathbb{R}^n$, definiert sind, zu untersuchen: durch Bilden von Grenzwerten, Ableitungen und Integralen, mit Betrachtungen zu Monotonie und Extrema, Flächeninhalten und Mittelwerten.

Abhängigkeiten reeller Größen sind sowohl inner- als auch außermathematisch allgegenwärtig. Zum Beispiel treten bei der mathematischen Erschließung der physikalischen Realität in natürlicher Weise sowohl Funktionen $\mathbb{R} \to \mathbb{R}$ *einer* reellen Veränderlichen auf, zum Beispiel zur Beschreibung von Bewegungen (Ort abhängig von der Zeit), als auch Funktionen $\mathbb{R}^n \to \mathbb{R}$ von *mehreren* reellen Veränderlichen, zum Beispiel zur Beschreibung von skalaren Größen (etwa der Temperatur) abhängig vom Ort.

■ **Folgen und Grenzwerte.** Folgen liegen in allen mathematischen Situationen vor, in denen »fortlaufend numerierte Objekte« (z. B. Zahlen oder Vektoren)

$$a_1, a_2, a_3, \ldots$$

betrachtet werden. Man definiert eine *Folge reeller Zahlen* als Funktion

$$\mathbb{N} \longrightarrow \mathbb{R}$$

und erfasst auf diese Weise die Vorstellung, dass zu jedem Index $n \in \mathbb{N}$ eine reelle Zahl a_n gegeben ist. Anstelle der Funktionsschreibweise $n \mapsto a_n$ verwendet man gerne die Notation

$$(a_n)_{n \in \mathbb{N}},$$

um den »Numerierungsaspekt« zu betonen. In der Analysis haben Folgen verschiedene wichtige Einsatzbereiche:

- *Folgen zur Beschreibung von Entwicklungen, die in diskreten Schritten ablaufen.* Man benutzt Folgen, um zu beschreiben, wie sich Zahlenwerte in einem schrittweise ablaufenden Prozess entwickeln. Einige Beispiele hierzu: Bei der Fibonacci-Folge werden Zahlen nach einem gegebenen rekursiven Bildungsgesetz erzeugt (siehe Aufgabe 1.3). Die Folge der Zahlen $(1 + \frac{1}{n})^n$, gegeben durch eine explizite Formel, tritt bei der Zinsrechnung auf; sie erweist sich als konvergent und definiert (als ihren Grenzwert) die Eulersche Zahl e (siehe Aufgabe 5.10). Bei Näherungsverfahren beschreiben Folgen die Entwicklung der Näherungswerte (etwa beim Heron-Verfahren in Aufgabe 1.7).

- *Folgen als Reihen.* Man kann Reihen als eine »spezielle Erscheinungsform« von Folgen sehen – es handelt sich um Folgen von Partialsummen: Ist $(a_n)_{n\in\mathbb{N}}$ eine Folge reeller Zahlen, so steht das Symbol

$$\sum_{i=1}^{\infty} a_i$$

für die Folge der Partialsummen

$$\left(\sum_{i=1}^{n} a_i \right)_{n\in\mathbb{N}}$$

(und im Falle der Konvergenz auch für deren Grenzwert). Durch Reihen wird die intuitive Vorstellung einer »unendlichen Summation« begrifflich gefasst: Die Folge der Partialsummen erfasst genau das »Immer-weiter-Aufsummieren«. Da Reihen inner- und außermathematisch häufig benötigt werden, wurden auf sie angepasste Methoden entwickelt, zum Beispiel zur effizienten Untersuchung auf Konvergenz.

- *Folgen als Mittel zur Erfassung von Konvergenz.* Folgen können auch genutzt werden, um den Grenzwertbegriff für Funktionen durch Rückgriff auf den Konvergenzbegriff für Folgen zu formulieren (äquivalent zur Epsilon-Delta-Formulierung): Es gilt

$$\lim_{x \to a} f(x) = b$$

genau dann, wenn für jede Folge $(a_n)_{n\in\mathbb{N}}$, die gegen a konvergiert, die zugehörige Folge der Bildpunkte $(f(a_n))_{n\in\mathbb{N}}$ gegen b konvergiert. Beim Umgang mit Grenzwerten erweist sich diese Folgen-Formulierung oft als nützlich. Zum Beispiel kann man mit ihrer Hilfe viele Eigenschaften der Folgen-Konvergenz, etwa die Additivität von Grenzwerten, mühelos auf Funktionen übertragen. Auch der Stetigkeitsbegriff lässt sich mit Folgen prägnant formulieren.

1.1 Geometrische Interpretation algebraischer Operationen

Was sollten Sie schon kennen?

Funktionen und Funktionsgraphen

Was lernen Sie hier?

Sie verstehen, wie sich algebraische Veränderungen an einer Funktion in geometrischen Transformationen des Funktionsgraphen widerspiegeln – und umgekehrt.

▶ **Aufgabe**

Es sei eine Funktion $f : \mathbb{R} \to \mathbb{R}$ gegeben. Wir untersuchen in dieser Aufgabe, wie algebraische Operationen an der Funktion und geometrische Operationen am Funktionsgraphen $G_f \subset \mathbb{R}^2$ einander entsprechen.

a) **Algebraische Operationen geometrisch beschreiben.** Beschreiben Sie, durch welche geometrischen Operationen (z. B. Spiegelungen, Streckungen oder Verschiebungen) sich die Graphen der nachfolgenden Funktionen aus dem Graphen von f ergeben:

  (i) $-f$
  (ii) $x \mapsto f(x + 5)$
  (iii) $x \mapsto f(\frac{1}{2}x)$
  (iv) die Umkehrfunktion f^{-1}, falls f invertierbar ist
  (v) $|f|$

b) **Geometrische Operationen algebraisch beschreiben.** Der Graph von f werde den nachfolgenden Operationen unterworfen. Untersuchen Sie in jedem der Fälle, ob die entstehende Punktmenge wieder der Graph einer Funktion ist (bzw. unter welchen Voraussetzungen sie es ist), und geben Sie diese Funktion gegebenenfalls an.

  (i) Spiegelung an der y-Achse
  (ii) Verschiebung in y-Richtung um 3 Einheiten
  (iii) Verschiebung in x-Richtung um 2 Einheiten
  (iv) Streckung in y-Richtung um den Faktor 2
  (v) Spiegelung an der Gerade $\{(x, y) \in \mathbb{R}^2 \mid y = -x\}$

c) Strecken und Stauchen in verschiedene Richtungen. Klaus sagt: »Ob ich eine Funktion in x-Richtung um den Faktor 2 strecke oder in y-Richtung um den Faktor $\frac{1}{2}$, kommt auf dasselbe heraus.«

(i) Hat er recht?

(ii) Überlegen Sie, dass bei der Funktion $x \mapsto x^2$ jede Streckung in x-Richtung durch eine Streckung in y-Richtung ersetzt werden kann. Ist das bei *jeder* Funktion so?

*   *   *

▶ **Kommentierter Lösungsvorschlag**

a) Algebraische Operationen geometrisch beschreiben. In den Aufgabenteilen (i)–(v) wird aus der gegebenen Funktion f jeweils eine Funktion g gebildet. Wir bestimmen in jedem der Fälle eine geometrische Operation (als Abbildung $\mathbb{R}^2 \to \mathbb{R}^2$), die G_f auf G_g abbildet.

(i) Es ist $g(x) = -f(x)$ für $x \in \mathbb{R}$, d.h., die Funktionswerte von g entstehen aus denjenigen von f durch einen Vorzeichenwechsel. Daher entsteht G_g aus G_f durch *Spiegelung an der x-Achse*.

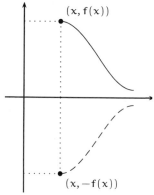

(ii) Es ist $g(x) = f(x + 5)$ für $x \in \mathbb{R}$, also findet man den Funktionswert $g(x)$, wenn man beim Graphen von f »5 Einheiten weiter rechts« nachsieht. Der Graph G_g ergibt sich also durch eine Verschiebung von G_f um 5 Einheiten nach *links*, d. h. durch eine *Verschiebung in x-Richtung um* -5.

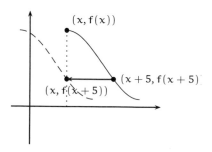

Alternativ kann man dies auch so feststellen:

$$G_g \;=\; \{(x, g(x)) \mid x \in \mathbb{R}\}$$

$$
\begin{aligned}
&= \{(x, f(x+5)) \mid x \in \mathbb{R}\} \\
&= \{(z-5, f(z)) \mid z \in \mathbb{R}\} \\
&= \{(z, f(z)) \mid z \in \mathbb{R}\} + (-5, 0) \\
&= G_f + (-5, 0)
\end{aligned}
$$

(iii) Der Graph G_g entsteht aus G_f durch eine *Streckung in x-Richtung mit dem Streckungsfaktor* 2.

(iv) Es ist $g(x) = f^{-1}(x)$ für $x \in \mathbb{R}$. Daher gilt für einen Punkt $(x, y) \in \mathbb{R}^2$ die Gleichung $y = g(x)$ genau dann, wenn $x = f^{-1}(y)$ gilt, und somit

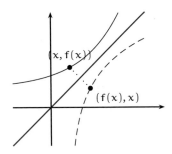

$$
(x, y) \in G_f \iff (y, x) \in G_g \,.
$$

Geometrisch bedeutet dies, dass G_g aus G_f durch eine Spiegelung an der *Hauptwinkelhalbierenden*, d.h. der Geraden mit der Gleichung $y = x$, entsteht.

(v) Es ist $g(x) = |f(x)|$ für $x \in \mathbb{R}$. Daher entsteht G_g aus G_f, indem die Punkte $(x, y) \in G_f$ mit negativem y *an der x-Achse gespiegelt* werden.

b) Geometrische Operationen algebraisch beschreiben. In den Fällen (i)–(iv) liegt nach Anwendung der geometrischen Operation wieder ein Funktionsgraph vor. In (v) ist dies auch der Fall, wenn wir die Umkehrbarkeit von f vorausset-zen. Es handelt sich um die Graphen der folgenden Funktionen:

(i) $x \mapsto f(-x)$

(ii) $f + 3$

(iii) $x \mapsto f(x - 2)$

(iv) $2f$

(v) Die Spiegelung an der Gerade $\{y = -x\}$ ist gleichbedeutend damit, nach-einander die folgenden drei Spiegelungen auszuführen:

- Spiegelung an der Hauptwinkelhalbierenden $\{y = x\}$; falls f umkehrbar ist, erhält man so den Graphen zur Umkehrfunktion f^{-1}.
- Spiegelung an der x-Achse; man erhält den Graphen zur Funktion $-f^{-1}$.
- Spiegelung an der y-Achse; man erhält als Ergebnis den Graphen zur Funktion
$$
x \mapsto -f^{-1}(-x) \,.
$$

Die nachfolgende Zeichnung verdeutlicht diese drei Schritte.

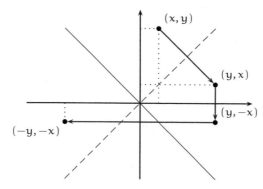

c) Strecken und Stauchen in verschiedene Richtungen. Wir können die ge-stellte Frage durch Rückgriff auf die oben behandelten Fälle gleich allgemeiner anpacken. Wir wissen:

- Die Streckung in x-Richtung um den Faktor $a \in \mathbb{R} \setminus \{0\}$ bildet den Graphen von f auf den Graphen der Funktion $x \mapsto f(\frac{x}{a})$ ab.
- Die Streckung in y-Richtung um den Faktor $b \in \mathbb{R} \setminus \{0\}$ bildet den Graphen von f auf den Graphen der Funktion $x \mapsto b \cdot f(x)$ ab.

Die Frage, ob bei einer gegebenen Funktion f jede Streckung in x-Richtung durch eine Streckung in y-Richtung ersetzt werden kann, ist also äquivalent zur Frage: Existiert zu jedem a ein b, so dass gilt

$$f(\tfrac{x}{a}) = b \cdot f(x)\,?$$

Für Potenzfunktionen $f : x \mapsto x^n$ trifft dies zu – bei gegebenem a wähle man $b := 1/a^n$. Aber bereits einfache Funktionen wie $x \mapsto x+1$ haben diese Eigen-schaft nicht. Wir sehen also:

(i) Klaus hat also nicht recht.
(ii) Für die Quadratfunktion (und, wie wir oben gesehen haben, für alle Potenz-funktionen) trifft die Aussage zu, jedoch gilt dies nicht für alle Funktionen.

Zum Weiterarbeiten

■ **Die Ableitung der Umkehrfunktion.** Sie finden in Aufgabe 2.2 eine Anwen-dung von Überlegungen aus dieser Aufgabe zur Bestimmung der Ableitung der Umkehrfunktion.

■ **Hintereinanderausführen von Operationen.** Beschreiben Sie allgemein, durch welche (Abfolge von) geometrischen Operationen man aus dem Graph einer Funktion $f : \mathbb{R} \to \mathbb{R}$ den Graph der Funktion

$$\mathbb{R} \longrightarrow \mathbb{R}$$
$$x \longmapsto a \cdot f(bx + c) + d$$

erhält, wobei a, b, c, d vorgegebene reelle Zahlen mit $a \neq 0$ und $b \neq 0$ sind. Illustrieren Sie den Sachverhalt zusätzlich an einer Zeichnung (etwa am Beispiel der Kosinusfunktion).

■ **Gerade und ungerade Funktionen.** Formulieren Sie eine algebraische und eine geometrische Definition für die Begriffe *gerade Funktion* und *ungerade Funktion*. (Schlagen Sie die Begriffe ggf. vorher nach.)
Geben Sie Beispiele für gerade und ungerade Funktionen, die Ihnen bekannt sind. Zeigen Sie außerdem: Jede Funktion lässt sich als Summe aus einer geraden und einer ungeraden Funktion schreiben. *Tipp:* $x \mapsto f(x) + f(-x)$ ist immer gerade und $x \mapsto f(x) - f(-x)$ ist immer ungerade.

■ **Lineare und affin-lineare Transformationen.** In dieser Aufgabe wurden Funktionsgraphen gewissen geometrischen Operationen in der Ebene (d. h. Abbildungen $\mathbb{R}^2 \to \mathbb{R}^2$) unterworfen. Untersuchen Sie, bei welchen es sich um lineare oder affin-lineare Abbildungen handelt, und beschreiben Sie diese in Matrizenform, d. h. in der Form

$$\mathbb{R}^2 \longrightarrow \mathbb{R}^2$$
$$\begin{pmatrix} x \\ y \end{pmatrix} \longmapsto A \cdot \begin{pmatrix} x \\ y \end{pmatrix} + b$$

mit einer Matrix $A \in M_2(\mathbb{R})$ und einem Spaltenvektor $b \in \mathbb{R}^2$.

1.2 Potenztürme

Was sollten Sie schon kennen?

Potenzen reeller Zahlen mit reellen Exponenten, Konvergenz von Folgen reeller Zahlen, Monotonie und Stetigkeit der Exponentialfunktion

Was lernen Sie hier?

- einen intuitiv gegebenen Formelausdruck mit mathematischen Begriffen präzise erfassen
- Konvergenzbeweise bei rekursiv definierten Folgen durchführen

▶ **Aufgabe**

Wenn man Potenzen reeller Zahlen wie zum Beispiel $\sqrt{2}^{\sqrt{2}}$ kennt, dann liegt es nahe, sich für *Potenztürme* wie

$$\sqrt{2}^{\sqrt{2}} \qquad \sqrt{2}^{\sqrt{2}^{\sqrt{2}}} \qquad \sqrt{2}^{\sqrt{2}^{\sqrt{2}^{\sqrt{2}}}}$$

und sogar für »unendliche Potenztürme« wie

$$\sqrt{2}^{\sqrt{2}^{\sqrt{2}^{\sqrt{2}^{\cdots}}}}$$

zu interessieren.

a) Überzeugen Sie sich davon, dass die Zahlen $\sqrt{2}^{\left(\sqrt{2}^{\sqrt{2}}\right)}$ und $\left(\sqrt{2}^{\sqrt{2}}\right)^{\sqrt{2}}$ verschieden sind. Informieren Sie sich, welche der beiden Zahlen nach üblicher Konvention mit der klammerlosen Schreibweise

$$\sqrt{2}^{\sqrt{2}^{\sqrt{2}}}$$

gemeint ist.

b) Wir fragen uns nun, wie der oben angegebene unendliche Potenzturm aufgefasst werden könnte und welchen Wert er ggf. haben könnte.

   (i) Geben Sie eine Definition, die die Bedeutung des unendlichen Potenzturms festlegt, indem Sie eine Folge endlicher Potenztürme betrachten.
   (ii) Weisen Sie nach, dass diese Folge konvergent ist, und
   (iii) bestimmen Sie ihren Grenzwert.

* * *

▶ Kommentierter Lösungsvorschlag

a) Schreibweisen. Die übliche Konvention besagt, dass mit der klammerlosen Schreibweise der erste von beiden Ausdrücken gemeint ist. Man kann sich diese Vereinbarung so merken: Potenztürme werden »von oben nach unten ausgewertet«.

Dass die beiden Zahlen verschieden sind, lässt sich schon an einer näherungsweisen Auswertung erkennen: Der erste Ausdruck hat den Wert $1,76\ldots$, während der zweite Ausdruck (sogar exakt) gleich 2 ist. Man kann dies unabhängig von numerischem Rechnen verifizieren: Es ist

$$\left(\sqrt{2}^{\sqrt{2}}\right)^{\sqrt{2}} = \sqrt{2}^{\sqrt{2}\cdot\sqrt{2}} = \sqrt{2}^{2} = 2\,,$$

während andererseits $\sqrt{2}^{\sqrt{2}} < \sqrt{2}^{2} = 2$ und daher

$$\sqrt{2}^{\left(\sqrt{2}^{\sqrt{2}}\right)} < \sqrt{2}^{2} = 2$$

gilt. (Hier wurde zweimal die Monotonie der Exponentialfunktion benutzt.)

b) (i) Formulierung einer Definition. Die natürlichste Definition besteht darin, den unendlichen Potenzturm als Folge endlicher Potenztürme

$$\sqrt{2}\,, \quad \sqrt{2}^{\sqrt{2}}\,, \quad \sqrt{2}^{\sqrt{2}^{\sqrt{2}}}\,, \quad \sqrt{2}^{\sqrt{2}^{\sqrt{2}^{\sqrt{2}}}}\,, \quad \ldots$$

aufzufassen. Falls die Folge konvergiert, nennen wir ihren Grenzwert den *Wert des Potenzturms*. Andernfalls liegt ein *divergenter Potenzturm* vor.

Wir betrachten also die Folge $(a_n)_{n\in\mathbb{N}}$, bei der a_n der Potenzturm aus n »Etagen« $\sqrt{2}$ ist. Für die weitere Behandlung ist es sehr nützlich, eine rekursive Definition dieser Folge anzugeben:

$$\begin{aligned}a_1 &:= \sqrt{2} \\ a_{n+1} &:= \sqrt{2}^{\,a_n} \qquad \text{für } n \geqslant 1\end{aligned}$$

(ii) **Nachweis der Konvergenz.** Wir behaupten, dass die Folge (a_n) konvergent ist – ihr Grenzwert ist dann nach der in (i) gegebenen Definition der Wert des Potenzturms. Das Ausrechnen der numerischen Werte der ersten Folgenglieder legt die Vermutung nahe, dass die Folge monoton steigend ist. Wir versuchen daher, für den Konvergenzbeweis den bekannten Monotoniesatz anzuwenden (siehe [Fo1, Abschn. 5.5]):

Falls eine Folge reeller Zahlen (a_n) *monoton steigend und nach oben beschränkt ist, dann ist sie konvergent.*

Im vorliegenden Fall zeigen wir die Monotonie per Induktion: Zunächst ist

$$a_2 = \sqrt{2}^{\sqrt{2}} > \sqrt{2} = a_1 \, .$$

Für $n \geqslant 2$ folgt aus der Induktionsvoraussetzung $a_n \geqslant a_{n-1}$, dass gilt

$$a_{n+1} = \sqrt{2}^{a_n} \geqslant \sqrt{2}^{a_{n-1}} = a_n \, ,$$

da die Exponentialfunktion $x \mapsto \sqrt{2}^x = e^{x \ln \sqrt{2}}$ monoton steigend ist.

Um den Konvergenzbeweis abzuschließen, ist noch zu zeigen, dass die Folge nach oben beschränkt ist. Dazu zeigen wir, wieder per Induktion, dass $a_n \leqslant 2$ für alle $n \in \mathbb{N}$ ist. Offenbar ist $a_1 \leqslant 2$. Und für beliebiges $n \in \mathbb{N}$ ist

$$a_{n+1} = \sqrt{2}^{a_n} \leqslant \sqrt{2}^2 = 2 \, ,$$

wobei wir in der letzten Ungleichung die Induktionsvoraussetzung (und erneut die Monotonie der Exponentialfunktion) angewandt haben.

(iii) **Bestimmung des Grenzwerts.** Die Folge (a_n) konvergiert nach (ii) gegen eine reelle Zahl a, die wir nun noch zu bestimmen haben. Aus der Rekursionsgleichung

$$a_{n+1} = \sqrt{2}^{a_n}$$

folgt zunächst

$$\lim_{n \to \infty} a_{n+1} = \lim_{n \to \infty} \sqrt{2}^{a_n} \, .$$

Da die Exponentialfunktion $x \mapsto \sqrt{2}^x$ stetig ist, stimmt die rechte Seite der Gleichung mit $\sqrt{2}^{\lim a_n}$ überein. Wir können also folgern, dass die gesuchte Zahl $a := \lim_{n \to \infty} a_n$ die Gleichung

$$a = \sqrt{2}^a$$

erfüllt. Sicherlich ist die Zahl 2 eine Lösung dieser Gleichung. Wenn wir nun noch zeigen können, dass die Gleichung im Intervall $[\sqrt{2}, 2]$ keine weitere Lösung hat, dann ist der Beweis erbracht, dass

$$\sqrt{2}^{\sqrt{2}^{\sqrt{2}^{\sqrt{2}^{\cdot^{\cdot^{\cdot}}}}}} = 2$$

gilt. Eine Möglichkeit für den noch zu erbringenden Nachweis besteht darin, die Funktion $f : x \mapsto x - \sqrt{2}^x$ zu betrachten. Wenn wir zeigen können, dass f im Intervall $[\sqrt{2}, 2]$ streng monoton ist, dann sind wir fertig, denn dann ist gesichert, dass f in diesem Intervall höchstens eine einzige Nullstelle hat. Den Monotonienachweis kann man zum Beispiel mit Hilfe der Ableitung f' führen: Man zeigt leicht, dass f' im angegebenen Intervall positiv ist.

Zum Weiterarbeiten

■ **Konvergent oder divergent?.** Nicht alle Potenztürme haben einen endlichen Wert. Zum Beispiel sieht man schnell, dass

$$2^{2^{2^{2^{\cdot^{\cdot^{\cdot}}}}}}$$

divergent ist. Man fragt sich daher natürlich: Für welche reellen Zahlen a ist der unendliche Potenzturm

$$a^{a^{a^{a^{\cdot^{\cdot^{\cdot}}}}}}$$

konvergent? Bereits Euler hat im Jahr 1778 die Antwort auf diese Frage gefunden. In dem Artikel [Kn] können Sie mehr darüber erfahren.

■ **Iteriertes Wurzelziehen.** Auf ein zu Potenztürmen verwandtes Problem – dessen Lösung sich als wesentlich einfacher erweist – stoßen viele Schüler beim ersten Benutzen der Wurzeltaste ihres Taschenrechners: Was passiert beim iterierten Wurzelziehen aus einer reellen Zahl $a > 0$? Überlegen Sie sich dazu, wie man die »unendlich iterierte Wurzel«

$$\cdots\sqrt{\sqrt{\sqrt{\sqrt{a}}}}$$

einer Zahl $a > 0$ als Grenzwert auffassen kann, und zeigen Sie, dass dieser Grenzwert gleich 1 sind, unabhängig von a. (*Tipp:* Schreiben Sie $\sqrt{a}$ als $a^{\frac{1}{2}}$ und achten Sie beim Iterieren auf die richtige Klammerung.)

■ **Potenztürme anders geklammert.** Man könnte Potenztürme auch in anderer Klammerung betrachten:

$$a, \quad a^a, \quad (a^a)^a, \quad ((a^a)^a)^a, \ldots$$

Für welche reellen Zahlen $a > 0$ konvergiert diese Folge, und was ist ggf. ihr Grenzwert?

■ **Kleiner oder größer?** Für welche $a > 0$ gilt

$$a^{(a^a)} = (a^a)^a \text{ ?}$$

Wenn die Zahlen verschieden sind, welche von beiden ist dann, abhängig von a, kleiner/größer als die andere?

1.3   Die Fibonacci-Folge

Was sollten Sie schon kennen?

Grenzwerte von Folgen, Reihen

Was lernen Sie hier?

- den Einsatz von Werkzeugen der Analysis, um grundlegende Konvergenz-
  eigenschaften der Fibonacci-Folge und ihren Zusammenhang mit dem
  Goldenen Schnitt zu verstehen
- ein elementares Verfahren zur Bestimmung einer expliziten Darstellung
  der Fibonacci-Folge

▶ Aufgabe

Die Fibonacci-Folge ist eine faszinierende Folge natürlicher Zahlen mit einer
langen, bis in die Antike reichenden Geschichte. Sie hat zahlreiche interessante
mathematische Eigenschaften und tritt auch bei verschiedenen Phänomenen
in der Natur auf. Es gibt reichhaltige Literatur auf verschiedenen Niveaus, die
zur Beschäftigung mit dieser Folge anregt. Wir behandeln in dieser Aufgabe
einige grundlegende Eigenschaften, die sich mit Werkzeugen der Analysis gut
verstehen lassen.

Die *Fibonacci-Folge* (f_n) wird rekursiv definiert durch

$$
\begin{aligned}
f_0 &:= 0 \\
f_1 &:= 1 \\
f_n &= f_{n-1} + f_{n-2} \quad \text{für } n \geqslant 2 \, . \qquad (*)
\end{aligned}
$$

Jedes Folgenglied ergibt sich also als Summe der beiden vorangegangenen Folgenglieder.

a) **Explizite Darstellung.** Beschreiben Sie ein Verfahren, mit dem sich eine für
   alle $n \geqslant 0$ gültige *explizite* (nicht-rekursive) Darstellung der Form

$$
f_n = a p^n + b q^n
$$

   mit geeigneten reellen Zahlen a, b, p, q ermitteln lässt – und ermitteln Sie eine solche. Das Verfahren sollte hinsichtlich der eingesetzten Mittel möglichst

elementar sein, so dass es z. B. für Schüler der 11. Jahrgangsstufe (oder einer niedrigeren Jahrgangsstufe) verständlich ist.[1]

Tipp: Eine Methode besteht darin, sich zunächst zu überlegen, für welche reellen Zahlen x die geometrische Folge $(x^n)_{n \in \mathbb{N}}$ die geforderte Rekursionsgleichung (∗) erfüllt. Im zweiten Schritt bildet man dann eine geeignete Linearkombination zweier solcher geometrischer Folgen, um zusätzlich auch die Anfangsbedingungen für f_0 und f_1 zu erfüllen.

b) Grenzwert der Quotienten. Zeigen Sie, dass der Grenzwert

$$\lim_{n \to \infty} \frac{f_{n+1}}{f_n}$$

existiert, und berechnen Sie ihn.

Tipp: Für die Beantwortung der Frage nach dem Grenzwert gibt es (mindestens) zwei Wege:

- Weg 1: Setzen Sie $a_n := f_{n+1}/f_n$ für $n \geqslant 1$ und ermitteln Sie eine Rekursionsgleichung für (a_n). Zeigen Sie dann, dass die Folge der Differenzen $d_n := a_{n+1} - a_n$ eine alternierende Nullfolge ist. Der Beweis der Konvergenz von (a_n) gelingt dann mit dem Leibniz-Kriterium. Den Grenzwert können Sie schließlich aus der Rekursionsgleichung ermitteln.
- Weg 2: Nutzen Sie die explizite Darstellung aus (a)

c) Goldener Schnitt. Die Zahl, die im vorigen Aufgabenteil als Grenzwert der Quotienten f_{n+1}/f_n auftritt, ist der *Goldene Schnitt*. Diese Zahl kommt in vielen Situationen vor: in der Kunst, in der Biologie und in vielen mathematischen Zusammenhängen. Eine einfache geometrische Charakterisierung ist in Abb. 1.1 gezeigt. Begründen Sie diese.

d) Grenzwert der n-ten Wurzeln. Es liegt auf der Hand (warum?), dass $\lim_{n \to \infty} f_n = \infty$ gilt. Zeigen Sie, dass jedoch der Grenzwert

$$\lim_{n \to \infty} \sqrt[n]{f_n}$$

in $\mathbb{R}$ existiert, und berechnen Sie ihn.

Tipp: Die in (a) ermittelte explizite Darstellung von f_n kann hierzu nützlich sein.

$$* \quad * \quad *$$

---

[1]Es gibt auch weniger elementare Verfahren, die z. B. Methoden der Linearen Algebra (Eigenwerttheorie) verwenden. Diese sind natürlich ebenfalls interessant und nützlich.

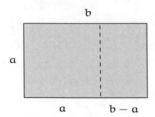

Abb. 1.1: Der Goldene Schnitt ist das Seitenverhältnis eines Rechtecks, das folgende Eigenschaft hat: Teilt man von der kürzeren Seite her ein Quadrat von dem Rechteck ab, so verbleibt ein Rechteck, das genau dasselbe Seitenverhältnis hat wie das Ausgangsrechteck.

▶ **Kommentierter Lösungsvorschlag**

a) Explizite Darstellung. Für eine geometrische Folge (x^n) ist die Rekursionsgleichung $(*)$ äquivalent zu $x^n = x^{n-1} + x^{n-2}$, die für $x \neq 0$ wiederum zur quadratischen Gleichung $x^2 = x + 1$ äquivalent ist. Diese hat die zwei Lösungen $\frac{1}{2}(1 \pm \sqrt{5})$. Jede Linearkombination

$$\lambda \left(\frac{1 + \sqrt{5}}{2} \right)^n + \mu \left(\frac{1 - \sqrt{5}}{2} \right)^n$$

mit $\lambda, \mu \in \mathbb{R}$ ist ebenfalls Lösung der Rekursionsgleichung. Den Anfangsbedingungen $f_0 = 0$ und $f_1 = 1$ entsprechen zwei Gleichungen für die Koeffizienten. Deren Lösung ist $(\lambda, \mu) = (1/\sqrt{5}, -1/\sqrt{5})$. Also gilt:

$$f_n = \frac{1}{\sqrt{5}} \left(\frac{1 + \sqrt{5}}{2} \right)^n - \frac{1}{\sqrt{5}} \left(\frac{1 - \sqrt{5}}{2} \right)^n.$$

b) Grenzwert der Quotienten. Wir verfolgen beide in der Aufgabenstellung vorgeschlagenen Wege.

Weg 1: Wie vorgeschlagen setzen wir $a_n := f_{n+1}/f_n$ für $n \geqslant 1$. Durch Einsetzen erhält man die Rekursionsgleichung

$$a_n = 1 + \frac{1}{a_{n-1}}. \tag{$**$}$$

Aus ihr ersieht man, dass $a_n \geqslant 1$ für alle $n \geqslant 1$ gilt. Wir betrachten nun die Differenzen $d_n := a_{n+1} - a_n$. Für sie gilt

$$d_n = \frac{1}{a_n} - \frac{1}{a_{n-1}} = \frac{a_{n-1} - a_n}{a_n a_{n-1}} = \frac{-d_{n-1}}{a_n a_{n-1}}.$$

Die Folge (d_n) ist daher alternierend. Ferner ist sie eine Nullfolge, da $|d_n|$ um den Faktor $a_n a_{n-1}$ kleiner ist als $|d_{n-1}|$ ist und dieser Faktor für $n \geqslant 2$ größer als 2 ist, denn es ist

$$a_n a_{n-1} = \frac{f_{n+1}}{f_{n-1}} = \frac{f_n}{f_{n-1}} + 1 \geqslant 2.$$

Es folgt mit dem Leibniz-Kriterium, dass die Reihe $\sum d_n$ konvergent ist. Da deren Partialsummen bis auf eine Konstante mit den a_n übereinstimmen, ist auch die Folge (a_n) konvergent. Der Grenzwert $a := \lim_{n \to \infty} a_n$ genügt aufgrund der Rekursionsgleichung (**) (und dank der Rechenregeln für konvergente Folgen) der Bedingung $a = 1 + \frac{1}{a}$, d. h. es gilt $a^2 = a + 1$. Die positive Lösung dieser quadratischen Gleichung ist $a = \frac{1+\sqrt{5}}{2}$. (Die negative Lösung scheidet aus, da alle a_n positiv sind.)

Weg 2: Aus der expliziten Darstellung von f_n erhält man

$$a_n = \frac{\alpha^{n+1} - \beta^{n+1}}{\alpha^n - \beta^n},$$

wobei wir zur Abkürzung

$$\alpha := \frac{1 + \sqrt{5}}{2} \qquad \text{und} \qquad \beta := \frac{1 - \sqrt{5}}{2}$$

gesetzt haben. Für die weitere Argumentation ist nun entscheidend, dass gilt

$$\alpha^n \xrightarrow[n \to \infty]{} \infty, \quad \text{denn es ist } \alpha > 1,$$
$$\beta^n \xrightarrow[n \to \infty]{} 0, \quad \text{denn es ist } |\beta| < 1.$$

Schreibt man nun den oben für a_n erhaltenen Ausdruck als Differenz zweier Brüche, so sieht man, dass

$$a_n \xrightarrow[n \to \infty]{} \alpha$$

gilt.

c) Goldener Schnitt. Das große Rechteck in Abb. 1.1 hat die Seitenlängen a und b, während das kleine Rechteck (rechts von der gestrichelten Linie) die Seitenlängen a und $b - a$ hat. Die genannte Eigenschaft bedeutet also, in einer Gleichung ausgedrückt,

$$\frac{b}{a} = \frac{a}{b - a}.$$

Für den Quotienten $q := \frac{b}{a}$ liefert dies die quadratische Gleichung

$$q^2 = q + 1 \, .$$

Deren positive Lösung

$$\frac{1 + \sqrt{5}}{2}$$

ist die gesuchte Zahl.

d) Grenzwert der n-ten Wurzeln. Dass $\lim_{n \to \infty} f_n = \infty$ gilt, folgt z. B. daraus, dass $f_n \geqslant n$ für alle $n \in \mathbb{N}$ gilt (was man sofort durch Induktion nachweisen kann).

Wir nutzen nun – mit den Abkürzungen α und β aus (c) – die explizite Darstellung

$$f_n = \frac{1}{\sqrt{5}}(\alpha^n - \beta^n)$$

und werden zeigen, dass

$$\lim_{n \to \infty} \sqrt[n]{f_n} = \alpha$$

gilt. Zunächst die Intuition: Da $\alpha^n \to \infty$, aber $\beta^n \to 0$ gilt, wird man erwarten, dass sich im obigen Ausdruck für f_n bei der Grenzwertbildung der α^n-Term »durchsetzt« – und aufgrund der zu bildenden n-ten Wurzel zum Grenzwert α führt. Dass dies tatsächlich so ist, können wir so beweisen: Es ist

$$\sqrt[n]{f_n} = \sqrt[n]{\frac{1}{\sqrt{5}}} \cdot \alpha \sqrt[n]{1 - (\frac{\beta}{\alpha})^n} \, .$$

Da $(\frac{\beta}{\alpha})^n \to 0$ gilt, ist die Behauptung eine Konsequenz aus folgenden beiden Aussagen über die Konvergenz von Folgen:

(i) Für jede reelle Zahl $c > 0$ gilt $\sqrt[n]{c} \to 1$.

(ii) Ist $(c_n)_{n \in \mathbb{N}}$ eine Folge mit $c_n \to 1$, so gilt $\sqrt[n]{c_n} \to 1$.

(Beide Aussagen kann man z. B. unter Benutzung der Exponentialfunktion beweisen. Alternativ kann man (i) mit Hilfe der Bernoulli-Ungleichung zeigen, und (ii) lässt sich dann mittels (i) beweisen.)

Zum Weiterarbeiten

■ **Mehr zu den Fibonacci-Zahlen.** Die Literatur zur Fibonacci-Folge ist sehr reichhaltig und bietet Möglichkeiten, auf verschiedenen Niveaus weiterzuarbeiten. Sie finden beispielsweise in [MU] Anregungen im elementarmathematischen Rahmen.

1.4 Monotonie und Grenzwertaussagen: Erwartungen formulieren und Vermutungen beweisen

Was sollten Sie schon kennen?

Grenzwertbegriff, Rechnen mit Grenzwerten, Begriff der Monotonie, Satz von Pythagoras

Was lernen Sie hier?

intuitive Erwartungen zu Grenzwerten und Monotonie bilden und diese durch Argumentation und Rechnung bestätigen

▶ Aufgabe

Anna und Max bewegen sich in der Ebene $\mathbb{R}^2$. Anna läuft vom Punkt $(0, 0)$ zum Punkt (x, a), wobei x und a positive reelle Zahlen sind. Max startet ebenfalls vom Punkt $(0, 0)$, läuft jedoch zunächst zum Punkt $(0, a)$ und dann weiter zum Punkt (x, a). (Alle Bewegungen sind geradlinig gemeint, d. h. auf den Strecken, die die jeweiligen Punkte verbinden.) Im Vergleich zu Anna läuft Max also einen Umweg. Wir bezeichnen diesen von x abhängigen Umweg, d. h. die Länge der Differenz der beiden Wegstrecken, mit $f(x)$.

(Man kann sich z. B. vorstellen, dass beide eine Straße überqueren. Während Max »vorschriftsmäßig« läuft, nimmt Anna einen »schrägen«, kürzeren Weg.)

a) **Erwartungen formulieren.** Skizzieren Sie die Situation für einige Werte von x (bei festgehaltenem a) und beschreiben Sie Ihre Erwartung, wie sich $f(x)$ bei wachsendem x entwickeln wird. Geben Sie dann an, welche Antworten Sie aus dem Sachzusammenhang heraus intuitiv auf folgende Fragen erwarten:

   (i)   Existiert $\lim_{x \to 0} f(x)$ und welchen Wert hat der Grenzwert?
   (ii) Existiert $\lim_{x \to \infty} f(x)$ und welchen Wert hat der Grenzwert?
   (iii) Ist f eine monotone Funktion?

b) **Algebraisch und analytisch argumentieren.** Überprüfen Sie nun Ihre in (a) gefundenen Vermutungen durch eine exakte Argumentation: Beschreiben Sie dazu f durch einen algebraischen Ausdruck und untersuchen Sie die betrachteten Grenzwerte durch analytische Argumentation.

* * *

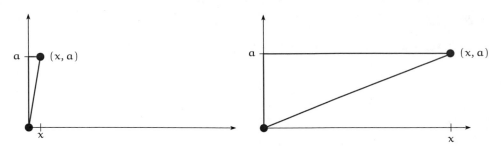

Abb. 1.2: Anna und Max laufen auf verschiedenen Wegen vom Ursprung $(0,0)$ zum Punkt (x, a). Im linken Beispiel ist x klein im Vergleich zu a, rechts dagegen groß.

▶ Kommentierter Lösungsvorschlag

a) Erwartungen. Wenn x klein ist (im Vergleich zu a), so ist auch der Umweg $f(x)$ klein – es ist dann »fast egal«, ob man den direkten Weg nimmt oder den kleinen Umweg über den Punkt $(0, a)$ läuft. Es liegt daher die Vermutung nahe, dass $f(x)$ für $x \to 0$ gegen 0 konvergiert. Für größer werdende x liegt der Zielpunkt (a, x) immer weiter rechts, der Umweg wird (intuitiv) immer größer und die Funktion f sollte daher monoton wachsend sein. Für $x \to \infty$ kann man erwarten, dass der Umweg gegen a geht, denn für große Werte von x verläuft Annas Weg »fast horizontal« und stimmt mit dem horizontalen Abschnitt von Max' Weg überein, während Max immer zusätzlich den vertikalen Weg der Länge a zurückzulegen hat.

b) Argumentation. Max läuft in einem rechtwinkligen Dreieck die beiden Katheten ab, also legt er einen Weg der Länge $a + x$ zurück, während Anna auf der Hypotenuse läuft und damit (nach dem Satz von Pythagoras) einen Weg der Länge $\sqrt{a^2 + x^2}$ zurücklegt. Es ist also

$$f(x) = a + x - \sqrt{a^2 + x^2}.$$

Wir untersuchen nun das Verhalten der Umwegfunktion f:

(i) **Verhalten für** $x \to 0$. Es gilt $f(x) \to 0$ für $x \to 0$. (Überlegen Sie genau, wo hier die Stetigkeit der Wurzelfunktion benutzt wird!)

(ii) **Verhalten für** $x \to \infty$. Hier greift der Standardtrick für solche Fälle: Erweitern mit

$$a + x + \sqrt{a^2 + x^2}.$$

Dies liefert nämlich

$$f(x) \;=\; \frac{(a + x)^2 - (a^2 + x^2)}{a + x + \sqrt{a^2 + x^2}} = \frac{2ax}{a + x + \sqrt{a^2 + x^2}}$$

$$= \frac{2a}{\frac{a}{x} + 1 + \sqrt{\frac{a^2}{x^2} + 1}} \xrightarrow[x \to \infty]{} \frac{2a}{1 + 1} = a \,.$$

(iii) **Monotonie.** Wir wollen zeigen, dass f streng monoton wachsend ist, d. h. dass

$$f(x + h) > f(x)$$

für alle $h > 0$ und alle $x > 0$ gilt. Es gibt mehrere Möglichkeiten, dies zu zeigen – naheliegend sind zum Beispiel:

- der Nachweis, dass die Ableitung von f stets positiv ist
- algebraische Umformungen der Differenz $f(x + h) - f(x)$, um zu zeigen, dass diese stets positiv ist

Wie führen hier als dritte Alternative eine elementare Überlegung durch, die in einfachen Fällen ebenfalls zum Ziel führt: Wie ändert sich $f(x)$ bei Vergrößerung von x? Dies kann man in der oben gefundenen Darstellung

$$f(x) = \frac{2a}{\frac{a}{x} + 1 + \sqrt{\frac{a^2}{x^2} + 1}}$$

unmittelbar erkennen: Bei Vergrößerung von x werden $\frac{a}{x}$ und $\frac{a^2}{x^2}$ kleiner. Damit verkleinert sich der Nenner des Bruchterms, so dass sich der Wert des Bruchs insgesamt vergrößert.

Zum Weiterarbeiten

■ **Tangentiale Abkürzungen.** Wenn zwei geradlinige Wegabschnitte mit einem Knick aufeinandertreffen, dann kürzen Fußgänger gerne »tangential« ab: In der nebenstehenden Zeichnung führt ein Weg von A nach B, der aus zwei Strecken besteht, die beide die Länge ℓ haben und unter einem Winkel α aufeinandertreffen. Wir stellen uns einen »Tangentialabkürzer« vor, der (wie in der Zeichnung gezeigt) statt auf den zwei Strecken lieber auf einem Kreisbogen läuft, der bei A und B tangential zu den Strecken liegt.

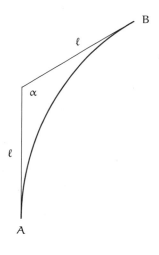

Bearbeiten Sie hierzu folgende Fragen:

- Um wie viel kürzer ist der Weg auf dem Kreisbogen, abhängig von den gegebenen Größen ℓ und α?

- Wie verhält sich die Funktion $\alpha \to f(\alpha)$, die bei festem ℓ die Differenz der beiden Weglängen (Streckenzug und Kreisbogen) angibt, für

$$\alpha \to \pi$$

und für

$$\alpha \to 0 \, ?$$

Formulieren Sie zuerst, welche Grenzwerte Sie anschaulich erwarten (und warum), und bestimmen Sie diese anschließend analytisch.

1.5 Reihen und ihre Werte

Was sollten Sie schon kennen?
- Konvergenz von Reihen
- die geometrische Reihe und ihre Summenformel

Was lernen Sie hier?
- den kritischen Umgang mit Reihen
- einen Weg, die Summenformel für die endliche geometrische Reihe zu beweisen

▶ **Aufgabe**

Wir betrachten die geometrische Reihe

$$\sum_{i=0}^{\infty} \frac{1}{2^i} = 1 + \frac{1}{2} + \frac{1}{4} + \frac{1}{8} + \dots .$$

Wenn man die Formel $\frac{1}{1-q}$ für den Wert der geometrischen Reihe $\sum_{i=1}^{\infty} q^i$ für $|q| < 1$ vergessen hat, dann kann man den Reihenwert s der obigen Reihe mit folgendem Trick berechnen: Wir multiplizieren die Gleichung

$$s = 1 + \frac{1}{2} + \frac{1}{4} + \frac{1}{8} + \dots \qquad (*)$$

zunächst mit 2 und erhalten

$$2s = 2 + 1 + \frac{1}{2} + \frac{1}{4} + \frac{1}{8} + \dots . \qquad (**)$$

Durch Subtraktion der ersten von der zweiten Gleichung finden wir $s = 2$.

a) Wenden Sie denselben Trick formal auf die Reihe

$$1 + 2 + 4 + 8 + 16 + \dots$$

an. Welcher Reihenwert ergäbe sich auf diese Weise? Wie kann derselbe Trick, der oben zum richtigen Ergebnis führt, hier ein so absurdes Ergebnis liefern?

b) Überlegen Sie genau: Warum kann die eingangs angestellte Überlegung, die aus $(*)$ und $(**)$ zum korrekten Wert der Reihe $1 + \frac{1}{2} + \frac{1}{4} + \dots$ führt, nicht den »herkömmlichen« Weg zur Ermittlung dieses Reihenwerts ersetzen?

c) Wie kann man die angestellte Überlegung aber nutzen, um einen Beweis der Summenformel

$$\sum_{i=0}^{n} q^i = \frac{1 - q^{n+1}}{1 - q}$$

für $q \neq 1$ zu geben?

$$* \quad * \quad *$$

▶ **Kommentierter Lösungsvorschlag**

a) Was geht schief? Wenn wir von $s = 1 + 2 + 4 + 8 + \ldots$ ausgehen, durch Multiplikation mit 2 formal zu $2s = 2 + 4 + 8 + 16 + \ldots$ übergehen und dann die beiden Ausdrücke voneinander subtrahieren, so erhalten wir $s = -1$.

Der negative Reihenwert ist natürlich absurd, da eine Reihe mit nichtnegativen Gliedern nie einen negativen Wert haben kann. Die Erklärung liegt darin, dass die angestellte Überlegung das Multiplizieren einer Reihe mit einer Konstanten und das gliedweise Subtrahieren zweier Reihen erfordert. Diese Operationen sind zwar für *konvergente* Reihen richtig, für *divergente* Reihen sind sie allerdings nicht gerechtfertigt und können bei diesen – wie es hier der Fall ist – zu Falschem führen.

b) Ersatz für den Konvergenzbeweis? Wie man in (a) sieht, kann man die Überlegung erst dann anstellen, wenn man sich vorab von der Konvergenz der Reihe überzeugt hat. Die übliche Methode dazu besteht darin, zunächst für die n-te Partialsumme s_n der Reihe $\sum_{i=0}^{\infty} q^i$ die Formel

$$s_n = \frac{1 - q^{n+1}}{1 - q} \qquad\qquad (\!*\!*\!*)$$

zu zeigen. Aus ihr ersieht man dann, dass die Folge (s_n) im Fall $|q| < 1$ konvergent ist und den Wert $\frac{1}{1-q}$ hat. Man benötigt dann das Argument mit $(*)$ und $(**)$ nicht mehr.

c) Anwendung auf endliche Summen. Die Formel $(\!*\!*\!*)$ lässt sich leicht per Induktion zeigen. Man kann sich alternativ den hier behandelten Trick zunutze machen, indem man ihn auf *endliche* Summen anwendet – und zwar so: Wir multiplizieren die Summe

$$s_n = 1 + q + q^2 + \ldots + q^n$$

mit q und erhalten

$$q \cdot s_n = q^2 + q^3 + \ldots + q^{n+1}.$$

Nun subtrahieren wir die zwei Gleichungen voneinander und erhalten

$$(1 - q)s_n = 1 - q^{n+1}.$$

Durch Auflösen nach s_n folgt daraus die behauptete Summenformel.

Beachten Sie:
- Diese Überlegung ist in jeder Hinsicht gerechtfertigt, da nicht mit *Reihen*, sondern mit *endlichen Summen* gearbeitet wird.
- Im Gegensatz zu einem Induktionsbeweis muss man die Summenformel nicht schon vorab (wenigstens als Vermutung) kennen, um den Beweis führen zu können.

Zum Weiterarbeiten

- **Eine Anwendung zur Ermittlung eines Reihenwerts.** Nutzen Sie die hier erarbeitete Methode, um die Reihe

$$\sum_{i=1}^{\infty} iq^i$$

zu untersuchen[2], und zwar:

  - Ermitteln Sie den Wert der Reihe für $|q| < 1$, unter der Annahme, dass schon gezeigt ist (z. B. mit dem Quotientenkriterium), dass sie konvergent ist.
  - Finden Sie eine geschlossene Formel für die Partialsummen

$$s_n = \sum_{i=1}^{n} iq^i,$$

indem Sie wie in (c) die Differenz $s_n - q \cdot s_n$ betrachten.

---

[2]Sie finden am Ende von Aufgabe 1.6 einen weiteren Weg zur Untersuchung dieser Reihe.

1.6   Vorstellungen zu Summation und Doppelreihen

Was sollten Sie schon kennen?

Reihen reeller Zahlen

Was lernen Sie hier?

Sie machen sich am Beispiel einer Doppelreihe bewusst, dass es Vorstellungen zur Summation gibt, die bei (endlichen) Summen zutreffend sind, sich aber beim Umgang mit (unendlichen) Reihen als nicht mehr tragfähig erweisen.

▶ **Aufgabe**

Es sei für $i, j \in \mathbb{N}$

$$a_{i,j} = \begin{cases} 1, & \text{falls } i = j, \\ -1, & \text{falls } i = j + 1, \\ 0, & \text{sonst.} \end{cases}$$

a) Klären Sie, ob gilt

$$\sum_{i=1}^{\infty} \sum_{j=1}^{\infty} a_{i,j} = \sum_{j=1}^{\infty} \sum_{i=1}^{\infty} a_{i,j} \, . \qquad (*)$$

b) Betrachten Sie folgenden Dialog zwischen Schüler/Student (S) und Lehrperson (L):

S: »Die Gleichung muss auf jeden Fall gelten, denn es werden ja auf beiden Seiten genau dieselben Zahlen addiert.«
L: »Das kann man so nicht sagen, denn es geht hier nicht um endliche Summen, sondern um unendliche Reihen.«
S: »Ja, ja – ich weiß schon, dass hier keine Summen stehen, sondern Grenzwerte von Summen. Aber durch die Grenzwertbildung können ja wohl trotzdem keine Summanden verschwinden.«

Machen Sie einen Vorschlag, wie L argumentieren könnte, um die Sachlage deutlicher zu machen.

Vorschlag: Man könnte eine matrix-artige Darstellung der Reihenglieder $a_{i,j}$ verwenden, um die verschiedenen Summationsweisen der beiden Seiten von $(*)$ zu verstehen.

* * *

▶ Kommentierter Lösungsvorschlag

a) Untersuchung der Reihen. Wir werden zeigen, dass alle vorkommenden Reihen konvergent sind, dass aber Gleichung (∗) nicht gilt, denn auf ihrer linken Seite ist der Reihenwert 1, während er rechts 0 ist.

Man kann dies in folgender Weise sehen: Wir betrachten zunächst die rechte Seite der Gleichung (∗). Der Schlüssel zur Lösung liegt darin, als ersten Schritt für jede Zahl $j \geq 1$ die Reihe

$$\sum_{i=1}^{\infty} a_{i,j}$$

zu betrachten. Sie hat genau zwei Glieder, die nicht Null sind, nämlich $a_{j,j} = 1$ und $a_{j+1,j} = -1$. Die Reihe ist also sicherlich konvergent und hat den Wert 0. Daher erhält man für die rechte Seite von (∗):

$$\sum_{j=1}^{\infty}\left(\sum_{i=1}^{\infty} a_{i,j}\right) = \sum_{j=1}^{\infty}(1 + (-1)) = \sum_{j=1}^{\infty} 0 = 0\,.$$

Nun zur linken Seite von (∗). Wir gehen wie eben vor, unterscheiden allerdings die Fälle $i = 1$ und $i \geq 2$: Für festen Index $i \geq 2$ hat die Reihe

$$\sum_{j=1}^{\infty} a_{i,j}$$

genau zwei Glieder, die ungleich Null sind, nämlich $a_{i,i} = 1$ und $a_{i,i-1} = -1$. Die Reihe ist also konvergent und hat den Wert 0. Für $i = 1$ ist dagegen $a_{1,1} = 1$ das einzige Glied ungleich Null, der Reihenwert also gleich 1. Insgesamt erhalten wir damit für die iterierte Reihe

$$\sum_{i=1}^{\infty}\left(\sum_{j=1}^{\infty} a_{i,j}\right) = \sum_{j=1}^{\infty} a_{1,j} + \sum_{i=2}^{\infty}\sum_{j=1}^{\infty} a_{i,j} = 1 + 0 = 1\,.$$

b) Ein Argumentationsvorschlag. L könnte versuchen, den Unterschied zwischen endlichen Summen und unendlichen Reihen in folgender Weise deutlich zu machen: Wenn wir zunächst anstelle der Reihen lauter Summen bis zu einem festen oberen Summationsindex N betrachten, dann gilt sicherlich

$$\sum_{i=1}^{N}\sum_{j=1}^{N} a_{i,j} = \sum_{j=1}^{N}\sum_{i=1}^{N} a_{i,j}\,, \qquad (\ast\ast)$$

da bei endlichen Summen die Reihenfolge der Summation vertauscht werden darf. (Überlegen Sie sich zur Übung genau, wo hier die Kommutativität und

Assoziativität der Addition benutzt wird!) Wir könnten die beteiligten Summanden $a_{i,j}$ in einer $(N \times N)$-Matrix darstellen:

$$
\begin{pmatrix}
1 & 0 & \cdots & \cdots & 0 \\
-1 & 1 & & & \vdots \\
0 & \ddots & \ddots & & \vdots \\
\vdots & & \ddots & \ddots & 0 \\
0 & \cdots & 0 & -1 & 1
\end{pmatrix}
$$

Dem Auswerten der Summen auf der linken und rechten Seite in $(\ast\ast)$ entspricht das zeilenweise bzw. spaltenweise Summieren der Einträge dieser Matrix – bei beiden Summationsweisen erhalten wir die Summe 1. Wenn wir uns nun das Zahlenschema nach rechts und unten unbegrenzt erweitert vorstellen

$$
\begin{pmatrix}
1 & 0 & \cdots & \cdots & 0 & \cdots \\
-1 & 1 & & & \vdots & \\
0 & \ddots & \ddots & & \vdots & \\
\vdots & & \ddots & \ddots & 0 & \\
0 & \cdots & 0 & -1 & 1 & \cdots \\
\vdots & & & \vdots & & \ddots
\end{pmatrix}
$$

und dann erneut zeilen- bzw. spaltenweise addieren, dann wird der Unterschied deutlich: Bei zeilenweiser Summation (gemeint ist: Bildung des Reihenwerts in jeder Zeile) ergibt die erste Zeile den Wert 1, während alle weiteren Zeilen den Wert 0 liefern. Bei spaltenweiser Summation ergeben alle Spalten den Wert 0.

L könnte es S so erläutern: Es sind zwar in dem unendlich großen Zahlenschema gleich viele Einsen und Minus-Einsen vorhanden (in dem Sinne, dass es in beiden Fällen abzählbar viele sind), allerdings wird bei spaltenweiser Addition in jeder Spalte $1 + (-1)$ zusammengefasst, während bei zeilenweiser Addition die 1 in der ersten Zeile *nicht* mit einer -1 zusammengefasst wird – dies geschieht erst ab der zweiten Zeile. Der Unterschied zwischen zeilenweiser und spaltenweiser Addition liegt also *nicht* darin, dass Summanden »verschwinden« – S hat völlig recht, wenn er sagt, dass dies nicht passieren kann – sondern darin, dass bei der Addition die vorhandenen Summanden in verschiedener Weise zusammengefasst werden.

Zum Weiterarbeiten

- **Wann darf man vertauschen?** In dieser Aufgabe wurde eine Situation behandelt, in der bei einer Doppelreihe das Vertauschen der Summationsreihenfolge zu einer Änderung des Reihenwerts führt. Es liegt daher nahe zu fragen, ob man hinreichende Kriterien dafür angeben kann, dass der Reihenwert *unabhängig* von der Summationsreihenfolge ist. Studieren Sie dazu den *Doppelreihensatz von Cauchy* (z. B. in [H1, Abschn. 45]) – er sichert, dass die Summationsreihenfolge bei Doppelreihen unter einer geeigneten Voraussetzung über absolute Konvergenz in der Tat vertauscht werden darf.

- **Ein Beispiel.** Als Anwendung des Doppelreihensatzes kann man zeigen, dass die Reihe

$$\sum_{i=1}^{\infty} i q^i$$

für $|q| < 1$ konvergiert, und ihren Wert berechnen.[3] Betrachten Sie dazu das zweidimensionale Zahlenschema

$$
\begin{array}{ccccc}
 & & & & \cdot{}^{\cdot{}^{\cdot}} \\
 & & & q^4 & \cdots \\
 & & q^3 & q^4 & \cdots \\
 & q^2 & q^3 & q^4 & \cdots \\
q & q^2 & q^3 & q^4 & \cdots
\end{array}
$$

Summieren Sie die so gegebene Doppelfolge auf zwei Weisen: erst Spalten, dann Zeilen – erst Zeilen, dann Spalten. Der Doppelreihensatz sichert (warum?), dass beide Summationsweisen zum selben Ergebnis führen.

- **Das Argument von Oresme.** Der Fall $q = \frac{1}{2}$, d. h. die Reihe

$$\sum_{i=1}^{\infty} i \left(\frac{1}{2}\right)^i,$$

wurde bereits im 14. Jahrhundert von Nikolaus von Oresme mit einer geometrischen Überlegung untersucht (siehe Abb. 1.3). Begründen Sie deren Korrektheit mit Hilfe des Doppelreihensatzes.

---

[3]Sie finden am Ende von Aufgabe 1.5 einen alternativen Weg zur Untersuchung dieser Reihe. Ein weiterer möglicher Weg nutzt die Differentiation von Potenzreihen.

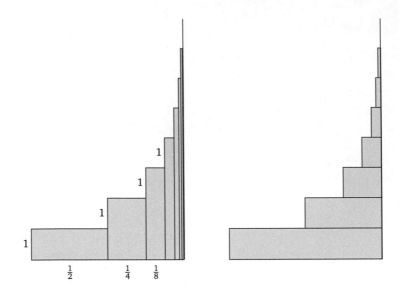

Abb. 1.3: Die geometrische Überlegung von Nikolaus von Oresme (14. Jhd.) zur Reihe $\sum_{i=1}^{\infty} i(\frac{1}{2})^i$: Die Rechtecke links entsprechen den Reihengliedern; dabei entsteht $i(\frac{1}{2})^i$ als Spaltensumme von i »übereinander liegenden« Summanden $(\frac{1}{2})^i$. Summiert man dagegen zunächst die Zeilen, so entspricht jede Zeilensumme (rechts) dem Wert einer geometrischen Reihe.

1.7 Zugänge zu n-ten Wurzeln

Was sollten Sie schon kennen?

Konvergenz von Folgen, Stetigkeit und Differenzierbarkeit reeller Funktionen, die Exponentialfunktion

Was lernen Sie hier?

Sie lernen verschiedene Zugänge zu n-ten Wurzeln kennen. Beispielhaft erleben Sie dabei, dass es sich lohnen kann, Argumentationen zu finden, die nicht vom gewählten Zugang abhängen, sondern auf charakterisierende Eigenschaften Bezug nehmen.

▶ Aufgabe

Ist $a > 0$ eine vorgegebene reelle Zahl und $n \in \mathbb{N}$, so versteht man unter einer *n-ten Wurzel aus a* eine Zahl $w > 0$, für die $w^n = a$ gilt. Zwei Fragen liegen auf der Hand:

- Besitzt jede Zahl $a > 0$ eine n-te Wurzel? (*Existenz*)
- Kann eine reelle Zahl $a > 0$ mehr als eine n-te Wurzel haben? (*Eindeutigkeit*)

Zunächst zur einfacheren von beiden Fragen, der *Eindeutigkeit*:

a) Begründen Sie, dass jede Zahl $a > 0$ höchstens eine n-te Wurzel haben kann. *Tipp:* Nutzen Sie die strenge Monotonie der Potenzfunktion $x \mapsto x^n$ auf $\mathbb{R}^+$.

Die *Existenz* n-ter Wurzeln kann man auf mehreren Wegen begründen.[4]
Wir betrachten in dieser Aufgabe die folgenden:

(1) durch Anwendung des Zwischenwertsatzes auf die Funktion $x \mapsto x^n - a$ auf $\mathbb{R}^+$,

---

[4]Wenn wir hier verschiedene Wege/Zugänge vorstellen, dann ist dies nicht so zu verstehen, dass diese in einer konkreten Lern- bzw. Unterrichtssituation beliebig gegeneinander austauschbar wären. Vielmehr ist es so, dass globale Entscheidungen darüber, wie die Theorie aufgebaut wird, wesentlichen Einfluss darauf haben können, ob bestimmte Zugänge möglich oder sinnvoll sind. Anders gesagt: Was schon gelernt wurde und was noch gelernt werden soll, hat Einfluss auf die Wahl des Zugangs.

(2) mit dem Satz von der Umkehrfunktion (angewandt auf die Potenzfunktion $x \mapsto x^n$ auf $\mathbb{R}^+$),

(3) unter Benutzung der Exponentialfunktion[5], d. h. als $\sqrt[n]{a} := e^{\frac{1}{n} \ln a}$,

(4) als Grenzwert einer Iterationsfolge (als *verallgemeinerte Babylonische Folge* oder *verallgemeinertes Heron-Verfahren* bekannt – ein Spezialfall des Newton-Verfahrens).

b) Formulieren Sie die in (1)–(4) angedeuteten Zugänge aus. Begründen Sie in jedem Fall die Existenz der n-ten Wurzel.

c) Begründen Sie, dass die Zugänge äquivalent sind (d. h. dass sie »zur selben Wurzel führen«).

d) Vergleichen Sie die angegebenen Methoden unter folgenden Gesichtspunkten:

(i) Welche Vorkenntnisse sind jeweils notwendig?

(ii) Wie lassen sich wesentliche Eigenschaften der Wurzelfunktion wie
- Monotonie,
- algebraische Eigenschaften wie z. B. $\sqrt[n]{ab} = \sqrt[n]{a} \cdot \sqrt[n]{b}$
- Stetigkeit auf $\mathbb{R}_0^+$ und Differenzierbarkeit auf $\mathbb{R}^+$

im jeweiligen Zugang beweisen?

(iii) Beinhaltet der Zugang eine Möglichkeit, n-te Wurzeln numerisch zu berechnen?

e) Wenn Sie einem Schüler der 10. Jahrgangsstufe erklären sollten, dass jede positive reelle Zahl eine n-te Wurzel besitzt, welchen der Zugänge (1)–(4) würden Sie wählen? Welche Aspekte lassen sich in diesem Rahmen nicht exakt behandeln? Wie könnten Sie diese durch anschauliche Argumente ersetzen?

$$* \quad * \quad *$$

---

[5]Dies setzt natürlich einen Theorieaufbau voraus, in dem die Exponentialfunktion vorab eingeführt wurde, ohne auf n-te Wurzeln Bezug zu nehmen. In Aufgabe 5.8 wird dies behandelt.

► **Kommentierter Lösungsvorschlag**

a) Eindeutigkeit n-ter Wurzeln

Wir zeigen, dass jede Zahl $a \in \mathbb{R}^+$ *höchstens eine* n-te Wurzel hat. Den Beweis führen wir per Widerspruch: Angenommen, eine Zahl $a \in \mathbb{R}^+$ habe zwei n-te Wurzeln v und w, d.h., es gibt Zahlen $v, w \in \mathbb{R}^+$ mit $v \neq w$ und $v^n = w^n = a$. Wir können ohne Einschränkung von $v < w$ ausgehen. Dann erhalten wir $a = v^n < w^n = a$ aus der strengen Monotonie der Potenzfunktion, und dies ist ein Widerspruch!

b) Ausformulierung der Zugänge

(1) Wir betrachten zu gegebenem $a > 0$ die Funktion $f : \mathbb{R}^+ \to \mathbb{R}$ mit $x \mapsto x^n - a$. Sie nimmt sowohl negative als auch positive Werte an: Es ist $f(0) = -a < 0$ und es gibt Zahlen $x_0 \in \mathbb{R}^+$ mit $f(x_0) = x_0^n - a > 0$. (Dies ist z. B. für $x_0 = a + 1$ erfüllt.) Da f stetig ist, folgt aus dem Zwischenwertsatz, dass f eine Nullstelle $w \in \mathbb{R}^+$ haben muss. Für diese gilt also $w^n - a = f(w) = 0$ und somit ist sie eine n-te Wurzel aus a.

(2) Wir nutzen, dass die Potenzfunktion $\mathbb{R}^+ \to \mathbb{R}^+$, $x \mapsto x^n$, streng monoton steigend, stetig und surjektiv ist.[6] Der Satz von der Umkehrfunktion impliziert, dass f eine stetige Umkehrfunktion $f^{-1} : \mathbb{R}^+ \to \mathbb{R}^+$ hat. Für $a \in \mathbb{R}^+$ ist dann $w := f^{-1}(a)$ eine n-te Wurzel aus a, denn es gilt

$$w^n = f(w) = f(f^{-1}(a)) = a \,.$$

(3) Wir nutzen die Exponentialfunktion und ihre Funktionalgleichung sowie deren Umkehrfunktion ln: Für $a \in \mathbb{R}^+$ setzen wir $\sqrt[n]{a} := e^{\frac{1}{n} \ln a}$ und erhalten

$$w^n = (e^{\frac{1}{n} \ln a})^n = e^{n(\frac{1}{n} \ln a)} = e^{\ln a} = a \,.$$

Es ist also w eine n-te Wurzel aus a.

(4) Wir wählen $x_0 > 0$ beliebig und definieren eine Folge $(x_k)_{k \in \mathbb{N}}$ durch

$$x_{k+1} := \frac{1}{n} \left((n-1)x_k + \frac{a}{x_k^{n-1}} \right) . \tag{$*$}$$

Dass diese Folge konvergent ist und einen positiven Grenzwert hat, wird in [Fo1, §6, Satz 2] gezeigt. (Man weist nach, dass sie monoton fallend

---

[6]Beachten Sie: Zum Nachweis der Surjektivität benötigt man auch in diesem Zugang den Zwischenwertsatz.

und nach unten beschränkt ist.) Sobald dies gesichert ist, kann man den Grenzwert $w := \lim_{k\to\infty} x_k$ leicht berechnen: Es gilt

$$
\begin{aligned}
w &= \lim_{k\to\infty} x_{k+1} \\
&= \lim_{k\to\infty} \frac{1}{n}\left((n-1)x_k + \frac{a}{x_k^{n-1}}\right) \\
&= \frac{n-1}{n}\lim_{k\to\infty} x_k + \frac{a}{n(\lim_{k\to\infty} x_k)^{n-1}} \\
&= \frac{n-1}{n}w + \frac{a}{nw^{n-1}},
\end{aligned}
$$

und durch Umstellen der Gleichung folgt daraus $w^n = a$.

Zwei Hinweise:
- Vielleicht interessiert Sie eine geometrische Interpretation der Formel $(*)$: Ihre rechte Seite ist gleich dem arithmetischen Mittel der Seitenlängen eines n-dimensionalen Quaders, der $n-1$ Seiten der Länge x_k und Volumen a hat. Seine n-te Seite hat daher die Länge a/x_k^{n-1}. Im Fall $n = 2$ ist dies das klassische Heron-Verfahren.
- Die Folge (x_k) entsteht, wenn man das Newton-Verfahren auf die Funktion $x \mapsto x^n - a$ anwendet.

c) Äquivalenz der Zugänge

Im vorigen Aufgabenteil wurde zu gegebenem $a > 0$ in jedem der Zugänge eine Zahl $w > 0$ mit $w^n = a$ gefunden. Nach (a) gibt es aber höchstens eine solche Zahl w. Aus dieser Eindeutigkeitsaussage folgt also, dass die vier Zugänge zur selben Zahl führen.

d) Vergleich der Zugänge

(i) Notwendige Vorkenntnisse

(1) In diesem Zugang müssen die Stetigkeit der Potenzfunktion und der Zwischenwertsatz bereits vorab bekannt sein.

(2) Hier werden Monotonie, Stetigkeit und Surjektivität der Potenzfunktion benötigt sowie der Satz von der Umkehrfunktion.

(3) Die Exponentialfunktion und ihre Funktionalgleichung sowie die Logarithmusfunktion werden in diesem Zugang vorausgesetzt.

(4) In diesem Zugang werden Kenntnisse im Umgang mit Folgen vorausgesetzt: Für den Konvergenzbeweis wird der Satz von der Konvergenz monotoner, beschränkter Folgen benötigt. Ferner kommen die Rechenregeln für Summen und Produkte konvergenter Folgen zum Einsatz.

(ii) **Beweis von Eigenschaften der Wurzelfunktion**
In den Zugängen (2) und (3) lassen sich Aussagen zur Stetigkeit und Differenzierbarkeit aus dem Satz über die Umkehrfunktion bzw. aus den Eigenschaften der Exponentialfunktion gewinnen. Die Zugänge (1) und (4) bieten dagegen keine solchen Argumentationsmöglichkeiten – zum Beispiel ist es nicht unmittelbar klar, dass in (4) der Grenzwert der Iterationsfolge stetig oder gar differenzierbar von a abhängt. Die nachfolgenden Ausführungen ergeben eine bemerkenswerte Erkenntnis: Man kann die in der Aufgabenstellung genannten Eigenschaften der Wurzelfunktion beweisen, *ohne* dabei auf einen bestimmten Zugang Bezug zu nehmen: Man bezieht sich dazu bei der Argumentation ausschließlich auf die charakterisierende Eigenschaft $(\sqrt[n]{a})^n = a$ und auf Eigenschaften der Potenzfunktion – dadurch wird man völlig unabhängig vom jeweils gewählten Zugang!

Monotonie: Wir behaupten, dass für beliebige $a, b \in \mathbb{R}^+$ aus $a < b$ die Ungleichung $\sqrt[n]{a} < \sqrt[n]{b}$ folgt. Dies folgt sofort aus der Monotonie der Potenzfunktion $x \mapsto x^n$ mittels eines Widerspruchsbeweises: Nehmen wir an, es würde $\sqrt[n]{a} \geqslant \sqrt[n]{b}$ gelten. Dann folgt

$$a = (\sqrt[n]{a})^n \geqslant (\sqrt[n]{b})^n = b,$$

und dies steht im Widerspruch zur Voraussetzung $a < b$.

Algebraische Eigenschaften: Wie weisen nach, dass $\sqrt[n]{ab} = \sqrt[n]{a}\,\sqrt[n]{b}$ für beliebige $a, b \in \mathbb{R}^+$ gilt. Zum Beweis nutzen wir die Eigenschaften der Potenzfunktion: Es ist

$$(\sqrt[n]{a}\,\sqrt[n]{b})^n = (\sqrt[n]{a})^n(\sqrt[n]{b})^n = ab.$$

Diese Rechnung zeigt, dass $\sqrt[n]{a}\,\sqrt[n]{b}$ eine Zahl ist, deren n-te Potenz gleich ab ist. Wegen der in (a) gezeigten Eindeutigkeit muss die Zahl daher die n-te Wurzel aus ab sein, und genau dies war zu zeigen.

Stetigkeit auf $\mathbb{R}_0^+$: Die Stetigkeit der Funktion $\mathbb{R}_0^+ \to \mathbb{R}$, $x \mapsto \sqrt[n]{x}$, im Nullpunkt lässt sich direkt anhand der ε-δ-Formulierung der Stetigkeit zeigen: Zu gegebenem $\varepsilon > 0$ setzen wir $\delta := \varepsilon^n$. Dank der schon gezeigten Monotonie folgt dann aus $x < \delta$ die Ungleichung $\sqrt[n]{x} < \sqrt[n]{\delta} = \varepsilon$.

Um die Stetigkeit in einem Punkt $a > 0$ zu zeigen, kann man beispielsweise so vorgehen: Man überlegt sich vorab, dass für beliebige $p, q \geqslant 0$ die Ungleichung $\sqrt[n]{p+q} \leqslant \sqrt[n]{p} + \sqrt[n]{q}$ gilt. (Nehmen Sie das Gegenteil an und bilden Sie die n-te Potenz!) Für $0 < h < a$ folgert man daraus

$$\sqrt[n]{a} - \sqrt[n]{h} \leqslant \sqrt[n]{a-h} \leqslant \sqrt[n]{a+h} \leqslant \sqrt[n]{a} + \sqrt[n]{h}.$$

Der erste und der letzte Term dieser Ungleichungskette konvergiert (wegen der bereits gezeigten Stetigkeit im Nullpunkt) für $h \to 0$ gegen $\sqrt[n]{a}$. Daher gilt dies auch für die beiden mittleren Terme, und dies beweist die zu zeigende Stetigkeit.

Differenzierbarkeit auf $\mathbb{R}^+$: Wir zeigen die Differenzierbarkeit in einem gegebenen Punkt $a > 0$. Um die Beweisidee zu verdeutlichen, behandeln wir zum »Aufwärmen« zunächst den Fall $n = 2$, in dem das Argument besonders transparent ist. Für $x \neq a$ formen wir den Differenzenquotienten mit einem Standardtrick (eine günstige *Eins-Ergänzung*) um:

$$\frac{\sqrt{x} - \sqrt{a}}{x - a} = \frac{\sqrt{x} - \sqrt{a}}{x - a} \cdot \frac{\sqrt{x} + \sqrt{a}}{\sqrt{x} + \sqrt{a}} = \frac{x - a}{(x - a)(\sqrt{x} + \sqrt{a})} = \frac{1}{\sqrt{x} + \sqrt{a}}.$$

Der letzte Bruch konvergiert (dank der schon gezeigten Stetigkeit) für $x \to a$ gegen $\frac{1}{2\sqrt{a}}$. Dies beweist, dass die Quadratwurzelfunktion in a differenzierbar ist und ihre Ableitung dort gleich $\frac{1}{2\sqrt{a}}$ ist.

Nun zum allgemeinen Fall, in dem $n \geqslant 2$ beliebig ist. Wir stützen uns auf dieselbe Idee, die wir hier in algebraisch aufwendigerer Form einsetzen. Mit den Abkürzungen $u := \sqrt[n]{x}$ und $v := \sqrt[n]{a}$ gilt

$$\frac{\sqrt[n]{x} - \sqrt[n]{a}}{x - a} = \frac{u - v}{x - a}$$

$$= \frac{u - v}{x - a} \cdot \frac{u^{n-1} + u^{n-2}v + \ldots + v^{n-1}}{u^{n-1} + u^{n-2}v + \ldots + v^{n-1}}$$

$$= \frac{u^n - v^n}{(x - a)(u^{n-1} + u^{n-2}v + \ldots + v^{n-1})}$$

$$= \frac{x - a}{(x - a)(u^{n-1} + u^{n-2}v + \ldots + v^{n-1})}$$

$$= \frac{1}{u^{n-1} + u^{n-2}v + \ldots + v^{n-1}}.$$

Für $x \to a$ konvergiert u gegen v (dank der schon gezeigten Stetigkeit). Der letzte Term der obigen Gleichungskette konvergiert somit gegen

$$\frac{1}{nv^{n-1}} = \frac{1}{n(\sqrt[n]{a})^{n-1}}.$$

Damit ist die Differenzierbarkeit gezeigt (und die Ableitung berechnet).

(iii) **Numerische Berechnung von n-ten Wurzeln**

(1) Da dieser Zugang auf dem Zwischenwertsatz beruht, hängt die konkrete Berechnung n-ter Wurzeln hier davon ab, wie die durch den Zwischenwertsatz gegebene Zahl w bestimmt wird. Dies kann konstruktiv durch ein Intervallhalbierungsverfahren bewerkstelligt werden (siehe [Fo1, §11, Satz 1]).

(2) Die für die Existenz der Umkehrfunktion relevante Surjektivität wird hier ebenfalls mit dem Zwischenwertsatz gezeigt. Es gilt daher das in (1) Gesagte.

(3) Hier hängt die Antwort davon ab, auf welche Weise Exponentialfunktion und Logarithmus eingeführt werden (siehe Aufgabe 5.10). Hat man sie beispielsweise durch Potenzreihen gegeben, so liefern diese eine Berechnungsmöglichkeit für n-te Wurzeln.

(4) Dieser Zugang beinhaltet per se einen Algorithmus zur Berechnung n-ter Wurzeln (der sogar sehr effizient ist).

e) Man könnte sich an Zugang (2) orientieren, d. h. von der Potenzfunktion $\mathbb{R}^+ \to \mathbb{R}^+$, $x \mapsto x^n$, ausgehen, da diese aus dem Unterricht bekannt ist. Dass ihr Wertebereich gleich $\mathbb{R}^+$ ist (d. h. die Surjektivität), lässt sich in diesem Rahmen nicht *beweisen*, da der Zwischenwertsatz nicht zur Verfügung steht, aber anhand des Funktionsgraphen *plausibel machen*: Für jede reelle Zahl $a > 0$ schneidet der Graph die Gerade $\{y = a\}$ in einem Punkt, dessen y-Koordinate gleich a ist. Für seine x-Koordinate w muss $w^n = a$ gelten.

1.8 Vorstellungen zu Stetigkeit und zusammenhängenden Mengen

Was sollten Sie schon kennen?
- Stetigkeitsbegriff für Funktionen reeller Zahlen
- zusammenhängende und bogenzusammenhängende Mengen

Was lernen Sie hier?

Sie verstehen, ob und wie sich die Stetigkeit einer Funktion durch Eigenschaften ihres Graphen ausdrücken lässt.

▶ Aufgabe

Eine intuitive Vorstellung zur Stetigkeit einer Funktion $f : [a, b] \to \mathbb{R}$ ist, dass der Graph $G_f \subset \mathbb{R}^2$ »keine Sprünge macht«. Von dieser Vorstellung ausgehend macht jemand den Vorschlag, den Begriff *Stetigkeit* von vornherein unter Bezugnahme auf topologische Eigenschaften des Graphen G_f zu definieren:

Vorschlag 1: »Wir sollten f als stetig definieren, wenn der Graph G_f zusammenhängend ist.«

Alternativ schlägt er vor:

Vorschlag 2: »Wir sollten f als stetig definieren, wenn der Graph G_f bogenzusammenhängend ist.«

Wir untersuchen in dieser Aufgabe diese beiden Vorschläge.

a) **Bezug zum »üblichen« Stetigkeitsbegriff.** Zunächst klären wir, ob die angegebenen topologischen Eigenschaften von G_f überhaupt zur Stetigkeit äquivalent sind. (Andernfalls würden die gemachten Vorschläge zu einem abweichenden Stetigkeitsbegriff führen.) Es geht also darum, welche der nachfolgenden Implikationen wahr sind:

(1) f stetig $\implies$ G_f zusammenhängend,
(2) G_f zusammenhängend $\implies$ f stetig,
(3) f stetig $\implies$ G_f bogenzusammenhängend,
(4) G_f bogenzusammenhängend $\implies$ f stetig.

(Dabei ist mit »stetig« der übliche Stetigkeitsbegriff gemeint.)
Aussage (4) ist wahr und ihr Nachweis ist mit den Mitteln einer Analysis-

Grundvorlesung möglich. Da er jedoch relativ aufwendig ist, soll dies hier nicht verfolgt werden. Klären Sie (durch Beweis oder Gegenbeispiel), welche der Aussagen (1)–(3) wahr sind.

b) Ein logisches Problem. Warum ist es in logischer Hinsicht unmöglich, Vorschlag 2 zu realisieren – unabhängig vom Ergebnis aus (a)?

Hinweis zu (a): Es kann für (2) nützlich sein, vorab folgende zwei Aussagen zu zeigen:

(i) Die Funktion

$$f : [0,1] \;\to\; \mathbb{R}$$
$$x \;\mapsto\; \begin{cases} \sin\frac{1}{x}, & \text{falls } x > 0 \\ 0, & \text{falls } x = 0 \end{cases}$$

ist nicht stetig.

(ii) Es seien A und B Teilmengen eines metrischen Raums. Ist A zusammenhängend und gilt $A \subset B \subset \overline{A}$, so ist auch B zusammenhängend. (Hierbei bezeichnet $\overline{A}$ den topologischen Abschluss von A.)
Hinweis: Der Fall $B = \overline{A}$ wird vielfach in Vorlesungen und Lehrbüchern behandelt. In dem hier vorliegenden, etwas allgemeineren Fall kann man ganz ähnlich argumentieren.

Nutzen Sie dann (ii), um zu zeigen, dass der Graph der Funktion f aus (i) zusammenhängend ist.

$$* \quad * \quad *$$

▶ **Kommentierter Lösungsvorschlag**

a) Bezug zum »üblichen« Stetigkeitsbegriff. Wir beweisen zunächst die Aussagen (i) und (ii).

Zu (i): Dass f im Nullpunkt nicht stetig ist, kann man z. B. an der Folge $(a_n)_{n \in \mathbb{N}}$ mit $a_n = 1/(\frac{\pi}{2} + n\pi)$ sehen: Offenbar gilt

$$a_n \xrightarrow[n \to \infty]{} 0 \,.$$

Wäre nun f stetig, so müsste (nach dem Folgenkriterium für Stetigkeit)

$$f(a_n) \xrightarrow[n \to \infty]{} 0$$

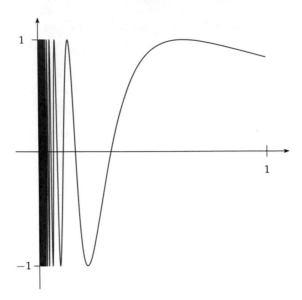

Abb. 1.4: Die Funktion ist im Nullpunkt unstetig, ihr Graph ist aber zusammenhängend.[8]

gelten, da $f(0) = 0$ ist. Es ist aber

$$f(a_n) = \sin\left(\frac{\pi}{2} + n\pi\right) = (-1)^n$$

und daher $(f(a_n))_{n\in\mathbb{N}}$ gewiss keine Nullfolge. (Abb. 1.4 zeigt den Graphen von f.)

Zu (ii): Wir führen den Beweis durch Widerspruch und nehmen dazu an, dass B *nicht* zusammenhängend ist. Dann gibt es nach Definition des Zusammenhangsbegriffs Teilmengen $U, V \subset B$, so dass gilt

- $B = U \cup V$,
- $U \cap V = \emptyset$,
- U und V sind nicht leer und sie sind in B offen.

  (*Hinweis*: Die Formulierung »Die Menge M ist in B offen« bedeutet, dass M offen ist bezüglich der induzierten Topologie auf B. Äquivalent dazu ist, dass sich M schreiben lässt als $M = M_0 \cap B$ mit einer global offenen Menge M_0.)

---

[8]In dieser Abbildung scheint die Darstellung des Graphen in der Nähe des Nullpunkts zu einer durchgehenden blauen Fläche zu werden. Dies kommt daher, dass die Abstände zwischen den Schwingungen dort kleiner werden als die Strichstärke der Linien.

Aus $B = U \cup V$ folgt durch Schneiden mit A die Gleichung

$$A = (U \cap A) \cup (V \cap A).$$

Die beiden Mengen $U \cap A$ und $V \cap A$ sind disjunkt und in A offen. Da A nach Voraussetzung zusammenhängend ist, folgt daraus, dass eine der Mengen $U \cap A$ oder $V \cap A$ leer sein muss. Ohne Einschränkung betrachten wir nur den Fall, dass $U \cap A$ leer ist. Da U in B offen ist, gibt es zu jedem Punkt $u \in U$ eine Umgebung in B, die ganz in U enthalten ist und daher A nicht schneidet. Dann kann aber der Punkt u nicht in B liegen, da B in $\overline{A}$ enthalten ist. Dies ist ein Widerspruch dazu, dass U eine nichtleere Teilmenge von B ist.

Nun kommen wir zu den Aussagen (1)–(3). Wir werden beweisen, dass (1) und (3) wahr sind, während (2) falsch ist.

Zu (1) und (3): Ist f stetig, so ist der Graph G_f sicherlich bogenzusammenhängend (also auch zusammenhängend), denn er ist die Bildmenge eines Intervalls unter der stetigen Abbildung

$$[a, b] \;\rightarrow\; \mathbb{R}^2$$
$$x \;\mapsto\; (x, f(x)).$$

Zu (2): Um zu zeigen, dass diese Implikation falsch ist, betrachten wir die in (i) angegebene Abbildung f. (Sie ist in Abb. 1.4 dargestellt.) Wir haben in (i) gezeigt, dass f nicht stetig ist. Mit Hilfe von (ii) werden wir jetzt nachweisen, dass ihr Graph aber zusammenhängend ist.

Sei dazu A der Graph der Einschränkung von f auf das halb-offene Intervall $(0, 1]$. Sicherlich ist A bogenzusammenhängend (also zusammenhängend), da f auf $(0, 1]$ stetig ist. Der Abschluss $\overline{A}$ entsteht aus A durch Hinzunahme der Strecke $\{(0, t) \mid -1 \leqslant t \leqslant 1\}$. (Denn: Zu gegebenem $c \in [-1, 1]$ sei $a_n = 1/(\arcsin c + 2\pi n)$. Dann ist $f(a_n) = \sin \frac{1}{a_n} = c$.) Da $A \subset G_f \subset \overline{A}$ gilt, ist nach (ii) auch G_f zusammenhängend.

b) Ein logisches Problem. Es handelt sich um eine Art »Henne-Ei-Problem«: Der Begriff des Bogenzusammenhangs greift in seiner Definition auf den Stetigkeitsbegriff zurück. Man benötigt diesen also bereits, bevor man mit Hilfe des Bogenzusammenhangs einen neuen Begriff definieren kann.

2

Differenzierbare Funktionen

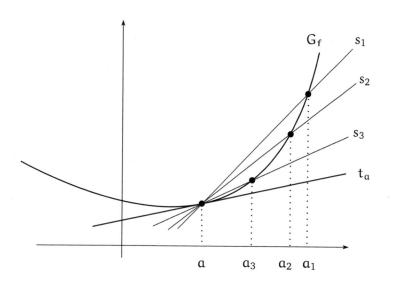

Zur Orientierung

■ **Differenzierbare Funktionen.** Differenzierbarkeit ist ein zentraler Begriff der Analysis. Er entsteht aus dem Anliegen, das Änderungsverhalten einer Funktion *lokal* zu beschreiben: Für eine Funktion $f\colon \mathbb{R} \to \mathbb{R}$ und zwei Stellen $a, b \in \mathbb{R}$ gibt die Differenz

$$f(b) - f(a)$$

die *Änderung* des Funktionswerts beim Übergang von a zu b an. Der Quotient

$$\frac{f(b) - f(a)}{b - a}$$

ist die *relative Änderung*: Wenn f beispielsweise die Abhängigkeit einer skalaren Größe von der Zeit beschreibt, dann ist dies die »Änderung pro Zeitabschnitt«. Der entscheidende Schritt der Analysis liegt nun darin, vom Vergleich der Funktionswerte $f(a)$ und $f(b)$ an *zwei* Stellen zur Betrachtung an *einem einzigen* Punkt überzugehen: Ausgehend von der relativen Änderung von a nach b fragt man nach der *lokalen Änderungsrate* an der Stelle a, d. h. nach dem Grenzwert

$$\lim_{x \to a} \frac{f(x) - f(a)}{x - a}.$$

Nicht für alle Funktionen gelingt dieser Übergang, da der Grenzwert nicht immer existiert – diejenigen Funktionen, bei denen er existiert, werden *differenzierbar in* a genannt. In geometrischer Deutung entspricht dies der Bedingung, dass die durch a und x bestimmten Sekantensteigungen für $x \to a$ einen Grenzwert besitzen. Die Gerade durch $(a, f(a))$ mit der zugehörigen Grenzsteigung wird dann als *Tangente* bezeichnet. Kurz: Die relativen Änderungen sind die Sekantensteigungen, die lokale Änderungsrate ist die Tangentensteigung.

Neben der soeben beschriebenen Vorstellung der Ableitung als lokaler Änderungsrate ist auch die Vorstellung der *lokalen Linearisierung* von Bedeutung: Sie entspricht der Bedingung, dass die Funktion lokal bei a durch eine lineare Funktion »gut« approximiert werden kann – anschaulich bedeutet dies, dass der Graph der Funktion unter einem stark vergrößernden Mikroskop in einer Umgebung des Punkts $(a, f(a))$ kaum noch von einer Geraden (der Tangente) zu unterscheiden ist. Den Aspekt der lokalen Linearisierung kann man beispielsweise nutzen, um den Differenzierbarkeitsbegriff auf Funktionen mehrerer Veränderlicher zu verallgemeinern (siehe hierzu Aufgabe 5.6).

■ **Arbeiten mit differenzierbaren Funktionen.** Um den Differenzierbarkeitsbegriff effektiv verwenden zu können, sind – wie bei allen mathematischen Begriffen und Inhalten – zwei Ebenen des Verstehens entscheidend:

- Man benötigt *adäquate Vorstellungen* zum Begriff (wie die Vorstellung der lokalen Änderungsrate, die Tangentenvorstellung, die Vorstellung der lokalen Linearisierbarkeit), die sowohl bei der inner- als auch bei außermathematischen Verwendung des Begriffs aktiviert werden können.

- Es ist wichtig, die *Eigenschaften* des Differenzierbarkeitsbegriffs zu kennen und auch zu verstehen, wie diese zustande kommen und zusammenhängen. Beispiele hierfür sind: der Bezug zwischen Stetigkeit und Differenzierbarkeit, die Erhaltung der Differenzierbarkeit bei der Bildung neuer Funktionen aus vorhandenen Funktionen (Produktregel, Kettenregel, Regel für die Ableitung der Umkehrfunktion).

2.1   Ableitungen als Tangentensteigungen: Vorstellungen und Fehlvorstellungen

Was sollten Sie schon kennen?

den Ableitungsbegriff und die Grundvorstellung der Ableitung als Tangentensteigung

Was lernen Sie hier?

Sie schärfen Ihre Vorstellungen zur Interpretation der Ableitung mittels Sekanten und Tangenten.

▶ **Aufgabe**

Welche der folgenden Vorstellungen zum Ableitungsbegriff sind zutreffend, bei welchen handelt es sich um Fehlvorstellungen? Erläutern Sie jeweils, warum die Vorstellung zutreffend ist bzw. worin die Fehlvorstellung besteht.

a) Die Ableitung $f'(a)$ einer differenzierbaren Funktion $f : \mathbb{R} \to \mathbb{R}$ in einem Punkt $a \in \mathbb{R}$ gibt die Steigung der Tangente an den Graphen von f im Punkt $(a, f(a))$ an.

b) Es sei $f : \mathbb{R} \to \mathbb{R}$. Für Punkte $a \neq b$ aus $\mathbb{R}$ bezeichne $S_{f,a,b}$ die Gerade in $\mathbb{R}^2$, die durch die Punkte $(a, f(a))$ und $(b, f(b))$ geht (*Sekante*). Die Funktion f ist genau dann differenzierbar in a, wenn sich für jede Folge (a_n), die gegen a konvergiert, die Folge der Sekanten S_{f,a,a_n} einer Grenzgerade annähert, die endliche Steigung hat (d. h. nicht parallel zur y-Achse ist). Ist dies der Fall, so nennen wir diese Gerade die Tangente an f in a.

c) Es sei $f : \mathbb{R} \to \mathbb{R}$ eine differenzierbare Funktion. Dann schneidet die Tangente an f in a den Graphen von f nur im Punkt $(a, f(a))$.

d) Die Funktion $f : \mathbb{R} \to \mathbb{R}$ sei auf $\mathbb{R} \setminus \{a\}$ differenzierbar. Die Tangente an f in x werde mit t_x bezeichnet. Es ist f genau dann in $a \in \mathbb{R}$ differenzierbar, wenn sich t_x für $x \to a$ einer Grenzgerade annähert.

* * *

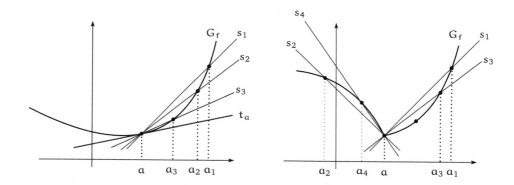

Abb. 2.1: Links: Eine Folge von Sekanten $s_1, s_2, s_3, \ldots$ nähert sich der Tangente t_a an. — Rechts: Falls f in a nicht differenzierbar ist, dann kann man eine Folge (a_n) finden, deren zugehörige Sekantenfolge nicht konvergiert.

► **Kommentierter Lösungsvorschlag**

a) Wahr – das ist eine der Grundvorstellungen zum Ableitungsbegriff.
Hinweis zur Warnung: Die Formulierung in (a) drückt korrekt aus, dass die Ableitung als Tangentensteigung interpretiert werden kann. Es ist aber nicht so, dass die Ableitung $f'(a)$ als Steigung einer Tangente *definiert* wird! Man müsste dazu nämlich schon vorab den Begriff *Tangente* definiert haben. In Wahrheit wird umgekehrt ein Schuh daraus – es wird der Begriff *Tangente* unter Rückgriff auf den Ableitungsbegriff definiert:

> *Ist f in a differenzierbar, so ist die Tangente an den Graphen von f im Punkt $(a, f(a))$ definiert als diejenige Gerade durch den Punkt $(a, f(a))$, deren Steigung gleich $f'(a)$ ist.*

b) Wahr – wenn man das genannte »Sich-Annähern« der Sekanten so versteht, dass ihre Steigungen einen Grenzwert besitzen. Denn in der Tat sind die Sekantensteigungen genau die Differenzenquotienten, deren Limes in der Definition der Differenzierbarkeit betrachtet wird.

Zwei Hinweise:

• Um auf Differenzierbarkeit schließen zu können, genügt es nicht, dass eine Folge (a_n) mit $a_n \to a$ *existiert*, für die sich die zugehörige Folge der Sekanten einer Grenzgerade annähert. Vielmehr muss diese Eigenschaft für *alle* solchen Folgen (a_n) erfüllt sein (siehe Abb. 2.1).

• Dass sich die Sekanten einer Grenzgerade annähern, die parallel zur y-Achse

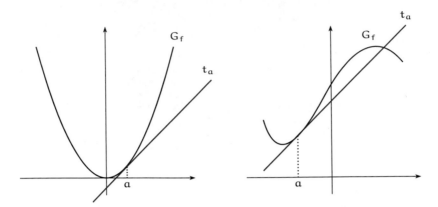

Abb. 2.2: Dass eine Tangente t_a den Graphen G_f nur in einem einzigen Punkt schneidet, kann im ersten Augenblick
plausibel klingen, wenn man an quadratische Funktionen wie
in der linken Abbildung denkt. — Dass die Behauptung aber
im Allgemeinen falsch ist, wird durch das rechte Bild deutlich.

ist, kommt durchaus vor, z. B. bei der Funktion

$$f : [0, \infty[\ \to \ \mathbb{R}$$
$$x \ \mapsto \ \sqrt{x}$$

im Nullpunkt: Die Sekanten $S_{f,0,b}$ nähern sich für $b \to 0$ der y-Achse an, die
Funktion ist daher im Nullpunkt nicht differenzierbar.

c) Falsch – eine Tangente kann mehrere Schnittpunkte mit dem Graphen haben. Abbildung 2.2 zeigt dies an einem Beispiel.
Hinweis: Diese Fehlvorstellung kann auftreten, wenn man beim Begriff *Tangente* an das aus der Mittelstufe bekannte Beispiel eines Kreises denkt: Dort sind
die Sekanten diejenigen Geraden, die *zwei* Schnittpunkte mit dem Kreis haben,
während die Tangenten diejenigen Geraden sind, die nur *einen* Schnittpunkt
mit dem Kreis haben. Die Tangenten an einen Kreis sind also durch die Anzahl ihrer Schnittpunkte mit dem Kreis charakterisiert. Dies gilt auch für die
Parabel $x \mapsto x^2$, wenn man Geraden parallel zur y-Achse von der Betrachtung
ausschließt.

d) Falsch – die angegebene Formulierung, dass sich die Tangenten einer Geraden annähern, drückt die *stetige Differenzierbarkeit* aus. Diese Eigenschaft ist
aber echt stärker als die Differenzierbarkeit.
Hinweis: Das Standardbeispiel einer differenzierbaren, aber nicht *stetig* diffe-

renzierbaren Funktion ist

$$f : \mathbb{R} \rightarrow \mathbb{R}$$
$$x \rightarrow \begin{cases} x^2 \sin(\frac{1}{x}), & \text{falls } x \neq 0, \\ 0, & \text{sonst.} \end{cases}$$

Sie ist differenzierbar, aber ihre Ableitung ist im Nullpunkt nicht stetig. (Diese Funktion wird in Aufgabe 5.12(b)ii näher betrachtet.)

Zum Weiterarbeiten

■ **Lokal nur ein Schnittpunkt?** Die rechte Skizze in Abb. 2.2 verdeutlicht, dass eine Tangente durchaus mehrere Schnittpunkte mit dem Funktionsgraphen haben kann. Man könnte vermuten, dass immerhin folgende *lokale* Aussage richtig ist: »Es gibt eine Umgebung von $(a, f(a))$, in der G_f und t_a nur einen einzigen Schnittpunkt haben.« Aber auch dies ist nicht richtig. Finden Sie ein Beispiel, das diese Vermutung widerlegt.

■ **Sekanten parallel zur Tangente.** In Unterrichtswerken wird der Zusammenhang zwischen Sekanten und Tangenten häufig am Beispiel von quadratischen Polynomen $x \mapsto \alpha x^2 + \beta x + \gamma$ eingeführt (mit $\alpha, \beta, \gamma \in \mathbb{R}$ und $\alpha \neq 0$). Diese Funktionen können folgende Vorstellung nahelegen: »Die Sekante durch $(a, f(a))$ und $(b, f(b))$ ist parallel zur Tangente im »mittleren« Punkt $(\frac{a+b}{2}, f(\frac{a+b}{2}))$.«

  • Überprüfen Sie, dass diese Aussage für quadratische Funktionen in der Tat richtig ist.
  • Geben Sie ein Beispiel einer Funktion, bei der diese Aussage nicht richtig ist.
  • Warum gibt es aber immer eine Stelle c zwischen a und b, so dass die Sekante zur Tangente in c parallel ist?

2.2   Die Ableitung der Umkehrfunktion

Was sollten Sie schon kennen?

- differenzierbare Funktionen, die Interpretation der Ableitung als Tangentensteigung
- umkehrbare Funktionen und die Formel für die Ableitung der Umkehrfunktion

Was lernen Sie hier?

eine Plausibilitätsbetrachtung, die bei einer umkehrbaren Funktion f den Zusammenhang zwischen ihrer Ableitung f′ und der Ableitung $(f^{-1})′$ ihrer Umkehrfunktion verdeutlicht

▶ Aufgabe

Wir betrachten eine differenzierbare Funktion $f : I \to \mathbb{R}$ auf einem Intervall $I \subset \mathbb{R}$. Es sei vorausgesetzt, dass f umkehrbar ist und dass $f′(a) \neq 0$ für einen Punkt $a \in I$ gilt. Sie wissen, dass dann f^{-1} im Bildpunkt $b = f(a)$ differenzierbar ist und dass gilt

$$(f^{-1})′(b) = \frac{1}{f′(a)} \, . \tag{$*$}$$

In dieser Aufgabe geht es darum, diese Aussagen durch geometrische Überlegungen plausibel zu machen.

a) Wie ändert sich die Steigung einer Geraden in $\mathbb{R}^2$, wenn sie an der Winkelhalbierenden $\{(x, y) \in \mathbb{R}^2 \mid x = y\}$ gespiegelt wird?

b) Zwischen den Graphen von f und f^{-1} gibt es einen einfachen geometrischen Zusammenhang (siehe Aufgabe 1.1). Nutzen Sie diesen, um plausibel zu machen, dass f^{-1} in b differenzierbar ist. Begründen Sie dann – die Differenzierbarkeit von f′ voraussetzend – die Formel $(*)$.
Hinweis: Überlegen Sie sich dazu, welchen Zusammenhang es zwischen Sekanten zu f und Sekanten zu f^{-1} gibt.

$$* \quad * \quad *$$

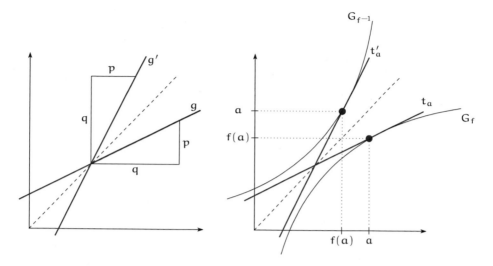

Abb. 2.3: Links: Gerade und gespiegelte Gerade haben reziproke Steigungen. — Rechts: Funktion und Umkehrfunktion
haben reziproke Ableitungen.

▶ Kommentierter Lösungsvorschlag

a) Man sieht dies anhand von Abb. 2.3: Dort ist eine Gerade g und die an
der Winkelhalbierenden gespiegelte Gerade g' eingezeichnet. Zu g ist ein Steigungsdreieck angegeben (mit Seitenlängen p und q), aus dem sich durch Spie-
geln ein Steigungsdreieck für g' ergibt. Damit wird klar: Die Gerade g hat die
Steigung p/q und g' hat die Steigung q/p. Wenn wir Geraden ausschließen, die
parallel zu einer der Achsen sind, dann gilt also:

Eine Gerade in $\mathbb{R}^2$ mit Steigung c $\neq$ 0 geht durch Spiegelung an der
Winkelhalbierenden in eine Gerade mit Steigung 1/c über.

b) Der Graph von f^{-1} geht aus dem Graphen von f durch Spiegelung an der
Winkelhalbierenden hervor, denn es ist

$$G_f = \{(x,y) \mid y = f(x)\}$$

und

$$G_{f^{-1}} = \{(x,y) \mid y = f^{-1}(x)\}$$
$$= \{(x,y) \mid x = f(y)\}.$$

Ist f an der Stelle a differenzierbar, so konvergieren die in der Definition der
Differenzierbarkeit betrachteten Sekanten gegen eine Gerade durch a, die per
Definition die Tangente in a ist. Wir bezeichnen diese Tangente im Folgenden

mit t_a. Die Ableitung $f'(a)$ ist die Steigung von t_a. Ist $f'(a) \neq 0$, so liegt t_a nicht parallel zur x-Achse. Spiegelt man die gerade betrachteten Sekanten und auch die Tangente t_a, so erhält man Sekanten und Tangente an den Graphen von f^{-1}. Wir sehen also: Die gespiegelte Gerade t'_a ist die Tangente an den Graphen von f^{-1} im Punkt $f(a)$. Nun benutzen wir das in Teil (a) Gezeigte: Die Steigung von t'_a ist der reziproke Wert der Steigung von t_a, also gleich $\frac{1}{f'(a)}$.

2.3 Wasserstand im Edersee – Die Kettenregel

Was sollten Sie schon kennen?

differenzierbare Funktionen einer Veränderlichen, die Kettenregel

Was lernen Sie hier?

Sie aktivieren unterschiedliche Grundvorstellungen zum Ableitungsbegriff und sehen, wie der Wechsel zwischen ihnen in einer Anwendungssituation genutzt werden kann.

▶ **Aufgabe**

Wir behandeln hier eine Fragestellung aus dem Aufsatz [G]:

»Wie viel Wasser hat der Edersee am 15. August 2003 verloren?«

Hintergrund dieser Frage ist, dass im Laufe des Jahres 2003 fast das gesamte Wasser der Edertalsperre abgelassen wurde. Zur Beantwortung stehen die zwei Diagramme in Abb. 2.4 zur Verfügung. Das eine gibt den Pegelstand des Edersees abhängig von der Zeit an – diese Größe wird regelmäßig gemessen und ist im Diagramm für die Zeit vom 1. November 2002 bis 31. Oktober 2003 dargestellt. Das andere gibt den Inhalt des Edersees abhängig vom Pegel an – ein funktionaler Zusammenhang, der durch die Geometrie des Sees festgelegt ist.

a) Ermitteln Sie einen Näherungswert für die Tangentensteigung der Funktion

$$f : \text{Zeit} \longrightarrow \text{Wassermenge}$$

an der zum (Tagesanfang des) 15. August 2003 gehörigen Stelle, indem Sie aus den Diagrammen an geeigneten Stellen (Näherungswerte für) die Tangentensteigungen der zwei Funktionen

$$g : \text{Zeit} \longrightarrow \text{Pegelstand} \quad \text{und} \quad k : \text{Pegelstand} \longrightarrow \text{Wassermenge}$$

entnehmen.

b) Begründen Sie, wie und warum Sie mit der in (a) ermittelten Tangentensteigung einen Näherungswert für die eingangs gesuchte Wassermenge erhalten können.

* * *

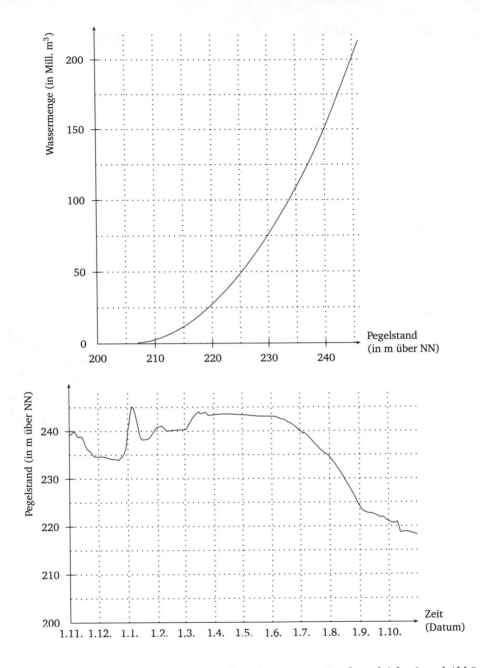

Abb. 2.4: Abhängigkeit der Wassermenge des Edersees vom Pegelstand (oben) und Abhängigkeit des Pegelstands von der Zeit (unten) für den Zeitraum vom 1. November 2002 bis 31. Oktober 2003. Das Zahlenmaterial, das den beiden Diagrammen zugrunde liegt, entstammt der Seite http://www.edersee.de/wasserstand/. Wir danken für die freundliche Genehmigung zur Verwendung der Daten.

▶ Kommentierter Lösungsvorschlag

a) Tangentensteigung der zusammengesetzten Funktion. Es geht hier darum, die Tangentensteigung der Funktion

$$f : \text{Zeit} \longrightarrow \text{Wassermenge}$$

im Punkt $(t, f(t))$ zu ermitteln, wobei der Zeitpunkt t der Tagesanfang des 15. August 2003 ist. Nicht die Funktion f ist allerdings in den zwei Diagrammen dargestellt, sondern die beiden Funktionen

$$g : \text{Zeit} \longrightarrow \text{Pegelstand} \quad \text{und} \quad k : \text{Pegelstand} \longrightarrow \text{Wassermenge} \,.$$

Wir nutzen nun, dass $f = k \circ g$ ist, und verwenden die Kettenregel

$$f'(t) = (k \circ g)'(t) = k'(g(t))g'(t) \,.$$

Die Werte $g'(t)$ und $k'(g(t))$ können wir den Diagrammen als Tangentensteigungen näherungsweise entnehmen: Es ist

$$g'(t) \approx -\frac{10\,\text{m}}{30\,\text{Tage}}, \qquad g(t) \approx 230\,\text{m}$$

$$k'(g(t)) \approx k'(230\,\text{m}) \approx \frac{50 \cdot 10^6\,\text{m}^3}{10\,\text{m}}$$

und daher

$$f'(t) \approx -\frac{50 \cdot 10^6\,\text{m}^3}{10\,\text{m}} \cdot \frac{10\,\text{m}}{30\,\text{Tage}} = -\frac{5}{3} \cdot 10^6\,\frac{\text{m}^3}{\text{Tag}} \approx -1,7 \cdot 10^6\,\frac{\text{m}^3}{\text{Tag}} \,.$$

b) Von der Tangentensteigung zur Approximation. Die Aufgabenstellung fragt nach der Wassermengendifferenz

$$f(\text{Tagesende des } 15.08.2003) - f(\text{Tagesanfang des } 15.08.2003) \,.$$

Das Ergebnis von Teilaufgabe (a) legt es nahe, unmittelbar zu antworten: Der Edersee hat am 15. August 2003 circa

$$1,7 \cdot 10^6\,\text{m}^3$$

Wasser verloren. Wir begründen nun genauer, inwiefern diese Näherung sinnvoll und berechtigt ist: Die in (a) betrachtete Tangentensteigung ist eine der *Grundvorstellungen* zum Ableitungsbegriff. Die Erklärung, warum Tangentensteigungen bei der Approximation eine Rolle spielen, kann von zwei alternativen Sichtweisen aus erfolgen – diese entsprechen zwei weiteren Grundvorstellungen zum Ableitungsbegriff:

Sichtweise 1 – Grundvorstellung der lokalen Änderungsrate
Die Ableitung $f'(t)$ ist der Grenzwert der *relativen Änderungen*

$$\frac{f(t+h) - f(t)}{h}$$

für $h \to 0$ und wird daher als *(lokale) Änderungsrate* an der Stelle t interpretiert. Wir nutzen nun für kleine h die Approximation

$$\frac{f(t+h) - f(t)}{h} \approx f'(t) \qquad\qquad (*)$$

und erhalten so als Näherung für die *totale Änderung* $f(t+h) - f(t)$ den Wert $f'(t) \cdot h$.

Sichtweise 2 – Grundvorstellung der lokalen Linearisierung
Die Differenzierbarkeit der Funktion f an der Stelle t ist äquivalent dazu, dass gilt

$$f(t+h) = f(t) + f'(t) \cdot h + r(h)$$

mit

$$\frac{r(h)}{h} \to 0 \, .$$

Die Funktion f wird also an der Stelle t durch die lineare Funktion

$$h \mapsto \ell(h) := f(t) + f'(t) \cdot h$$

lokal linearisiert mit einer Fehlerfunktion r, die für $h \to 0$ »stärker als linear« gegen 0 konvergiert. Als Näherung ersetzen wir nun f in der Nähe von t durch die angegebene Linearisierung und erhalten so den Näherungswert

$$f(t+h) - f(t) \approx \ell(h) - \ell(0) = f'(t) \cdot h \, .$$

Bemerkung: In der Aufgabe wurden Näherungswerte für Tangentensteigungen aus Diagrammen entnommen, z. B. für die Pegelstandsfunktion am 15. August. Dabei sind zwei Aspekte zu bedenken:

(1) *Ablesegenauigkeit:* Wie zuverlässig die entnommenen Werte sind, ist zum einen eine Frage der erreichbaren Ablesegenauigkeit. Ginge es nicht um den 15. August, sondern etwa um einen der Tage am Beginn des März, so bräuchte man ein Diagramm in größerer Auflösung (stärkere Vergrößerung).

(2) *Modellierung:* Bei der Erstellung der Diagramme wurde aus diskreten Werten (Pegelständen, die in gewissen Zeitabständen gemessen wurden) eine differenzierbare Kurve gebildet, deren Tangentensteigungen für die Zwecke der Aufgabe verwendet werden. Die Zuverlässigkeit der weiteren Rechnung hängt davon ab, ob diese Modellierung angemessen ist – es ist beispielsweise denkbar, dass bei weiteren Zwischenmessungen Schwankungen auftreten, die zu einer veränderten Kurve führen könnten.

Zum Weiterarbeiten

- **Mehr über den Edersee.** Sie finden in [HJK] eine Aufgabe, in der weitergehende Überlegungen zum Edersee angestellt werden – bis hin zur Untersuchung einer Differentialgleichung, mit der das Abfließen des Wassers beschrieben werden kann.

2.4 Eine Charakterisierung der Differenzierbarkeit durch eine Lage-Bedingung

Was sollten Sie schon kennen?

den Ableitungsbegriff und seine Interpretation als Tangentensteigung

Was lernen Sie hier?

Sie lernen eine Möglichkeit kennen, die Differenzierbarkeit und den Tangentenbegriff durch eine geometrische »Lage-Bedingung« zu charakterisieren.

▶ **Aufgabe**

Es sei $f : I \to \mathbb{R}$ eine Funktion auf einem reellen Intervall I und es sei $a \in I$ ein innerer Punkt von I. In dieser Aufgabe geht es darum, die Differenzierbarkeit von f in a und die zugehörige Tangente in geometrischer Weise zu charakterisieren. Wir betrachten dazu in $\mathbb{R}^2$ alle Geraden, die durch den Punkt $(a, f(a))$ gehen und eine beliebige Steigung $c \in \mathbb{R}$ haben. (Geraden, die parallel zur y-Achse sind, betrachten wir also nicht.) Sie sind die Graphen der linearen Funktionen

$$g_c : \mathbb{R} \to \mathbb{R}$$
$$x \mapsto f(a) + c \cdot (x - a).$$

a) **Untersuchung einer Lage-Bedingung.** Nehmen Sie an, dass f in a differenzierbar ist. Eine der Geraden g_c ist dann die Tangente an f in a, und zwar diejenige, bei der $c = f'(a)$ ist. Für $\varepsilon > 0$ entsteht die Gerade $g_{c+\varepsilon}$ durch eine Linksdrehung von g_c um den Punkt $(a, f(a))$. Wie ist die gegenseitige Lage von f und $g_{c+\varepsilon}$ in der Nähe von a? Wie ist die Lage von f und $g_{c-\varepsilon}$? (Mit »gegenseitige Lage« ist dabei gemeint: Welche Funktion liegt wo unterhalb/oberhalb der anderen?) Experimentieren Sie zunächst anhand von Skizzen, formulieren Sie dann eine Behauptung und beweisen Sie diese.

b) **Die Umkehrung.** Beweisen Sie nun die umgekehrte Aussage: Wenn es unter den Geraden g_c eine gibt, so dass für beliebiges $\varepsilon > 0$ die gedrehten Geraden $g_{c+\varepsilon}$ bzw. $g_{c-\varepsilon}$ die Lage-Bedingung erfüllen, die Sie in der vorigen Aufgabe formuliert haben, dann ist f in a differenzierbar und die Gerade g_c ist die Tangente in a.

$$* \quad * \quad *$$

▶ **Kommentierter Lösungsvorschlag**

a) **Untersuchung einer Lage-Bedingung.** Durch Experimentieren anhand einiger Beispiele wie in Abb. 2.5 kann man zu einer Vermutung gelangen. (Probieren Sie mehrere Varianten bei f aus: monoton steigend, monoton fallend, mit Maximum bei a, mit Minimum bei a.)

Wir behaupten: Sei f differenzierbar in a und sei $c = f'(a)$. Dann gilt:

(∗) *Für jedes $\varepsilon > 0$ gibt es eine Umgebung von a, auf der die Gerade $g_{c+\varepsilon}$ folgende Lage-Bedingung erfüllt: Sie liegt links von a unterhalb von f und rechts von a oberhalb von f. Bei $g_{c-\varepsilon}$ ist es umgekehrt.*

Beweis: Die Differenzierbarkeit von f in a lässt sich durch folgende Bedingung ausdrücken: Es gilt für alle $x \in I$

$$f(x) = f(a) + c(x - a) + r(x)(x - a)$$

mit einer Funktion $r : I \to \mathbb{R}$, die für $x \to a$ gegen 0 geht. Nun sei $\varepsilon > 0$ beliebig vorgegeben. Durch Einsetzen finden wir

$$g_{c+\varepsilon}(x) - f(x) = (\varepsilon - r(x))(x - a).$$

Da $\varepsilon > 0$ ist und r für $x \to a$ gegen 0 geht, ist $\varepsilon - r(x)$ in einer Umgebung von a positiv. Da $x - a$ bei a das Vorzeichen von Minus nach Plus wechselt, gilt dies also auch für $g_{c+\varepsilon}(x) - f(x)$. Daraus folgt die Behauptung für $g_{c+\varepsilon}$. Für $g_{c-\varepsilon}$ geht es analog.

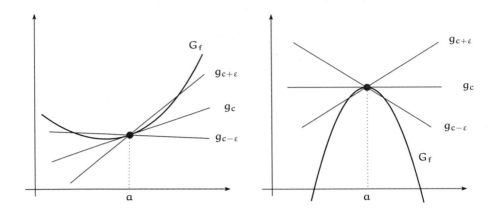

Abb. 2.5: Geraden $g_{c+\varepsilon}$ bzw. $g_{c-\varepsilon}$, die durch Links- bzw. Rechtsdrehung der Tangente g_c entstehen, und ihre Lage zum Graphen G_f in der Nähe von a. Die Lageverhältnisse hängen nicht davon ab, ob die Funktion in einer Umgebung von a monoton ist (linkes Bild) oder ob sie in a ihr Monotonieverhalten ändert (rechtes Bild).

b) Die Umkehrung. Nun sei angenommen, dass die Gerade g_c die in (a) formulierte Lage-Bedingung $(*)$ erfüllt. Wir behaupten, dass f dann in a differenzierbar ist und dass $f'(a) = c$ gilt.

Beweis: Wir definieren die Funktion r durch die Gleichung $f(x) = f(a) + c(x - a) + r(x)(x - a)$ und haben zu zeigen, dass r für $x \to 0$ gegen 0 geht. Nach Voraussetzung $(*)$ gibt es für beliebiges $\varepsilon > 0$ eine Umgebung von a, auf der für $x > a$ gilt

$$(\varepsilon - r(x))(x - a) = g_{c+\varepsilon}(x) - f(x) > 0\,.$$

Dies impliziert $r(x) < \varepsilon$. Durch Betrachtung von $g_{c-\varepsilon}$ erhält man analog die Ungleichung $r(x) > -\varepsilon$, also insgesamt

$$|r(x)| < \varepsilon\,.$$

Diese für $x > a$ gezeigte Ungleichung lässt sich in gleicher Weise auch für $x < a$ zeigen. Da $\varepsilon > 0$ beliebig war, folgt die zu zeigende Behauptung über r.

Beachten Sie: Die hier erarbeitete, in $(*)$ formulierte Charakterisierung kommt zwar ohne explizite Verwendung des Grenzwertbegriffs aus, jedoch ist dieser in der Formulierung »Für jedes $\varepsilon >$ gibt es eine Umgebung ...« dennoch implizit enthalten. Trotz dieser Einschränkung kann die hier besprochene Charakterisierung nützlich sein, um die geometrische Vorstellung vom Tangentenbegriff zu vertiefen.

Zum Weiterarbeiten

■ **Vorstellungen zur Lage von Tangenten.** Wir betrachten eine differenzierbare Funktion $f : I \to \mathbb{R}$ auf einem Intervall $I \subset \mathbb{R}$ und einen inneren Punkt $a \in I$. Mit t_a bezeichnen wir die Tangente an G_f in a. Untersuchen Sie, ob die folgende geometrische Vorstellung richtig ist:

> Der Graph G_f liegt lokal (d. h. in einer Umgebung des Punkts $(a, f(a))$) vollständig unterhalb oder vollständig oberhalb von t_a. (Dabei sind *unterhalb* und *oberhalb* im Sinne einer $\leqslant$- bzw. $\geqslant$-Beziehung gemeint.)

Untersuchen Sie auch, ob die Vorstellung in umgekehrter Richtung zutreffend ist: Wenn eine durch $(a, f(a))$ gehende Gerade die angegebene Eigenschaft hat, ist sie dann die Tangente t_a?

2.5   Differenzierbarkeit von abschnittsweise definierten Funktionen

Was sollten Sie schon kennen?

den Differenzierbarkeitsbegriff, den Mittelwertsatz und die Regel von de l'Hospital

Was lernen Sie hier?

Sie lernen zwei Strategien kennen, um die Differenzierbarkeit von abschnittsweise definierten Funktionen nachzuweisen, und Sie vergleichen deren Reichweite.

▶ **Aufgabe**

Wir betrachten hier Aufgabenstellungen von folgender Art:

»Überprüfen Sie, ob die durch

$$x \mapsto \begin{cases} \sin x, & \text{falls } x < 0 \\ 0, & \text{falls } x = 0 \\ x^2 + x, & \text{falls } x > 0 \end{cases}$$

gegebene Funktion $f : \mathbb{R} \to \mathbb{R}$ differenzierbar ist.«

Anstelle der Sinusfunktion und der Funktion $x \mapsto x^2 + x$ könnten hier andere differenzierbare Funktionen stehen, und anstelle des Nullpunkts könnte eine andere Stelle als Verbindungspunkt der beiden Teilintervalle gegeben sein.

Jemand schlägt Ihnen zur Lösung zwei alternative Strategien vor:

(A) »Die Differenzierbarkeit von f auf der Menge $\mathbb{R} \setminus \{0\}$ liegt auf der Hand, da sowohl die Sinusfunktion als auch die Funktion $x \mapsto x^2 + x$ auf den angegebenen Teilintervallen differenzierbar sind. Um die Differenzierbarkeit im Nullpunkt zu überprüfen, gehe ich aus von der Definition der Ableitung und betrachte zu beliebigem $x \neq 0$ den Differenzenquotienten von f zu x und 0,

$$\frac{f(x) - f(0)}{x - 0}.$$

Je nachdem, ob dieser für $x \to 0$ konvergiert oder nicht, ist f im Nullpunkt differenzierbar oder nicht.«

(B) »Die Funktion f ist auf $\mathbb{R} \setminus \{0\}$ sicherlich differenzierbar, ich kann dort also die Ableitungsfunktion f' bilden. Wenn ich nun zeigen kann, dass f im Nullpunkt stetig ist und der Grenzwert

$$\lim_{\substack{x \to 0 \\ x \neq 0}} f'(x)$$

existiert, dann ist f auch im Nullpunkt differenzierbar und $f'(0)$ stimmt mit dem gefundenen Grenzwert überein.«

Nun zu Ihrem Arbeitsauftrag:

a) Lösen Sie die Aufgabe mit Strategie (A).

b) Lösen Sie die Aufgabe mit Strategie (B), unter der Annahme, dass diese Vorgehensweise korrekt ist.

c) In Strategie (B) wird die Differenzierbarkeit von f im Nullpunkt nicht direkt bewiesen, sondern aus gewissen Grenzwertaussagen gefolgert. Formulieren Sie einen Satz, der diese Schlussweise sichert, und beweisen Sie ihn.
Tipp: Für den Beweis des Satzes kann Ihnen der Mittelwertsatz von Nutzen sein.

d) An welcher Stelle geht bei Ihrem Beweis die Stetigkeit von f ein? Geben Sie ein Beispiel, das zeigt, dass Strategie (B) ohne die Stetigkeitsaussage für f falsch ist.

e) Erklären Sie, warum in folgendem Beispiel die Differenzierbarkeit zwar mit Strategie (A), aber nicht mit Strategie (B) gezeigt werden kann:

$$
\begin{aligned}
f : \mathbb{R} &\to \mathbb{R} \\
x &\to \begin{cases} x^2 \sin(\frac{1}{x}), & \text{falls } x \neq 0, \\ 0, & \text{falls } x = 0. \end{cases}
\end{aligned}
$$

f) Geben Sie einen alternativen Beweis Ihres in Teil (c) gezeigten Satzes, der anstelle des Mittelwertsatzes die Regel von de l'Hospital benutzt.

g) Überlegen Sie, ob im vorigen Aufgabenteil der Beweis durch die Verwendung der Regel von de l'Hospital vereinfacht wurde, und zwar einerseits
- hinsichtlich der Beweisführung und andererseits
- hinsichtlich der für die eingesetzten Argumentationsmittel notwendigen Vorarbeiten im Theorieaufbau.

$$* \quad * \quad *$$

► **Kommentierter Lösungsvorschlag**

a) Lösung mit Strategie (A). Der fragliche Differenzenquotient ist für $x < 0$ gleich

$$\frac{f(x) - f(0)}{x - 0} = \frac{\sin x - 0}{x - 0} = \frac{\sin x}{x}$$

und konvergiert daher für $x \nearrow 0$ gegen 1. Für $x > 0$ ist er gleich

$$\frac{f(x) - f(0)}{x - 0} = \frac{(x^2 + x) - 0}{x - 0} = x + 1$$

und konvergiert daher für $x \searrow 0$ ebenfalls gegen 1. Damit ist gezeigt, dass

$$\lim_{x \to 0} \frac{f(x) - f(0)}{x - 0} = 1$$

gilt und somit f in 0 differenzierbar ist.

b) Lösung mit Strategie (B). In Punkten $x \neq 0$ ist f differenzierbar mit

$$f'(x) = \begin{cases} \cos x, & \text{falls } x < 0, \\ 2x + 1, & \text{falls } x > 0. \end{cases}$$

Da $\cos x \to 1$ und $2x + 1 \to 1$ für $x \nearrow 0$ bzw. $x \searrow 0$, ist damit gezeigt, dass gilt

$$\lim_{\substack{x \to 0 \\ x \neq 0}} f'(x) = 1$$

und damit $f'(0) = 1$.

c) Absicherung von Strategie (B). Wir behaupten, dass folgender Satz gilt:

(∗) *Es sei f in einer Umgebung des Nullpunkts stetig und in einer punktierten Umgebung des Nullpunkts differenzierbar. Falls der Grenzwert*

$$b := \lim_{\substack{x \to 0 \\ x \neq 0}} f'(x)$$

existiert, dann ist f auch im Nullpunkt differenzierbar mit $f'(0) = b$.

Zum *Beweis* betrachten wir für $x \neq 0$ den Differenzenquotienten

$$\frac{f(x) - f(0)}{x - 0}.$$

Der Mittelwertsatz besagt, dass es einen Punkt ξ zwischen x und 0 gibt, so dass der obige Differenzenquotient gleich $f'(\xi)$ ist. Für $x \to 0$ geht auch $\xi \to 0$ und daher nach Voraussetzung $f'(\xi) \to b$. Insgesamt sehen wir also, dass für $x \to 0$ gilt

$$\frac{f(x) - f(0)}{x - 0} = f'(\xi) \to b,$$

und dies zeigt, dass f in 0 differenzierbar ist mit $f'(0) = b$.

d) Wo geht die Stetigkeit ein? Die Stetigkeit von f im Nullpunkt wird bei der Anwendung des Mittelwertsatzes benutzt: Dort wird als Voraussetzung die Stetigkeit am Rand des betrachteten Intervalls benötigt.

Ohne die Stetigkeitsvoraussetzung wird Behauptung $(*)$ falsch: Dies sieht man bereits an einfachen Beispielen wie

$$x \mapsto \begin{cases} -1, & \text{falls } x < 0, \\ 0, & \text{falls } x = 0, \\ 1, & \text{falls } x > 0. \end{cases}$$

e) Ein Beispiel. Mit Strategie (A) kann man leicht nachweisen, dass f differenzierbar ist. Mit Strategie (B) gelingt dies nicht: Die Ableitung von f auf $\mathbb{R} \setminus \{0\}$ ist durch

$$f'(x) = 2x \sin(\frac{1}{x}) - \cos(\frac{1}{x})$$

gegeben. Ihr Grenzwert für $x \to 0$ existiert aber nicht! Man kann daher nicht folgern, dass f im Nullpunkt differenzierbar ist. Beachten Sie:

Die Funktion f ist im Nullpunkt durchaus differenzierbar – dies lässt sich nur eben nicht mit Strategie (B) zeigen. Diese stellt ein *hinreichendes*, aber nicht *notwendiges* Kriterium für Differenzierbarkeit bereit.

Bemerkung: In Strategie (B) wird nicht nur auf die Differenzierbarkeit von f geschlossen, sondern sogar auf die Stetigkeit der Ableitung (im Nullpunkt). Strategie (B) versagt daher immer dann, wenn die betrachtete Funktion f zwar differenzierbar, aber nicht *stetig differenzierbar* ist (d. h. wenn ihre Ableitung nicht stetig ist). So wurde das obige Beispiel gerade gewählt: Es ist ein Standardbeispiel einer differenzierbaren, nicht stetig differenzierbaren Funktion (siehe Aufgabe 5.12).

f) Alternative mit der Regel von l'Hospital. Wir geben einen alternativen *Beweis* für den Satz $(*)$ aus Teil (c): Dazu betrachten wir für $x \neq 0$ den Differenzenquotienten

$$\frac{f(x) - f(0)}{x - 0}. \qquad (**)$$

Ist f in 0 stetig, so gehen dessen Zähler und Nenner für $x \to 0$ gegen 0. Da nach
Voraussetzung der Grenzwert

$$\lim_{\substack{x \to 0 \\ x \neq 0}} \frac{f'(x)}{1} \qquad\qquad (\ast\ast\ast)$$

existiert, so existiert nach der Regel von de l'Hospital auch der Grenzwert
von $(\ast\ast)$ für $x \to 0$ und beide sind gleich. Also ist f in 0 differenzierbar und
$f'(0)$ ist gleich dem Grenzwert in $(\ast\ast\ast)$.

g) Eine Vereinfachung? In der Beweisführung kann man leichte Vorteile bei
Verwendung der Regel von de l'Hospital sehen, da man die von x abhängi-
ge Zwischenstelle ξ beim Grenzübergang nicht mitverfolgen muss. (In diesem
Punkt kann man selbstverständlich geteilter Meinung sein.)

Hinsichtlich des Theorieaufbaus erfordert die Regel von de l'Hospital mehr
Vorarbeit als der Mittelwertsatz. Geht man beispielsweise beim Beweis der Regel von de l'Hospital vor wie in [H1, Abschn. 50], dann wird hierfür der verallgemeinerte Mittelwertsatz [H1, 49.9] vorab benötigt – der folgende *Argumentationsgraph* drückt dies aus:

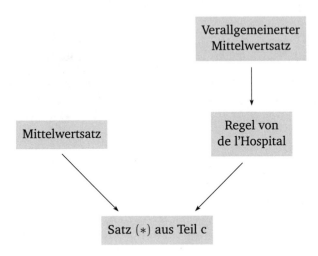

Zum Weiterarbeiten

- **Ein realistischeres Beispiel.** Das eingangs der Aufgabe angegebene Beispiel ist so einfach gehalten, dass es eher eine »Laborsituation« darstellt. Arbeiten Sie daher zur Übung auch mit der Funktion $f : \mathbb{R} \to \mathbb{R}$, die gegeben ist durch

$$f(x) = \begin{cases} x^2 + x + 1, & \text{falls } x < 0, \\ 1, & \text{falls } x = 0, \\ \frac{\sin x}{x}, & \text{falls } x > 0. \end{cases}$$

- **Abschreckend?** Die folgende Problemstellung wird in [A, Abschn. 10] zu Recht als Beispiel für eine Situation genannt, in der sich Anfängerinnen und Anfänger aufgrund der äußeren Form der Darstellung abgeschreckt fühlen können:

  »Untersuchen Sie die Funktion $f :]-1, 1[\to \mathbb{R}$ mit

  $$f(x) = \begin{cases} \arctan(x^2), & \text{falls } -1 < x < 0 \\ \sin(x^5)\sqrt{1 - x^2}, & \text{falls } 0 \leqslant x < 1 \end{cases}$$

  auf Differenzierbarkeit.«

  Da Sie sich jedoch in der vorliegenden Aufgabe wirksame Strategien zu solchen Aufgabenstellungen erarbeitet haben, bin ich sicher, dass Ihnen die Lösung nicht mehr schwerfällt.

- **Weitere Beispiele für Strategie (A)?** Versuchen Sie, über das in (e) gegebene Beispiel hinaus weitere Aufgaben zu konstruieren, die mit Strategie (A) gelöst werden können, bei denen jedoch Strategie (B) nicht zum Erfolg führt. Wo liegt die Schwierigkeit bei der Herstellung solcher Aufgaben?

- **Funktionen glatt verbinden.** Die beiden konstanten Funktionen

$$f :]-\infty, -1] \to \mathbb{R}, \qquad x \mapsto -1$$
$$g : [1, \infty[\to \mathbb{R}, \qquad x \mapsto 1$$

sollen durch eine Funktion $h :]-1, 1[\to \mathbb{R}$ so verbunden werden, dass insgesamt eine differenzierbare Funktion

$$F : \mathbb{R} \to \mathbb{R}$$

entsteht. Stellen Sie eine solche Verbindung mittels einer kubischen Polynomfunktion $h : x \mapsto ax^3 + bx^2 + cx + d$ her – und zwar so, dass F möglichst oft differenzierbar wird.
Ausblick: Man kann mit geeigneten (komplizierteren) Verbindungsfunktionen sogar erreichen, dass F unendlich oft differenzierbar wird.

2.6   Differenzierbarkeit der Sinusfunktion

Was sollten Sie schon kennen?
- die Sinusfunktion
- den Ableitungsbegriff
- das Arbeiten mit Grenzwerten

Was lernen Sie hier?
- Sie lernen einen Weg kennen, auf dem die Differenzierbarkeit der Sinusfunktion mit Mitteln der Schulmathematik gezeigt werden kann – als Alternative zu einem Zugang, der auf Potenzreihenüberlegungen basiert.
- Sie erleben, dass die Wahl eines Zugangs weitreichende Konsequenzen für den Theorieaufbau haben kann, und Sie lernen, dies mit Hilfe eines Argumentationsgraphen zu veranschaulichen.

▶ **Aufgabe**

In dieser Aufgabe geht es um den folgenden Satz:

Die Sinusfunktion $\sin : \mathbb{R} \to \mathbb{R}$ *ist differenzierbar und ihre Ableitung ist die Kosinusfunktion* $\cos : \mathbb{R} \to \mathbb{R}$.

Eine Möglichkeit, diesen Satz im Rahmen einer Analysis-Vorlesung zu beweisen, besteht darin, die Darstellung der Sinus- und der Kosinusfunktion durch Potenzreihen zu verwenden und auf Grundlage einschlägiger Sätze mit gliedweiser Differentiation zu argumentieren.

a) **Eine alternative Argumentation.** Wir betrachten nun eine alternative Argumentation, die in mehreren Varianten auch in Unterrichtswerken der 11. Jahrgangsstufe genutzt wird. Gehen Sie dazu für gegebene $x \in \mathbb{R}$ und $h \neq 0$ vom Differenzenquotienten der Sinusfunktion zu den Stellen x und $x + h$ aus. Nutzen Sie das Additionstheorem der Sinusfunktion und die Gleichung $1 - \cos h = 2(\sin \frac{h}{2})^2$ für algebraische Umformungen. Verwenden Sie dann die Grenzwertaussage $\lim_{h \to 0} \frac{\sin h}{h} = 1$, um zu zeigen, dass der betrachtete Differenzenquotient für $h \to 0$ konvergiert, und bestimmen Sie den Grenzwert.

b) **Benötigte Vorkenntnisse.** Die in (a) erarbeitete Argumentation greift auf gewisse Eigenschaften der Sinus- und Kosinusfunktion zu. Stellen Sie diese Eigenschaften zusammen und überlegen (oder recherchieren) Sie, mit welchen (z. B. geometrischen) Argumentationen man zu diesen gelangen könnte, ohne die Potenzreihendarstellungen von Sinus- und Kosinusfunktion (oder deren Zusammenhang mit der komplexen Exponentialfunktion) zu nutzen.

c) **Argumentationsgraph.** Erstellen Sie nun einen Begriffs-/Argumentationsgraphen, der sowohl den obigen Zugang als auch den eingangs erwähnten Zugang über Potenzreihen beinhaltet. Das »untere Ende« des Graphen könnte folgendermaßen aussehen:

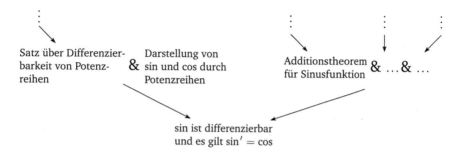

Zur Erläuterung: Im Argumentationsgraph werden Sätze und Begriffe in ihrer logischen Abhängigkeit voneinander dargestellt. Verschiedene Pfade im Graphen entsprechen dabei verschiedenen möglichen Zugängen zu einem Satz oder Begriff.

$$* \quad * \quad *$$

▶ **Kommentierter Lösungsvorschlag**

a) **Eine alternative Argumentation.** Um die Differenzierbarkeit der Sinusfunktion an einer Stelle $x \in \mathbb{R}$ zu zeigen und die Ableitung $\sin'(x)$ zu ermitteln, betrachten wir für $h \neq 0$ den Differenzenquotienten

$$\frac{\sin(x+h) - \sin(x)}{h}$$

$$= \frac{\cos(x)\sin(h) + \sin(x)\cos(h) - \sin(x)}{h} \qquad \text{(Additionstheorem des Sinus)}$$

$$= \cos(x)\frac{\sin(h)}{h} + \sin(x)\frac{\cos(h) - 1}{h} \qquad \text{(Algebraische Umformung)}$$

$$= \cos(x)\frac{\sin(h)}{h} - \sin(x)\frac{\sin(\frac{h}{2})\sin(\frac{h}{2})}{\frac{h}{2}} . \qquad (*)$$

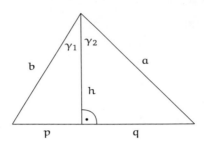

Abb. 2.6: Das Additionstheorem der Sinusfunktion lässt sich mit einer Flächenbetrachtung bei Dreiecken beweisen.

Im letzten Schritt dieser Gleichungskette haben wir die vorgegebene trigonometrische Identität $1 - \cos h = 2(\sin \frac{h}{2})^2$ benutzt. Wir verwenden nun die Grenzwertaussage

$$\frac{\sin(h)}{h} \underset{h \to 0}{\longrightarrow} 1$$

zweimal: Sie zeigt zum einen, dass der erste Summand in $(*)$ gegen $\cos(x)$ konvergiert, und zum anderen, dass der zweite Summand gegen Null geht. Damit folgt

$$\sin'(x) = \cos(x).$$

b) Benötigte Vorkenntnisse. Bei der Argumentation in (a) wurden folgende Aussagen genutzt:

 (i) Additionstheorem der Sinusfunktion
(ii) $1 - \cos h = 2(\sin \frac{h}{2})^2$ für alle $h \in \mathbb{R}$
(iii) $\lim_{h \to 0} \frac{\sin h}{h} = 1$

Wir besprechen nun Möglichkeiten, wie sich diese ohne Einsatz von Potenzreihen (oder Verwendung der komplexen Exponentialfunktion) begründen lassen.

Zu (i): Für den Beweis des Additionstheorems gibt es mehrere Wege, darunter die folgenden:

- über Flächeninhalte von Dreiecken wie in Abb. 2.6
- aus dem Sinussatz wie in [FD]
- aus Überlegungen am Einheitskreis wie in [LS10]

Wir erläutern exemplarisch den erstgenannten Weg, der auf der Flächeninhaltsformel für Dreiecke beruht: Dazu berechnen wir in der durch Abb. 2.6 dargestellten Situation den Flächeninhalt des Gesamtdreiecks zunächst durch Be-

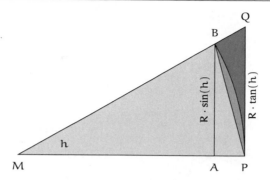

Abb. 2.7: Mit einer geometrischen Flächenüberlegung lässt sich zeigen, dass $\lim\limits_{h\to 0} \frac{\sin h}{h} = 1$ gilt.

trachtung der beiden Teildreiecke: Das linke Teildreieck hat den Flächeninhalt

$$\frac{1}{2}ph = \frac{1}{2}(b\sin\gamma_1)(a\cos\gamma_2)$$

und das rechte den Flächeninhalt

$$\frac{1}{2}qh = \frac{1}{2}(a\sin\gamma_2)(b\cos\gamma_1).$$

Andererseits können wir den Flächeninhalt des Gesamtdreiecks auch ausgehend von der Seite a berechnen: Die zugehörige Höhe hat die Länge $b\sin(\gamma_1+\gamma_2)$, so dass wir als Flächeninhalt den Wert

$$\frac{1}{2}a(b\sin(\gamma_1+\gamma_2))$$

erhalten. Setzt man nun die Werte gleich, die die beiden Berechnungsweisen ergeben, so erhält man das Additionstheorem. (Die geometrische Argumentation liefert dies zunächst nur für Winkel γ_1 und γ_2 zwischen $0°$ und $90°$, woraus man dann auch den allgemeinen Fall ableiten kann.)

Zu (ii): Diese trigonometrische Gleichung lässt sich aus dem Additionstheorem der Kosinusfunktion (das man ihrerseits aus dem Additionstheorem des Sinusfunktion folgern kann) und der Gleichung $\sin(\frac{h}{2})^2 + \cos(\frac{h}{2})^2 = 1$ (die man geometrisch aus dem Satz des Pythagoras folgern kann) erhalten: Es gilt

$$\cos(h) = \cos(\tfrac{h}{2}+\tfrac{h}{2}) = \cos(\tfrac{h}{2})^2 - \sin(\tfrac{h}{2})^2 = 1 - 2\sin(\tfrac{h}{2})^2,$$

woraus man durch Umstellen unmittelbar die Gleichung (ii) erhält.

Zu (iii): Wir beschreiben hier einen elementargeometrischen Zugang, der sich auch in gymnasialen Unterrichtswerken findet (siehe z. B. [LS]). Dazu vergleichen wir für $h > 0$ (da die sin-Funktion ungerade ist, genügt es, diesen Fall

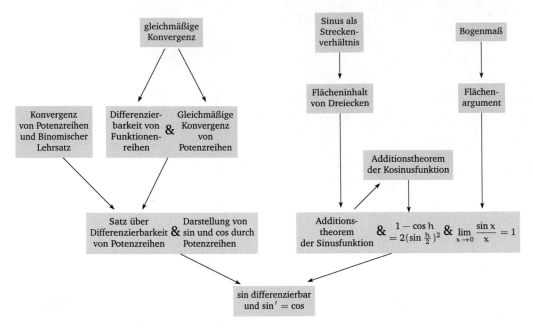

Abb. 2.8: Ein möglicher Argumentationsgraph zu Aufgabenteil (c). Er stellt alternative Argumentationswege dar.

zu betrachten) und $R > 0$ in Abb. 2.7 die Flächeninhalte A_{MPB} und A_{MPQ} der Dreiecke MPB bzw. MPQ mit dem Flächeninhalt $A_{\overset{\frown}{MPB}}$ des Kreissektors $\overset{\frown}{MPB}$ (der zu einem Kreis vom Radius R gehört): Es gilt

$$A_{MPB} \leqslant A_{\overset{\frown}{MPB}} \leqslant A_{MPQ}\,,$$

also

$$\frac{1}{2}R \cdot R\sin(h) \leqslant \frac{1}{2}R \cdot Rh \leqslant \frac{1}{2}R \cdot R\tan(h)\,.$$

Durch Kürzen und Umstellen erhalten wir hieraus die Ungleichungskette

$$1 \geqslant \frac{\sin(h)}{h} \geqslant \cos(h)\,,$$

und daraus folgt die Behauptung.

c) Argumentationsgraph. Das erarbeitete Argumentationsgefüge lässt sich in einem Graphen darstellen, der Übersicht über die logischen Abhängigkeiten und die alternativen Argumentationswege schafft. Abbildung 2.8 stellt einen möglichen Argumentationsgraphen dar – andere Darstellungsweisen sind selbstverständlich denkbar, insbesondere kann man den Graphen nach oben fortsetzen, indem man immer weiter zurückfragt, worauf die jeweiligen Sätze oder Begriffe basieren.

Der linke Teilgraph stellt den Zugang über Potenzreihen dar: Man benötigt die Darstellungen von Sinus und Kosinus durch Potenzreihen sowie den Differenzierbarkeitssatz, der die Zulässigkeit des gliedweisen Ableitens sichert. Dieser kann seinerseits entweder aus allgemeinen Sätzen über die Differentiation von Funktionenfolgen und -reihen gewonnen werden (rechter Ast) oder mit einem direkten Potenzreihenbeweis wie in [J, Abschn. 1.2] bewiesen werden, der letztlich auf der Anwendung des binomischen Lehrsatzes beruht (linker Ast).

Im rechten Teilgraph ist der in dieser Aufgabe verfolgte geometrische Zugang dargestellt: Der in (i) gezeigte Beweis des Additionstheorems über Flächeninhalte von Dreiecken setzt voraus, dass die Sinusfunktion über Streckenverhältnisse in rechtwinkligen Dreiecken definiert ist. Die trigonometrische Identität in (ii) kann aus dem Additionstheorem des Kosinus gefolgert werden, welches aus dem des Sinus abgeleitet werden kann. Das in (iii) gezeigte Flächenargument zur Bestimmung des Grenzwerts von $\frac{\sin h}{h}$ beruht wesentlich darauf, dass Winkel als Bogenlängen verstanden werden.

Zum Weiterarbeiten

- **Weitere Alternativen.** Zu der in Aufgabenteil (a) vorgestellten Argumentation gibt es mehrere Varianten. Untersuchen Sie zum Beispiel, in welcher Hinsicht die in [Fo1, §15] durchgeführte und auch im Unterrichtswerk [LS] verwendete Version von der hier dargestellten Version abweicht. Stellen Sie dies im Argumentationsgraphen dar (neue Verzweigung im rechten Teilgraphen).

- **Der Winkelbegriff.** Der Argumentationsgraph aus Aufgabenteil (c) zeigt insbesondere, dass es im rechten Teilgraphen wesentlich ist, Winkelgrößen als Bogenlängen aufzufassen. In der Elementargeometrie werden dagegen Winkel zunächst oft als »Anteile am Vollwinkel 360°« eingeführt. Entwickeln Sie hierzu einen Argumentations- und Begriffsgraphen. Sie können dazu auch die Überlegungen aus Aufgabe 4.4 einbeziehen, die die unterschiedliche Auffassung des Bogenmaßes in Elementargeometrie und Analysis beleuchtet.

3

Monotonie und Extrema

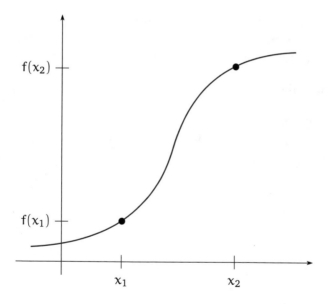

Zur Orientierung

■ **Monotonie.** Es ist ein Grundanliegen der Analysis, Methoden zur Beschreibung des Änderungsverhaltens von Funktionen bereitzustellen. Bei der Frage nach dem Monotonieverhalten von Funktionen $f \colon \mathbb{R} \to \mathbb{R}$ tritt ein interessanter *Lokal-Global-Zusammenhang* auf:

- Die Ableitung f' beschreibt das *lokale* Änderungsverhalten einer differenzierbaren Funktion. Sie gibt Antwort auf die Frage: Wie ist die lokale Änderungsrate?

- Die Frage nach der Monotonie betrifft dagegen das *globale* Änderungsverhalten von f: Nehmen die Funktionswerte zu oder ab? Ist der Graph von f steigend oder fallend?

Erstaunlicherweise existieren Verbindungen, die Schlüsse zwischen lokalem und globalem Verhalten ermöglichen. Als Beispiel: Für differenzierbare Funktionen $f \colon I \to \mathbb{R}$ auf einem reellen Intervall I gilt der Lokal-Global-Schluss

$$f'(x) > 0 \text{ für alle } x \in I \implies f \text{ ist streng monoton steigend auf } I.$$

Das entscheidendes Bindeglied, das zwischen »lokal« und »global« vermittelt, ist der Mittelwertsatz. In Aufgabe 3.2 finden Sie eine eingehende Betrachtung dazu, welche Lokal-Global-Schlüsse bei Monotonieuntersuchungen möglich sind und welche nicht.

Auch höhere Ableitungen lassen sich in diesem Sinne einsetzen, etwa wenn die zweite Ableitung f'' genutzt wird, um Aussagen über die Monotonie von f' zu erhalten, die ihrerseits Schlüsse auf das Krümmungsverhalten des Graphen von f zulassen (siehe auch hierzu Aufgabe 3.2).

■ **Extrema.** Bei der Untersuchung des Verhaltens einer Funktion ist auch die Frage relevant, ob sie ein Maximum oder Minimum besitzt und wie dieses gegebenenfalls gefunden werden kann. Wird beispielsweise ein zeitlicher Geschwindigkeitsverlauf durch eine Funktion $\mathbb{R} \to \mathbb{R}$ beschrieben oder eine räumliche Temperaturverteilung durch eine Funktion $\mathbb{R}^3 \to \mathbb{R}$, so liegen die Fragen

- »Zu welcher Zeit ist die Geschwindigkeit am kleinsten/größten?« bzw.
- »Wo ist die Temperatur am niedrigsten/höchsten?«

auf der Hand. Die Analysis stellt Ergebnisse und Methoden bereit, um solche Fragen zu bearbeiten, wie zum Beispiel:

- Für stetige Funktionen auf kompaktem Definitionsbereich sichert sie die Existenz von *globalem* Maximum und Minimum.

- Für differenzierbare Funktionen stellt sie Kriterien bereit, um *lokale* Maxima und Minima mit Hilfe der Ableitung aufzufinden.

3.1   Beschränkte Funktionen und Extrema in der Geometrie

- die Begriffe Maximum, Minimum, Supremum, Infimum
- die Methoden der Bestimmung von Extrema mit den Mitteln der Analysis

- Sie üben den Einsatz analytischer Methoden in einer elementargeometrischen Situation und lernen alternative Argumentationswege mit elementaren algebraischen Mitteln kennen.
- Sie erleben, wie elementargeometrische Betrachtungen schrittweise bis zu tiefergehenden Fragestellungen der Analysis und Differentialgeometrie führen können.

▶ **Aufgabe**

a) **Rechtecke mit gegebenem Flächeninhalt.** Für eine gegebene reelle Zahl $c > 0$ betrachten wir die Menge M_c aller Rechtecke in der Ebene $\mathbb{R}^2$, deren Flächeninhalt gleich c ist. Die Funktion $U : M_c \to \mathbb{R}$ ordne jedem solchen Rechteck seinen Umfang zu. Ist U nach oben beschränkt?

b) **Rechtecke mit gegebenem Umfang.** Nun betrachten wir für eine gegebene Zahl $c > 0$ die Menge N_c aller Rechtecke in $\mathbb{R}^2$, deren Umfang gleich c ist. Die Funktion $A : N_c \to \mathbb{R}$ ordne jedem solchen Rechteck seinen Flächeninhalt zu. Ist A nach oben beschränkt? Was ist ggf. das Supremum dieser Funktion? Ist es ein Maximum?

   Arbeiten Sie zwei Lösungswege aus: eine Lösung mit den Methoden der Analysis (Bestimmung von Extrema mittels Ableitungen) und eine Lösung, die mit Methoden der gymnasialen Mittelstufe (quadratische Funktionen) auskommt.

c) **Kreise.** Formulieren Sie die zu (a) und (b) analogen Fragen zu Kreisen statt Rechtecken. Warum sind diese Fragen nicht sinnvoll/interessant?

d) **Ellipsen.** Formulieren Sie analoge Fragen zu Ellipsen. Welche Antworten würden Sie intuitiv erwarten?

e) **Elliptisches Integral.**[1] Verwenden Sie die Integralformel für Bogenlängen (siehe Aufgabe 5.7), um zu zeigen, dass sich der Umfang einer Ellipse mit den Halbachsen a und b durch das Integral

$$\int_0^{2\pi} \sqrt{a^2(\sin t)^2 + b^2(\cos t)^2}\, dt$$

ausdrücken lässt. Zeigen Sie, dass dieses gleich dem sogenannten *elliptischen Integral*

$$4a \int_0^{\frac{\pi}{2}} \sqrt{1 - (1 - \frac{b^2}{a^2})(\cos t)^2}\, dt$$

ist. (Es lässt sich nicht durch elementare Funktionen darstellen.) Nutzen Sie eine der Integraldarstellungen, um zu zeigen, dass es bei gegebenem Flächeninhalt Ellipsen von beliebig großem Umfang gibt.

$$* \quad * \quad *$$

▶ **Kommentierter Lösungsvorschlag**

a) **Rechtecke mit gegebenem Flächeninhalt.** Nein, U ist nicht nach oben beschränkt. Da für ein Rechteck mit den Seitenlängen a und b der Umfang gleich $2(a + b)$ und der Flächeninhalt gleich ab ist, kann man bei vorgegebenem Flächeninhalt c eine der beiden Rechtecksseiten so groß machen, wie man möchte, wenn man nur die andere Seite so klein macht, dass das Produkt gleich c wird (siehe Abb. 3.1). Es gibt also beispielsweise ein Rechteck, das »von hier bis nach Paris reicht« und dessen Flächeninhalt gleich dem vorgegebenen Wert c ist.

b) **Rechtecke mit gegebenem Umfang.** Ja, A ist nach oben beschränkt. Um dies nachzuweisen, werden wir zeigen, dass es unter allen Rechtecken aus N_c eines gibt, das den größten Flächeninhalt hat, nämlich ein Quadrat. Die Funktion A ist also nicht nur nach oben beschränkt, sondern hat sogar ein Maximum.
Beweis: Durch den vorgegebenen Umfang c wird eine Seitenlänge durch die andere bestimmt: $b = \frac{c}{2} - a$. Der Flächeninhalt ist dann $a(\frac{c}{2} - a)$. Wir möchten

---

[1] Dieser Aufgabenteil eignet sich für Leser, die mit Integrationstheorie vertraut sind.

Abb. 3.1: Bei Rechtecken mit gegebenem Flächeninhalt ist der Umfang nicht nach oben beschränkt.

zeigen, dass die Funktion

$$f : \mathbb{R}^+ \to \mathbb{R}$$
$$x \mapsto x\left(\frac{c}{2} - x\right) = -x^2 + \frac{c}{2}x$$

ein Supremum (sogar ein Maximum) hat. Dies kann man auf (mindestens) zwei Wegen tun, die wir beide nachfolgend ausführen.

(1) Wir untersuchen die Funktion f mit den Mitteln der Analysis: Sie ist differenzierbar und hat als Ableitung die Funktion

$$f' : x \mapsto \frac{c}{2} - 2x \,.$$

Extrema können nur in den Nullstellen von f' vorliegen, und die einzige Nullstelle ist $\frac{c}{4}$. Da f zweimal differenzierbar ist, können wir versuchen, mit der zweiten Ableitung f'' zu ermitteln, ob ein Extremum vorliegt. Es ist $f''(x) = -2$ für alle x, daher also

$$f''\left(\frac{c}{4}\right) < 0 \,.$$

Daraus folgt, dass f ein Maximum an der Stelle $\frac{c}{4}$ hat. Ein Rechteck, bei dem die Länge einer Seite gleich ein Viertel des Umfangs beträgt, ist ein Quadrat.

(2) Nun zu einer Lösung, die ohne die Verwendung von Ableitungen auskommt. Die Funktion f ist durch ein quadratisches Polynom gegeben und beschreibt daher eine Parabel. Wegen des negativen Koeffizienten vor x^2 ist diese nach unten geöffnet, es liegt daher ein Maximum im Scheitelpunkt vor. Diesen kann man auf zwei Weisen finden: Entweder man nutzt, dass er beim Mittelpunkt der beiden Nullstellen 0 und $\frac{c}{2}$ liegt, also bei $\frac{c}{4}$. Oder man führt eine quadratische Ergänzung durch,

$$f(x) = -x^2 + \frac{c}{2}x = -\left(x - \frac{c}{4}\right)^2 + \left(\frac{c}{4}\right)^2 \,,$$

die ebenfalls zeigt, dass das Maximum an der Stelle $\frac{c}{4}$ liegt und den Wert $\left(\frac{c}{4}\right)^2$ hat.

c) Kreise. Die analogen Fragen für Kreise würden lauten:

- Zu $c > 0$ sei M'_c die Menge aller Kreise mit Flächeninhalt c. Ist die Umfangsfunktion $U' : M'_c \to \mathbb{R}$ nach oben beschränkt?
- Zu $c > 0$ sei N'_c die Menge aller Kreise mit Umfang c. Ist die Flächeninhaltsfunktion $A' : N'_c \to \mathbb{R}$ nach oben beschränkt? Was ist ggf. ihr Supremum? Ist es ein Maximum?

Diese Fragen sind nicht sinnvoll/interessant, denn die Mengen M'_c und N'_c bestehen nur aus jeweils einem einzigen Kreis. Die Funktionen U' bzw. A' haben daher trivialerweise ein Maximum. Der Grund für diesen Unterschied zur Situation bei Rechtecken liegt darin, dass ein Kreis (bei gegebenem Mittelpunkt) schon durch einen einzigen Parameter (den Radius) eindeutig bestimmt ist, während bei Rechtecken zwei Parameter (die Seitenlängen) zur Verfügung stehen. Nach Vorgabe des Umfangs oder des Flächeninhalts bleibt daher bei Kreisen kein Parameter frei. (In derselben Lage wäre man bei (a) und (b), wenn man dort anstelle von Rechtecken Quadrate betrachtet hätte.)

d) Ellipsen. Die Formulierungen aus (a) und (b) können übernommen werden, wobei an die Stelle des Rechtecks- bzw. Kreisumfangs die *Bogenlänge* der Ellipse tritt. An die Stelle der Seitenlängen des Rechtecks (bzw. des Radius eines Kreises) treten natürlicherweise die *Halbachsen* a und b der Ellipse. Der Flächeninhalt ist dann durch

$$A = ab\pi$$

gegeben.

Die intuitive Erwartung ist, dass die Rolle, die die Quadrate unter den Rechtecken spielen, genau die Rolle ist, die die Kreise unter den Ellipsen spielen. Die Umfangsfunktion sollte also bei gegebenem Flächeninhalt unbeschränkt sein. (Denken Sie an sehr flache Ellipsen.) Dagegen sollte die Flächeninhaltsfunktion bei gegebenem Umfang ein Maximum haben, das genau im Falle eines Kreises auftritt.

e) Elliptisches Integral. Wir können eine Ellipse mit Halbachsen a und b, die parallel zu den Koordinatenachsen liegt, durch

$$f : [0, 2\pi] \to \mathbb{R}^2$$
$$t \mapsto (a\cos t, b\sin t)$$

parametrisieren. Es ist dann $f'(t) = (-a\sin t, b\cos t)$ und damit $\|f'(t)\|^2 = a^2(\sin t)^2 + b^2(\cos t)^2$. Die Integralformel für Bogenlängen von parametrisierten

Kurven liefert daher als Umfang der Ellipse

$$U = \int_0^{2\pi} \|f'(t)\| \, dt = \int_0^{2\pi} \sqrt{a^2 (\sin t)^2 + b^2 (\cos t)^2} \, dt.$$

Wenn wir die Gleichung $(\sin t)^2 + (\cos t)^2 = 1$ verwenden und zudem nutzen, dass es genügt, die Bogenlänge im ersten Quadranten zu berechnen (und dann zu vervierfachen), dann erhalten wir als alternative Integraldarstellung

$$U = 4a \int_0^{\frac{\pi}{2}} \sqrt{1 - \left(1 - \frac{b^2}{a^2}\right)(\cos t)^2} \, dt.$$

Wir behaupten nun: Es gibt zu gegebenem Flächeninhalt A Ellipsen mit beliebig großem Umfang U. Für den Beweis zeigen wir zunächst, dass für den Umfang jeder Ellipse die Ungleichung

$$U \geqslant 4a$$

gilt.[2] Diese folgt aus der Abschätzung

$$
\begin{aligned}
U \;&=\; 4 \int_0^{\frac{\pi}{2}} \sqrt{a^2 (\sin t)^2 + b^2 (\cos t)^2} \, dt \\
&\geqslant\; 4 \int_0^{\frac{\pi}{2}} \sqrt{a^2 (\sin t)^2} \, dt = 4a \int_0^{\frac{\pi}{2}} \sin t \, dt = 4a.
\end{aligned}
$$

Dank der Ungleichung $U \geqslant 4a$ ist die Sache nun klar: Zu gegebenem Flächeninhalt A können wir die Halbachse a so groß wählen, wie wir möchten, und damit beliebig große Umfänge erzwingen, während wir die andere Halbachse als $b := A/(a\pi)$ wählen und damit stets beim vorgegebenen Flächeninhalt A bleiben.

Zum Weiterarbeiten

■ **Nach unten beschränkt?** In der Aufgabe wurde untersucht, ob die auftretenden Umfangs- und Flächenfunktionen nach *oben* beschränkt sind, und ggf. nach dem *Supremum/Maximum* gesucht. Ebenso natürlich ist es zu fragen, ob diese Funktionen nach *unten* beschränkt sind, und nach *Infimum/Minimum* zu suchen. Bearbeiten Sie diese Fragen.

---

[2]Überlegen Sie sich am Bild einer Ellipse, warum diese Ungleichung anschaulich zu erwarten ist.

- **Drei- und höherdimensionale Versionen.** Spannend ist es auch, dreidimensionale Versionen der in dieser Aufgabe betrachteten Fragen zu untersuchen. Dabei kommen u. a. folgende Begriffe zum Einsatz:

Rechteck	$\rightsquigarrow$	Quader
Umfang	$\rightsquigarrow$	Oberfläche
Flächeninhalt	$\rightsquigarrow$	Volumen

  Formulieren Sie solche Fragen und versuchen Sie, einige davon zu beantworten. Erkunden Sie auch, wie sich die Situation in höheren Dimensionen $(n > 3)$ darstellt.

- **Ellipsen mit gegebenem Umfang.** In Aufgabenteil (d) wurde die Erwartung formuliert, dass unter allen Ellipsen mit gegebenem Umfang genau die Kreise den maximalen Flächeninhalt haben. Überlegen Sie sich, dass dies gezeigt ist, sobald man die nachfolgende Ungleichung für den Umfang einer Ellipse mit Halbachsen a und b gezeigt hat:

$$U \geqslant 2\pi\sqrt{ab}$$

  Beweisen Sie dann diese Ungleichung. Hier ist ein Vorschlag für eine dazu mögliche Vorgehensweise:

  (1) Wir gehen aus von der in Aufgabenteil (e) gefundenen Formel

$$U = \int_0^{2\pi} \sqrt{a^2 \sin^2 + b^2 \cos^2}$$

  und beginnen mit dem Trick einer *Eins-Ergänzung*: Multiplizieren Sie den Ausdruck unter der Wurzel mit $\sin^2 + \cos^2$ und zeigen Sie dann, dass er durch $(a\sin^2 + b\cos^2)^2$ nach unten abgeschätzt werden kann.

  (2) Nutzen Sie die gewonnene Abschätzung, um zu folgern, dass gilt

$$U \geqslant \int_0^{2\pi} a\sin^2 + b\cos^2 \ .$$

  (3) Berechnen Sie nun das letztere Integral, um so zur behaupteten Ungleichung zu gelangen. (Tipp: Für beliebige nichtnegative Zahlen a, b gilt $a + b \geqslant 2\sqrt{ab}$)

- **Die isoperimetrische Ungleichung.** Dass Kreise den maximalen Flächeninhalt bei gegebenem Umfang haben, gilt erstaunlicherweise nicht nur unter allen Ellipsen, sondern sogar, wenn man »beliebige« Kurven in Betracht zieht – es gilt die *isoperimetrische Ungleichung*:

Satz. *Sei C eine einfach geschlossene ebene Kurve mit Länge ℓ, und sei A der Flächeninhalt des von C berandeten Gebiets. Dann gilt*

$$\ell^2 \geqslant 4\pi A,$$

und Gleichheit gilt genau dann, wenn C ein Kreis ist.

Einen Beweis dieses Satzes (und eine Erklärung der verwendeten Begriffe) finden Sie in [C]. Die oben für Ellipsen gefundene Ungleichung $U \geqslant 2\pi\sqrt{ab}$ ist ein Spezialfall der isoperimetrischen Ungleichung.

3.2 Interpretation des Vorzeichens von f′ und f″

Was sollten Sie schon kennen?

Funktionen und Funktionsgraphen, Ableitungen und deren Zusammenhang mit dem Monotonieverhalten

Was lernen Sie hier?

Sie üben, aus dem Verhalten von Funktionsgraphen Rückschlüsse auf die erste und zweite Ableitung der Funktion zu ziehen.

▶ **Aufgabe**

In den folgenden Bildern sehen Sie die Graphen von mehreren zweimal differenzierbaren Funktionen f : I → ℝ auf einem reellen Intervall I.

a) **Erste Ableitung.** Geben Sie für jede der Funktionen f an, welches Vorzeichen f′ vor a, in a und nach a hat. (Mit *Vorzeichen* ist hier »positiv«, »negativ« oder »Null« gemeint.)

b) **Zweite Ableitung.** Welche Aussagen lassen sich jeweils über das Vorzeichen von f″ machen?

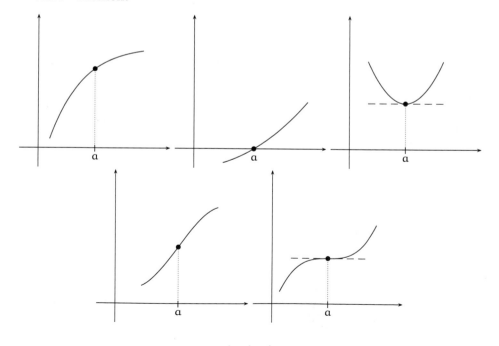

* * *

▶ **Kommentierter Lösungsvorschlag**

a) Erste Ableitung. Wir schlagen Ihnen zwei alternative Lösungswege vor:

Lösungsweg 1: Betrachtung von Tangentensteigungen. Für $x \in I$ ist der Wert der Ableitung $f'(x)$ gleich der Steigung der Tangente an den Graphen von f im Punkt $(x, f(x))$. Wenn Sie Tangenten an die gegebenen Graphen einzeichnen, dann können Sie erkennen, ob deren Steigung positiv, negativ oder gleich Null ist. Man erhält auf diese Weise für die fünf vorgegebenen Beispiele die folgenden Aussagen (in der zeilenweise Reihenfolge der Bilder):

(1) Es gilt $f'(x) > 0$ für alle $x \in I$.
(2) Es gilt $f'(x) > 0$ für alle $x \in I$.
(3) Es gilt $f'(x) < 0$ für $x < a$, $f'(x) = 0$ für $x = a$ und $f'(x) > 0$ für $x > a$.
(4) Es gilt $f'(x) > 0$ für alle $x \in I$.
(5) Es gilt $f'(x) > 0$ für alle $x \neq a$ und $f'(a) = 0$.

Lösungsweg 2: Betrachtung des Monotonieverhaltens. Ein zweiter Lösungsweg nutzt den Zusammenhang zwischen dem Monotonieverhalten und dem Vorzeichen der ersten Ableitung. Dieser wird für eine differenzierbare Funktion $f : J \to \mathbb{R}$ auf einem Intervall $J \subset \mathbb{R}$ durch die folgenden beiden Monotoniekriterien hergestellt:

$$f'(x) \geqslant 0 \text{ für alle } x \in J \iff f \text{ ist monoton steigend auf } J$$
$$f'(x) > 0 \text{ für alle } x \in J \implies f \text{ ist streng monoton steigend auf } J$$

Entsprechendes gilt für monoton fallendes f mit den umgekehrten Ungleichungen.

Das zweite Kriterium (das die *strenge* Monotonie betrifft) werden wir in dieser Aufgabe nicht nutzen können, da wir von Monotonieaussagen zu Folgerungen über das Vorzeichen von f' gelangen möchten (und daher Implikationen von rechts nach links brauchen). In der Tat kann man aus der Aussage, dass f streng monoton steigend ist, *nicht* auf $f' > 0$ schließen, was schon am Beispiel der Funktion $x \mapsto x^3$ klar wird.

Das erste Kriterium lässt sich dagegen einsetzen – wir werden es auf Teilintervalle $J \subset I$ anwenden. Um gegebenenfalls auf die strenge Ungleichung $f' > 0$ schließen zu können, werden wir es durch Tangentenbetrachtungen ergänzen.

(1) Die Funktion f ist auf I monoton steigend, also ist $f'(x) \geqslant 0$ für alle $x \in I$. Wenn wir nun noch (als Tangentenargument im Sinne des obigen ersten Lösungswegs) nutzen, dass nirgendwo eine waagerechte Tangente vorliegt, dann können wir schließen, dass sogar $f'(x) > 0$ für alle $x \in I$ gilt.

(2) Auch hier ist f monoton steigend und es liegt nirgendwo eine waagerechte Tangente vor, also gilt ebenfalls $f'(x) > 0$ für alle $x \in I$.

(3) *Vor* der Stelle a ist f monoton fallend, *danach* monoton steigend, und nur in a ist hier eine waagerechte Tangente angedeutet. Wir erhalten $f'(x) < 0$ für $x < a$, $f'(x) = 0$ für $x = a$ und $f'(x) > 0$ für $x > a$. Es liegt ein Minimum an der Stelle a vor.

(4) Auch hier ist f monoton steigend und es liegt nirgendwo eine waagerechte Tangente vor. Somit ist $f'(x) > 0$ für alle $x \in I$.

(5) Die Funktion f ist monoton steigend und nur in a ist eine waagerechte Tangente angedeutet. Es gilt also $f'(x) > 0$ für alle $x \neq a$ und $f'(a) = 0$.

b) Zweite Ableitung. Hier werden wir nutzen, dass das Vorzeichen von f″ mit dem Monotonieverhalten von f′ in Zusammenhang steht: Das erste der in (a) genannten Monotoniekriterien liest sich, angewandt auf f′, so:

$$f''(x) \geqslant 0 \text{ für alle } x \in J \iff f' \text{ ist monoton steigend auf } J.$$

Um nun die Monotonie von f′ am Graphen zu erkennen, nutzen wir die Deutung von $f'(x)$ als Tangentensteigung an der Stelle x. Daher gilt: f′ ist monoton steigend auf J genau dann, wenn auf J die Tangentensteigung monoton wächst. Das Wachsen der Tangentensteigung können wir am Graphen daran erkennen, dass dieser *linksgekrümmt* ist – er beschreibt eine *Linkskurve*. Entsprechendes gilt for monotones Fallen von f′: Der Graph ist *rechtsgekrümmt*, er beschreibt eine *Rechtskurve*. Es ist wichtig, die Krümmungs- und Kurvenbegriffe hierbei im »schwachen« Sinne aufzufassen: Da nicht von *strenger* Monotonie gesprochen wird, muss auch keine »echte« Krümmung vorliegen. (Siehe dazu einen Arbeitsauftrag unten bei »Zum Weiterarbeiten«.) Als Kriterium erhalten wir somit

$$f''(x) \geqslant 0 \text{ für alle } x \in J \iff f' \text{ ist monoton steigend auf } J$$
$$\iff G_f \text{ ist (schwach) linksgekrümmt auf } J$$

sowie die entsprechende Aussage über Rechtskrümmung bei $f'' \leqslant 0$.

Die Anwendung dieses Kriteriums auf die gegebenen Beispiele liefert uns die folgenden Aussagen:

(1) Die Tangentensteigung nimmt ab (Rechtskurve). Es ist also $f'' \leqslant 0$ auf I.

(2) Die Tangentensteigung nimmt zu (Linkskurve). Es ist also $f'' \geqslant 0$ auf I.

(3) Die Steigung der Tangente nimmt zu (Linkskurve). Es ist also $f'' \geqslant 0$.

(4) Die Tangentensteigung ist links von a steigend (Linkskurve), es ist also $f''(x) \geqslant 0$ für $x < a$.
Die Tangentensteigung ist rechts von a fallend (Rechtskurve), es ist also $f''(x) \leqslant 0$ für $x > a$.

Wenn wir unterstellen, dass f'' stetig ist, dann können wir aus den bisherigen Ergebnissen $f''(a) = 0$ folgern.

(5) Das Verhalten von f'' kann hier genau wie im vorigen Fall ermittelt werden: Vor a liegt eine Rechtskurve, danach eine Linkskurve vor. Demnach ist $f''(x) \leqslant 0$ für $x < a$ und $f''(x) \geqslant 0$ für $x > a$ sowie $f''(a) = 0$.

Zum Weiterarbeiten

- **Monotonie und Sekantensteigung.** In dem blauen Kasten im Lösungsvorschlag zu Aufgabenteil (a) stehen auf der rechten Seite Monotoniebedingungen an die Funktion f. Formulieren Sie diese als Bedingungen an die *Sekantensteigungen* im Graphen G_f. Wenn Sie dann die Bedingungen auf der linken Seite mittels *Tangentensteigungen* formulieren, dann können Sie die Aussagen im Kasten als Beziehungen zwischen Sekanten- und Tangentensteigungen auffassen.

- **Aus der strengen Monotonie auf das Vorzeichen der Ableitung schließen?** Im Lösungsvorschlag zu (a) wurde betont, dass die Umkehrung der Aussage

$$f'(x) > 0 \text{ für alle } x \in J \implies f \text{ ist streng monoton steigend auf } J$$

nicht gilt. Jemand vermutet, dass sie immerhin »im Wesentlichen« richtig sein müsse, d. h., er behauptet: »Wenn f streng monoton steigend ist, dann gilt $f'(x) > 0$ mit eventueller Ausnahme von isolierten Punkten.« Doch diese Vorstellung ist nicht richtig – widerlegen Sie die Vermutung. *Vorschlag:* Gehen Sie aus von der Funktion $g : [0, 1] \to \mathbb{R}$ mit

$$g(x) = \begin{cases} x^2(\sin \frac{1}{x})^2, & \text{falls } x > 0 \\ 0, & \text{falls } x = 0 \end{cases}$$

und untersuchen Sie die Funktion $f : x \mapsto \int_0^x g(t)\, dt$.

- **Nullstellen der zweiten Ableitung trotz »strenger« Linkskurve** Wir betrachten die Funktion

$$\begin{aligned} f : \mathbb{R} &\to \mathbb{R} \\ x &\mapsto x^4. \end{aligned}$$

Ihre Ableitung f' ist streng monoton steigend, die Tangentensteigung nimmt also streng monoton zu – der Graph beschreibt eine »strenge« Linkskurve. Dennoch hat die zweite Ableitung f'' eine Nullstelle.

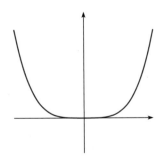

Jemand stellt angesichts dieses Beispiels folgende Vermutung auf:

> »Wenn f eine strenge Linkskurve (oder eine strenge Rechtskurve) be-
> schreibt, dann kann f'' höchstens in einem einzigen Punkt gleich Null
> sein. Außerdem muss dort dann auch f' Null sein.«

Überprüfen Sie, dass die Vermutung im obigen Beispiel zutrifft. Stimmt Sie
allgemein?

3.3   Funktionen qualitativ verstehen

Was sollten Sie schon kennen?

- was sich aus dem Vorzeichen von f' und f'' über das Monotonieverhalten bzw. das Krümmungsverhalten von f folgern lässt
- den Mittelwertsatz

Was lernen Sie hier?

- das qualitative Verhalten einer Funktion f verstehen, wenn Teilinformationen zu f' und f'' vorliegen
- mit den Werkzeugen der Analysis argumentieren, um herauszufinden, ob es zu gegebenen Vorgaben an f' und f'' passende Funktionen f geben kann

▶ **Aufgabe**

a) **Funktionsverlauf gesucht.** Von einer zweimal stetig differenzierbaren Funktion $f : \mathbb{R} \to \mathbb{R}$ sei Folgendes bekannt:

   (i) Die Ableitung f' ist negativ im Intervall $]-3, 1[$ und sie ist positiv außerhalb von $[-3, 1]$.
   (ii) Die zweite Ableitung f'' ist negativ im Intervall $]-2 - \sqrt{5}, -2 + \sqrt{5}[$ und sie ist positiv außerhalb von $[-2 - \sqrt{5}, -2 + \sqrt{5}]$.

   Fertigen Sie eine Skizze an, die einen möglichen Verlauf des Graphen G_f im Intervall $[-6, 3]$ wiedergibt. Markieren Sie dabei die lokalen Extrema und die Wendepunkte von f.

b) **Geht es immer?** Die Vorgaben im vorigen Aufgabenteil legen insbesondere zwei Nullstellen von f' und zwei Nullstellen von f'' fest. Es liegt die Frage nahe, ob überhaupt zu beliebigen solchen Nullstellen-Vorgaben immer eine »passende« Funktion existiert. Als Beispiel: Klären Sie, ob es eine zweimal stetig differenzierbare Funktion $f : \mathbb{R} \to \mathbb{R}$ geben kann, bei der

   - f' genau in den Punkten -3 und $-2 - \sqrt{5}$ Nullstellen hat und
   - f'' genau in den Punkten 1 und $2 + \sqrt{5}$ Nullstellen hat.

   Tipp: Stellen Sie zunächst ein paar Versuche an, eine solche Funktion zu skizzieren, um ein Gefühl für die Antwort zu entwickeln. Für ein stichhaltiges Argument kann Ihnen dann der Mittelwertsatz (oder der Satz von Rolle als Spezialfall des Mittelwertsatzes) von Nutzen sein.

c) **Realisierbarkeit in bestimmten Funktionsklassen.** Wir kommen zurück zu der in (a) beschriebenen Situation. Nehmen wir also an, $f : \mathbb{R} \to \mathbb{R}$ sei zweimal stetig differenzierbar und habe die in (i) und (ii) beschriebenen Eigenschaften.

- Kann f eine quadratische Funktion $x \mapsto ax^2 + bx + c$ sein (für geeignete $a, b, c \in \mathbb{R}$ mit $a \neq 0$)?
- Kann f eine kubische Funktion $x \mapsto ax^3 + bx^2 + cx + d$ sein (für geeignete $a, b, c, d \in \mathbb{R}$ mit $a \neq 0$)?
- Kann f eine Funktion der Form $x \mapsto (x^2 + c)e^x$ sein (für geeignetes $c \in \mathbb{R}$)?

$$* \quad * \quad *$$

▶ **Kommentierter Lösungsvorschlag**

a) **Funktionsverlauf gesucht.** Die Vorgaben besagen insbesondere, dass f' Nullstellen in -3 und 1 hat, und dass f'' Nullstellen in $-2 - \sqrt{5}$ und $-2 + \sqrt{5}$ hat. In den fünf offenen Intervallen, die durch diese Punkte festgelegt sind, können wir aus den Vorgaben Folgendes ersehen:

(1) Im Intervall $]-\infty, -2 - \sqrt{5}[$ gilt $f' > 0$ und $f'' > 0$.
   Also ist f dort streng monoton steigend und linksgekrümmt.
(2) Im Intervall $]-2 - \sqrt{5}, -3[$ gilt $f' > 0$ und $f'' < 0$.
   Also ist f dort streng monoton steigend und rechtsgekrümmt.
(3) Im Intervall $]-3, -2 + \sqrt{5}, 1[$ gilt $f' < 0$ und $f'' < 0$.
   Also ist f dort streng monoton fallend und rechtsgekrümmt.
(4) Im Intervall $]-2 + \sqrt{5}, 1[$ gilt $f' < 0$ und $f'' > 0$.
   Also ist f dort streng monoton fallend und linksgekrümmt.
(5) Im Intervall $]1, \infty[$ gilt $f' > 0$ und $f'' > 0$.
   Also ist f dort streng monoton steigend und linksgekrümmt.

Daraus folgt: Die Funktion nimmt in -3 ein lokales Maximum an (wegen (2) und (3)) und in 1 ein lokales Minimum (wegen (4) und (5)), und sie hat an den Stellen $-2 - \sqrt{5}$ und $-2 + \sqrt{5}$ Wendepunkte (wegen (1) und (2) bzw. (3) und (4)). In Abb. 3.2 sind die zu (1)–(5) gehörigen Bereiche gekennzeichnet. Sie können diese als Vorlage für eine Skizze eines denkbaren Funktionsverlaufs verwenden.

b) **Geht es immer?** Eine solche Funktion kann es in der Tat *nicht* geben. Wenn man versucht, die Vorgaben zeichnerisch zu realisieren, dann wird man dies

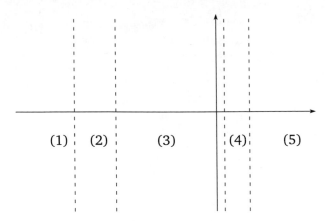

Abb. 3.2: Die fünf Bereiche, für die in Aufgabenteil a die Vorzeichen von f' und f'' vorgegeben sind.

bald »spüren«. Ein schlagkräftiges Argument bietet der *Mittelwertsatz*: Sind x_1
und x_2 zwei Punkte im Definitionsintervall von f', so besagt dieser, dass es eine
Stelle c zwischen x_1 und x_2 gibt mit

$$\frac{f'(x_1) - f'(x_2)}{x_1 - x_2} = f''(c).$$

Sind nun x_1 und x_2 Nullstellen von f', so ist die linke Seite dieser Gleichung
gleich Null, und damit folgt $f''(c) = 0$. Man kann auch direkt mit dem *Satz von
Rolle* argumentieren, der ein Spezialfall des Mittelwertsatzes ist: Zwischen zwei
Nullstellen von f' muss eine Nullstelle von f'' liegen.

Nach den Vorgaben in der Aufgabe liegt aber im Intervall $[-3, -2 + \sqrt{5}]$
keine Nullstelle von f'', eine solche Funktion existiert also nicht.

c) Realisierbarkeit in bestimmten Funktionsklassen. Die ersten beiden Fragen lassen sich beantworten, wenn man den Grad von f'' betrachtet: Falls f
eine quadratische Funktion ist, dann ist f'' eine Konstante; falls f eine kubische
Funktion ist, dann ist f'' eine lineare Funktion. In keinem der beiden Fälle kann
f'' genau zwei Nullstellen haben.

Wir untersuchen nun Funktionen der Form $f : x \mapsto (x^2 + c)e^x$ mit $c \in \mathbb{R}$.
Solche Funktionen sind beliebig oft differenzierbar; für $x \in \mathbb{R}$ findet man mit
der Produktregel

$$\begin{aligned} f'(x) &= (x^2 + 2x + c)e^x \\ f''(x) &= (x^2 + 4x + c + 2)e^x. \end{aligned}$$

Für $c < 1$ hat f' zwei Nullstellen, und zwar $-1 \pm \sqrt{1 - c}$. Offenbar sind dies für
$c = -3$ genau die beiden in (i) verlangten. Man errechnet nun, dass für diesen

Wert von c die beiden Nullstellen von f'' ebenfalls genau die in (ii) verlangten sind. Die Funktion $f : x \mapsto (x^2 - 3)e^x$ hat also die geforderten Eigenschaften.

Zum Weiterarbeiten

- **Geht es mit Polynomfunktionen?** In Aufgabenteil (c) wurde geklärt, dass eine Funktion, die das in (a) beschriebene Verhalten hat, keine Polynomfunktion vom Grad 2 oder 3 sein kann. Naheliegend ist es, auch Polynomfunktionen von höherem Grad in Betracht zu ziehen. Solche sind von der Form

$$f : x \mapsto a_n x^n + a_{n-1} x^{n-1} + \ldots + a_1 x + a_0$$

  mit $n \in \mathbb{N}$ und Koeffizienten $a_0, \ldots, a_n \in \mathbb{R}$ mit $a_n \neq 0$. Kann eine Polynomfunktion die in (a) angegebenen Eigenschaften haben?

- **Wie krümmen sich Polynomfunktionen?** Eine Frage zum Krümmungsverhalten von Polynomfunktionen wird durch die Untersuchungen in dieser Aufgabe nahegelegt: Was können Sie bei einer Polynomfunktion f vom Grad n über das Vorzeichen von f'' außerhalb eines genügend großen Intervalls $[-c, c]$ sagen (Krümmungsverhalten »weit draußen«)?

- **Geht es mit »schöneren« Zahlen?** Vielleicht sind Ihnen an der Aufgabenstellung gleich die Wurzelausdrücke in (a)ii aufgefallen – man könnte es »schöner« finden, wenn in der Aufgabenstellung nur *rationale* Zahlen vorkämen. Überlegen Sie daher: Kann man eine Funktion finden, die die Eigenschaften (i) und (ii) hat, bei der nur rationale Nullstellen vorkommen? *Tipp:* Erweitern Sie den Suchkreis auf Funktionen der Form

$$x \mapsto (ax^2 + bx + c)e^x \,.$$

- **Geht es mit beliebigen Zahlen?** Wenn man wie in Aufgabenteil (a) eine Zeichnung anfertigt, dann ist es natürlich, zu vermuten, dass eine Funktion mit den angegebenen Eigenschaften immer existiert, auch wenn andere vier Nullstellen vorgegeben sind – solange ihre Reihenfolge wie in (a) ist. Die Vermutung würde also lauten:

  Zu beliebig gegebenen Punkten $x_1, x_2, x_3, x_4 \in \mathbb{R}$ mit $x_1 < x_2 < x_3 < x_4$ gibt es eine zweimal stetig differenzierbare Funktion, so dass
  - f' auf $]x_2, x_4[$ negativ und sonst positiv ist, und
  - f'' auf $]x_1, x_3[$ negativ und sonst positiv ist.

Dies lässt sich tatsächlich beweisen, indem man geeignete differenzierbare Funktionen auf den Teilintervallen wählt, die sich zu einer Gesamtfunktion zusammensetzen, die auch an den Verbindungsstellen zweimal stetig differenzierbar ist.

4

Integration

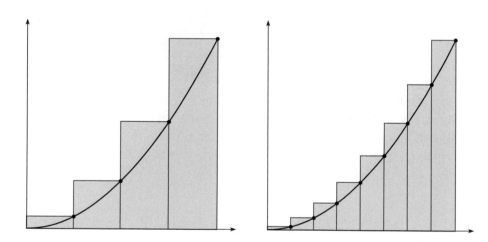

Zur Orientierung

■ **Integration.** Auf den Integralbegriff kann man aus mehreren Perspektiven blicken, die verschiedenen Grundvorstellungen zur Integration entsprechen:

• *Flächeninhalte.* Elementargeometrisch berechnet man den Flächeninhalt eines Rechtecks als Produkt der beiden Seitenlängen. Im einfachsten Fall (ganzzahlige Seitenlängen) beruht dies auf der Idee »Auslegen mit Einheitsflächen und Abzählen«. Dies lässt sich auf weitere geradlinig begrenzte Figuren (z. B. Parallelogramme und Trapeze) ausdehnen, aber bei *krummlinig* begrenzten Figuren wie einer Ellipse versagt diese Methode – man hat zwar keine Zweifel, *dass* einer Ellipse ein Flächeninhalt zukommen sollte, aber es ist von vornerein gar nicht klar, *wie* dieser ermittelt werden könnte.

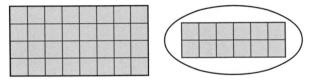

Die Integrationstheorie stellt geeignete mathematische Mittel bereit, um sowohl einen allgemeinen Flächeninhaltsbegriff durch einen Grenzwertprozess zu *definieren* als auch um Flächeninhalte praktisch zu *berechnen.* In Lehrveranstaltungen zur Analysis wird üblicherweise zunächst der einfachste Fall behandelt: Für Funktionen

$$f\colon [a, b] \to \mathbb{R}$$

auf kompakten Intervallen wird ein Integrierbarkeitsbegriff (Riemann-Integral oder Regelintegral) definiert; diejenigen Funktionen, die sich als *integrierbar* erweisen, erhalten einen Integralwert

$$\int_a^b f(x)\, dx$$

zugewiesen. Ist f nichtnegativ, so lässt sich der Integralwert als Flächeninhalt »unter dem Graphen« deuten; nimmt f auch negative Werte an, deutet man ihn durch eine Flächenbilanz. Der Grenzwertprozess, der dem Integral zugrunde liegt, entspricht dabei – wie im Bild auf der vorigen Seite angedeutet – einem »immer besseren Approximieren« einer Figur mit Hilfe von Rechtecken.

• *Mittelwerte.* Beschreibt eine Funktion f: [a, b] → $\mathbb{R}$ beispielsweise einen Temperaturverlauf in einem Zeitintervall, so kann man nach einer »mittleren«

Temperatur fragen. Durch Integration lassen sich solche *Mittelwerte* von Funktionen definieren und berechnen – als kontinuierliches Analogon zur Bildung des arithmetischen Mittels endlich vieler Zahlen (siehe Aufgabe 4.1).

• *Umkehrung der Differentiation.* Auf den ersten Blick sollte man nicht meinen, dass die Berechnung von Flächeninhalten und die Ermittlung von Tangentensteigungen Wesentliches miteinander zu tun haben. Dass dennoch ein tiefliegender Zusammenhang besteht, formuliert der Hauptsatz der Differential- und Integralrechnung: Er besagt, dass für eine stetige Funktion $f : [a, b] \to \mathbb{R}$ und einen Punkt $c \in [a, b]$ die Integralfunktion

$$F : [a, b] \to \mathbb{R}$$
$$x \mapsto \int_c^x f(t)\, dt$$

differenzierbar ist und ihre Ableitung gleich der Integrandenfunktion f ist. Die Differentiation erweist sich in diesem Sinne als Umkehrung der Integration – aus F lässt sich f rekonstruieren:

$$f \xrightarrow{\text{Integration}} F \xrightarrow{\text{Differentiation}} f$$

• *Länge von Kurven.* Unter einer *parametrisierten Kurve* im $\mathbb{R}^n$ versteht man eine stetige Abbildung $f : [a, b] \to \mathbb{R}^n$. Man kann sich eine Kurve als Beschreibung einer kontinuierlichen Bewegung in einem Zeitintervall $[a, b]$ vorstellen, die vom Anfangspunkt $f(a)$ zum Endpunkt $f(b)$ verläuft. Zu einem Längenbegriff (*Bogenlänge*) für solche Kurven gelangt man durch Approximation der Kurve durch Aneinandersetzen von Strecken. Für stetig differenzierbare Kurven kann man die so verstandene Bogenlänge durch ein Integral berechnen (siehe Aufgabe 5.7):

$$\int_a^b \|f'(x)\|\, dx$$

Bei der Approximation von Kurven sind auf theoretischer Seite tiefergehende Überlegungen notwendig, als man »mit bloßem Auge« vermuten würde – dies wird zum Beispiel durch Paradoxa deutlich, die bei zu naivem Gebrauch des Begriffs »Approximation« schon in elementaren Situationen auftreten (siehe Aufgabe 4.3).

• *Volumina und Oberflächen von Teilmengen des $\mathbb{R}^n$.* Der Bedarf, neben Flächen in $\mathbb{R}^2$ und Kurven in $\mathbb{R}^n$ auch höherdimensionale »Körper« auf Maßeigenschaften (Volumina, Oberflächeninhalte) zu untersuchen, liegt auf der Hand. Mit einer mehrdimensionalen Verallgemeinerung des Integralbegriffs ist dies in der Tat möglich (siehe [H2] und [Fo3]).

4.1   Mittelwerte und Integrale

Was sollten Sie schon kennen?

   die Grundvorstellung der Integration als Flächeninhaltsberechnung

Was lernen Sie hier?

   Mittelwertbildung als weitere Grundvorstellung zur Integration

▶ **Aufgabe**

Es sei $f : [a, b] \to \mathbb{R}$ eine integrierbare Funktion. Unter dem *Mittelwert* von f versteht man die Zahl

$$\mu(f) := \frac{1}{b - a} \int_a^b f(x)\, dx.$$

In dieser Aufgabe geht es um zwei Interpretationen dieser Größe.

a) Mittelwert geometrisch. Erläutern Sie die folgende Aussage anhand einer Skizze und begründen Sie sie.

   Falls f keine negativen Werte annimmt, dann ist der Mittelwert $\mu(f)$ gleich der Höhe desjenigen Rechtecks über $[a, b]$, das denselben Flächeninhalt hat wie das Flächenstück unter dem Graphen von f.

b) Mittelwert als Grenzwert. Wir betrachten Punkte $x_1, \ldots, x_n \in [a, b]$ und deren Funktionswerte $f(x_1), \ldots, f(x_n)$. Das arithmetische Mittel der endlich vielen Zahlen $f(x_1), \ldots, f(x_n)$ ist die Zahl

$$\frac{f(x_1) + \ldots + f(x_n)}{n}. \tag{$*$}$$

Zeigen Sie, dass sich der oben definierte Mittelwert $\mu(f)$ als Grenzwert einer Folge von arithmetischen Mitteln der Form ($*$) auffassen lässt.

Tipp: Betrachten Sie Riemannsche Summen zu f.

$$* \quad * \quad *$$

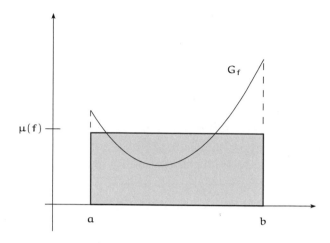

Abb. 4.1: Der Flächeninhalt des Rechtecks ist gleich dem Inhalt der Fläche zwischen dem Graphen G_f und der x-Achse.

▶ **Kommentierter Lösungsvorschlag**

a) Mittelwert geometrisch. Da f nach Voraussetzung keine negativen Werte annimmt, d. h. vollständig in der oberen Halbebene verläuft, ist der Integralwert $\int_a^b f$ genau der Flächeninhalt des zwischen der x-Achse und dem Graphen G_f liegenden Flächenstücks.[1] Dass die behauptete Aussage richtig ist, wird klar, wenn man die Definition von $\mu(f)$ umstellt zu

$$\int_a^b f(x)\,dx = \mu(f) \cdot (b - a)\,.$$

Die linke Seite der Gleichung gibt den Inhalt des oben beschriebenen Flächenstücks an, während die rechte Seite der Flächeninhalt eines Rechtecks der Breite $b - a$ und der Höhe $\mu(f)$ ist. Dies ist in Abb. 4.1 illustriert.

b) Mittelwert als Grenzwert. Wir werden zeigen, dass es eine Folge von arithmetischen Mitteln im Sinne von $(*)$ gibt, die gegen $\mu(f)$ konvergiert. Eine Möglichkeit, dies nachzuweisen, ist wie folgt: Zu gegebenem $n \in \mathbb{N}$ zerlegen wir das Intervall $[a, b]$ äquidistant in n Teilintervalle, indem wir Teilungspunkte $x_{n,0}, \ldots, x_{n,n}$ verwenden, die durch

$$x_{n,i} = a + \frac{i}{n}(b - a) \qquad \text{für } i = 0, \ldots, n$$

---

[1] So wird dieser Flächeninhalt *definiert*.

gegeben sind. Für festes $n \in \mathbb{N}$ betrachten wir nun das arithmetische Mittel M_n der Funktionswerte der Teilungspunkte $x_{n,i}$ für $i = 1, \ldots, n$. Gemäß Definition $(*)$ gilt

$$M_n = \frac{1}{n} \sum_{i=1}^{n} f(x_{n,i}) \, .$$

Wir bilden nun andererseits für festes $n \in \mathbb{N}$ die Riemannsche Summe S_n zu der durch die Punkte $x_{n,0}, \ldots, x_{n,n}$ gegebenen Zerlegung des Intervalls $[a, b]$, bei der wir als Stützpunkte die rechten Grenzen der Teilintervalle wählen (*Rechtssumme*). Dann ist

$$S_n = \sum_{i=1}^{n} f(x_{n,i}) \frac{b-a}{n}$$

und wir sehen, dass S_n bis auf den Faktor $b - a$ mit dem arithmetischen Mittel M_n übereinstimmt: Es gilt

$$M_n = \frac{1}{b-a} S_n \, .$$

Da die Folge $(S_n)_{n \in \mathbb{N}}$ (per Definition des Riemann-Integrals) gegen $\int_a^b f$ konvergiert, folgt also

$$M_n \xrightarrow[n \to \infty]{} \frac{1}{(b-a)} \int_a^b f = \mu(f) \, .$$

Wie gewünscht ist also eine Folge von arithmetischen Mitteln gefunden, die gegen $\mu(f)$ konvergieren.

Bemerkung: Jedes der arithmetischen Mittel M_n, das bei der obigen Grenzwertbildung vorkommt, berücksichtigt den Funktionswert von f nur an *endlich* vielen Stellen des Intervalls $[a, b]$. In die Grenzwertbildung, die zu $\mu(f)$ führt, gehen daher die Funktionswerte von nur *abzählbar* vielen Stellen ein – es werden also in gewissem Sinne nur »sehr wenige« Funktionswerte berücksichtigt. Dies kann zunächst überraschen, da man wohl erwarten wird, dass bei der Bildung des Mittelwerts $\mu(f)$ eigentlich »alle« Funktionswerte von f einfließen sollten.

Wo liegt die Erklärung für diesen scheinbaren Widerspruch? Sie liegt in der Integrierbarkeit: Es ist gerade ein Charakteristikum integrierbarer Funktionen, dass der Wert des Integrals nicht von der speziellen Auswahl der Punkte abhängt, die in einer Folge Riemannscher Summen verwendet werden (wenn nur sichergestellt ist, dass die Zerlegungsfeinheiten gegen Null konvergieren). Vielmehr konvergiert *jede* zu f gebildete Riemann-Folge gegen $\int_a^b f$. Die Teilungspunkte, die wir für die Berechnung des Mittelwerts wählen, müssen daher insbesondere keineswegs äquidistant liegen.

- **Momentan- und Durchschnittsgeschwindigkeit.** Wir betrachten eine stetig differenzierbare Kurve $\gamma : [a, b] \to \mathbb{R}^n$. In physikalischer Interpretation beschreibt sie die Bahn eines Masseteilchens, d. h., $\gamma(t) \in \mathbb{R}^n$ gibt den Aufenthaltsort des Teilchens zum Zeitpunkt $t \in [a, b]$ an. Die Ableitung $v := \gamma'$ ist die Geschwindigkeitsfunktion, d. h., $v(t) = \gamma'(t)$ ist (in vektorieller Beschreibung) die *Momentangeschwindigkeit* zum Zeitpunkt t.

  Begründen Sie mit Hilfe eines Satzes aus der Integrationstheorie: Die *Durchschnittsgeschwindigkeit*

  $$\frac{\gamma(b) - \gamma(a)}{b - a}$$

stimmt mit dem (vektorwertig verstandenen) *Mittelwert der Momentangeschwindigkeit* überein.

Hinweis: Der wesentliche Inhalt dieser Aufgabenstellung tritt bereits im Fall $n = 1$ zutage. Betrachten Sie ruhig zunächst diesen im Rahmen der eindimensionalen Analysis gelegenen Fall – die Funktion γ beschreibt dann eine eindimensionale Bewegung (z. B. eines Zugs auf einer geradlinigen Bahnstrecke): $\gamma(t)$ ist der Ort zur Zeit t.

4.2   Bogenlängen von gestreckten Kurven

Was sollten Sie schon kennen?

- die Strahlensätze
- zentrische Streckungen
- rektifizierbare Kurven im $\mathbb{R}^n$ und ihre Bogenlänge

Was lernen Sie hier?

- das Verhalten von Bogenlängen unter zentrischen Streckungen
- geometrische und analytische Argumentationsweisen beim Umgang mit Bogenlängen

▶ **Aufgabe**

In dieser Aufgabe behandeln wir das Verhalten von Bogenlängen unter zentrischen Streckungen. Es geht uns um folgende Aussage:

(∗) *Unter einer zentrischen Streckung mit Streckungsfaktor* $\lambda \in \mathbb{R}^+$ *ändert sich die Länge einer rektifizierbaren Kurve auf das* λ-*fache.*

Auf ihr beruht – im speziellen Fall von Kreisen – die Einführung der Zahl π in der Elementargeometrie (siehe Teilaufgabe (e)).

a) Als Vorbereitung beleuchten wir zunächst den Streckungsbegriff. Formulieren Sie zwei äquivalente Definitionen der *zentrische Streckung* $S_{p,\lambda} : \mathbb{R}^n \to \mathbb{R}^n$ *mit Zentrum* $p \in \mathbb{R}^n$ *und Streckungsfaktor* $\lambda \in \mathbb{R}^+$, und zwar
  (i) eine geometrische Definition, die zu gegebenem Punkt $x \in \mathbb{R}^n$ die Lage des Bildpunkts $S_{p,\lambda}(x)$ angibt.
  (ii) eine analytische Definition, die zu $x \in \mathbb{R}^n$ den Bildpunkt $S_{p,\lambda}(x)$ durch einen Formelausdruck angibt.

b) Beweisen Sie auf zwei Arten, entsprechend den in (a) gegebenen Definitionen: Unter einer zentrischen Streckung mit Streckungsfaktor $\lambda \in \mathbb{R}^+$ werden Strecken auf Strecken von λ-facher Länge abgebildet.
Hinweis: Setzen Sie für den Beweis, der die geometrische Definition zugrunde legt, die Strahlensätze ein.[2]

---

[2]Die Strahlensätze lassen sich in der Elementargeometrie unabhängig von der zentrischen Streckung beweisen.

c) Geben Sie nun zwei Beweise für (∗),

   (i) einen, der direkt auf die Definition der Bogenlänge durch einbeschriebene Streckenzüge Bezug nimmt (wie sie am Beginn von Aufgabe Aufgabe 5.7 erläutert ist), und

  (ii) einen, der nur für den Fall stetig differenzierbarer Kurven gilt und sich auf die hierfür gültige Integralformel zur Berechnung der Bogenlänge stützt.

d) Formulieren Sie ein anschaulich-geometrisches Argument, mit dem Sie jemandem, der über keine Analysis-Kenntnisse verfügt, die Gültigkeit von (∗) plausibel machen könnten. Gehen Sie dazu von (b) und (c)(i) aus. Welcher Aspekt des Beweises lässt sich dabei nicht exakt umsetzen?

e) Zeigen Sie, wie man unter Benutzung von (∗) begründen kann, dass das Verhältnis von Umfang zu Durchmesser für jeden Kreis dasselbe ist.
(Nachdem man dieses Verhältnis als konstant erkannt hat, definiert man in der Elementargeometrie hierdurch die Zahl π. Sie sollen daher in Ihrer Lösung *nicht* die Ihnen sicherlich bekannte Formel für den Kreisumfang verwenden, da diese ja bereits die Zahl π enthält.)

∗   ∗   ∗

▶ Kommentierter Lösungsvorschlag

a) Zentrische Streckungen

(i) Die zentrische Streckung $S_{p,\lambda}$ ist durch folgende Abbildungsvorschrift gegeben: Der Bildpunkt des Zentrums p ist p selbst; der Bildpunkt eines Punkts $x \neq p$ ist derjenige Punkt auf der von p ausgehenden und durch x verlaufenden Halbgeraden, der von p den λ-fachen Abstand wie x hat.

(ii) Die zentrische Streckung $S_{p,\lambda}$ ist die Abbildung

$$
\begin{aligned}
S_{p,\lambda} : \mathbb{R}^n &\to \mathbb{R}^n \\
x &\mapsto \lambda(x-p)+p.
\end{aligned}
\qquad (**)
$$

b) Streckungen von Strecken

(i) Legt man die geometrische Definition zugrunde, dann folgt die Behauptung aus dem Strahlensatz; Abb. 4.2 zeigt die zuständige »Strahlensatzfigur«. Mit ihrer Hilfe kann man nachweisen, dass die Bildmenge einer Strecke unter

einer zentrischen Streckung wieder eine Strecke ist und dass sich die Länge um
den Faktor λ verändert.

(ii) Legt man die analytische Definition zugrunde, dann lässt sich die Behauptung durch Rechnung beweisen: Wir gehen aus von der Verbindungsstrecke zweier Punkte x_1 und x_2, d. h. von der Menge

$$\{tx_1 + (1-t)x_2 \mid 0 \leqslant t \leqslant 1\}.$$

Zunächst zeigen wir, dass ihre Bildmenge unter $S_{p,\lambda}$ wieder eine Strecke ist.
Dazu überprüft man zunächst durch Einsetzen von $(**)$, dass gilt

$$S_{p,\lambda}\big(tx_1 + (1-t)x_2\big) = tS_{p,\lambda}(x_1) + (1-t)S_{p,\lambda}(x_2).$$

Daraus folgt, dass die Verbindungsstrecke der Punkte x_1 und x_2 auf die Verbindungsstrecke der Bildpunkte $S_{p,\lambda}(x_1)$ und $S_{p,\lambda}(x_2)$ abgebildet wird. Nun zeigen
wir noch die Behauptung über die Längen: Die Länge der Verbindungsstrecke
von x_1 und x_2 ist $\|x_2 - x_1\|$, und die Länge der Verbindungsstrecke der Punkte
$S_{p,\lambda}(x_1)$ und $S_{p,\lambda}(x_2)$ ist gleich

$$
\begin{aligned}
\|S_{p,\lambda}(x_2) - S_{p,\lambda}(x_1)\| &= \|(\lambda(x_2 - p) + p) - (\lambda(x_1 - p) + p)\| \\
&= \|\lambda(x_2 - x_1)\| = \lambda \|x_2 - x_1\|,
\end{aligned}
$$

also gleich dem λ-fachen der gegebenen Strecke.

c) Zwei Beweise

(i) Es sei $f : [a, b] \to \mathbb{R}^n$ eine beliebige rektifizierbare Kurve. Die Bogenlänge $L(f)$ ist definiert als das Supremum der Längen aller Streckenzüge,
die f einbeschrieben sind. Streckt man einen solchen Streckenzug mit $S_{p,\lambda}$, so
erhält man einen Streckenzug von λ-facher Länge, der der Bildkurve $S_{p,\lambda}(f)$
einbeschrieben ist. Daher gilt für die Suprema die Ungleichung

$$L(S_{p,\lambda}(f)) \geqslant \lambda \cdot L(f).$$

Entscheidend ist nun, dass andererseits jeder Streckenzug, der $S_{p,\lambda}(f)$ einbeschrieben ist, durch Streckung eines gewissen zu f gehörigen Streckenzugs entsteht. Es gilt daher auch die Ungleichung

$$L(S_{p,\lambda}(f)) \leqslant \lambda \cdot L(f)$$

und damit insgesamt die behauptete Gleichheit. (Abb. 4.2 illustriert den Zusammenhang zwischen den Streckenzügen, die einer Kurve und ihrer Bildkurve
einbeschrieben sind.)

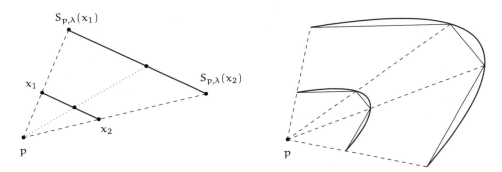

Abb. 4.2: Links: Strahlensatzfigur zur Frage, wie sich Streckenlängen unter zentrischen Streckungen verhalten. — Rechts: Kurve und gestreckte Kurve mit einbeschriebenen Streckenzügen.

(ii) Ist $f : [a, b] \to \mathbb{R}^n$ stetig differenzierbar, so kann die Bogenlänge $L(f)$ durch ein Integral berechnet werden: Es ist

$$L(f) = \int_a^b \|f'(t)\| \, dt \,.$$

(Hier bezeichnet $\|f'(t)\|$ die euklidische Norm des Vektors $f'(t)$.) Für die Bildkurve $S_{p,\lambda}(f)$ gilt dann

$$L(S_{p,\lambda}(f)) = \int_a^b \|(S_{p,\lambda} \circ f)'(t)\| \, dt \,.$$

Um zu zeigen, dass der Wert dieses Integrals das λ-fache des vorigen ist, betrachten wir den Integranden: Es gilt

$$(S_{p,\lambda} \circ f)'(t) = \frac{d}{dt}(\lambda(f(t) - p) + p) = \lambda f'(t) \,.$$

Für die Normen gilt daher (da $\lambda > 0$ ist)

$$\|(S_{p,\lambda} \circ f)'(t)\| = \lambda \cdot \|f'(t)\|$$

und somit

$$\int_a^b \|(S_{p,\lambda} \circ f)'(t)\| \, dt = \lambda \int_a^b \|f'(t)\| \, dt \,,$$

und dies war zu zeigen.[3]

---

[3]Man kann die hier geführte Argumentation leicht auf *stückweise stetig differenzierbare* Kurven ausdehnen: Das Integral über $[a, b]$ wird dazu durch eine Summe von Integralen über Teilintervalle ersetzt.

d) Argumentation auf anschaulicher Ebene

Man könnte bei der Argumentation wie in (b) bei Strecken beginnen. Für diese ist die Aussage (∗) anschaulich-intuitiv einleuchtend und als Folgerung aus dem Strahlensatz begründbar. Auch für Streckenzüge (Kurven, die aus endlich vielen Strecken zusammengesetzt sind) gilt sie daher. Dass man eine »beliebige« Kurven (in Wahrheit meint man nicht ganz beliebige, sondern eben die rektifizierbaren Kurven) durch einbeschriebene Streckenzüge beliebig genau approximieren kann, ist von geometrisch-intuitivem Standpunkt aus durchaus glaubwürdig; dies macht die in (c)(i) bewiesene Tatsache plausibel, dass sich die Gültigkeit von (∗) auch auf beliebige Kurven überträgt.

Dass die Länge der Kurve das Supremum (oder ein Grenzwert) der Längen der Streckenzüge ist, lässt sich ohne Kenntnis der entsprechenden Begriffe aus der Analysis nicht exakt umsetzen. (Es handelt sich eher um eine propädeutische Überlegung, die allerdings die Begriffe der Analysis anbahnen kann.)

e) Kreise

Es genügt, dies für konzentrische Kreise nachzuweisen, da sich beim Verschieben Umfang und Durchmesser nicht ändern. Sind nun K_1 und K_2 zwei konzentrische Kreise mit Mittelpunkt p und Radius r_1 bzw. r_2, so gibt es eine zentrische Streckung, die K_1 in K_2 überführt: Es ist

$$K_2 = S_{p,\lambda}(K_1) \qquad \text{mit } \lambda = \frac{r_2}{r_1}.$$

Ist D_1 ein Durchmesser (als Strecke verstanden) von K_1, so ist die gestreckte Strecke $S_{p,\lambda}(D_1)$ ein Durchmesser von K_2. Für die Längen gilt nach dem in (b) und (c) Gezeigten

$$
\begin{aligned}
L(K_2) &= \lambda \cdot L(K_1) \\
L(D_2) &= \lambda \cdot L(D_1).
\end{aligned}
$$

Entscheidend ist nun, dass sich beim Bilden des Quotienten der Streckungsfaktor λ herauskürzt:

$$\frac{L(K_2)}{L(D_2)} = \frac{\lambda \cdot L(K_1)}{\lambda \cdot L(D_1)} = \frac{L(K_1)}{L(D_1)}$$

Zum Weiterarbeiten

- **Strecken von Flächenstücken.** Stellen Sie sich die zentrische Streckung eines »krummen Flächenstücks« im $\mathbb{R}^3$ vor. Wie wird sich nach Ihrer Erwartung der Flächeninhalt durch die Streckung ändern? Und allgemeiner: Was erwarten Sie beim Strecken von 3-dimensionalen (oder k-dimensionalen) »Objekten« im $\mathbb{R}^n$?

Hinweis: Um solche Fragen präzise untersuchen zu können, ist es als Erstes notwendig, die Vorstellung »k-dimensionales Objekt« in ein mathematisches Konzept zu fassen. Hierfür studiert man k-*dimensionale parametrisierte Flächenstücke* oder allgemeiner k-*dimensionale Untermannigfaltigkeiten des* $\mathbb{R}^n$ (siehe etwa [Fo2, §9] und [Fo3, §14]).

4.3   Paradoxa bei der Approximation von Kurven

Was sollten Sie schon kennen?

rektifizierbare Kurven und ihre Bogenlängen, Funktionenfolgen und deren Konvergenz

Was lernen Sie hier?

- Sie erkennen anhand von zwei Paradoxa, dass intuitive Vorstellungen zur Approximation von Kurven falsch sein können.
- Sie lernen präzise Argumentationen für Grenzwertprozesse kennen, die in der Elementargeometrie vorkommen.

▶ **Aufgabe**

a) **Zwei Paradoxa.** Wir stellen Ihnen zunächst zwei Paradoxa vor.

(1) Das erste wird in [T, Example 1.2.13] beschrieben und betrifft die Approximation einer Kurve durch »Treppen«: Wir betrachten in der reellen Ebene $\mathbb{R}^2$ die Strecke von $(0,0)$ nach $(1,1)$. Da sie die Hypotenuse eines rechtwinkligen Dreiecks ist, folgt aus dem Satz von Pythagoras sofort, dass ihre Länge gleich $\sqrt{2}$ ist. Stellen Sie sich nun vor, dass jemand, der den Satz von Pythagoras nicht kennt, den Vorschlag macht, die Hypotenuse durch kleine vertikale und horizontale Strecken in folgender Weise zu approximieren: Für jede natürliche Zahl n bilden wir eine »Treppe« von $(0,0)$ nach $(1,1)$, die aus n vertikalen und n horizontalen Strecken der Länge $\frac{1}{n}$ besteht. (Fertigen Sie eine Skizze an.) Die Gesamtlänge der Treppe ist also $2n \cdot \frac{1}{n}$. Wenn wir n immer größer werden lassen, so nähert sich die Treppe der Hypotenuse an – wir sollten im Grenzwert also die Länge der Hypotenuse erhalten. Aber der Grenzwert von $2n \cdot \frac{1}{n}$ für $n \to \infty$ ist gleich 2. Hier liegt offenbar ein Widerspruch vor.

(2) Im zweiten Paradoxon, das in [Ka, Kap. 4, Nr. 37] beschrieben ist, geht es um die Approximation einer Strecke durch »Schlangenkurven«, die aus Halbkreisen bestehen (siehe Abb. 4.3). Wenn man die Zahl der Halbkreise gegen Unendlich gehen lässt und im Stil von (1) argumentiert, dann kann man scheinbar »beweisen«, dass $\pi = 2$ ist.

Nun zu Ihrem Arbeitsauftrag:

(i) Führen Sie zunächst den angeblichen »Beweis« für die falsche Behauptung $\pi = 2$ im Schlangenparadoxon (2) aus.

Abb. 4.3: Im Schlangenkurven-Paradoxon wird »bewiesen«, dass $\pi = 2$ gilt.

(ii) Die in beiden Paradoxa (1) und (2) entstandenen Widersprüche müssen ihre Ursache darin haben, dass an irgendeiner Stelle der Argumentation eine falsche Behauptung verwendet wird. Überlegen Sie sich, dass in beiden Fällen im Kern dieselbe falsche Argumentation verwendet wird, und formulieren Sie den *falschen* Satz, der in beiden Argumentationen angewandt wird. Verwenden Sie in dem Satz die folgenden Begriffe: *Folge von parametrisierten Kurven* f_n, *Längen* $L(f_n)$ *der Kurven, Konvergenz.*

b) **Archimedische Methode.** Recherchieren und beschreiben Sie die *Archimedische Methode,* bei der ein Kreis durch eine Folge regelmäßiger n-Ecke approximiert wird, und erläutern Sie, wie man hieraus eine Folge reeller Zahlen gewinnt, die gegen π konvergiert.

c) **Das »Kuchenargument«.** Viele Bücher für den gymnasialen Geometrieunterricht erläutern mit dem durch Abb. 4.4 angedeuteten Verfahren, wie man aus der Formel für den Kreisumfang ($U = 2\pi r$) die Formel für den Flächeninhalt eines Kreises ($A = r^2\pi$) erhält.

(i) Erklären Sie das durch die Abbildung angedeutete Vorgehen auf einer intuitiv-anschaulichen Ebene. (Schlagen Sie ggf. in Unterrichtswerken nach, falls Sie eine genauere Beschreibung benötigen.)

(ii) Angesichts der Paradoxa in (a) sind wir hinsichtlich der Verwendung von intuitiv-anschaulich »klar« erscheinenden Argumenten etwas vorsichtig geworden. Arbeiten Sie daher nun eine Argumentation aus, die präzise Konvergenzüberlegungen anstellt.

d) **Analyse des Unterschieds.** In allen vorangegangenen Beispielen wird die Länge einer Kurve durch Approximation mittels einer gewissen Folge von Kurven bestimmt. Beim Vergleich dieser Beispiele ist es zunächst überraschend, dass das Vorgehen in (b) und (c) zu *richtigen* Ergebnissen führt, während man in den Beispielen in (a) zu *Widersprüchen* kommt. Wo liegt der fundamentale Unterschied in den Beispielen, der hierfür verantwortlich ist?

* * *

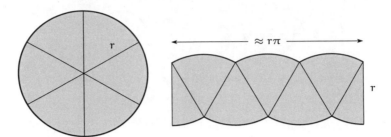

Abb. 4.4: Aus der Formel für den Kreisumfang wird durch ein »Kuchenargument« die Formel für den Flächeninhalt gewonnen.

▶ Kommentierter Lösungsvorschlag

a) (i) **Schlangenparadoxon.** Für jede natürliche Zahl n zerlegen wir die Strecke in n gleichlange Teilabschnitte und bilden eine »Schlangenkurve« aus n Halbkreisen, die abwechselnd über und unter den Teilabschnitten liegen. Wenn wir eine Strecke der Länge 1 zugrunde legen, dann hat jeder Halbkreis den Radius $\frac{1}{2n}$ und daher die Bogenlänge

$$\frac{1}{2} \cdot 2\pi \cdot \frac{1}{2n} = \frac{\pi}{2n}.$$

Die Gesamtlänge der Schlangenkurve ist somit $n \cdot \frac{\pi}{2n} = \frac{\pi}{2}$. Wenn wir n immer größer werden lassen, dann nähert sich die Schlangenkurve der Strecke beliebig genau an. Daher sollte $\frac{\pi}{2} = 1$ gelten und somit $\pi = 2$.

(ii) **Analyse.** In beiden Beispielen liegt eine Folge von (parametrisierten, stückweise stetig differenzierbaren) Kurven f_n vor: In (1) ist f_n die aus n Stufen bestehende Treppe, in (2) ist es die aus n Halbkreisen bestehende Schlangenkurve. In beiden Fällen ist es richtig, das die Kurven f_n gegen eine Grenzkurve konvergieren: Es gilt

$$f_n \xrightarrow[n \to \infty]{} f,$$

wobei f in (1) die Hypotenuse und in (2) die gegebene Strecke ist. In der Argumentation wird nun stillschweigend unterstellt, dass die Längen $L(f_n)$ gegen die Länge der Grenzkurve $L(f)$ konvergieren. Da diese Unterstellung zu Widersprüchen führt, muss sie in beiden Fällen falsch sein. Der folgende, stillschweigend benutzte Satz ist also *falsch*: Falls für eine Folge von Kurven f_n die Konvergenz $f_n \to f$ gilt, dann folgt $L(f_n) \to L(f)$.

Zwei ergänzende *Bemerkungen* zu diesem Aufgabenteil:

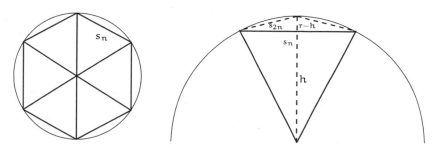

Abb. 4.5: Links: Einem Kreis wird ein regelmäßiges n-Eck einbeschrieben. — Rechts: Ein Dreieck des regelmäßigen n-Ecks und zwei Dreiecke des regelmäßigen $2n$-Ecks.

- Man kann sich überlegen, dass in beiden Fällen die Konvergenz $f_n \to f$ sogar *gleichmäßig* ist. Die Beispiele zeigen daher, dass sogar diese stärkere Voraussetzung *nicht* genügt, um auf $L(f_n) \to L(f)$ schließen zu können.

- Gibt es denn überhaupt irgendein Kriterium, mit dem man auf die Konvergenz der Längen schließen kann? Ja, zum Beispiel das folgende: Wenn man von einer Folge (f_n) von Kurven weiß, dass die Normen der Ableitungen $\|f_n'\|$ gleichmäßig gegen $\|f'\|$ konvergieren, dann folgt tatsächlich

$$L(f_n) \xrightarrow[n \to \infty]{} L(f) .$$

(Man kann dies beweisen, indem man die Integralformel für die Länge einer stückweise stetig-differenzierbaren Kurve[4] benutzt.) Diese Voraussetzung an die Konvergenz der Normen der Ableitungen kann also in (1) und (2) nicht vorliegen.

b) Archimedische Methode. Einem Kreis vom Radius r wird ein regelmäßiges n-Eck einbeschrieben (siehe linkes Bild in Abb. 4.5). Wenn wir dessen Seitenlänge mit s_n bezeichnen, dann hat das n-Eck den Umfang $n \cdot s_n$ und dieser konvergiert für $n \to \infty$ gegen den Kreisumfang $2\pi r$. Also gilt:

$$\frac{n \cdot s_n}{2\pi} \xrightarrow[n \to \infty]{} \pi .$$

Praktischen Nutzen können wir hieraus erst ziehen, wenn wir die Folge (s_n) rechnerisch bestimmen können. Tatsächlich reicht es aus, eine beliebige *Teilfolge*

---

[4]Siehe Aufgabe 5.7

zu kennen, da auch diese zwangsläufig gegen π konvergieren wird. Wir werden nun eine Rekursionsformel für die Berechnung von s_{2n} aus s_n ermitteln. Wenn man zusätzlich den Wert s_{n_0} für einen einzigen Index n_0 kennt (z. B. überlegt man sich leicht, dass $s_6 = r$ gilt), dann ist auf diese Weise eine Teilfolge von (s_n) festgelegt: $s_{n_0}, s_{2n_0}, s_{4n_0}, s_{8n_0}, \ldots$

Zur Ermittlung der gewünschten Rekursionsformel betrachten wir das rechte Bild in Abb. 4.5. Dort sind ein Dreieck des regelmäßigen s_n-Ecks und zwei Dreiecke des s_{2n}-Ecks eingezeichnet. Wenden wir den Satz von Pythagoras auf eines der unteren beiden rechtwinkligen Dreiecke an, so erhalten wir

$$h^2 + (\frac{s_n}{2})^2 = r^2,$$

während die Anwendung auf eines der oberen beiden rechtwinkligen Dreiecke die Gleichung

$$(r - h)^2 + (\frac{s_n}{2})^2 = s_{2n}^2$$

liefert. Aus diesen beiden Gleichungen kann man die Variable h eliminieren und dann nach s_{2n} auflösen. Man erhält auf diese Weise

$$s_{2n} = \sqrt{2r^2 - r\sqrt{4r^2 - s_n^2}}\,.$$

c) **(i)** **Das »Kuchenargument«.** Auf intuitiv-anschaulicher Ebene könnten wir wie folgt argumentieren: Wir zerlegen einen Kreis in n gleich große Sektoren und ordnen diese wie in Abb. 4.4 nebeneinander an. Die entstehende Figur hat denselben Flächeninhalt wie der Kreis. Je größer n wird, desto mehr nähert sich die Figur einem Rechteck an. Dessen Grundlinie ist der halbe Kreisumfang πr, und dessen Höhe ist der Kreisradius r. Der Flächeninhalt des Rechtecks ist also πr^2, und dies muss daher auch der Flächeninhalt des Kreises sein.

Bemerkung: Der Teil des Arguments, dem eine präzise Rechtfertigung fehlt, liegt bei der Behauptung, dass sich die entstehende Figur einem Rechteck von gewisser Grundlinie und Höhe annähert.

(ii) **Vollständige Argumentation mit Konvergenzbetrachtung.** Wir gehen davon aus, dass für den Kreisumfang vom Radius r eines Kreises bereits die Formel

$$u = 2\pi r$$

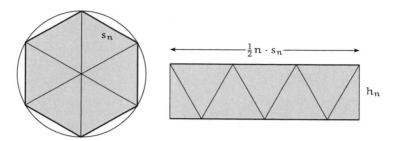

Abb. 4.6: In der Präzisierung des »Kuchenarguments« werden nicht Kreissektoren, sondern Dreiecke betrachtet. ($n = 6$)

bereitsteht.[5] Dem Kreis wird ein regelmäßiges n-Eck einbeschrieben. Wir bezeichnen mit s_n dessen Seitenlänge. Das n-Eck hat die Länge $n \cdot s_n$ und konvergiert für $n \to \infty$ gegen die Kreislinie, also gilt

$$n \cdot s_n \xrightarrow[n\to\infty]{} 2\pi r. \qquad (*)$$

Nun werden die n Dreiecke wie in Abb. 4.6 nebeneinander zu einem Rechteck R_n angeordnet. Dieses hat die Grundseite $\frac{1}{2} n \cdot s_n$, und für seine Höhe h_n gilt

$$h_n \xrightarrow[n\to\infty]{} r. \qquad (**)$$

Wir kommen zum entscheidenden Schritt des Beweises – hier werden zwei Konvergenzaussagen gemacht und verglichen: Einerseits folgern wir für den Flächeninhalt $A(R_n)$ aus den Aussagen $(*)$ und $(**)$, dass gilt

$$A(R_n) = (\frac{n}{2} \cdot s_n) \cdot h_n \xrightarrow[n\to\infty]{} (\pi r) \cdot r = \pi r^2.$$

Andererseits ist $A(R_n)$ gleich dem Flächeninhalt des dem Kreis einbeschriebenen regelmäßigen n-Ecks. Daher konvergiert $A(R_n)$ auch gegen die Kreisfläche. Deshalb ist deren Flächeninhalt ebenfalls gleich πr^2.

d) Analyse des Unterschieds. In allen betrachteten Beispielen wird eine Kurve f durch eine Folge von Kurven (f_n) approximiert. Der fundamentale Unterschied liegt in Folgendem: In (b) und (c) handelt es sich bei den Kurven f_n

---

[5]In der Elementargeometrie überzeugt man sich zunächst davon, dass das Verhältnis von Kreisumfang zu Durchmesser bei jedem Kreis dasselbe ist. Die Kreiszahl π wird dann als dieses konstante Verhältnis Kreisumfang/Durchmesser definiert. In diesem Zugang ist daher die angegebene Umfangsformel kein zu beweisender *Satz*, sondern – bis auf Formelumstellen – die *Definition von* π.

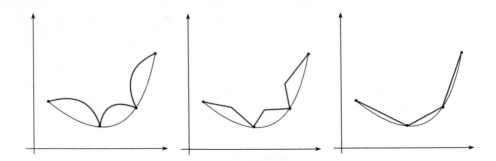

Abb. 4.7: Eine Kurve wird approximiert: im ersten Bild durch eine Zusammensetzung von Bögen, im zweiten und dritten Bild durch Streckenzüge. Nur im dritten Bild handelt es sich um einen *einbeschriebenen* Streckenzug.

um *Streckenzüge*, die der Kurve f *einbeschrieben* sind, d. h. deren Endpunkte auf der Kurve liegen (vgl. Abb. 4.7). Warum gilt nun $L(f_n) \to L(f)$ in diesem Fall? Dies liegt an der Definition der Bogenlänge: Die Länge $L(f)$ ist ja *definiert* als Supremum aller Längen von Streckenzügen, die f einbeschrieben sind. Es gilt: Wenn bei einer Folge f_n von einbeschriebenen Streckenzügen die Feinheiten der Unterteilungen gegen 0 gehen, dann konvergiert $L(f_n)$ gegen $L(f)$.

Zum Weiterarbeiten

- **Umbeschriebene n-Ecke.** Im Lösungsvorschlag zu Aufgabenteil (b) wurde mit Hilfe von einbeschriebenen n-Ecken eine Folge konstruiert, die gegen π konvergiert. Überlegen Sie sich, wie man diese Überlegung durch *umbeschriebene* n-Ecke so erweitern kann, dass man anstelle einer Folge sogar eine *Intervallschachtelung* für π erhält. Für praktische Zwecke haben Intervallschachtelungen gegenüber Folgen einen entscheidenden Vorteil: Sie beinhalten Information darüber, wie nahe man der unbekannten Zahl nach n Schritten bereits gekommen ist (Fehlerabschätzung).

4.4 Winkel und Bogenlängen

Was sollten Sie schon kennen?

den Begriff *Bogenlänge* für stetig differenzierbare Kurven, die Berechnung von Bogenlängen mittels Integralen

Was lernen Sie hier?

- einen analytischen Zugang zum Bogenmaß, der Bogenlängen von Kurven zugrunde legt, und
- einen elementarmathematischen Zugang durch Zerlegen des Vollwinkels

▶ Aufgabe

In der Geometrie versteht man unter einem (orientierten) *Winkel* ein Paar (h_1, h_2) in $\mathbb{R}^2$ aus zwei Halbgeraden h_1 und h_2, die von einem gemeinsamen Punkt (*Scheitelpunkt*) ausgehen. Wir untersuchen hier, auf welchen Wegen ein *Winkelmaß* definiert werden kann, das die Größe von Winkeln angibt.

a) Im Rahmen der Analysis kann die Größe eines Winkels als die Länge des Kreisbogens definiert werden, den der Winkel aus einem Einheitskreis um den Scheitelpunkt ausschneidet. (Der Begriff *Länge* ist dabei als Bogenlänge einer rektifizierbaren Kurve zu verstehen.)

   (i) Nehmen Sie zur Vereinfachung an, dass der Winkel in der oberen Halbebene liegt und den Nullpunkt $(0,0)$ als Scheitelpunkt hat. Die beiden definierenden Halbgeraden sind dann durch zwei auf dem Einheitskreis liegende Punkte $a = (a_1, a_2)$ und $b = (b_1, b_2)$ mit $a_1 < b_1$ und $a_2 > 0$, $b_2 > 0$ festgelegt. Weisen Sie nach, dass die oben definierte Winkelgröße (Bogenlänge) durch das Integral

$$\int_{a_1}^{b_1} \frac{1}{\sqrt{1-x^2}}\, dx$$

   ausgedrückt werden kann.
   Hinweis: Parametrisieren Sie den fraglichen Kreisbogen, ohne trigonometrische Funktionen (sin, cos, ...) zu verwenden.

   (ii) Zeigen Sie, dass das in (i) betrachtete Integral durch

$$\arccos a_1 - \arccos b_1$$

gegeben ist. Verwenden Sie dabei über die arccos-Funktion nur, dass Ihre Ableitung für $x \in \,]-1, 1[$ durch $\arccos'(x) = -1/\sqrt{1-x^2}$ gegeben ist.

b) Wir behandeln nun einen elementarmathematischen Weg, auf dem man zu einem Winkelmaß gelangen kann, ohne den Längenbegriff für Kurven zugrunde zu legen. Man legt die Größe des Vollwinkels dazu als $360°$ fest und erweitert die Winkelmessung dann auf Teile des Vollwinkels.

(i) Erläutern Sie, wie auf diese Weise ein Winkelmaß zunächst für *rationale* Teile des Vollwinkels definiert werden kann.

(ii) Wie könnte man weiter vorgehen, um einen vollständigen, zu (a) äquivalenten Winkelbegriff zu erhalten?

(iii) Welche Vor- und Nachteile hat demgegenüber die im Sinne von (a) getroffene Definition der Winkelmessung?

$$* \quad * \quad *$$

▶ **Kommentierter Lösungsvorschlag**

a) (i) Der Einheitskreis in $\mathbb{R}^2$ ist die Punktmenge

$$\left\{ (x, y) \in \mathbb{R}^2 \,\middle|\, x^2 + y^2 = 1 \right\}.$$

Den Kreisbogen zwischen zwei Punkten a, b auf dem Einheitskreis in der oberen Halbebene können wir daher als parametrisierte Kurve

$$\begin{aligned} f : [a_1, b_1] &\to \mathbb{R}^2 \\ x &\mapsto (x, \sqrt{1 - x^2}) \end{aligned}$$

beschreiben. Diese Kurve ist stetig differenzierbar und ihre Ableitung in $x \in [a_1, b_1]$ ist gegeben durch

$$f'(x) = \left(1, \frac{-x}{\sqrt{1 - x^2}} \right).$$

(Wir nutzen dabei, dass die beiden Punkte in der oberen Halbebene liegen und daher insbesondere die Definitionslücken ± 1 des auftretenden Nenners nicht in $[a_1, b_1]$ liegen.) Die Kurvenlänge lässt sich somit durch ein Integral ausdrücken:

$$L(f) = \int_{a_1}^{b_1} \|f'\| = \int_{a_1}^{b_1} \sqrt{1 + \frac{x^2}{1 - x^2}} \; dx = \int_{a_1}^{b_1} \frac{1}{\sqrt{1 - x^2}} \; dx.$$

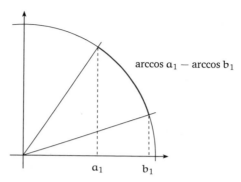

$\arccos a_1 - \arccos b_1$

Abb. 4.8: Die Überlegung in (a)ii zeigt, dass Bogenlängen durch Werte der arccos-Funktion ausgedrückt werden können. Wenn man die cos-Funktion elementargeometrisch definiert (durch Streckenverhältnisse in rechtwinkligen Dreiecken) und sich dabei bereits auf das Bogenmaß bezieht, dann kann dies nicht überraschen. Wenn man allerdings von der analytischen Definition des cos (z. B. über Potenzreihen) ausgeht, dann liefert die Aussage neue Information – und zeigt, dass die elementargeometrische und die analytische Definition zur selben cos-Funktion führen.

(ii) Wir nutzen nun, dass die arccos-Funktion eine Stammfunktion zum Negativen des Integranden im oben erhaltenen Integral ist. Damit lässt sich das Integral berechnen:

$$\int_{a_1}^{b_1} \frac{1}{\sqrt{1-x^2}} \, dx = \int_{a_1}^{b_1} -\arccos'(x) \, dx = \arccos a_1 - \arccos b_1 \, .$$

b) (i) Wenn man von einem Winkelmaß fordert, dass es *additiv* ist und die Größe des Vollwinkels auf $360°$ festlegt, dann sind die Winkelmaße von *rationalen* Teilen des Vollwinkels eindeutig bestimmt: Ist der Vollwinkel in $q \in \mathbb{N}$ Teile zerlegt, so hat jeder der Teile das Maß $\frac{1}{q}360°$. Ein Winkel, der aus $p \in \mathbb{N}$ dieser Teile besteht, hat dann das Maß $\frac{p}{q}360°$.

(ii) Nicht jeder Winkel ist ein rationaler Teil des Vollwinkels. (Bedenken Sie: Es gibt nur *abzählbar* viele rationale Zahlen und daher nur abzählbar viele rationale Teile des Vollwinkels, während es *überabzählbar* viele Winkel gibt. In Wahrheit sind daher nur »relativ wenige« Winkel rationale Teile des Vollwinkels.)

Möchte man die Winkelmessung auf beliebige Winkel ausdehnen, liegt es nahe, die *Stetigkeit* des Winkelmaßes zu fordern. Man wird dann einen beliebigen Winkel durch eine Folge von rationalen Teilen des Vollwinkels approximieren; die Stetigkeitsforderung legt dann das Winkelmaß des gegebenen Winkels auf den Grenzwert der Winkelmaße der rationalen Teile fest.

(iii) Vorteile der Definition aus (a): Im Gegensatz zu (b) ist keine Unterscheidung zwischen rationalen und irrationalen Teilen des Vollwinkels notwendig. Damit entfällt die Notwendigkeit, schrittweise vorzugehen – das Winkelmaß wird hier sofort für beliebige Winkel definiert.

Die Integraldarstellung eröffnet eine Berechnungsmöglichkeit bei gegebenen Halbgeraden.

Nachteile der Definition aus (a): Sie legt den Längenbegriff für rektifizierbare Kurven und die Berechnung von Bogenlängen mittels Integralen zugrunde und setzt daher hinsichtlich der Vorkenntnisse signifikant höher an als die Version in (b).

Bemerkung: Bedenken Sie, dass auch Version (b) letztlich nicht ohne Analysis auskommt, da bei der Behandlung irrationaler Teile des Vollwinkels ein Grenzwertprozess benutzt wird.

In einer elementarmathematischen Situation, wie sie etwa in der gymnasialen Mittelstufe vorkommt, kann dieser Grenzwertprozess verborgen werden, indem eine Mischform aus (a) und (b) gewählt wird: Nach Betrachtung rationaler Teile des Vollwinkels wie in (b) wechselt man zu einem Zugang wie in (a), wobei das Bogenmaß durch einen intuitiven Längenbegriff für Kreisbögen als gegeben betrachtet wird.

Zum Weiterarbeiten

- **Winkelmessung in der Linearen Algebra.** In der Linearen Algebra wird das Winkelmaß üblicherweise auf vektorieller Grundlage eingeführt: Sind zwei vom Nullpunkt ausgehende Halbgeraden durch Vektoren $a, b \in \mathbb{R}^2$ gegeben, dann definiert man das Winkelmaß unter Benutzung des kanonischen Skalarprodukts von a und b. Überlegen Sie sich, dass das so definierte Winkelmaß (schlagen Sie die Definition ggf. nach) mit dem in Aufgabenteil (a) definierten übereinstimmt. *Anregung:* Rechnen Sie zunächst für $a = (1, 0)$.

4.5 Analyse eines Definitionsversuchs: Integration mit äquidistanten Rechtssummen

Was sollten Sie schon kennen?

das Riemann-Integral, insbesondere dessen Definition mittels Folgen von Riemannschen Summen

Was lernen Sie hier?

- Im Rahmen eines hypothetischen »Forschungsprojekts« untersuchen Sie ein mathematisches Konzept auf seine Tragfähigkeit.
- Sie gewinnen Sicherheit im Umgang mit dem Riemann-Integral.

▶ Aufgabe

Jemand – nennen wir ihn Moritz – hat schon zahlreiche Integrale mit Hilfe von Riemannschen Summen berechnet und dabei folgende Beobachtung gemacht:

Riemannsche Summen werden in der Praxis oft mit äquidistanten Zerlegungen gebildet. Als Stützpunkte werden oft die linken Intervallgrenzen oder die rechten Intervallgrenzen verwendet.

Diese Beobachtung ist völlig zutreffend. Obwohl man bei der Bildung von Riemannschen Summen nicht gezwungen ist, das Integrationsintervall in gleich lange Teile zu zerlegen, und man die Stützpunkte in den Teilintervallen frei wählen darf, hat sich die Benutzung von *äquidistanten Linkssummen* oder *äquidistanten Rechtssummen* in vielen Fällen als einfaches und effizientes Vorgehen bewährt (siehe z. B. die Aufgaben 4.1 und 5.2).

Moritz hat nun eine Idee: Wäre es nicht einfacher, wenn man äquidistante Links- oder Rechtssummen nicht nur bei der *Berechnung*, sondern von vornherein bei der *Definition* der Integrierbarkeit und des Integrals benutzen würde? Sein konkreter Vorschlag lautet so:

»Ich betrachte für eine Funktion $f : [a, b] \to \mathbb{R}$ und eine Zahl $n \in \mathbb{N}$ die *Rechtssumme* $R_n(f)$ von f bei äquidistanter Zerlegung von $[a, b]$ in n Teilintervalle:

$$R_n(f) := \frac{1}{n} \sum_{k=1}^{n} f(x_{n,k}) \quad \text{mit } x_{n,k} := a + k\frac{b-a}{n} \text{ für } k = 1, \ldots, n.$$

Eine Funktion f nenne ich *r-äqu-integrierbar*, falls der Grenzwert

$$\lim_{n \to \infty} R_n(f)$$

existiert. (Dabei soll »r-äqu« an »rechts« und »äquidistant« erinnern.)
Falls dieser Grenzwert existiert, dann setze ich

$$\equalint_a^b f := \lim_{n \in \infty} R_n(f)$$

und nenne diese Zahl das *r-äqu-Integral*. (Das neue Symbol $\equalint$ verwen-
de ich sicherheitshalber, damit dieser Integralbegriff nicht mit dem
Riemann-Integral verwechselt wird.)«[6]

Moritz' Vorschlag klingt auf den ersten Blick nicht schlecht und verdient daher eine etwas eingehendere Untersuchung. Eine Reihe von »Forschungsfragen«
drängen sich auf, auf die Moritz Antworten finden will.

(1) **Bezug zum Riemann-Integral**
 - Gilt die Äquivalenz

   f ist r-äqu-integrierbar $\iff$ f ist Riemann-integrierbar ?

   Falls nein: Gilt immerhin eine von beiden Implikationen?
 - Wenn f sowohl Riemann-integrierbar als auch r-äqu-integrierbar ist, gilt
   dann

   $$\equalint_a^b f = \int_a^b f \ ?$$

 - Ändert sich die Lage, wenn man in der Definition nicht Rechtssummen,
   sondern Linkssummen verwendet hätte?

(2) **Eigenschaften dieses Integralbegriffs**
 - Ist die Summe zweier r-äqu-integrierbarer Funktion wieder r-äqu-
   integrierbar?
 - Sind r-äqu-integrierbare Funktionen beschränkt?
 - Ist jede beschränkte Funktion r-integrierbar?
 - Verhält sich das r-äqu-Integral intervall-additiv, d. h., addieren sich die
   Integralwerte beim Zusammenfügen zweier Intervalle?

---

[6]Die Begriffe »r-äqu-integrierbar« und das spezielle Integralsymbol sind nur für die Zwecke dieser Aufgabe gedacht. Sie haben darüber hinaus keine Bedeutung.

- Gelten Sätze, die man vom Riemann-Integral kennt und in vielen Situationen benötigt, z. B. der Hauptsatz der Differential- und Integralrechnung, der es erlaubt, Integrale mittels Stammfunktionen zu berechnen?

Untersuchen Sie diese (und vielleicht auch noch andere) Fragen zunächst selbstständig. Bei mehreren Aspekten kann es nützlich sein, die Gültigkeit einer Eigenschaft anhand der *Dirichlet-Funktion*

$$f : [0, 1] \rightarrow \mathbb{R}$$
$$x \mapsto \begin{cases} 1, & \text{falls } x \text{ rational} \\ 0, & \text{falls } x \text{ irrational} \end{cases}$$

zu testen.

Falls Sie im Anschluss an Ihre Überlegungen einen enger geführten Arbeitsplan wünschen, können Sie folgende Fragen bearbeiten:

a) Zeigen Sie, dass jede Riemann-integrierbare Funktion auch r-äqu-integrierbar ist und dass die Integralwerte übereinstimmen.

b) Zeigen Sie, dass die umgekehrte Implikation *nicht* gilt.

c) Formulieren Sie einen analog gebildeten Integralbegriff mit Hilfe von Linkssummen statt Rechtssummen. Zeigen Sie, dass eine so verstandene »ℓ-äqu-Integrierbarkeit« zur r-äqu-Integrierbarkeit äquivalent ist und die Integralwerte übereinstimmen.

d) Zeigen Sie, dass das r-äqu-Integral folgende merkwürdige Eigenschaften hat, die es sowohl vom theoretischen Standpunkt als auch vom praktischen Standpunkt aus ungeeignet machen:

 (i) Für die r-äqu-Integrierbarkeit und den Wert des r-äqu-Integrals spielen die Funktionswerte von f nur an abzählbar vielen Stellen eine Rolle.

 (ii) Zeigen Sie: Das r-äqu-Integral ist nicht *intervall-additiv*, d. h., man kann eine r-äqu-integrierbare Funktion $f : [a, b] \rightarrow \mathbb{R}$ finden, so dass für ein gewisses $c \in [a, b]$ gilt

$$\mathbf{\text{f}}_a^c f + \mathbf{\text{f}}_c^b f \neq \mathbf{\text{f}}_a^b f.$$

 Beachten Sie: Die Intervall-Additivität wäre in mehrfacher Hinsicht wichtig:
 - Wir würden sie von einem Integralbegriff verlangen, den wir über Flächeninhalte interpretieren wollten – denn beim Zusammenfügen zweier Flächenstücke sollten sich die Flächeninhalte addieren.

- Wir würden sie im Beweis zentraler Sätze einer auf diesem Begriff aufgebauten Integrationstheorie benötigen – z. B. beim Hauptsatz der Differential- und Integralrechnung.

(iii) Aus der Riemannschen Integrationstheorie kennt man die Eigenschaft, dass für eine integrierbare Funktion $f : [a, b] \to \mathbb{R}$ und beliebiges $c \in [a, b]$ die Integralfunktion

$$x \mapsto \int_c^x f(t)\, dt$$

eine stetige Funktion ist. Für das r-äqu-Integral gilt die analoge Aussage *nicht*. (Man kann die Aussage als Teil des Hauptsatzes der Differential- und Integralrechnung auffassen.)

$$* \quad * \quad *$$

▶ **Kommentierter Lösungsvorschlag**

a) Falls f Riemann-integrierbar ist, dann konvergieren *alle* Riemann-Folgen, also auch die durch äquidistante Rechtssummen gebildete spezielle Riemann-Folge. Deren Grenzwert ist dann gleich $\int_a^b f$.

b) Es gibt Funktionen, die r-äqu-integrierbar, aber nicht Riemann-integrierbar sind: Wir zeigen, dass die Dirichlet-Funktion

$$f : [0, 1] \quad \to \quad \mathbb{R}$$
$$x \quad \mapsto \quad \begin{cases} 1, & \text{falls } x \text{ rational} \\ 0, & \text{falls } x \text{ irrational} \end{cases}$$

ein Beispiel hierfür ist. Sie ist bekanntlich nicht Riemann-integrierbar. Nun zur r-äqu-Integrierbarkeit: Im n-ten Teilungsschritt kommen die Teilungspunkte

$$x_{n,k} = \frac{k}{n} \qquad k = 1, \dots, n$$

zum Einsatz. Da diese alle rational sind, gilt $f(x_{n,k}) = 1$ und damit $R_n(f) = 1$. Somit ist f r-äqu-integrierbar mit

$$\fint_0^1 = 1.$$

c) Mit den in der Aufgabenstellung eingeführten Bezeichnungen ist die analog zu $R_n(f)$ gebildete *Linkssumme* durch

$$L_n(f) = \frac{1}{n} \sum_{k=0}^{n-1} f(x_{n,k})$$

gegeben. Es gilt

$$R_n(f) - L_n(f) = \frac{1}{n}(f(x_{n,n}) - f(x_{n,0})) = \frac{1}{n}(f(b) - f(a)).$$

Dies konvergiert für $n \to \infty$ gegen 0. Daher ist die Linkssummenfolge $(L_n(f))_n$ genau dann konvergent, wenn die Rechtssummenfolge $(R_n(f))_n$ konvergent ist, und die Grenzwerte sind dann gleich.

d) (i) Für die r-äqu-Integrierbarkeit und die Berechnung des r-äqu-Integrals spielen nur die Werte von f an abzählbar vielen Stellen eine Rolle, nämlich die Werte auf der Menge

$$\{x_{n,k} \mid n \in \mathbb{N}, k = 1, \ldots, n\} \qquad \text{mit } x_{n,k} = \frac{k}{n}.$$

Man kann also die Funktionswerte an den übrigen Stellen beliebig verändern (z. B. um die Funktion unbeschränkt zu machen), ohne dabei r-äqu-Integrierbarkeit und r-äqu-Integral zu verändern.

(ii) Das r-äqu-Integral ist nicht intervall-additiv: Man kann eine r-äqu-integrierbare Funktion $f : [a, b] \to \mathbb{R}$ finden, so dass für ein gewisses $c \in [a, b]$ gilt

$$\fint_a^c f = 0, \qquad \fint_c^b f = 0, \qquad \fint_a^b f = 1.$$

(In einer Flächeninterpretationen entspräche dies einer »wundersamen Flächenvermehrung« beim Zusammenfügen zweier Flächenstücke.)

Zur Konstruktion gehen wir so vor: Wir wählen $a = 0$ und eine *irrationale* Zahl $b > 1$. Wir definieren dann die Funktion f, indem wir $f(x) = 1$ setzen, falls x irrational ist und in $[0, 1]$ liegt, und $f(x) = 0$ sonst. Wir behaupten, dass für diese Funktion gilt:

$$\fint_0^1 f = 0, \qquad \fint_1^b f = 0, \qquad \fint_0^b f = 1.$$

Man erhält diese drei Aussagen mittels folgender Überlegungen:

- Die Teilungspunkte, die bei der Berechnung des ersten der drei Integrale verwendet werden, sind alle rational und ihre Funktionswerte daher gleich 0, die Rechtssummen haben somit alle den Wert 0.

- Das zweite Integral ist 0, da f auf [1, b] die Nullfunktion ist (und somit alle Teilungspunkte den Funktionswert 0 haben).
- Beim dritten Integral sind diejenigen Teilungspunkte, die in [0, 1] liegen, alle irrational (da b irrational ist). Somit sind deren Funktionswerte alle gleich 1, und dies führt dazu, dass alle Rechtssummen den Wert 1 haben.

(iii) Ein Beispiel, das zeigt, dass in der r-äqu-Theorie Integralfunktionen nicht stetig sein müssen, lässt sich erneut aus der Dirichlet-Funktion $f : [0, 1] \to \mathbb{R}$ gewinnen: Wir betrachten die zu f gehörige Integralfunktion

$$F : [0, 1] \quad \to \quad \mathbb{R}$$
$$x \quad \mapsto \quad \fint_0^x f \,.$$

Der Wert des Integrals $\fint_0^x f$ hängt nun – nach einer Argumentation wie in der vorigen Teilaufgabe – davon ab, ob x rational oder irrational ist. Man erhält

$$F(x) = \begin{cases} x, & \text{falls } x \text{ rational} \\ 0, & \text{falls } x \text{ irrational} \end{cases}$$

und dies ist eine unstetige Funktion.

Zum Weiterarbeiten

■ **Äquidistante Zerlegungen.** Die Überlegungen zur »r-äqu-Integrierbarkeit« sind als Gedankenspiel gedacht, das Ihnen zeigen soll, wie man bei einem neu erdachten mathematischen Konzept natürliche Fragen formuliert und untersucht. Wir wollen damit nicht die Verwendung von äquidistanten Summen »diskreditieren«. Sicherheitshalber daher nochmal der Hinweis: *Falls eine Funktion schon als Riemann-integrierbar bekannt ist* (zum Beispiel, weil sie stetig ist) dann sind äquidistante Links- oder Rechtssummen ein zulässiges und sehr bewährtes Werkzeug zur Bestimmung des Integralwerts.

Im Kontext dieser Aufgabe ist es interessant zu wissen, dass es tatsächlich eine Möglichkeit gibt, die Definition der Riemann-Integrierbarkeit so zu formulieren, dass sie nur auf *äquidistante* Summen Bezug nimmt – allerdings verwendet man dann nicht Links- oder Rechtssummen, sondern *Ober-* und *Untersummen*. Überlegen Sie sich, dass Folgendes richtig ist:

Für eine Funktion $f : [a, b] \to \mathbb{R}$ und eine Zahl $n \in \mathbb{N}$ sei $U_n(f)$ die Untersumme und $O_n(f)$ die Obersumme von f bei äquidistanter Zerlegung von $[a, b]$ in n Teilintervalle. Dann gilt: f ist genau dann Riemann-integrierbar, wenn die Grenzwerte

$$\lim_{n \to \infty} U_n(f) \quad und \quad \lim_{n \to \infty} O_n(f)$$

beide existieren und gleich sind.

Viele Unterrichtswerke der gymnasialen Oberstufe machen sich diese Tatsache (stillschweigend) zunutze, um sich bei der Einführung des Integrals auf äquidistante Zerlegungen beschränken zu können.

Hinweis: Wie schwer der Beweis dieser Aussage ist, hängt sehr davon ab, wie viel man bereits über das Riemann-Integral weiß: Wenn Sie sowohl die Definition mittels Folgen von Riemannschen Summen als auch den Darbouxschen Zugang mittels Ober- und Untersummen kennen, dann werden Sie die Aussage recht schnell begründen können.

5

Reflexion mathematischer Arbeitsweisen

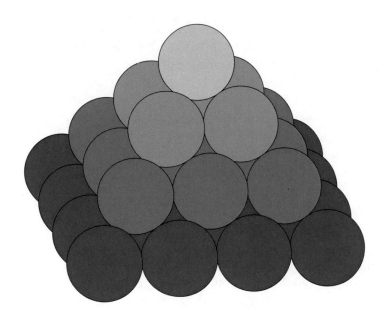

$$\sum_{k=1}^{n} k^2 = \frac{n(n+1)(2n+1)}{6}$$

Zur Orientierung

■ **Mathematische Arbeitsweisen.** Das Fach Mathematik verfügt über ein Repertoire an fachtypischen Arbeitsweisen, die in der Schulmathematik nicht alle in derselben Weise und in voller Ausprägung vorkommen: Man

- entwickelt Begriffe,
- bildet Definitionen,
- findet Beispiele und Gegenbeispiele,
- gelangt zu Vermutungen und
- führt Beweise.

Dies geschieht nicht notwendigerweise in der angegebenen Reihenfolge – in der mathematischen Praxis treten diese Tätigkeiten oft gleichzeitig und ineinander verwoben auf.

Die genannten Arbeitsweisen gehören ebenso zum mathematischen Professionswissen wie die mathematischen Inhalte selbst. Sie zu verstehen und mit ihnen sicher umgehen zu können, ist daher neben dem Erarbeiten der mathematischen Inhalte ein zentrales Ziel der ersten Semester des Mathematikstudiums. Wer sie sicher beherrscht, kann souverän mit Mathematik umgehen und sie in vielfältigen Situationen zur Lösung von Problemen nutzen – er weiß, wie das Fach »funktioniert« und kann dessen spezifische Mittel einsetzen.

In Lehrveranstaltungen werden die fachtypischen Arbeitsweisen zwar vom ersten Semester an durchgehend verwendet, aber sie werden nicht immer ausdrücklich angesprochen. Es lohnt sich daher, diese in einer Reihe von Aufgaben explizit zu beleuchten und zu bearbeiten.

■ **Inhalt und Methode.** Sie finden hier in Kapitel 5 diejenigen Aufgaben, bei denen die Reflexion von Arbeitsweisen besonders im Vordergrund steht. Dabei versteht es sich, dass die Aufgaben stets substanziellen mathematischen Gehalt haben – wir werden nicht versuchen, ohne konkreten Inhaltsbezug über Arbeitsweisen zu sprechen. Die Aufgaben könnten daher durchaus auch in die Kapitel 1 bis 4 einsortiert werden, wenn man den Blick nur auf ihren Sachinhalt richtet. Umgekehrt sind die hier betonten methodischen Aspekte selbstverständlich auch in den Aufgaben der vorigen Kapitel durchgängig vorhanden, selbst wenn die Aufgaben dort nach inhaltlichen Gesichtspunkten angeordnet sind – die Grenzen sind, wie meistens, fließend.

5.1 Logische Aspekte des Beweisens

Was sollten Sie schon kennen?

grundlegende Regeln des logischen Schließens

Was lernen Sie hier?

Sie machen sich bewusst,
- in welchen Fällen eine logische Implikation »A $\Longrightarrow$ B« wahr ist, und
- in welchem Zusammenhang die Wahrheit einer Behauptung und die Korrektheit eines zugehörigen Beweises stehen.

▶ **Aufgabe**

a) Betrachten Sie folgende Behauptung und den anschließenden Beweis. (Mit $+$ und $-$ sind dabei die übliche Addition und Subtraktion in $\mathbb{R}$ gemeint.)

> *Behauptung 1.* Falls $1 + 2 = 4$ gilt, dann ist $2 = 4$.
> *Beweis.* Angenommen, es ist $1+2 = 4$. Durch Multiplikation mit 2 erhalten wir daraus die Gleichung $2 + 4 = 8$. Subtrahieren wir nun 4 von beiden Seiten, so erhalten wir $2 = 4$, wie behauptet. □

Klären Sie nun:

(i) Ist Behauptung 1 wahr?
(ii) Ist der angegebene Beweis korrekt?

b) Betrachten Sie nun:

> *Behauptung 2.* Wenn die Gleichung $x^3 + x^2 + x + 1 = 0$ für eine reelle Zahl x gilt, dann ist $x = -1$.
> *Beweis.* Wegen $x = -1$ ist $x^2 = 1$ und $x^3 = -1$. Also erhalten wir $x^3 + x^2 + x + 1 = (-1) + 1 + (-1) + 1 = 0$. □

Klären Sie auch hier:

(i) Ist Behauptung 2 wahr?
(ii) Ist der angegebene Beweis korrekt?

c) Gehen Sie davon aus, Sie hätten bei (a) und (b) zunächst Frage (ii) beantwortet. Was könnten Sie daraus für die Beantwortung von Frage (i) schließen?

* * *

▶ **Kommentierter Lösungsvorschlag**

a) (i) Auch wenn es zunächst überraschend klingt: Behauptung 1 ist wahr, obwohl weder $1 + 2 = 4$ noch $2 = 4$ wahre Aussagen sind. Dies hat seine Ursache in den Regeln des logischen Schließens: Die Behauptung ist eine *Implikation* $A \implies B$ zwischen zwei Aussagen A und B. Ob die Implikation wahr ist
oder nicht, hängt allein vom Wahrheitsgehalt von A und B ab, und zwar gemäß
folgender Wahrheitstafel:

A	B	$A \implies B$
wahr	wahr	wahr
wahr	falsch	falsch
falsch	wahr	wahr
falsch	falsch	wahr

Während man die ersten beiden Zeilen der Tafel vermutlich so erwarten wird,
können die letzten beiden Zeilen überraschend wirken: Wenn A falsch ist, dann
ist die Implikation $A \implies B$ immer richtig – unabhängig davon, ob B wahr oder
falsch ist.[1] Man kann den Inhalt der Wahrheitstafel kurz so zusammenfassen:

Eine Implikation $A \implies B$ *ist genau dann wahr, wenn* A *falsch oder* B
wahr ist.

In der vorliegenden Aufgabe ist A falsch und daher die Implikation $A \implies B$
wahr.

(ii) Der angegebene Beweis ist korrekt. Aus der Voraussetzung, dass $1 +
2 = 4$ ist, wird durch Einsatz arithmetischer Umformungen in richtiger Weise
gefolgert, dass $2 = 4$ ist.

b) Behauptung 2 ist wahr, denn es ist in der Tat so, dass -1 die einzige reelle
Lösung der Gleichung $x^3 + x^2 + x + 1 = 0$ ist. Der angegebene Beweis ist aber
nicht korrekt. Es wird nämlich aus der zu zeigenden Aussage die Voraussetzung
gefolgert, d. h., es wird die *Umkehrung* der Behauptung gezeigt.

c) Wenn man bei (a) zunächst Frage (ii) beantwortet hat und den Beweis für
korrekt befunden hat, dann muss Behauptung 1 wahr sein. Bei (b) ist die Lage
anders: Als Antwort auf Frage (ii) findet man, dass der Beweis falsch ist. Das
entscheidet aber nicht darüber, ob die Behauptung wahr ist oder nicht.

---

[1] Es handelt sich hierbei um eine Regel der klassischen Aussagenlogik, die auch unter dem
Schlagwort »ex falso quodlibet« bekannt ist.

Zum Weiterarbeiten

■ **Was ist hier falsch?** Betrachten Sie die folgende Behauptung und den anschließenden Beweis.

Behauptung: Die Gleichung $x + \sqrt{x} - 2 = 0$ hat in $\mathbb{R}$ genau zwei Lösungen.

Beweis: Mit der Substitution $x = u^2$ geht die gegebene Gleichung über in
$u^2 + u - 2 = 0$. Diese quadratische Gleichung hat zwei Lösungen: Es ist
$u = 1$ oder $u = -2$. Durch Rücksubstitution erhalten wir zwei Lösungen
der urprünglichen Gleichung: Es ist $x = 1$ oder $x = 4$. $\square$

Ist die Behauptung wahr? Worin besteht der Fehlschluss im Beweis?

5.2   Backblechbeweise und Riemannsche Summen

Riemannsche Summen und das Riemann-Integral

- geometrisch-operative Beweise für Summenformeln, als Alternative zu Beweisen per Induktion
- das Berechnen von Integralen durch Auswerten von Riemannschen Summen mittels Summenformeln

▶ **Aufgabe**

In dieser Aufgabe geht es um die Summenformeln

$$\sum_{k=1}^{n} k = \frac{n(n+1)}{2} \quad \text{und} \quad \sum_{k=1}^{n} k^2 = \frac{n(n+1)(2n+1)}{6}.$$

Wenn einem diese Formeln vorgelegt werden oder man sie aufgrund von Experimenten an Beispielen vermutet, dann ist es nicht mehr schwer, sie per Induktion zu beweisen. Wir demonstrieren in dieser Aufgabe, wie man sie *ohne sie schon zu kennen* geometrisch finden und gleichzeitig mit »Backblechbeweisen« ihre Gültigkeit nachweisen kann.

a) Zunächst illustrieren wir dies für die Summe $\sum_{k=1}^{n} k$ am Beispiel $n = 5$:
   Wir stellen $1 + 2 + 3 + 4 + 5$ dar als

und als

Legt man diese beiden Muster aneinander (wie »Plätzchen auf einem Backblech«), so entsteht eine Anordnung von $6 \cdot 5 = 30$ »Plätzchen«. Finden und beweisen Sie mit dieser Methode die Summenformel für $\sum_{k=1}^{n} k$.

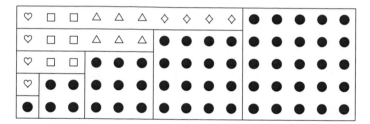

Abb. 5.1: Ein Backblech, mit dem sich eine geschlossene Formel für die Quadratsumme $\sum_{i=1}^{n} k^2$ finden und beweisen lässt.

b) Auch für die Quadratsumme $\sum_{k=1}^{n} k^2$ lässt sich mit Hilfe eines Backblechs eine Summenformel finden und beweisen.[2] Lesen Sie diese aus Abb. 5.1 ab und erläutern Sie sie. (Eine kompliziertere Variante hiervon ist in [BBGK, Seite 22] beschrieben).

c) Die beiden Summenformeln erweisen sich als sehr nützlich, um die Integrale

$$\int_0^1 x \, dx \quad \text{und} \quad \int_0^1 x^2 \, dx$$

direkt mittels Riemannscher Summen zu berechnen. (Man benötigt dann nicht den Hauptsatz der Differential- und Integralrechnung.) Führen Sie diese Berechnung durch.

$$* \quad * \quad *$$

▶ **Kommentierter Lösungsvorschlag**

a) Summenformel für $\sum_{k=1}^{n} k$. Wie im Beispiel $n = 5$ stellen wir für beliebiges $n \in \mathbb{N}$ die Summe $1 + 2 + \ldots + n$ auf zwei Arten in Dreiecksform dar. Durch Zusammenschieben der beiden Dreiecke entsteht eine rechteckige Anordnung mit n Zeilen und $n + 1$ Spalten, die somit $n(n + 1)$ Plätzchen enthält. Jedes Dreieck besteht daher aus $n(n + 1)/2$ Plätzchen.

---

[2]Eine weitere Möglichkeit, zu dieser Summenformel zu gelangen, bieten *figurierte Zahlen*. Dies wird in Aufgabe 5.3 gezeigt.

Hinweis: Die Summenformel war wohl schon in der Antike (oder früher) bekannt. Das Zusammenschieben der zwei Dreiecke kann man als bildliche Version der Methode auffassen, die Carl Friedrich Gauß als 9-jähriger Schüler erfunden (oder wiedererfunden) haben soll, als er die Aufgabe erhielt, die Zahlen von 1 bis 100 zu addieren. Er rechnete

$$
\begin{aligned}
1 + 100 &= 101 \\
2 + 99 &= 101 \\
3 + 98 &= 101 \\
&\vdots \\
49 + 52 &= 101 \\
50 + 51 &= 101
\end{aligned}
$$

woraus sich als Summe $50 \cdot 101 = 5050$ ergibt.

b) Summenformel für $\sum_{k=1}^{n} k^2$. Wir verwenden hier die Bezeichnung Q_n für die Quadratsumme,

$$
Q_n := 1 + 2^2 + 3^2 + \ldots + n^2 = \sum_{k=1}^{n} k^2 ,
$$

und S_n für die in der vorigen Aufgabe behandelte Summe,

$$
S_n := 1 + 2 + 3 + \ldots + n = \sum_{k=1}^{n} k = \frac{n(n+1)}{2} . \tag{$*$}
$$

In der durch Abb. 5.1 gezeigten Rechtecksanordnung kommt die Quadratsumme Q_5 vor (durch blaue Plätzchen dargestellt). Diese wird ergänzt durch die Summen S_1, S_2, S_3 und S_4, so dass insgesamt ein Rechteck von Höhe 5 und Breite S_5 entsteht, das also $5 \cdot S_5$ Plätzchen enthält. Es gilt somit die Gleichung

$$
Q_5 + S_1 + S_2 + S_3 + S_4 = 5 \cdot S_5 .
$$

Eine entsprechende Anordnung kann man für jedes $n \geqslant 1$ bilden. Sie zeigt, dass die Gleichung

$$
Q_n + S_1 + S_2 + \ldots + S_{n-1} = n \cdot S_n
$$

gilt. Wir werten diese nun algebraisch aus und werden daraus die gewünschte

Summenformel erhalten:

$$Q_n + \sum_{k=1}^{n-1} S_k = n \cdot S_n$$

$$\implies Q_n + \sum_{k=1}^{n-1} \frac{k(k+1)}{2} = n \cdot S_n$$

$$\implies Q_n + \frac{1}{2} \left(\sum_{k=1}^{n-1} k^2 + \sum_{k=1}^{n-1} k \right) = n \cdot S_n$$

$$\implies Q_n + \frac{1}{2}(Q_n - n^2 + S_n - n) = n \cdot S_n$$

Wenn wir jetzt noch den Wert von S_n aus Formel $(*)$ einsetzen und die Gleichung nach Q_n auflösen, so erhalten wir

$$Q_n = \frac{1}{6}n(n+1)(2n+1).$$

c) Verwendung der Summenformeln zur Berechnung von Integralen. Man kann bei beiden Integralen auf dieselbe Weise vorgehen. Wir führen für $\int_0^1 x^2 \, dx$ (den schwierigeren von beiden Fällen) die Einzelheiten aus. Da die Funktion $f \colon x \mapsto x^2$ über $[0,1]$ integrierbar ist, konvergiert *jede* zu f gehörige Riemann-Folge gegen den Integralwert. Für die Berechnung können wir daher eine *beliebige* Riemann-Folge frei wählen. Wir greifen nach der einfachsten Möglichkeit und zerlegen für jedes $n \in \mathbb{N}$ das Integrationsintervall durch die Teilungspunkte

$$x_{n,k} := \frac{k}{n} \qquad k = 0, \ldots, n$$

äquidistant in n Teilintervalle. Als Stützpunkte wählen wir die rechten Ränder der Teilintervalle. Die zugehörige Riemann-Summe S_n ist dann gegeben als

$$\begin{aligned} S_n &= \sum_{k=1}^{n} f(x_{n,k}) \cdot (x_{n,k} - x_{n,k-1}) \\ &= \frac{1}{n} \sum_{k=1}^{n} \left(\frac{k}{n} \right)^2 \\ &= \frac{1}{n^3} \sum_{k=1}^{n} k^2 \\ &= \frac{1}{n^3} \frac{n(n+1)(2n+1)}{6}. \end{aligned}$$

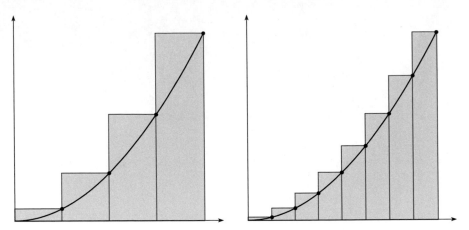

Abb. 5.2: Zwei Riemannsche Summen für die Quadratfunktion $x \mapsto x^2$ im Intervall $[0, 1]$. Es handelt sich um *Rechtssummen*: Die Höhen der Rechtecke sind die Funktionswerte am
rechten Rand des jeweiligen Teilintervalls.

Im letzten Schritt kam dabei die Summenformel aus (b) zum Einsatz. Wir erhalten für den Integralwert

$$\int_0^1 x^2 \, dx = \lim_{n \to \infty} S_n = \frac{1}{3}.$$

Als Illustration zeigt Abbildung 5.2 die Riemannschen Summen S_4 und S_8: Sie
sind gleich der Flächeninhaltssumme der blauen Rechtecke im linken bzw. rechten Bild.

Für das Integral $\int_0^1 x \, dx$ kann man mit derselben Vorgehensweise den Integralwert $\frac{1}{2}$ berechnen.

Zum Weiterarbeiten

- **Beliebige Integrationsgrenzen.** Überlegen Sie sich, wie man die Rechnun-
  gen in (c) verallgemeinern kann, um damit für beliebige Intervallgrenzen a
  und b die Integrale

  $$\int_a^b x \, dx \quad \text{und} \quad \int_a^b x^2 \, dx$$

  zu berechnen.

■ **Ein Backblech für Kubiksummen.** Die Idee aus Aufgabenteil (b) lässt sich verallgemeinern, um ein Backblech für die Summe der *Kubikzahlen* k^3 herzustellen. Finden Sie auf diese Weise eine Summenformel für die *Kubiksumme*

$$\sum_{k=1}^{n} k^3 .$$

(*Tipp:* Legen Sie die Kubikzahlen $k^3 = k^2 \cdot k$ als Rechtecke nebeneinander auf das Backblech.)

■ **Wann ist ein Beweis ein Beweis?** In der Aufgabe wurden Backblechbeweise für Aussagen gegeben, die auch per Induktion gezeigt werden können. Diskutieren Sie:

- Ist ein Backblechbeweis »weniger streng« oder »weniger genau« als ein Induktionsbeweis?
- Welche Vorteile hat ein Backblechbeweis gegenüber einem Beweis durch Induktion? Warum ist das Prinzip der Beweise durch Induktion dennoch wichtig?

Diese Überlegungen können bis hin zu der Frage führen »Wann ist ein Beweis ein Beweis?«. Wir empfehlen Ihnen zu hierzu den gleichnamigen Aufsatz [WM].

5.3 Pascalsches Dreieck, Binomialkoeffizienten und figurierte Zahlen

Was sollten Sie schon kennen?

- das Pascalsches Dreieck und seine Eigenschaften
- Binomialkoeffizienten
- vollständige Induktion

Was lernen Sie hier?

- mit den Eigenschaften des Pascalschen Dreiecks arbeiten
- geometrische Überlegungen zu figurierten Zahlen beim Beweis algebraischer Gleichungen einsetzen

▶ Aufgabe

Wir erinnern kurz an das Pascalsche Dreieck. Dabei handelt es sich um eine geometrische Anordnung von Zahlen der Form

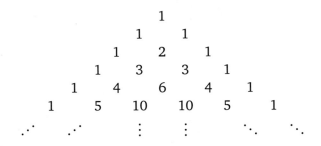

Wir bezeichnen die Zahl, die in der n-ten Zeile an der k-ten Stelle (»Spalte«) steht, mit $a_{n,k}$ (wobei die Zeilen- und Spaltenzählung bei 0 beginnt). Die fundamentalen Eigenschaften des Pascalschen Dreiecks kann man dann so ausdrücken:

(P1) In jeder Zeile steht am Anfang und am Ende eine Eins, d. h., für $n \in \mathbb{N}_0$ gilt $a_{n,0} = a_{n,n} = 1$. Die Zahlen in den anderen Spalten ergeben sich jeweils als *Summe der beiden darüber liegenden Zahlen*, d. h., für $n \geqslant 1$ und $0 < k < n$ gilt

$$a_{n,k} = a_{n-1,k-1} + a_{n-1,k} \, .$$

(P2) Im Pascalschen Dreieck stehen genau die *Binomialkoeffizienten*: Es gilt für $n \in \mathbb{N}_0$ und $0 \leqslant k \leqslant n$

$$a_{n,k} = \binom{n}{k} := \frac{n!}{k!(n-k)!}.$$

Die Eigenschaften (P1) und (P2) sind äquivalent – man kann das Pascalsche Dreieck durch eine von beiden *definieren* und die andere dann *beweisen*.

Wir untersuchen nun Zusammenhänge zwischen dem Pascalschen Dreieck und sogenannten *figurierten Zahlen*.

a) **Dreieckszahlen.** Als Erstes ordnen wir Steinchen in der Form

$$(n = 4)$$

in n Zeilen zu Dreiecken an. Die Anzahl der dabei benötigten Steinchen bezeichnen wir mit D_n und nennen diese Zahl die n-te *Dreieckszahl*.
Überlegen Sie sich geometrisch, dass $D_n = D_{n-1} + n$ gilt. Erklären und begründen Sie dann mittels (P1), dass die Dreieckszahlen im Pascalschen Dreieck vorkommen.

b) **Tetraederzahlen.** Als Nächstes bilden wir räumliche Anordnungen von Kugeln in Tetraederform wie folgt:

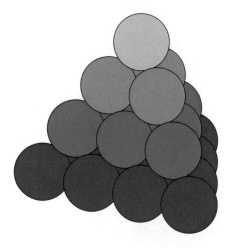

Die Anzahl der Kugeln bezeichnen wir mit T_n (wenn n Ebenen gebildet werden) und nennen diese Zahl die n-te *Tetraederzahl*. Überlegen Sie sich geometrisch, dass $T_n = T_{n-1} + D_n$ gilt. Begründen Sie nun mittels (P1), dass auch die Tetraederzahlen im Pascalschen Dreieck vorkommen. (Wo?) Folgern Sie mittels (P2), dass gilt

$$T_n = \binom{n+2}{3}.$$

c) **Pyramidalzahlen und eine Summenformel.** Schließlich stapeln wir Kugeln, die in Quadraten angeordnet sind, zu einer Pyramide in der Form

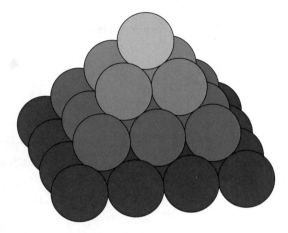

und bilden so die n-te *Pyramidalzahl* P_n. Überlegen Sie sich geometrisch, dass gilt

$$P_n = T_n + T_{n-1}.$$

(*Tipp:* Das gelingt entweder mit etwas räumlicher Vorstellungskraft oder durch eine ebenenweise Betrachtung.)
Begründen Sie auf diese Weise die Gültigkeit der Summenformel[3]

$$\sum_{k=1}^{n} k^2 = \frac{n(n+1)(2n+1)}{6}.$$

* * *

---

[3]In Aufgabe 5.2 finden Sie einen alternativen Weg zu dieser Summenformel, der einen *Backblechbeweis* nutzt.

► **Kommentierter Lösungsvorschlag**

a) Dreieckszahlen. Entfernt man aus der Anordnung, die zu D_n gehört, die letzte Zeile (die genau n Steinchen enthält), so erhält man die Anordnung für D_{n-1}. Also gilt $D_n = D_{n-1} + n$.

Diese Rekursionsformel legt folgende Behauptung nahe: *Die Zahlen D_n stehen in der zweiten Spalte (gemeint ist: die Spalte mit Index $k = 2$) des Pascalschen Dreiecks, und zwar gilt*

$$D_n = a_{n+1,2}.$$

Wir weisen dies per Induktion nach: Für $n = 1$ ist die Gleichung sicherlich richtig, da dann beide Seiten gleich 1 sind. Und für $n > 1$ erhalten wir mit (P1) unter Benutzung der Induktionsannahme

$$D_n = D_{n-1} + n = a_{n,2} + a_{n,1} = a_{n+1,2}.$$

b) Tetraederzahlen. Entfernt man aus der Anordnung, die zu T_n gehört, die unterste Ebene (die genau D_n Kugeln enthält), so erhält man die Anordnung für T_{n-1}, also gilt $T_n = T_{n-1} + D_n$.

Berücksichtigt man das Ergebnis von (a), so legt diese Rekursionsformel folgende Behauptung nahe: *Die Tetraederzahlen stehen in der dritten Spalte des Pascalschen Dreiecks, und zwar gilt*

$$T_n = a_{n+2,3}.$$

Den Nachweis können wir wieder per Induktion erbringen: Die Behauptung ist sicherlich für $n = 1$ richtig. Und für $n > 1$ ist

$$T_n = T_{n-1} + D_n = a_{n+1,3} + a_{n+1,2} = a_{n+2,3},$$

wobei die Induktionsannahme, Eigenschaft (P1) und das Ergebnis von (a) verwendet wurde. Aus (P2) erhalten wir dann

$$T_n = \binom{n+2}{3}.$$

c) Pyramidalzahlen und eine Summenformel. Man kann jede der n quadratischen Ebenen der Pyramidalanordnung zerlegen in eine Dreiecksanordnung für D_n und eine für D_{n-1}. (Bei $n = 1$ ist der zweite Teil leer.) Also gilt

$$P_n = (D_n + \ldots + D_1) + (D_{n-1} + \ldots + D_1) = T_n + T_{n-1}. \qquad (*)$$

Nun zur Summenformel: Summiert man die Kugeln in der Pyramidalanordnung ebenenweise, so gelangt man zur Gleichung

$$P_n = \sum_{i=1}^{n} k^2 \,.$$

Nutzt man andererseits das Resultat aus (∗), so erhält man

$$P_n = \binom{n+2}{3} + \binom{n+1}{3} \,,$$

und wenn man diese Summe auswertet, so erhält man die Behauptung.

Hinweis: Eine alternative Möglichkeit, diese Summenformel zu erhalten, ist wie folgt: Man nutzt die Gleichung $T_n = \sum_{k=1}^{n} D_k$ und verwendet dann die Ergebnisse von (a) und (b).

Zum Weiterarbeiten

- **Fünfeckzahlen.** Figurierte Zahlen bieten ein weites Feld zum Experimentieren und Argumentieren. Betrachten Sie als weiteres Beispiel die *zentrierten Fünfeckzahlen*:

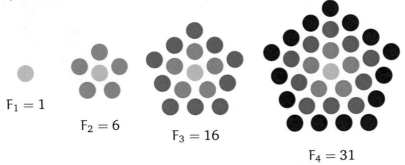

$$F_1 = 1 \qquad F_2 = 6 \qquad F_3 = 16 \qquad F_4 = 31$$

(i) Geben Sie eine Rekursionsformel an, mit der sich F_{n+1} aus F_n berechnen lässt.

(ii) Begründen Sie die Formel

$$F_n = 1 + 5D_{n-1} \,,$$

in der D_n die n-te Dreieckszahl bezeichnet, auf zwei Weisen: zum einen mit vollständiger Induktion anhand der Rekursionsformel aus (i) und zum anderen durch Überlegung anhand der geometrischen Anordnung.

- **Sechseckzahlen.** Überlegen Sie, wie man *zentrierte Sechseckzahlen* bilden könnte, und erkunden Sie deren Eigenschaften.

5.4 Einen Begriff entwickeln: Konvergenz von Geraden

Was sollten Sie schon kennen?
- den Differenzierbarkeitsbegriff für Funktionen auf $\mathbb{R}$
- die Beschreibung von Geraden in $\mathbb{R}^2$ durch lineare Gleichungen

Was lernen Sie hier?
- eine mögliche Präzisierung der Formulierung »Sekanten konvergieren gegen die Tangente«
- Sie erleben exemplarisch, welche Überlegungen angestellt werden, um von einem intuitiv vorliegenden Begriff zu einer präzisen Definition zu gelangen.

▶ **Aufgabe**

In der Analysis einer Veränderlichen benutzt man im Zusammenhang mit dem Differenzierbarkeitsbegriff Formulierungen wie

> »Wenn wir den Punkt a festhalten und x gegen a gehen lassen, dann nähern sich die Sekanten $S_{a,x}$ einer Gerade, die wir Tangente nennen«,

um eine geometrische Interpretation der Differenzierbarkeit auszudrücken. Wir untersuchen in dieser Aufgabe Möglichkeiten, die dabei angesprochene Vorstellung des »Sich-Annäherns« der Sekanten an die Tangente als Konvergenz aufzufassen.

a) **Ein erster Schritt.** Zunächst betrachten wir Geraden in $\mathbb{R}^2$, die sich durch Gleichungen der Form

$$y = ax + b$$

mit $a \in \mathbb{R} \setminus \{0\}, b \in \mathbb{R}$ beschreiben lassen. (Sind dies alle Geraden in $\mathbb{R}^2$?) Jemand macht folgenden Vorschlag:

(∗) Wir definieren: Eine Folge von Geraden $g_n : y = a_n x + b_n$ heißt *konvergent* gegen die Gerade $g : y = ax + b$, falls $a_n \to a$ und $b_n \to b$ gilt. Wir schreiben dann $\lim_{n \to \infty} g_n = g$.

Was besagt die angegebene Bedingung geometrisch? Testen Sie diese Definition am eingangs erwähnten Sekanten-Tangenten-Beispiel: Es sei $f : \mathbb{R} \to \mathbb{R}$

eine differenzierbare Funktion und $a \in \mathbb{R}$. Geben Sie für $b \neq a$ die Gleichung der Sekante $S_{a,b}$ an (d. h. der Geraden, die die Punkte $(a, f(a))$ und $(b, f(b))$ verbindet) und die Gleichung der Tangente T_a durch den Punkt $(a, f(a))$. Zeigen Sie dann, dass im Sinne des durch (∗) gegebenen Konvergenzbegriffs gilt

$$\lim_{b \to a} S_{a,b} = T_a \, ,$$

d. h., dass gilt: Für jede Folge von reellen Zahlen b_n, die gegen b konvergiert, konvergiert die zugehörige Sekantenfolge $(S_{a,b_n})_n$ gegen T_a.

b) Eine Erweiterung. Die Definition in (a) ist für die Behandlung des Sekanten-Tangenten-Beispiels ausreichend, aber sie berücksichtigt nicht *alle* Geraden in $\mathbb{R}^2$. Wir versuchen daher, sie zu erweitern. Dazu betrachten wir die Menge $\mathcal{G}$ aller Geraden im $\mathbb{R}^2$, d. h. aller Teilmengen, die durch Gleichungen der Form

$$ax + by + c = 0 \qquad \text{mit } a, b, c \in \mathbb{R}, (a, b) \neq (0, 0)$$

gegeben sind. Für eine Folge (g_n) von Geraden in $\mathcal{G}$ und eine weitere Gerade $g \in \mathcal{G}$ soll eine Definition

»Die Folge (g_n) heißt *konvergent* gegen g, falls ...«

ausgesprochen werden. Wir schreiben dazu jede der Geraden g_n als Nullstellenmenge einer linearen Gleichung $a_n x + b_n y + c_n = 0$ und ebenso g als Nullstellenmenge einer Gleichung $ax + by + c = 0$. Jemand macht folgenden Vorschlag:

(∗∗) »Wir sollten eine Folge (g_n) *konvergent* gegen g nennen, falls sowohl $a_n \to a$ und $b_n \to b$ als auch $c_n \to c$ gilt.«

Dieser Vorschlag soll nun auf seine Tragfähigkeit hin untersucht werden: Wir fordern eine Definition, die sowohl in logischer Hinsicht widerspruchsfrei ist als auch unsere Intuition des »Sich-Näherns« ausdrückt.

(i) Überlegen und erläutern Sie, warum durch (∗∗) kein sinnvoller Konvergenzbegriff gegeben wird.

(ii) Machen Sie einen besseren Vorschlag. Lassen Sie sich dabei davon leiten, dass wir Definition (∗) erweitern möchten.

∗ ∗ ∗

▶ Kommentierter Lösungsvorschlag

a) Ein erster Schritt. Die Geraden mit Gleichungen der Form $y = ax + b$ sind genau diejenigen, die nicht parallel zur y-Achse liegen. Die Definition in (a) beschränkt sich also auf diese.

Wir beschreiben zunächst die geometrische Bedeutung der angegebenen Bedingung: Die Werte a_n sind die Steigungen der Geraden; es wird also zum einen verlangt, dass diese gegen die Steigung der Grenzgerade konvergieren. Die Punkte $(b_n, 0)$ sind die Schnittpunkte der Geraden mit der y-Achse; es wird also zum anderen verlangt, dass diese gegen den Punkt $(b, 0)$ konvergieren, der sich als Schnittpunkt der Grenzgerade mit der y-Achse ergibt.

Nun testen wir die Definition im Sekanten-Tangenten-Beispiel. Die Sekante wird gegeben durch die Gleichung

$$y = f(a) + \frac{f(b) - f(a)}{b - a}(x - a),$$

während die Tangente durch

$$y = f(a) + f'(a)(x - a)$$

gegeben ist. Daraus ist ersichtlich, dass unter der in $(*)$ vorgeschlagenen Definition genau dann die Sekanten gegen die Tangente konvergieren, wenn die Steigungen $\frac{f(b) - f(a)}{b - a}$ (im Sinne der Konvergenz in $\mathbb{R}$) gegen $f'(a)$ konvergieren.

b) Eine Erweiterung

(i) Definition $(**)$ ist in logischer Hinsicht unsinnig – sie ist nicht widerspruchsfrei, denn die Konvergenz hängt davon ab, durch welche Gleichungen die Geraden g_n beschrieben werden. Wir verdeutlichen dies an einem Beispiel: Würden wir die Definition auf die Gleichungen $x - \frac{1}{n} = 0$ anwenden, dann würden sich die zugehörigen Geraden als konvergent gegen die y-Achse erweisen, da $\frac{1}{n} \to 0$ gilt. Wir könnten allerdings dieselben Geraden durch die Gleichungen $nx - 1 = 0$ beschreiben. (Eine Gerade ändert sich nicht, wenn ihre Gleichung mit n multipliziert wird.) Nun fänden wir, dass die Geraden nicht konvergieren.

Bemerkung: Es handelt sich hier um ein *Wohldefiniertheitsproblem*, wie es in der Mathematik häufig auftritt: Die Definition nimmt Bezug auf die Beschreibung des mathematischen Objekts (hier: auf eine Gleichung der Geraden). Wenn nun die Beschreibung nicht eindeutig ist (hier: die Gerade kann durch viele Gleichungen beschrieben werden), dann muss man sicherstellen, dass es nicht auf die Auswahl der Beschreibung ankommt – andernfalls ist die Definition logisch unsinnig. (Hier: Die Beschreibungen der Form $y = ax + b$, auf die $(*)$ Bezug nimmt, sind eindeutig; die Beschreibungen, auf die $(**)$ Bezug nimmt, sind nicht eindeutig.)

(ii) Betrachten wir zunächst den Fall, dass die Gerade g und auch die Geraden g_n ab einem gewissen Index n_0 nicht parallel zur y-Achse sind. Wir können dann für $n \geqslant n_0$ ihre Gleichungen auf die Form

$$g_n : \quad y = -\frac{a_n}{b_n} - \frac{c_n}{b_n}$$
$$g : \quad y = -\frac{a}{b}x - \frac{c}{b}$$

bringen, da $b_n \neq 0$ und $b \neq 0$ gilt. Wenn wir uns von dem Wunsch leiten lassen, dass die neue Definition eine Erweiterung von $(*)$ sein sollte, dann müsste die Konvergenzbedingung für diesen Fall lauten:

$$\frac{a_n}{b_n} \xrightarrow[n \to \infty]{} \frac{a}{b} \quad \text{und} \quad \frac{c_n}{b_n} \xrightarrow[n \to \infty]{} \frac{c}{b}. \tag{K1}$$

Für die weitere Diskussion führen wir zur Abkürzung eine Bezeichnung ein: Mit $\mathcal{G}_y$ bezeichnen wir die Menge aller Geraden in $\mathbb{R}^2$, die nicht parallel zur y-Achse liegen. In den Gleichungen solcher Geraden ist der Koeffizient vor y ungleich Null, die Gleichung lässt sich daher nach y auflösen. Genau für solche Geraden wurde in (a) der Konvergenzbegriff $(*)$ formuliert, den wir jetzt in (K1) zugrunde gelegt haben. Analog könnte man die Menge $\mathcal{G}_x$ der Geraden betrachten, die nicht zur x-Achse parallel sind, und könnte analog die Konvergenzbedingung

$$\frac{b_n}{a_n} \xrightarrow[n \to \infty]{} \frac{b}{a} \quad \text{und} \quad \frac{c_n}{a_n} \xrightarrow[n \to \infty]{} \frac{c}{a} \tag{K2}$$

formulieren. Ein Definitionsvorschlag, der $(*)$ erweitert, könnte daher lauten:

Wir definieren: Die Folge (g_n) heißt *konvergent* gegen g, falls es einen Index n_0 gibt, so dass g und die Geraden g_n für $n \geqslant n_0$ in $\mathcal{G}_y$ liegen und (K1) gilt oder g und g_n für $n \geqslant n_0$ in $\mathcal{G}_x$ liegen und (K2) gilt.

Was passiert übrigens, wenn die Geraden weder zur y-Achse noch zur x-Achse parallel sind, d. h., wenn sie im Durchschnitt $\mathcal{G}_y \cap \mathcal{G}_x$ liegen? Antwort: In diesem Fall sind (K1) und (K2) äquivalent.

Zum Weiterarbeiten

■ **Weitere Fälle des Wohldefiniertheitsproblems.** Suchen Sie weitere Situationen, in denen eine Definition (so wie in der Bemerkung zu Aufgabenteil (b) erläutert) auf eine nicht eindeutige Beschreibung eines mathematischen Objekts Bezug nimmt. Wie wird jeweils die Wohldefiniertheit sichergestellt?

■ **Das Wohldefiniertheitsproblem vermeiden.** In Aufgabenteil (b) wurden einige Anstrengungen unternommen, um mit dem auftretenden Wohldefiniertheitsproblem fertigzuwerden. Eine alternative Strategie besteht darin, das Wohldefiniertheitsproblem von vornherein zu *vermeiden*, indem man zu *eindeutigen* Beschreibungen der Geraden übergeht – man wählt für jede Gerade aus allen möglichen Beschreibungen eine bestimmte als »Normalform« aus und nimmt dann auf diese Bezug. Erkunden Sie beispielsweise folgende Idee: Die Geraden werden durch Gleichungen

$$ax + by + c = 0$$

in einer Normalform beschrieben, die durch die folgenden Bedingungen festgelegt ist:

- $a^2 + b^2 = 1$, und
- $a \geqslant 0$, und
- $b = 1$, falls $a = 0$.

Überlegen Sie sich, dass sich jede Gerade durch eine eindeutige solche Normalform beschreiben lässt, und formulieren Sie einen Konvergenzbegriff unter Bezugnahme auf diese Normalform – so entsteht kein Wohldefiniertheitsproblem. Untersuchen Sie, ob dieser Konvergenzbegriff zu dem in (b) formulierten äquivalent ist.

5.5   Definieren und Aufbau von Grundvorstellungen

Was sollten Sie schon kennen?

den Begriff der Differenzierbarkeit und zugehörige Grundvorstellungen

Was lernen Sie hier?

Überlegungen beim Bilden einer Definition: Ist sie aus logischer Sicht zulässig? Welche Grundvorstellungen vermittelt sie?

▶ **Aufgabe**

Nehmen wir an, jemand schlägt die folgende Definition vor: »Für $n \in \mathbb{N}$ wird die Ableitung der Funktion $x \mapsto x^n$ als $x \mapsto n \cdot x^{n-1}$ definiert.« (Dabei ist vorausgesetzt, dass der Ableitungsbegriff vorher noch nicht behandelt wurde.) Beantworten Sie hierzu folgende Fragen:

a) Welche Rolle spielen Definitionen beim Aufbau einer mathematischen Theorie? (Antworten Sie unabhängig von der obigen Situation.)

b) Ist die angegebene Definition aus logischer Sicht zulässig – in dem Sinne, dass sie einerseits in sich *widerspruchsfrei* ist und andererseits nicht im Widerspruch zur üblichen allgemeineren Definition steht?

c) Beinhaltet diese Definition eine der Ihnen bekannten Grundvorstellungen zum Ableitungsbegriff? Formulieren Sie Ihre Antwort unter Verwendung der Begriff *Syntax* und *Semantik*. Alternativ können Sie auch mit dem Begriffspaar *Kalkül/konzeptuelles Verständnis* arbeiten.

d) Diskutieren Sie wie in (b) und (c) den folgenden Definitionsvorschlag für den (Riemannschen) Integralbegriff:

»Das Integral $\int_a^b f(x)\,dx$ wird definiert als $F(b) - F(a)$, wobei F eine Stammfunktion von F ist.«

e) Beantworten Sie die zu (b) und (c) analogen Fragen auch für den folgenden Definitionsversuch aus der elementaren Algebra: »Eine natürliche Zahl n heißt teilbar durch 3, falls ihre Quersumme durch 3 teilbar ist.«

* * *

► Kommentierter Lösungsvorschlag

a) Die Rolle von Definitionen. Definitionen legen die Bedeutung mathematischer Begriffe fest. Man bezieht sich dabei ausschließlich auf

- Begriffe, die beim Aufbau der Theorie bereits vorher definiert wurden, und auf
- axiomatisch gegebene Grundbegriffe.

Definitionen werden so gewählt, dass sie intuitive Vorstellungen präzisieren und den weiteren Aufbau der Theorie stützen.

Wir verdeutlichen dies am Beispiel des Stetigkeitsbegriffs für Funktionen $f : \mathbb{R} \to \mathbb{R}$. Man kann diesen durch folgende Formulierung definieren: »Eine Funktion f heißt stetig im Punkt $a \in \mathbb{R}$, falls für jede Folge $(a_n)_{n\in\mathbb{N}}$ in $\mathbb{R}$, die gegen a konvergiert, die Folge $(f(a_n))_{n\in\mathbb{N}}$ gegen $f(a)$ konvergiert.« Diese Definition greift auf die Begriffe *reelle Zahl*, *Folge* und *Konvergenz* zurück, die beim Aufbau der Theorie vorher definiert werden müssen. Sie präzisiert die Vorstellung eines »regelmäßigen« Verhaltens der Funktionswerte $f(x)$ bei Annäherung von x an a.

b) Zulässigkeit. Die Definition ist in der Tat zulässig. Zum einen ist sie in sich widerspuchsfrei, und zum anderen beschränkt sie sich zwar auf Potenzfunktionen, stimmt aber in diesen Fällen mit der üblichen Definition überein. Eine nachträgliche Erweiterung auf eine größere Funktionenklasse ist daher möglich, ohne dass es zu Inkompatibilitäten kommt.

c) Grundvorstellungen. Es handelt sich um eine rein syntaktische Definition der Ableitung: Sie ist auf der Ebene der Symbole und Formeln formuliert – durch den mechanischen Übergang von der Funktion $x \mapsto x^n$ zur Funktion $x \mapsto nx^{n-1}$. Über diesen mechanischen Vorgang hinaus trägt die Definition keinen *Bedeutungsinhalt*, sondern beschränkt sich auf das *Rechnen* mit Ableitungen.

In einer üblichen Definition, etwa über den Grenzwert der Differenzenquotienten

$$\lim_{x \to a} \frac{f(x) - f(a)}{x - a},$$

wird auf die Sekantensteigungen bzw. auf die relativen Änderungen zwischen a und x Bezug genommen. Eine solche Definition ist daher semantischer Natur: Sie hebt auf die *Bedeutung* der Ableitung ab und ermöglicht den Aufbau von zugehörigen Grundvorstellungen (Tangentensteigung, lokale Änderungsrate).

d) Diskussion des Vorschlags. Zunächst zum *logischen Aspekt*: Die Definition kann so nicht ausgesprochen werden, da sie stillschweigend unterstellt, dass jede Funktion eine Stammfunktion besitzt. Das ist aber nicht richtig. Im Bemühen um eine einwandfreie Formulierung könnte man zunächst folgende Variante versuchen: »Für Funktionen f, die eine Stammfunktion besitzen, wird das Integral ... definiert.«. Diese Version wäre in sich widerspruchsfrei, jedoch entsteht durch sie eine etwas heikle Inkompatibilität zum üblichen Riemannschen Integralbegriff: Zwischen den Mengen

$$\{\,\text{Funktionen, die eine Stammfunktion besitzen}\,\}$$

und

$$\{\,\text{Riemann-integrierbare Funktionen}\,\}$$

besteht kein einfacher Zusammenhang, insbesondere ist die erste Menge keine Teilmenge der zweiten.[4] Ein denkbarer Ausweg besteht darin, sich auf eine Klasse von Funktionen zu beschränken, bei denen sowohl die Riemann-Integrierbarkeit als auch die Existenz von Stammfunktionen gesichert ist, etwa die Menge der Polynomfunktionen. Dann ist die Definition aus logischer Sicht möglich, da sie nicht im Widerspruch zum Integralbegriff für Riemann-integrierbare Funktionen steht: Auf der betrachteten Teilklasse von Funktionen stimmt der angegebene Integralbegriff (dank des Hauptsatzes der Differential- und Integralrechnung) mit dem Riemannschen Integralbegriff überein.

Nun zum Aspekt der *Grundvorstellungen*: Ähnlich wie bei dem in (c) diskutierten Beispiel ist auch die hier vorliegende Definition syntaktischer Natur und kalkülorientiert: Es wird eine Vorschrift zur Berechnung des Integralwerts bei als bekannt angenommener Stammfunktion gegeben. Die so ermittelte Zahl $\int_a^b f(x)\,dx$ bleibt aber ohne inhaltliche Bedeutung.[5] In einem Zugang zum Integralbegriff mittels Riemannscher Summen wird dieser dagegen semantisch definiert und beinhaltet zugehörige Grundvorstellungen (Flächeninhalte, Mittelwerte).

e) Analyse des Definitionsversuchs. Es geht hier um den Teilbarkeitsbegriff für natürliche Zahlen. Eine übliche Definition könnte lauten: »Eine Zahl $a \in \mathbb{N}$ heißt *teilbar* durch $b \in \mathbb{N}$, falls es eine Zahl $c \in \mathbb{N}$ gibt, so dass $a = b \cdot c$ gilt.« Dass im vorliegenden Beispiel nur die Teilbarkeit durch die Zahl 3 betrachtet wird, deutet im ersten Augenblick auf eine (denkbare) eingeschränkte Definition hin wie in den oben betrachteten Beispielen zu Ableitung und Integral. Allerdings

---

[4]Es gibt durchaus Funktionen, die eine Stammfunktion besitzen, aber nicht Riemann-integrierbar sind (siehe z. B. [H1, Aufgabe 79.13]). Umgekehrt existieren auch Riemann-integrierbare Funktionen, die keine Stammfunktion besitzen (siehe z. B. [H1, Aufgabe 79.14]).

[5]Den Übergang von einer Funktion zu einer Stammfunktion könnte man dagegen durchaus mit Bedeutung versehen.

besteht das Problem hier darin, dass die Definition logisch unzulässig ist, denn der zu definierende Begriff (».. . heißt *teilbar* durch 3«) wird bei der Definition bereits verwendet (».. . ihre Quersumme durch 3 teilbar ist«). Dies ist logisch unzulässig, da die Teilbarkeit durch 3 hierdurch letztlich eben *nicht* definiert wird.

Bemerkung: Wenn man eine Aussage über Quersummen machen möchte, dann kann dies nicht in Form einer *Definition* geschehen, sondern vielmehr in Form eines zu beweisenden *Satzes*:

> *»Eine natürliche Zahl ist genau dann durch 3 teilbar, wenn ihre Quersumme durch 3 teilbar ist.«*

Dies setzt selbstverständlich voraus, dass der Teilbarkeitsbegriff bereits vorab definiert wurde.

Zum Weiterarbeiten

- **Die formale Ableitung.** Ein rein formaler Ableitungsbegriff, wie er zu Beginn der Aufgabe angedeutet wurde, findet in der Algebra tatsächlich eine nützliche Verwendung: Bei der Arbeit mit Polynomen, deren Koeffizienten nicht aus $\mathbb{R}$, sondern aus einem beliebigen Körper stammen, benötigt man einen Ableitungsbegriff, der zwar die aus der Analysis bekannten formalen Eigenschaften hat, zu dessen Definition man aber nicht auf Grenzwerte zurückgreifen kann. Man definiert daher die *formale Ableitung* eines Polynoms über einem beliebigen Körper tatsächlich ausgehend von der Festlegung, dass die Ableitung von $x \mapsto x^n$ gleich $x \mapsto nx^{n-1}$ ist (siehe z. B. [Fi, Abschn. III.3.1]). Nutzen entfaltet die Verwendung formaler Ableitungen zum Beispiel bei der Untersuchung von Polynomen auf mehrfache Nullstellen.

5.6 Bewusst entscheiden beim Definieren: Differenzierbarkeit

Was sollten Sie schon kennen?

Rechenregeln für Grenzwerte, den Begriff der Differenzierbarkeit, die Produktregel für Ableitungen

Was lernen Sie hier?

Sie erleben, dass das *Aufgreifen von Grundvorstellungen* und die *Praktikabilität für Beweise* verschiedene – eventuell konkurrierende – Kriterien für die Wahl einer Definition sind.

▶ **Aufgabe**

In dieser Aufgabe sollen Sie sich bewusst machen, dass die Art und Weise, wie ein mathematischer Begriff definiert wird, sowohl Auswirkungen auf das Verstehen (hinsichtlich der transportierten Grundvorstellungen) als auch Konsequenzen für das Weiterarbeiten mit dem Begriff hat. Als konkretes Beispiel untersuchen wir dazu drei äquivalente Definitionen des Differenzierbarkeitsbegriffs, die in der Analysis verwendet werden: Eine Funktion $f : I \to \mathbb{R}$ auf einem Intervall $I \subset \mathbb{R}$ heißt *differenzierbar* im Punkt $a \in I$, falls

(1) der Grenzwert

$$\lim_{x \to a} \frac{f(x) - f(a)}{x - a}$$

existiert,

(2) es eine im Punkt a stetige Funktion $R : I \to \mathbb{R}$ gibt, so dass gilt

$$f(x) = f(a) + R(x) \cdot (x - a) \qquad \text{für alle } x \in I,$$

(3) es eine Konstante $c \in \mathbb{R}$ und eine Funktion $r : I \to \mathbb{R}$ gibt, so dass gilt

$$f(x) = f(a) + c \cdot (x - a) + r(x) \quad \text{für alle } x \in I \quad \text{und} \quad \lim_{x \to a} \frac{r(x)}{x - a} = 0.$$

Ihr Arbeitsauftrag:

a) Geben Sie bei jeder Definition an, welche Grundvorstellungen zum Differenzierbarkeitsbegriff ihr zugrunde liegen oder in ihr zum Ausdruck kommen.

b) Welche Definitionen erlauben eine unmittelbare Verallgemeinerung auf Funktionen mehrerer Veränderlicher?

c) Zeigen Sie, wie man von jeder der Definitionen (1)–(3) ausgehend überprüfen kann, dass die Betragsfunktion $\mathbb{R} \to \mathbb{R}$, $x \mapsto |x|$ im Nullpunkt nicht differenzierbar ist.

d) Geben Sie für jede dieser Definitionen einen Beweis der Produktregel an, die sich auf die jeweilige Definition stützt.

e) Vergleichen Sie Ihre in (d) gegebenen Beweise hinsichtlich der benötigten Beweisideen (Wo sind mehr Ideen erforderlich, wo läuft der Beweis »fast von alleine«?) und hinsichtlich der Sachverhalte, die über die Definition hinaus zum Beweis benötigt werden.

$$* \quad * \quad *$$

▶ Kommentierter Lösungsvorschlag

a) Grundvorstellungen. Folgende Grundvorstellungen liegen den Definitionen zugrunde:

In (1) ist die Ableitung $f'(a)$ sowohl als *Tangentensteigung* (Grenzwert von Sekantensteigungen) als auch als *lokale Änderungsrate* (Grenzwert von relativen Änderungen) interpretierbar – beide Grundvorstellungen sind hier gleichermaßen präsent.

Bei (2) kann man geteilter Meinung sein: Entweder man betrachtet die geforderte Eigenschaft als rein technische Bedingung oder man sieht beide Grundvorstellungen wie auch in (1). Für die zweite Sichtweise spricht, dass die Funktion R, deren Existenz gefordert wird, für $x \neq a$ gleich dem Differenzenquotienten

$$\frac{f(x) - f(a)}{x - a}$$

ist – ihr Wert im Punkt a ist daher die Tangentensteigung bzw. die lokale Änderungsrate.

Zu (3): In dieser Bedingung wird gefordert, dass f in a eine *lokale Linearisierung* zulässt: Die Funktion $\ell : x \mapsto f(a) + c(x - a)$ hat als Graph eine Gerade durch den Punkt $(a, f(a))$, und die geforderte Bedingung drückt aus, wie schnell die Differenzfunktion $r := f - \ell$ bei Annäherung an a gegen 0 zu konvergieren hat – nämlich:

> *Die Differenz $f(x) - \ell(x)$ der Ordinaten der gegebenen Funktion und der linearen Funktion geht für $x \to a$ schneller gegen Null als $x - a$.*[6]

Man zeigt, dass die Zahl c durch die Forderung eindeutig bestimmt ist, und nennt die Gerade die *Tangente* an der Stelle a.

b) Mehrdimensionale Verallgemeinerungen. Es geht für Funktionen $f : U \to \mathbb{R}^m, x \mapsto f(x)$ auf einer offenen Menge $U \subset \mathbb{R}^n$ um den Begriff der Differenzierbarkeit in einem Punkt $a \in \mathbb{R}^n$. Wir untersuchen die drei Definitionsvarianten auf ihre Verallgemeinerbarkeit.

Version (1) bietet sich nicht für eine direkte Verallgemeinerung an: Der Differenzenquotient

$$\frac{f(x) - f(a)}{x - a}$$

kann für $n \geqslant 2$ nicht gebildet werden, da x und a dann Vektoren im $\mathbb{R}^n$ sind. Dagegen lassen sich sowohl (2) als auch (3) in natürlicher Weise verallgemeinern:

(2) Die Funktion f heißt in a differenzierbar, falls es eine in a stetige Funktion $R : U \to M_{m \times n}(\mathbb{R})$ in den Raum $M_{m \times n}(\mathbb{R})$ der reellen $(m \times n)$-Matrizen gibt, so dass gilt

$$\underset{m \times 1}{f(x)} \quad = \quad \underset{m \times 1}{f(a)} + \underset{(m \times n) \cdot (n \times 1)}{R(x) \cdot (x - a)} \qquad \text{für alle } x \in U.$$

(Wir haben unter der Gleichung die Formate der Vektoren und Matrizen angegeben. Dabei werden x, a und $f(x)$ als Spaltenvektoren im $\mathbb{R}^n$ bzw. $\mathbb{R}^m$ aufgefasst. Beachten Sie, dass R eine *matrixwertige* Funktion ist und man daher vorab einen Stetigkeitsbegriff für solche Funktionen benötigt.)

(3) Die Funktion f heißt im Punkt a differenzierbar, falls es eine Matrix $A \in M_{m \times n}(\mathbb{R})$ und eine Funktion $r : U \to \mathbb{R}^m$ gibt mit

$$f(x) = f(a) + A \cdot (x - a) + r(x) \text{ für alle } x \in U \text{ und } \lim_{x \to a} \frac{r(x)}{\|x - a\|} = 0.$$

---

[6]Eine alternative Sicht besteht darin, r als *Fehler* bei der linearen Approximation von f zu betrachten. Die Grenzwertbedingung besagt dann, dass der *relative Fehler* $r(x)/(x - a)$ für $x \to a$ gegen Null geht.

Beachten Sie: Im Unterschied zum eindimensionalen Fall wird hier durch $\|x - a\|$ anstelle von $x - a$ dividiert.

c) Untersuchung der Betragsfunktion. Zu (1): Für $x \neq 0$ ist der Differenzenquotient für die Stellen x und 0 gleich

$$\frac{|x| - |0|}{x - 0} = \frac{|x|}{x} = \begin{cases} 1, & \text{falls } x > 0 \\ -1, & \text{falls } x < 0. \end{cases}$$

Dieser hat für $x \to 0$ offenbar keinen Grenzwert.

Zu (2): Wäre die Betragsfunktion im Nullpunkt differenzierbar, so müsste es eine dort stetige Funktion R geben, so dass für alle $x \in \mathbb{R}$

$$|x| = |0| + R(x) \cdot (x - 0),$$

d. h.

$$|x| = R(x) \cdot x$$

gilt. Teilt man hier für $x \neq 0$ durch x, so erkennt man, dass die Stetigkeit von R äquivalent zur Existenz des in (1) untersuchten Grenzwerts ist. Eine solche stetige Funktion R kann es also nicht geben.

Zu (3): Wäre die Betragsfunktion im Nullpunkt differenzierbar, so müsste es eine Konstante c und eine Funktion r geben mit

$$|x| = |0| + c(x - 0) + r(x)$$

und $r(x)/x \to 0$. Es ist aber

$$\frac{r(x)}{x} = \frac{|x| - cx}{x} = \frac{|x|}{x} - c.$$

Dass $r(x)/x$ gegen 0 konvergiert, ist daher erneut äquivalent zur Existenz des Grenzwerts aus (1) und daher also nicht der Fall.

d) Beweise der Produktregel. Wir betrachten zwei Funktionen f und g auf einem Intervall $I \subset \mathbb{R}$, die in einem Punkt $a \in I$ differenzierbar sind. Behauptet wird:

Dann ist auch die Produktfunktion $f \cdot g : I \to \mathbb{R}$ in a differenzierbar und es gilt

$$(f \cdot g)'(a) = f'(a)g(a) + f(a)g'(a).$$

Wir beweisen dies nun auf Grundlage der drei verschiedenen Definitionen. (Um im nächsten Aufgabenteil die Beweise fundiert vergleichen zu können, geben wir diese hier recht detailliert an.)

Zu (1): Wir betrachten den Differenzenquotienten der Produktfunktion fg zu den Stellen x und a

$$\frac{(fg)(x) - (fg)(a)}{x - a} = \frac{f(x)g(x) - f(a)g(a)}{x - a}.$$

Nun folgt ein Trick – die rechte Seite wird durch eine im Zähler strategisch günstige Null-Ergänzung zu

$$\frac{f(x)g(x) - f(a)g(x) + f(a)g(x) - f(a)g(a)}{x - a}$$

und dieser Ausdruck lässt sich schreiben als

$$g(x)\frac{f(x) - f(a)}{x - a} + f(a)\frac{g(x) - g(a)}{x - a}.$$

Der Bruch im ersten Summanden konvergiert wegen der Differenzierbarkeit von f gegen $f'(a)$, der im zweiten Summanden gegen $g'(a)$. Da g in a stetig ist (was aus der Differenzierbarkeit folgt), gilt ferner $g(x) \to g(a)$ für $x \to a$, so dass wir insgesamt sehen, dass der Differenzenquotient gegen

$$g(a)f'(a) + f(a)g'(a)$$

konvergiert, und genau dies war zu zeigen.

Zu (2): Nach Voraussetzung gilt

$$\begin{aligned} f(x) &= f(a) + R(x) \cdot (x - a) \\ g(x) &= g(a) + S(x) \cdot (x - a) \end{aligned}$$

mit in a stetigen Funktionen R und S. Wir betrachten das Produkt

$$f(x)g(x) = \Big(f(a) + R(x) \cdot (x - a)\Big)\Big(g(a) + S(x) \cdot (x - a)\Big).$$

Nach Ausmultiplizieren des Ausdrucks auf der rechten Seite kann man dies scheiben als

$$f(x)g(x) = f(a)g(a) + T(x) \cdot (x - a),$$

wobei wir

$$T(x) := f(a)S(x) + g(a)R(x) + R(x)S(x)(x - a)$$

setzen. Die Funktion T ist in a stetig, da sie eine Summe von Produkten von Funktionen ist, die in a stetig sind. Wir folgern: Das Produkt $f \cdot g$ ist in a differenzierbar ist und seine Ableitung in a ist gleich

$$T(a) = f(a)S(a) + g(a)R(a) = f(a)g'(a) + g(a)f'(a).$$

Zu (3): Wir haben die Darstellungen

$$\begin{aligned} f(x) &= f(a) + c \cdot (x - a) + r(x) \\ g(x) &= g(a) + d \cdot (x - a) + s(x) \end{aligned}$$

mit $c = f'(a)$, $d = g'(a)$, $r(x)/(x - a) \to 0$ und $s(x)/(x - a) \to 0$. Für das Produkt $f \cdot g$ erhalten wir daraus

$$\begin{aligned} f(x)g(x) &= \Big(f(a) + c \cdot (x - a) + r(x) \Big)\Big(g(a) + d \cdot (x - a) + s(x) \Big) \\ &= f(a)g(a) + e \cdot (x - a) + t(x), \end{aligned}$$

wobei wir

$$e := f(a)d + cg(a) = f(a)g'(a) + f'(a)g(a)$$

und

$$\begin{aligned} t(x) :={}& f(a)s(x) + g(a)r(x) \\ &+ c(x - a)s(x) + d(x - a)r(x) \\ &+ cd(x - a)^2 + r(x)s(x) \end{aligned}$$

setzen. Der Beweis ist erbracht, wenn wir jetzt noch zeigen können, dass $t(x)/(x - a) \to 0$ gilt. Wenn man die entsprechenden Grenzwertvoraussetzungen über r und s nutzt, dann folgt dies aber sofort.

e) Vergleich der Beweise. Bei (1) wird die Idee einer Null-Ergänzung benötigt. Solche Null-Ergänzungen werden in der Analysis zwar häufig angewandt, man muss es dem Problem aber »ansehen«, dass eine solche Null-Ergänzung hier Aussicht auf Erfolg verspricht, und dann die strategisch passende Form der Ergänzung finden. Benötigt werden als Vorwissen die Rechenregeln für Grenzwerte (für Summen und Produkte) sowie die Tatsache, dass differenzierbare Funktionen stetig sind.

Bei (2) lässt sich der Beweis sehr direkt und geradlinig führen: Nach Anwendung der gegebenen Voraussetzungen auf das zu betrachtende Produkt fg läuft der Beweis »fast von alleine« (im Englischen verwendet man zur Beschreibung solcher Beweise das Wort *straightforward*). Als Vorwissen sind Kenntnisse zur

Stetigkeit erforderlich – nämlich, dass Summen und Produkte stetiger Funktionen stetig sind.

Bei (3) gilt im Wesentlichen das in (2) Gesagte. Das benötigte Vorwissen liegt im Rechnen mit Grenzwerten bei Summen und Produkten.

Beim Vergleich der Zugänge in (1), (2) und (3) fällt auf, dass (2) und (3) konzeptionell wohl aufwendiger sind (und in der Anwendung auf einfache Beispiele wie in Aufgabenteil (c) schwerfälliger wirken). Im untersuchten Beispiel der Produktregel erweisen sich diese Zugänge jedoch als vorteilhaft, da die Beweise direkt und ohne Anwendung von Tricks geführt werden können, während sie keine wesentlich verschiedenen Vorkenntnisse erfordern.

Bemerkung: In dieser Aufgabe erkennen Sie, dass es Situationen gibt, in denen eine der möglichen Definitionen eine gewisse Grundvorstellung besonders gut vermittelt, während eine andere Definition in technischer Hinsicht günstiger ist. Es ist eine didaktische Entscheidung beim Aufbau einer mathematischen Theorie, mit welcher Definition man startet. Im hier behandelten Fall könnte eine solche Entscheidung beispielsweise so aussehen: Start mit Definition (1), da in ihr die Grundvorstellung der *Tangentensteigung* gut zum Ausdruck kommt (und sie Vorteile beim konkreten Berechnen von Ableitungen hat); später der Beweis der Äquivalenz zu (2) und (3), da diese Formulierungen praktisch-technische Vorteile haben. (Man kann auch Gründe für andere Vorgehensweisen finden.)

Zum Weiterarbeiten

- **Die Kettenregel.** Führen Sie Überlegungen wie in den Aufgabenteilen (d) und (e) auch für die Kettenregel durch. Auf diese Weise gewinnen Sie noch mehr Sicherheit im Umgang mit den drei Definitionsvarianten.

5.7 Bewusst entscheiden beim Definieren: Bogenlänge von Kurven

Was sollten Sie schon kennen?

Kurven im $\mathbb{R}^n$, Bogenlänge und Rektifizierbarkeit

Was lernen Sie hier?

Abwägen der Vor- und Nachteile bei der Entscheidung für eine von mehreren möglichen Varianten einer Definition

▶ Aufgabe

Wir erinnern vorab kurz an den Kurvenbegriff und an den Begriff der Bogenlänge: Unter einer (parametrisierten) *Kurve* im $\mathbb{R}^n$ versteht man eine stetige Abbildung $f : [a, b] \to \mathbb{R}^n$. In physikalischer Interpretation kann man sich eine Kurve als Beschreibung einer kontinuierlichen Bewegung vom Anfangspunkt $f(a)$ zum Endpunkt $f(b)$ vorstellen. Um zu einem Längenbegriff für Kurven zu gelangen, betrachtet man *einbeschriebene Streckenzüge*: Man zerlegt dazu das Parameterintervall $[a, b]$ durch Wahl von Teilungspunkten

$$a = t_0 < t_1 < \ldots < t_k = b$$

und verbindet die zugehörigen Kurvenpunkte $f(t_i)$ durch Strecken:

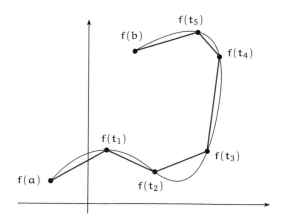

Die euklidische Länge des Streckenzugs erhält man durch Summation über die k Teilstrecken:

$$\sum_{i=1}^{k} \|f(t_i) - f(t_{i-1})\|_2 \, .$$

Man definiert nun die *Länge* (oder: *Bogenlänge*) der Kurve f,

$$L(f) \in \mathbb{R}_0^+ \cup \{\infty\} \, ,$$

als das Supremum der euklidischen Längen *aller* Streckenzüge, die man f einbeschreiben kann.

Überraschenderweise gibt es Kurven f mit $L(f) = \infty$. Gilt für eine Kurve f dagegen $L(f) < \infty$, so nennt man sie *rektifizierbar*. Man beweist, dass stetig differenzierbare Kurven stets rektifizierbar sind.

a) Stellen Sie sich in dieser Aufgabe vor, dass jemand stattdessen die nachfolgende Definition des Bogenlängenbegriffs vorschlägt:

»Die *Bogenlänge* einer stetig differenzierbaren Kurve $f : [a, b] \to \mathbb{R}^n$ wird durch

$$L(f) := \int_a^b \|f'\| = \int_a^b \sqrt{f_1'(t)^2 + \ldots + f_n'(t)^2} \, dt$$

definiert.«

Welche Vorteile und welche Nachteile hat es, den Begriff in dieser Weise zu definieren?

b) Nehmen Sie an, der Verfasser eines Lehrtexts würde sich zur Verwendung der in (a) vorgeschlagenen Definition entscheiden. Verfassen Sie einen Text (wenige Sätze sind ausreichend), der als Motivation der Definition hilfreich wäre.

* * *

▶ Kommentierter Lösungsvorschlag

a) Beim eingangs skizzierten, üblichen Zugang beweist man, dass die über einbeschriebene Streckenzüge definierte Länge im Fall von (stückweise) stetig-differenzierbaren Funktionen tatsächlich durch die angegebene Formel berechnet werden kann. Die Formel tritt dann als zu beweisender Satz auf, der ein Mittel zur Längenberechnung liefert. Ganz anders ist es in dem in (a) angegebenen Vorschlag: Hier wird die Integralformel zur Definition erhoben.

Der *Vorteil* einer solchen Vorgehensweise liegt darin, dass sie dem Leser unmittelbar eine (prinzipielle) Methode zur Berechnung der Bogenlänge an die Hand gibt, während die Definition über Streckenzüge keine solche Methode beinhaltet – es liegt ja keineswegs auf der Hand, wie zu gegebener Kurve das Supremum über die unendlich vielen möglichen Streckenzüge berechnet werden könnte.

Nachteilig ist zum einen, dass die Formel nur für stetig-differenzierbare Kurven gültig ist. Der Bogenlängenbegriff wird hier also nur in eingeschränkter Form zur Verfügung gestellt. Ein weiterer, vielleicht sogar gravierenderer Nachteil liegt darin, dass sich die Definition von der Grundvorstellung des Messens weitgehend gelöst hat: Der Begriff wird zwar »Länge« genannt, aber es ist nicht direkt ersichtlich, warum durch ihn ein adäquates Längenkonzept gegeben ist.

b) Ein zur Motivation der Definition geeigneter Text sollte plausibel machen, dass in dem so definierten Begriff der Bogenlänge tatsächlich unsere anschauliche Vorstellung von »Länge einer Kurve« enthalten ist. Wir beschreiben zwei Möglichkeiten einer solchen Motivation:

Vorschlag 1: Wir interpretieren die Kurve f als Beschreibung einer Bewegung. Dann ist $\|f'\|$ der Betrag des Geschwindigkeitsvektors und daher

$$\frac{1}{b-a} \int_a^b \|f'\|$$

der *mittlere Geschwindigkeitsbetrag* (vgl. Aufgabe 4.1). Die in der Definition gegebene Größe $L(f)$ ist daher gleich »Zeit mal mittlere Geschwindigkeit«. Es ist plausibel, dass dieses Produkt die Länge der Kurve angibt.

Vorschlag 2: Wir betrachten zu $t \in [a, b]$ und $h > 0$ die Kurvenpunkte $f(t)$ und $f(t + h)$. Die Länge der Strecke zwischen den beiden Punkten ist

$$\|f(t + h) - f(t)\| .$$

Wenn h klein ist, können wir $\frac{1}{h}\|f(t + h) - f(t)\|$ durch $\|f'(t)\|$ approximieren (denken Sie daran, wie $f'(t)$ als Grenzwert für $h \to 0$ entsteht), und dies ist genau der Integrand in der angegebenen Formel. Durch Unterteilen in viele Abschnitte könnte man die Kurve durch eine Vielzahl von kleinen Strecken approximieren. Das angegebene Integral kann man sich dann als den Grenzwert vorstellen, der bei immer feiner werdender Unterteilung entsteht.

Bemerkung: Der im üblichen Zugang geführte Beweis der in (a) angegebenen Integralformel beruht auf einer Präzisierung der in Vorschlag 2 beschriebenen Überlegung.

Zum Weiterarbeiten

■ **Wie viel sieht man einer Kurve an?** Sie können sich anhand der folgenden Aufgabenstellung einen überraschenden Aspekt von parametrisierten
Kurven $f : [a, b] \to \mathbb{R}^n$ verdeutlichen:

> *Man sieht (im Gegensatz zu Funktionsgraphen) dem Bild einer Kurve
> nicht an, ob sie differenzierbar ist oder endliche Länge hat.*

Betrachten Sie als Beispiel die Kurve $f : [0, 1] \to \mathbb{R}^2$, mit $f = (g, g^2)$, wobei
$g : [0, 1] \to \mathbb{R}$ durch

$$g(x) = \begin{cases} x \left| \cos \frac{\pi}{x} \right|, & \text{falls } x > 0 \\ 0, & \text{falls } x = 0 \end{cases}$$

gegeben ist. Zeigen Sie, dass folgende beiden Aussagen zutreffen:

- Das Bild von f ist der Parabelbogen $\{(x, y) \in \mathbb{R}^2 \mid y = x^2, 0 \leqslant x \leqslant 1\}$.
- f ist nicht differenzierbar und für die Länge gilt $L(f) = \infty$.

Die Kombination dieser beiden Aussagen ist recht überraschend – erklären
Sie in Worten, durch welches Verhalten der parametrisierten Kurve die unendliche Länge zustande kommt.

5.8 Potenzen mit reellen Exponenten

Was sollten Sie schon kennen?

- die Exponentialfunktion und ihre Reihendarstellung
- Existenz und Eindeutigkeit von n-ten Wurzeln aus positiven reellen Zahlen für $n \in \mathbb{N}$
- Cauchy-Folgen in $\mathbb{R}$

Was lernen Sie hier?

Sie machen sich bewusst, dass Lernvoraussetzungen, Anknüpfungsmöglichkeiten und Ökonomie konkurrierende Kriterien bei der Auswahl des Zugangs zu einem mathematischen Inhalt sind und dass diese Kriterien in Schule und Universität zu verschiedenen Entscheidungen führen können.

▶ **Aufgabe**

In Vorlesungen zur Analysis werden Potenzen a^x für reelle Zahlen $x \in \mathbb{R}$ und $a > 0$ häufig mittels der Exponentialfunktion als $\exp(x \ln a)$ definiert. Dazu wird die Exponentialfunktion vorab eingeführt, zum Beispiel über ihre Reihendarstellung (siehe Aufgabe 5.10). Zur Abkürzung sprechen wir in dieser Aufgabe von *Zugang I*, wenn wir dieses Vorgehen meinen.

Im Unterricht der Sekundarstufe geht man in der Regel anders vor – wir sprechen im Folgenden kurz von *Zugang II* – und definiert Potenzen a^x schrittweise: Zunächst wird für $n \in \mathbb{N}$ die Potenz a^n als Produkt $a \cdot \ldots \cdot a$ mit n Faktoren erklärt. Dies lässt sich leicht auf Produkte a^n mit $n \in \mathbb{Z}$ erweitern. Potenzen $a^{1/n}$ mit $n \in \mathbb{N}$ werden dann als n-te Wurzeln erklärt. Damit wird es möglich, Potenzen a^q mit $q \in \mathbb{Q}$ zu definieren. Schließlich werden Potenzen a^x mit $x \in \mathbb{R}$ durch Grenzwertbildung erklärt, bei der die reelle Zahl x durch eine Folge rationaler Zahlen approximiert wird.

a) **Der schrittweise Zugang im Detail.** Führen Sie die oben für Zugang II skizzierten Definitionsschritte vollständig aus. Beachten Sie dabei alle Feinheiten, z. B. dass eine Zahl $q \in \mathbb{Q}$ verschiedene Bruchdarstellungen hat und dass eine irrationale Zahl durch verschiedene Folgen rationaler Zahlen approximiert werden kann.

b) **Vergleich der Zugänge.** Vergleichen Sie Zugang I mit Zugang II unter folgenden Gesichtspunkten:

(i) Welche Lernvoraussetzungen werden jeweils benötigt?

(ii) Wo liegen jeweils die Anknüpfungspunkte an bereits bekannte Sachverhalte? In welcher Version sind diese stärker ausgeprägt? (Diese sogenannten *Ankerpunkte* sind ein wichtiger Aspekt des *meaningful learning*.)

(iii) Welche Version ist ökonomischer? Berücksichtigen Sie einerseits den Aufwand, der jeweils zur *Definition* notwendig ist, und andererseits, wie sich das *Weiterarbeiten* auf Grundlage der jeweiligen Definition gestaltet – vergleichen Sie zum Beispiel, wie der Beweis des Potenzgesetzes

$$a^{x+y} = a^x \cdot a^y \qquad \text{für } a > 0 \text{ und } x, y \in \mathbb{R}$$

in beiden Versionen erfolgen könnte.

*   *   *

► **Kommentierter Lösungsvorschlag**

a) **Der schrittweise Zugang im Detail**

(i) **Ganzzahlige Exponenten.** Für $a \in \mathbb{R}^+$ und $n \in \mathbb{N}$ werden a^n und a^{-n} definiert durch

$$a^n := a \cdot \ldots \cdot a \qquad \text{(n Faktoren)}$$
$$a^{-n} := \frac{1}{a^n} \, .$$

Setzen wir noch $a^0 := 1$, so haben wir damit bereits beliebige *ganzzahlige* Exponenten erfasst. (Potenzgesetze wie $(a^m)^n = a^{mn}$ lassen sich dann leicht durch Abzählen von Faktoren beweisen.)

(ii) **Rationale Exponenten.** Um die Definition auf *rationale* Exponenten zu erweitern, betrachten wir zunächst *Stammbrüche*, d. h. Brüche der Form $1/n$ mit $n \in \mathbb{N}$, und definieren

$$a^{\frac{1}{n}} := \sqrt[n]{a}$$

unter Rückgriff auf n-te Wurzeln.[7] Eine beliebige rationale Zahl $q \in \mathbb{Q} \setminus \{0\}$ schreibt man als $q = m/n$ mit $m \in \mathbb{Z}$ und $n \in \mathbb{N}$ und setzt dann

$$a^q := (a^m)^{\frac{1}{n}} . \tag{$*$}$$

Hier entsteht ein *Wohldefiniertheitsproblem*: Die Darstellung einer rationalen Zahl q als Bruch m/n ist ja nicht eindeutig – wir müssen daher sicherstellen, dass es in $(*)$ nicht darauf ankommt, welche Darstellung von q wir wählen. Dazu gehen wir folgendermaßen vor: Wir betrachten eine weitere Darstellung $q = \frac{m'}{n'}$ und zeigen, dass gilt

$$(a^m)^{\frac{1}{n}} = (a^{m'})^{\frac{1}{n'}} . \tag{$**$}$$

(Der wichtigste Aspekt an dieser Teilaufgabe ist es zu erkennen, dass dies zu zeigen ist!) Gleichung $(**)$ ist äquivalent zu

$$(a^m)^{n'} = (a^{m'})^n , \tag{$***$}$$

so dass es ausreicht, die letztere Gleichung zu zeigen. Nun gilt aber $\frac{m}{n} = q = \frac{m'}{n'}$, d. h. $mn' = m'n$, und daher zeigt uns die Anwendung eines Potenzgesetzes (für ganzzahlige Exponenten, wie sie in (i) behandelt wurden), dass Gleichung $(***)$ erfüllt ist.

(iii) **Reelle Exponenten.** Als letzten Erweiterungsschritt dehnen wir die Definition nun auf beliebige *reelle* Exponenten $x \in \mathbb{R}$ aus. Es genügt, wenn wir positive Exponenten betrachten, da wir negative Exponenten wie in (i) auf diesen Fall zurückführen können. Wir approximieren eine Zahl $x > 0$ durch eine Folge von rationalen Zahlen, d. h., wir wählen eine Folge (q_n) in $\mathbb{Q}$ mit

$$x = \lim_{n \to \infty} q_n .$$

(Da x positiv ist, dürfen wir dies auch für alle q_n annehmen.) Es liegt nahe, dass wir eine Definition für a^x durch

$$a^x := \lim_{n \to \infty} a^{q_n}$$

aussprechen. Erneut haben wir ein Wohldefiniertheitsproblem: Es sind zwei Dinge zu überprüfen:

---

[7]Dies setzt natürlich einen Theorieaufbau voraus, in dem n-te Wurzeln bereits eingeführt wurden. In Aufgabe 1.7 werden verschiedene Möglichkeiten dazu behandelt.

(1) Der Grenzwert auf der rechten Seite existiert.

(2) Er ist unabhängig von der Wahl der Folge (q_n).

Zu (1): Dies weisen wir dadurch nach, dass wir zeigen, dass die Folge (a^{q_n}) eine Cauchy-Folge ist. Wir betrachten dazu

$$\left| a^{q_n} - a^{q_m} \right| = a^{q_n} \cdot \left| 1 - a^{q_m - q_n} \right| .$$

Da der erste Faktor der rechten Seite beschränkt ist (wegen der Monotonie der Funktion $\mathbb{Q} \to \mathbb{R}, q \mapsto a^q$), genügt es zu zeigen, dass der zweite Faktor beliebig klein wird, wenn nur m und n groß genug sind. Letzteres folgt nun aus der Aussage:

Ist (r_n) eine Folge rationaler Zahlen mit $r_n \to 0$, dann gilt $a^{r_n} \to 1$.

(Überlegen Sie sich auch hierzu noch eine Begründung! Als Tipp: Man kann dies auf die Aussage $\sqrt[n]{a} \to 1$ zurückführen.)

Zu (2): Nehmen wir an, dass (q_n') eine weitere Folge rationaler Zahlen ist, die gegen x konvergiert. Wir haben zu zeigen, dass dann $(a^{q_n'})$ denselben Grenzwert hat wie (a^{q_n}). Man schreibt dazu

$$\left| a^{q_n} - a^{q_n'} \right| = a^{q_n} \cdot \left| 1 - a^{q_n' - q_n} \right| .$$

und argumentiert analog zu (1).

b) Vergleich der Zugänge

(i) **Lernvoraussetzungen.** Für Zugang I sind folgende Kenntnisse als Lernvoraussetzung erforderlich: Reihen und ihre Konvergenz, speziell der Nachweis, dass die Exponentialreihe konvergiert (wofür zum Beispiel das Quotientenkriterium herangezogen werden kann).

Für Zugang II werden benötigt: Existenz und Eindeutigkeit der n-ten Wurzeln einer Zahl $a > 0$ für $n \in \mathbb{N}$, das Arbeiten mit konvergenten Folgen, insbesondere das Cauchy-Kriterium.

(ii) **Anknüpfungspunkte.** Zugang II gibt eine Definition für a^x, die an schon bekannte Situationen anknüpft: Man geht von der Vereinbarung $a^n = a \cdot \ldots \cdot a$, dic jeder Lernende vermutlich als Erstes kennengelernt hat, aus und erweitert diese auf immer allgemeinere Exponenten. Die Vorstellung »Exponentiation als fortgesetzte Multiplikation« stellt in diesem Zugang einen starken Ankerpunkt dar.

Zugang I hingegen gibt zunächst eine *neue* Definition für a^x, die auf den ersten Blick nicht erkennen lässt, dass sie für $x \in \mathbb{N}$ mit der schon bekannten Definition übereinstimmt. Erst nachträglich wird dies nachgewiesen (unter Benutzung der Funktionalgleichung der Exponentialfunktion), um so die erforderliche Kompatibilität zu sichern. Die Verankerung an Bekanntes ist hier daher geringer.

(iii) **Ökonomie.** Wie am Lösungsvorschlag für (a) erkennbar ist, liegt der Aufwand für die *Definition* in Zugang II höher: Es sind verschiedene Fälle zu betrachten und Wohldefiniertheitsbetrachtungen anzustellen. In Zugang I dagegen lässt sich unmittelbar die einheitliche Definition $a^x = \exp(x \ln a)$ angeben – sie erweist sich hier als deutlich ökonomischer.

Beim *Weiterarbeiten mit der Definition* verstärkt sich dieses Bild: Der Beweis des Potenzgesetzes

$$a^{x+y} = a^x \cdot a^y \qquad \text{für } a > 0 \text{ und } x, y \in \mathbb{R} \qquad (*)$$

ist in Zugang I rasch mit Hilfe der Funktionalgleichung der Exponentialfunktion erbracht. In Zugang II wird man schrittweise vorgehen: Für $m, n \in \mathbb{N}$ argumentiert man wie in der Schule durch Abzählen der Faktoren:

$$a^{m+n} = a \cdot \ldots \cdot a \qquad (m + n \text{ Faktoren}).$$

Nun klammert man die $m + n$ Faktoren zu einem Produkt aus m Faktoren und n Faktoren und erhält so $a^m \cdot a^n$. Mit einigen Fallunterscheidungen erweitert man die Gültigkeit auf Exponenten in $\mathbb{Z}$ und $\mathbb{Q}$. Schließlich weist man die Gleichung durch einen Grenzübergang auch für irrationale Exponenten nach.

Zum Weiterarbeiten

■ **Noch schlimmer?** In Aufgabenteil (b)iii wurde anhand des Potenzgesetzes beleuchtet, wie unterschiedlich sich das Arbeiten auf Grundlage der beiden Zugänge gestaltet. Die Unterschiede treten sogar noch deutlicher hervor, wenn man weitere Eigenschaften untersucht – zum Beispiel, wenn man die Stetigkeit oder die Differenzierbarkeit der allgemeinen Exponentialfunktion

$$\mathbb{R} \rightarrow \mathbb{R}$$
$$x \mapsto a^x$$

für $a > 0$ nachweisen möchte. Halten Sie sich dazu (z. B. mit Hilfe von [Fo1] oder Ihrer Analysis-Vorlesung) vor Augen, mit welchen Argumenten dies in Zugang I möglich ist, und überlegen Sie, mit welchen Mitteln man in Zugang II auskommen muss und welche Ansatzpunkte zur Argumentation man zur Verfügung hat.

5.9 Intervallschachtelungen und Potenzen mit irrationalen Exponenten

Was sollten Sie schon kennen?

reelle Zahlen und Folgen reeller Zahlen

Was lernen Sie hier?

- Intervallschachtelungen als Mittel zur Beschreibung von reellen Zahlen einsetzen
- den Aufwand einschätzen, der notwendig wird, wenn Begriffe mit Hilfe von Intervallschachtelungen eingeführt werden oder Sätze mit ihrer Hilfe gezeigt werden sollen

Wir untersuchen hier, wie man Potenzen mit irrationalen Exponenten (zum Beispiel $5^{\sqrt{2}}$) unter Benutzung von Intervallschachtelungen definieren kann.[8] Zur Erinnerung: Eine *Intervallschachtelung* ist eine Folge von Intervallen $[\ell_n, r_n]$ in $\mathbb{R}$, die folgende Eigenschaften hat:

> (I1) Es ist $[\ell_{n+1}, r_{n+1}] \subset [\ell_n, r_n]$ für alle $n \in \mathbb{N}$.
>
> (I2) Es gilt $\lim\limits_{n \to \infty} r_n - \ell_n = 0$.

Wir werden folgende Grundtatsachen über reelle Zahlen nutzen:

- Zu jeder Intervallschachtelung $(([\ell_n, r_n]))_{n \in \mathbb{N}}$ gibt es genau eine reelle Zahl c, die in allen Intervallen $[\ell_n, r_n]$ liegt.[9] (Mit anderen Worten: Der Durchschnitt $\bigcap_n [\ell_n, r_n]$ besteht aus genau einer reellen Zahl c.) Man sagt dann: Die Intervallschachtelung *erfasst* die Zahl c. Oder auch: Die Zahl c ist der *Kern* der Intervallschachtelung.

- Umgekehrt gibt es zu jeder reellen Zahl $c \in \mathbb{R}$ eine Intervallschachtelung, die c erfasst. Die Randpunkte ℓ_n und r_n können dabei sogar als *rationale* Zahlen gewählt werden.

---

[8]In Aufgabe 5.8 finden Sie einen alternativen Zugang mittels Folgen.
[9]Dies ist eine der Möglichkeiten, die *Vollständigkeit* der reellen Zahlen auszudrücken.

▶ Aufgabe

a) **Äquivalente Intervallschachtelungen.** Begründen Sie: Genau dann erfassen zwei Intervallschachtelungen $([\ell_n, r_n])_{n\in\mathbb{N}}$ und $([\ell'_n, r'_n])_{n\in\mathbb{N}}$ dieselbe reelle Zahl, wenn für jedes $n \in \mathbb{N}$ die beiden Intervalle $[\ell_n, r_n]$ und $[\ell'_n, r'_n]$ eine nichtleere Schnittmenge haben.

b) **Rechnen mit Intervallschachtelungen.** Angenommen, es sind Intervallschachtelungen für zwei reelle Zahlen x und y gegeben. Wie kann man daraus Intervallschachtelungen für $x + y$ und für $x \cdot y$ erhalten? Sie dürfen sich für die Betrachtung von $x \cdot y$ der Einfachheit halber auf den Fall $x, y \geqslant 0$ beschränken.

c) **Potenzen mit irrationalen Exponenten.** Nun sei eine reelle Zahl $a > 0$ gegeben. Wir gehen davon aus, dass Potenzen a^q mit rationalen Exponenten q bereits definiert sind. Wir möchten nun Potenzen a^x für *irrationale* Exponenten x definieren. Um Fallunterscheidungen zu vermeiden, betrachten wir zunächst nur den Fall $a > 1$. Wir wählen eine Intervallschachtelung $([\ell_n, r_n])_{n\in\mathbb{N}}$ mit *rationalen* Randpunkten ℓ_n, r_n, die x erfasst, und formulieren dann:

> $(*)$ **Wir definieren a^x als diejenige reelle Zahl, die von der Intervallschachtelung $([a^{\ell_n}, a^{r_n}])_{n\in\mathbb{N}}$ erfasst wird.**

Beachten Sie: Die Randpunkte a^{ℓ_n} und a^{r_n} sind Potenzen mit rationalen Exponenten.
Begründen Sie die Wohldefiniertheit, d. h., zeigen Sie,

(i) dass durch die angegebenen Intervalle $[a^{\ell_n}, a^{r_n}]$ tatsächlich eine Intervallschachtelung gegeben wird und

(ii) dass das so definierte a^x nicht davon abhängt, welche Intervallschachtelung wir für x wählen.

d) **Ein konkretes Beispiel.** Geben Sie die ersten fünf Intervalle einer rationalen Intervallschachtelung für $\sqrt{2}$ an sowie die Intervalle der zugehörigen Intervallschachtelung für $5^{\sqrt{2}}$.

e) **Potenzgesetz für irrationale Exponenten.** Nehmen Sie an, Sie hätten das Potenzgesetz

$$a^{x+y} = a^x \cdot a^y$$

für $x, y \in \mathbb{Q}$ bereits bewiesen. Weisen Sie nach, dass es dann auch für irrationale x, y gültig ist. (Stützen Sie sich dabei auf Definition $(*)$ aus Aufgabenteil c.)

* * *

▶ **Kommentierter Lösungsvorschlag**

a) Äquivalente Intervallschachtelungen. Angenommen, die beiden Intervallschachtelungen erfassen dieselbe Zahl c. Für jedes $n \in \mathbb{N}$ haben dann die Intervalle $[\ell_n, r_n]$ und $[\ell'_n, r'_n]$ diesen Punkt gemeinsam, sie schneiden sich also. Nun sei angenommen, die beiden Intervallschachtelungen erfassen zwei verschiedene Zahlen c und d. Wir betrachten den Abstand $\varepsilon := |c - d|$ dieser beiden Zahlen. Für genügend großes n sind die Intervalllängen $r_n - \ell_n$ und $r'_n - \ell'_n$ beide kleiner als $\varepsilon/2$ (da die Intervalllängen nach Voraussetzung gegen 0 konvergieren). Dann können aber die Intervalle $[\ell_n, r_n]$ und $[\ell'_n, r'_n]$ keinen Punkt gemeinsam haben.

b) Rechnen mit Intervallschachtelungen. Die Zahlen x und y seien durch die Intervallschachtelungen $([\ell_n, r_n])_{n \in \mathbb{N}}$ bzw. $([\ell'_n, r'_n])_{n \in \mathbb{N}}$ gegeben. Wir behaupten, dass dann

$$([\ell_n + \ell'_n, r_n + r'_n])_{n \in \mathbb{N}}$$

eine Intervallschachtelung für $x + y$ ist. Für die Betrachtung von $x \cdot y$ ist $x \geqslant 0$ und $y \geqslant 0$ vorausgesetzt. Wir dürfen dann annehmen, dass keine der Intervallgrenzen ℓ_n oder ℓ'_n negativ ist, und behaupten, dass unter dieser Voraussetzung

$$([\ell_n \cdot \ell'_n, r_n \cdot r'_n])_{n \in \mathbb{N}}$$

eine Intervallschachtelung für $x \cdot y$ ist. Beim Nachweis beschränken wir uns auf die Behauptung zu $x \cdot y$ (dem schwierigeren von beiden Fällen). Dazu sind die beiden definierenden Eigenschaften von Intervallschachtelungen zu überprüfen, die oben als (I1) und (I2) formuliert sind.

Zu (I1): Nach Voraussetzung gilt $\ell_{n+1} \geqslant \ell_n$ und $\ell'_{n+1} \geqslant \ell'_{n+1}$. Daraus folgt, da alle beteiligten Zahlen positiv sind, $\ell_{n+1}\ell'_{n+1} \geqslant \ell_n\ell'_n$. Ebenso sieht man, dass $r_{n+1}r'_{n+1} \leqslant r_n r'_n$ gilt, und hat damit (I1) gezeigt.

Zu (I2): Wir haben nachzuweisen, dass

$$r_n r'_n - \ell_n \ell'_n \to 0$$

gilt. Um dies zu sehen, führen wir eine Null-Ergänzung durch:

$$\begin{aligned} r_n r'_n - \ell_n \ell'_n &= r_n r'_n - r_n \ell'_n + r_n \ell'_n - \ell_n \ell'_n \\ &= r_n (r'_n - \ell'_n) + (r_n - \ell_n) \ell'_n . \end{aligned}$$

Nach Voraussetzung gilt $r_n - \ell_n \to 0$ und $r'_n - \ell'_n \to 0$. Da die Folgen (r_n) und (ℓ'_n) beschränkt sind, folgt die Behauptung.

c) Potenzen mit irrationalen Exponenten

Zu (i): **Vorliegen einer Intervallschachtelung.** Nach Voraussetzung gilt $\ell_n \leqslant r_n$. Da $a > 1$ vorausgesetzt ist, ist die Funktion $\mathbb{Q} \to \mathbb{R}$, $q \mapsto a^q$, monoton steigend und daher gilt $a^{\ell_n} \leqslant a^{r_n}$. Es liegen also jedenfalls Intervalle vor. Wir zeigen nun, dass die beiden definierenden Eigenschaften einer Intervallschachtelung erfüllt sind:

(I1) Da die Intervalle $[\ell_n, r_n]$ eine Intervallschachtelung bilden, gilt $\ell_{n+1} \geqslant \ell_n$ für alle $n \in \mathbb{N}$. Dann gilt (wieder wegen der Monotonie der Exponential-funktion) $a^{\ell_{n+1}} \geqslant a^{\ell_n}$. Analog sieht man, dass auch $a^{r_{n+1}} \leqslant a^{r_n}$ gilt, und damit ist gezeigt, dass

$$[a^{\ell_{n+1}}, a^{r_{n+1}}] \subset [a^{\ell_n}, a^{r_n}]$$

gilt.

(I2) Wir zeigen, dass die Intervalllängen gegen Null konvergieren: Es ist

$$a^{r_n} - a^{\ell_n} = a^{\ell_n}(a^{r_n - \ell_n} - 1).$$

In dem Produkt auf der rechten Seite der Gleichung ist der erste Faktor be-schränkt (zum Beispiel durch a^{r_1}). Wir sind fertig, wenn wir noch bewei-sen können, dass $a^{r_n - \ell_n}$ gegen 1 konvergiert. Letzteres kann man zeigen, wenn man nutzt, dass $(r_n - \ell_n)$ nach Voraussetzung eine Nullfolge ist und die Grenzwertaussage $\lim_{n \to \infty} \sqrt[n]{a} = 1$ verwendet.

Zu (ii): **Unabhängigkeit von der Wahl der Intervallschachtelung.** Es seien

$$([\ell_n, r_n])_{n \in \mathbb{N}} \quad \text{und} \quad ([\ell_n', r_n'])_{n \in \mathbb{N}} \qquad (**)$$

zwei Intervallschachtelungen, die beide a erfassen. Um die Unabhängigkeit der Definition von der gewählten Intervallschachtelung zu gewährleisten, haben wir zu zeigen, dass dann auch die Intervallschachtelungen

$$([a^{\ell_n}, a^{r_n}])_{n \in \mathbb{N}} \quad \text{und} \quad ([a^{\ell_n'}, a^{r_n'}])_{n \in \mathbb{N}} \qquad (***)$$

dieselbe Zahl erfassen. Die Voraussetzung, dass die Intervallschachtelungen in $(**)$ dieselbe Zahl erfassen, ist nach (a) äquivalent dazu, dass für jedes $n \in \mathbb{N}$ die Intervalle $[\ell_n, r_n]$ und $[\ell_n', r_n']$ einen gemeinsamen Punkt haben, und dies ist wiederum dazu äquivalent, dass für alle $n \in \mathbb{N}$ gilt

$$\ell_n' < r_n \quad \text{und} \quad \ell_n < r_n'.$$

Daraus folgt aber

$$a^{\ell_n'} < a^{r_n} \quad \text{und} \quad a^{\ell_n} < a^{r_n'},$$

und damit, dass die Intervalle in $(***)$ sich schneiden.

d) Ein konkretes Beispiel. Eine Intervallschachtelung für $\sqrt{2}$ kann man sich schrittweise auf folgende Weise verschaffen: Da 2 zwischen $1^2 = 1$ und $2^2 = 4$ liegt, gilt $\sqrt{2} \in [1, 2]$ (aufgrund der Monotonie der Wurzelfunktion). Da 2 zwischen $1{,}4^2 = 1{,}96$ und $1{,}5^2 = 2{,}25$ liegt, gilt $\sqrt{2} \in [1, 4; 1, 5]$. Fährt man so fort, erhält man die Intervalle

$$[1\,;2]$$
$$[1, 4\,;1, 5]$$
$$[1.41\,;1.42]$$
$$[1.414\,;1.415]$$
$$[1.4142\,;1.4143]\,.$$

Die zugehörige Intervallschachtelung für $5^{\sqrt{2}}$ beginnt nach Definition $(*)$ daher mit den Intervallen

$$[5^1\,;5^2]$$
$$[5^{1,4}\,;5^{1.5}]$$
$$[5^{1.41}\,;5^{1.42}]$$
$$[5^{1.414}\,;5^{1.415}]$$
$$[5^{1.4142}\,;5^{1.4143}]\,.$$

Beachten Sie: Bei den Intervallgrenzen treten nur *rationale Exponenten* auf, die Grenzen selbst sind aber ab dem zweiten Intervall *irrational*.

e) Potenzgesetz für irrationale Exponenten. Es sei x durch die Intervallschachtelung $([\ell_n, r_n])_{n \in \mathbb{N}}$ und y durch $([\ell'_n, r'_n])_{n \in \mathbb{N}}$ gegeben. Wir können in beiden Intervallschachtelungen die Randpunkte $\ell_n, r_n, \ell'_n, r'_n$ als *rationale Zahlen* wählen. Wir führen den Beweis nur im Fall $x, y \geqslant 0$ aus und verfolgen dazu, durch welche Intervallschachtelungen die beteiligten Zahlen erfasst werden:

(1) $x + y$ wird nach (b) durch $([\ell_n + \ell'_n, r_n + r'_n])_{n \in \mathbb{N}}$ erfasst,

(2) a^x wird nach Definition $(*)$ durch $([a^{\ell_n}, a^{r_n}])_{n \in \mathbb{N}}$ erfasst,

(3) a^y wird nach Definition $(*)$ durch $([a^{\ell'_n}, a^{r'_n}])_{n \in \mathbb{N}}$ erfasst,

(4) a^{x+y} wird nach (1) und $(*)$ durch $([a^{\ell_n + \ell'_n}, a^{r_n + r'_n}])_{n \in \mathbb{N}}$ erfasst,

(5) $a^x \cdot a^y$ wird nach (2), (3) und $(*)$ durch $([a^{\ell_n} \cdot a^{\ell'_n}, a^{r_n} \cdot a^{r'_n}])_{n \in \mathbb{N}}$ erfasst.

Beim Vergleich von (4) und (5) können wir nun das Potenzgesetz für rationale Exponenten anwenden und stellen fest, dass die Intervallschachtelungen übereinstimmen.

5.10 Zugänge zur Exponentialfunktion

Was sollten Sie schon kennen?

Folgen reeller Zahlen, differenzierbare Funktionen und ihre Eigenschaften

Was lernen Sie hier?

- Sie bearbeiten verschiedene Definitionsmöglichkeiten für die Exponentialfunktion und
- Sie gewinnen dabei einen Einblick in die Konsequenzen, die die Entscheidung für eine der Möglichkeiten hat: Wie günstig ist der jeweilige Zugang in der »praktischen Handhabung«? Wie aufwendig ist das Arbeiten damit? Wie viele Rechentricks werden beim Argumentieren benötigt?

▶ Aufgabe

In Aufgabe 5.8 wurden zwei Wege behandelt, auf denen man zur *allgemeinen Exponentialfunktion* $x \mapsto a^x$ *mit Basis* $a > 0$ gelangen kann. Beschreitet man den dort als »Zugang II« beschriebenen Weg, dann wird man die *natürliche Exponentialfunktion* $\exp : x \mapsto e^x$ als Spezialfall der allgemeinen Exponentialfunktion einführen: Es wird einfach eine bestimmte Zahl als Basis verwendet, nämlich die durch gewisse Eigenschaften charakterisierte Eulersche Zahl e. Man kann jedoch auch einen direkten Zugang zur (natürlichen) Exponentialfunktion wählen – in Aufgabe 5.8 als »Zugang I« bezeichnet – und daran anschließend die allgemeine Exponentialfunktion durch $x \mapsto a^x := \exp(x \ln a)$ definieren. In dieser Aufgabe untersuchen wir drei Wege, auf denen ein solcher direkter Zugang realisiert werden kann. Wir werden deren Gleichwertigkeit durch Nachweis der charakterisierenden Gleichung $f' = f$ zeigen, und wir werden illustrieren, welche Auswirkungen die Entscheidung für einen Zugang auf das Arbeiten mit der Funktion hat, indem wir beispielhaft fragen, wie sich Differenzierbarkeit und Funktionalgleichung in den einzelnen Zugängen nachweisen lassen.

Die folgenden Möglichkeiten betrachten wir:

(1) Zugang über die **Exponentialfolge:** Die Exponentialfunktion ist die durch $x \mapsto \lim_{n \to \infty} \left(1 + \frac{x}{n}\right)^n$ gegebene Funktion,

(2) Zugang über **Potenzreihen:** Die Exponentialfunktion ist die durch die Potenzreihe $\sum_{n=0}^{\infty} \frac{x^n}{n!}$ definierte Funktion.[10]

---

[10]Dies ist ein in Vorlesungen häufig gewählter Zugang.

(3) Zugang über die **Logarithmusfunktion** (Kleinscher Zugang): Die Exponentialfunktion ist die Umkehrfunktion zu der auf $\mathbb{R}^+$ definierten Integralfunktion $x \mapsto \int_1^x \frac{1}{t}\, dt$.[11]

Um den Rahmen der Aufgabe nicht zu sprengen, gehen wir davon aus, dass die Existenzfrage in allen Fällen bereits geklärt ist, d. h.: Die Konvergenz der in (1) vorkommenden Folge ist bereits gesichert (siehe z. B. [H1, §21.9 und §26.1]), die Konvergenz der Reihe in (2) ist bereits gezeigt (siehe z. B. [Fo1, §8]), und die Existenz der Integrale und die Umkehrbarkeit der Integralfunktion in (3) ist bereits nachgewiesen (siehe Aufgabe 5.11).

Wir untersuchen nun – von den verschiedenen Zugängen ausgehend – Eigenschaften der Exponentialfunktion, und wir klären, dass alle drei Zugänge zur selben Funktion führen.

a) Differenzierbarkeit: In Zugang (2) kann man die Differenzierbarkeit aus allgemeinen Eigenschaften von Potenzreihen ableiten (siehe [Fo1, §21, Satz 6]) und im Zugang (3) über den Satz von der Umkehrfunktion erhalten (siehe [Fo1, §15, Satz 3]). In beiden Fällen findet man, dass für die so definierte Funktion gilt

$$f' = f. \tag{$*$}$$

Wir untersuchen in dieser Teilaufgabe, wie man die Differenzierbarkeit und die Eigenschaft $(*)$ in Zugang (1) zeigen kann. Folgenden Weg schlagen wir dazu vor:

(i) Zeigen Sie als Vorbereitung, dass für die in (1) definierte Funktion f gilt:

- $f(x) \geqslant 1 + x$ für $x \in \mathbb{R}$
- $f(x) \leqslant \frac{1}{1-x}$ für $x < 1$

Tipp: Nutzen Sie für die Abschätzung nach unten die Bernoulli-Ungleichung und für die Abschätzung nach oben die für $t < 1$ gültige Ungleichung $1 + t \leqslant \frac{1}{1-t}$.

(ii) Zeigen Sie, dass f die Funktionalgleichung

$$f(x + y) = f(x)f(y)$$

---

[11]Dieser Zugang wird in Aufgabe 5.11 eingehender behandelt.

für $x, y \in \mathbb{R}$ erfüllt.[12]

Tipp: Überlegen Sie sich, dass sich der Quotient aus $(1 + \frac{x}{n})^n \cdot (1 + \frac{y}{n})^n$ und $(1 + \frac{x+y}{n})^n$ in der Form $(1 + t)^n$ schreiben lässt (mit geeignetem t), und zeigen Sie dann, dass er gegen 1 konvergiert.

(iii) Nutzen Sie (i), um die Differenzierbarkeit von f im Nullpunkt nachzuweisen.

(iv) Nutzen Sie (ii) und (iii), um zu zeigen, dass f überall differenzierbar ist und $(*)$ erfüllt.

b) Kompatibilität: Die in (1), (2) und (3) gegebenen Definitionen sind a priori voneinander unabhängig und könnten zu drei verschiedenen Funktionen führen. Zeigen Sie, dass die Funktionen in Wahrheit aber übereinstimmen. Ein Weg dazu ist folgender:

(i) Zeigen Sie: Falls eine differenzierbare Funktion $f : \mathbb{R} \to \mathbb{R}$ die Eigenschaft $(*)$ hat, dann ist entweder f die Nullfunktion oder f hat überhaupt keine Nullstellen.

Tipp: Angenommen, es gibt einen Punkt $a \in \mathbb{R}$ mit $f(a) \neq 0$. Berechnen Sie dann die Ableitung der Funktion $h : x \mapsto f(a + x) \cdot f(a - x)$.

(ii) Zeigen Sie: Es gibt höchstens eine differenzierbare Funktion $f : \mathbb{R} \to \mathbb{R}$ mit $f' = f$ und $f(0) = 1$.

Tipp: Nehmen Sie an, es gäbe zwei solche Funktionen f und g. Nutzen Sie (i) und betrachten Sie dann die Ableitung der Funktion $\frac{f}{g}$.

(iii) Folgern Sie, dass die durch (1), (2) und (3) definierten Funktionen übereinstimmen.

c) Funktionalgleichung: In Zugang (1) wurde die Funktionalgleichung bereits in (a)(ii) gezeigt. Da die in (2) und (3) definierten Funktionen mit der in (1) übereinstimmen, gilt die Funktionalgleichung auch für diese. Zeigen Sie (als alternativen Weg), dass man die Funktionalgleichung auch direkt aus

$$f' = f \quad \text{und} \quad f(0) = 1$$

ableiten kann, ohne auf einen bestimmten Zugang Bezug zu nehmen.

Tipp: Betrachten Sie für festes $y \in \mathbb{R}$ die Ableitung der durch $x \mapsto f(x+y) - f(x) \cdot f(y)$ definierten Funktion.

$$* \quad * \quad *$$

---

[12]Beachten Sie: Wenn die Differenzierbarkeit und die Gleichung $f' = f$ bereits gesichert sind, dann kann man hieraus die Funktionalgleichung leicht erhalten (siehe Teil (c)). Hier ist die Lage aber umgekehrt: Wir benötigen die Funktionalgleichung schon vorab, weil wir sie im Beweis der Differenzierbarkeit einsetzen möchten. Für ihren Nachweis dürfen wir die Differenzierbarkeit daher natürlich nicht verwenden.

▶ **Kommentierter Lösungsvorschlag**

a) Differenzierbarkeit

(i) Wir nutzen die Bernoulli-Ungleichung: Für $t \geqslant -1$ und $n \in \mathbb{N}$ gilt

$$(1+t)^n \geqslant 1 + nt.$$

Sei nun $x \in \mathbb{R}$. Da $(\frac{x}{n})_{n \in \mathbb{N}}$ eine Nullfolge ist, gibt es ein $n_0 \in \mathbb{N}$ derart, dass $\frac{x}{n}$ für $n \geqslant n_0$ zwischen -1 und 1 liegt. Dann gilt nach der Bernoulli-Ungleichung

$$(1 + \frac{x}{n})^n \geqslant 1 + x$$

und daher folgt

$$f(x) = \lim_{n \to \infty} (1 + \frac{x}{n})^n \geqslant 1 + x \qquad \text{für } x \in \mathbb{R}.$$

Wir verwenden nun die für $t < 1$ gültige Ungleichung $1 + t \leqslant \frac{1}{1-t}$. Sie zeigt, dass für $n \geqslant n_0$ gilt

$$(1 + \frac{x}{n})^n \leqslant \frac{1}{(1 - \frac{x}{n})^n} \leqslant \frac{1}{1-x} \qquad \text{für } x < 1,$$

wobei für die zweite Abschätzung erneut die Bernoulli-Ungleichung verwendet wurde. Durch den Grenzübergang $n \to \infty$ folgt dann die behauptete Ungleichung.

(ii) Der angegebene Quotient lässt sich schreiben als $(1+t)^n$ mit

$$t := \frac{xy}{n^2 + n(x+y)}.$$

Sind x, y gegeben, so liegt t für alle genügend großen n zwischen -1 und 1. Wir können daher mit der Bernoulli-Ungleichungen abschätzen:

$$(1+t)^n \geqslant 1 + nt = 1 + \frac{xy}{n+x+y} \xrightarrow[n \to \infty]{} 1.$$

Wie in der vorigen Teilaufgabe nutzen wir nun die Ungleichung $1 + t \leqslant \frac{1}{1-t}$ und erhalten

$$(1+t)^n \leqslant \frac{1}{(1-t)^n} \leqslant \frac{1}{1-nt} = \frac{1}{1 - \frac{xy}{n+x+y}} \xrightarrow[n \to \infty]{} 1.$$

Aus den beiden Abschätzungen folgt, dass $\lim_{n \to \infty}(1+t)^n = 1$ gilt.

(iii) Um die Differenzierbarkeit im Nullpunkt nachzuweisen, betrachten wir für $x \neq 0$ den Differenzenquotienten

$$\frac{f(x) - f(0)}{x - 0} = \frac{f(x) - 1}{x}$$

und schätzen $f(x)$ mittels der Ungleichungen aus (i) nach unten und oben ab. Wir betrachten zunächst den Fall $x > 0$. Einerseits erhalten wir

$$\frac{f(x) - 1}{x} \geqslant \frac{1 + x - 1}{x} = 1$$

und andererseits für $0 < x < 1$

$$\frac{f(x) - 1}{x} \leqslant \frac{\frac{1}{1-x} - 1}{x} = \frac{1}{1 - x} \xrightarrow[x \to 0]{} 1 \,.$$

Daraus folgt, dass $\frac{f(x)-1}{x}$ für $x \searrow 0$ gegen 1 konvergiert. Für $x < 0$ gelten in den obigen Abschätzungen die umgekehrten Ungleichungen, was uns dazu führt, dass $\frac{f(x)-1}{x}$ auch für $x \nearrow 0$ gegen 1 konvergiert. Somit ist f in 0 differenzierbar mit $f'(0) = 1$.

(iv) Um die Differenzierbarkeit von f in einem beliebigen Punkt $a \in \mathbb{R}$ zu zeigen, betrachten wir für $h \neq 0$ den Differenzenquotienten zu a und $a + h$ und nutzen die in (ii) bewiesene Funktionalgleichung. Dies liefert

$$\frac{f(a + h) - f(a)}{h} = \frac{f(a)f(h) - f(a)}{h} = f(a)\frac{f(h) - 1}{h} \,.$$

Nach dem in (iii) Gezeigten konvergiert der zweite Faktor gegen 1, und somit ist f in a differenzierbar mit $f'(a) = f(a)$.

b) Kompatibilität

(i) Sei f eine differenzierbare Funktion mit $f' = f$. Wenn f die Nullfunktion ist, dann ist nichts zu zeigen. Andernfalls gibt es einen Punkt $a \in \mathbb{R}$, so dass der Funktionswert $b := f(a)$ von Null verschieden ist. Wir betrachten nun die Funktion $h : x \mapsto f(a + x)f(a - x)$. Für $x \in \mathbb{R}$ ist

$$
\begin{aligned}
h'(x) &= f'(a + x)f(a - x) - f(a + x)f'(a - x) \\
&= f(a + x)f(a - x) - f(a + x)f(a - x) = 0 \,.
\end{aligned}
$$

Daraus folgt, dass h konstant ist, und zwar gilt für alle $x \in \mathbb{R}$

$$h(x) = h(0) = f(a)f(a) = b^2 \neq 0 \,,$$

also ist

$$f(a + x)f(a - x) = h(x) = b^2 \neq 0$$

für alle $x \in \mathbb{R}$ und daher kann f keine Nullstellen haben.

(ii) Angenommen, f und g seien differenzierbare Funktionen mit $f' = f$, $g' = g$ und $f(0) = g(0) = 1$. Nach (i) haben f und g keine Nullstellen. Wir können daher die Funktion $h := f/g$ betrachten und finden

$$\left(\frac{f}{g}\right)' = \frac{f'g - fg'}{g^2} = \frac{fg - fg}{g^2} = 0\,.$$

Somit ist f/g eine konstante Funktion. Aufgrund der Voraussetzung $f(0) = g(0)$ gilt sogar $f/g = 1$, d. h. $f = g$.

(iii) In (1), (2) und (3) ist jeweils eine differenzierbare Funktion f definiert, die $(*)$ erfüllt und für die $f(0) = 1$ gilt. Nach (ii) müssen diese Funktionen gleich sein.

c) Funktionalgleichung

Für festes $y \in \mathbb{R}$ sei h die Funktion $x \mapsto f(x + y) - f(x) \cdot f(y)$. Unser Ziel ist es zu zeigen, dass h die Nullfunktion ist. Wir berechnen dazu die Ableitung,

$$\begin{aligned} h'(x) &= f'(x + y) - f'(x)f(y) \\ &= f(x + y) - f(x)f(y) \\ &= h(x)\,. \end{aligned}$$

Mit (b)(i) folgt, dass h entweder die Nullfunktion ist oder keine Nullstellen hat. Nun ist aber $h(0) = f(y) - f(0)f(y) = 0$, also ist h die Nullfunktion.

5.11 Der Kleinsche Zugang zu ln und exp

Was sollten Sie schon kennen?

Integralbegriff, Hauptsatz der Differential- und Integralrechnung, Substitutionsregel, Zwischenwertsatz

Was lernen Sie hier?

Sie lernen einen unorthodoxen Weg zur Einführung von Logarithmus- und Exponentialfunktion kennen, der von der Integrationstheorie ausgeht.

▶ **Aufgabe**

In dieser Aufgabe beleuchten wir eine wichtige Erkenntnis über Mathematik: Es gibt nicht nur einen einigen – sozusagen »idealen« – Weg, um Wissensbestände der Mathematik anzuordnen (und daher auch nicht eine einzige, »ideale« Lern-Reihenfolge). Wir betrachten hier als Beispiel einen von Felix Klein (1849–1925) vorgeschlagenen Zugang zu Logarithmus- und Exponentialfunktion. Obwohl sich dieser Zugang beim Unterricht an Schule und Hochschule aus guten Gründen nicht durchgesetzt hat, ist er sehr instruktiv, da er von üblicheren Zugängen stark abweicht und gewissermaßen »am anderen Ende« beginnt.

Versetzen Sie sich zu diesem Zweck in die Situation, Logarithmus- und Exponentialfunktion noch nicht zu kennen. Wir untersuchen nun die Integralfunktion

$$L : \mathbb{R}^+ \to \mathbb{R}, \quad x \mapsto \int_1^x \frac{1}{t}\, dt.$$

(Bei diesem Zugang wird Integrationstheorie vorausgesetzt.)

Begründen Sie nacheinander die folgenden Aussagen:

a) L ist streng monoton steigend.

b) L ist injektiv.

c) L ist differenzierbar und es gilt für alle $x \in \mathbb{R}^+$

$$L'(x) = \frac{1}{x}.$$

d) Es gilt für $x \in \mathbb{R}^+$

$$L\!\left(\frac{1}{x}\right) = -L(x).$$

Tipp: Nutzen Sie die Substitutionsregel.

e) L ist surjektiv.

Tipp: Überlegen Sie sich, wie sich L für $x \to \infty$ und für $x \searrow 0$ verhält. Für $x \to \infty$ kann die harmonische Reihe nützlich sein und für $x \searrow 0$ zusätzlich die Beziehung aus (d).

f) $L : \mathbb{R}^+ \to \mathbb{R}$ ist bijektiv und für die Umkehrfunktion von L, nennen wir sie E, gilt

$$E'(x) = E(x)$$

für alle $x \in \mathbb{R}$.

Im Kleinschen Zugang wird nach diesen Überlegungen L als Logarithmusfunktion und E als Exponentialfunktion *definiert*.

g) Zeigen Sie, dass für die so definierten Funktionen die folgenden Funktional-gleichungen gelten:

$$\begin{aligned} L(xy) &= L(x) + L(y) & \text{für } x, y \in \mathbb{R}^+ \\ E(x+y) &= E(x)E(y) & \text{für } x, y \in \mathbb{R} \end{aligned}$$

$$* \quad * \quad *$$

▶ **Kommentierter Lösungsvorschlag**

a) Monotonie. Seien $x, y \in \mathbb{R}^+$ mit $x < y$. Es ist

$$L(y) - L(x) = \int_x^y \frac{1}{t}\, dt.$$

Da der Integrand positiv und stetig ist, hat das Integral einen positiven Wert. Folglich ist $L(y) > L(x)$ und damit die strenge Monotonie gezeigt.

b) Injektivität. Diese folgt sofort aus der in (a) nachgewiesenen strengen Monotonie.

c) Differenzierbarkeit und Ableitung. Man erhält beides direkt aus dem Hauptsatz der Differential- und Integralrechnung, angewandt auf die Integral-funktion L.

d) Reziproke Argumente. Die behauptete Gleichung folgt in der Tat rasch mit der Substitutionsregel: Wir substituieren mit der Funktion $g : \mathbb{R}^+ \to \mathbb{R}^+$, $x \mapsto \frac{1}{x}$ und erhalten für $x \in \mathbb{R}^+$

$$
\begin{aligned}
L\left(\frac{1}{x}\right) &= \int_1^{\frac{1}{x}} \frac{1}{t} \, dt = \int_{g(1)}^{g(x)} \frac{1}{t} \, dt \\
&\stackrel{(*)}{=} \int_1^x \frac{1}{g(t)} g'(t) \, dt = \int_1^x t \cdot \left(-\frac{1}{t^2}\right) \, dt = -\int_1^x \frac{1}{t} \, dt \\
&= -L(x) \, .
\end{aligned}
$$

Die Substitutionsregel wurde in dieser Rechnung bei $(*)$ angewandt.

e) Surjektivität. Wir untersuchen zunächst das Verhalten von L für $x \to \infty$. Es gilt für $n \in \mathbb{N}$

$$
L(n) = \int_1^n \frac{1}{t} \, dt \geqslant \sum_{k=2}^n \frac{1}{k} \, .
$$

(Dies folgt daraus, dass die Treppenfunktion, die im Intervall $[k-1, k]$ den Wert $\frac{1}{k}$ hat, stets unterhalb der Funktion $t \mapsto \frac{1}{t}$ liegt.) Da die harmonische Reihe $\sum \frac{1}{k}$ divergent ist, können wir daraus für die Folge $(L(n))_{n \in \mathbb{N}}$ schließen, dass

$$
L(n) \xrightarrow[n \to \infty]{} \infty
$$

gilt. Da L nach (a) monoton steigend ist, folgt schließlich

$$
L(x) \xrightarrow[x \to \infty]{} \infty \, .
$$

Daraus folgt auch $L\left(\frac{1}{x}\right) \xrightarrow[x \searrow 0]{} \infty$, und dies impliziert mittels (d)

$$
L(x) \xrightarrow[x \searrow 0]{} -\infty \, .
$$

Da L wegen (c) stetig ist, folgt aus dem Verhalten von L für $x \to \infty$ und $x \searrow 0$ mit dem Zwischenwertsatz, dass

$$
L(\mathbb{R}^+) = \mathbb{R}
$$

gilt.

f) Ableitung der Umkehrfunktion. Die Bijektivität folgt aus (b) und (e). Da L nach (c) differenzierbar ist und die Ableitung keine Nullstellen hat, ist auch die

Umkehrfunktion $E = L^{-1}$ differenzierbar. Ihre Ableitung erhalten wir mit der Formel für die Ableitung der Umkehrfunktion:

$$E'(x) = (L^{-1})'(x) = \frac{1}{L'(L^{-1}(x))} = \frac{1}{L'(E(x))} = E(x) \, .$$

g) Funktionalgleichungen. Um die Funktionalgleichung für L zu zeigen, wenden wir eine bei differenzierbaren Funktionen oft nützliche Methode an: Wir betrachten für festes $y \in \mathbb{R}^+$ die Differenzfunktion

$$f : \mathbb{R}^+ \; \rightarrow \; \mathbb{R}$$
$$x \; \mapsto \; f(x) := L(x) + L(y) - L(xy)$$

und werden zeigen, dass f die Nullfunktion ist. Um dies nachzuweisen, berechnen wir die Ableitung von f: Für beliebiges $x \in \mathbb{R}^+$ ist

$$f'(x) = \frac{1}{x} + 0 - \frac{y}{xy} = 0 \, .$$

Daraus folgt, dass f eine konstante Funktion ist. Wir sind fertig, wenn wir sehen, dass sie an einer Stelle gleich Null ist. Das ist aber klar, denn es ist

$$f(1) = L(1) + L(y) - L(1 \cdot y) = 0 \, .$$

Die Funktionalgleichung für E können wir nun aus der soeben für L gezeigten gewinnen, und zwar in folgender Weise: Gegebene Zahlen $x, y \in \mathbb{R}$ können wir als $x = L(u)$ und $y = L(v)$ mit geeigneten $u, y \in \mathbb{R}^+$ schreiben. Aus der Gleichung $L(uv) = L(u) + L(v)$ folgt durch beidseitiges Anwenden von E und Einsetzen

$$uv = E(L(u) + L(v)) = E(x + y) \, .$$

Da $u = E(x)$ und $v = E(y)$ ist, ist damit die Funktionalgleichung für E gezeigt.

5.12 Beispiele finden – Standardbeispiele kennenlernen

Was sollten Sie schon kennen?

Folgen, Grenzwerte, Differenzierbarkeit, Integration

Was lernen Sie hier?

Sie üben, Folgen und Funktionen mit vorgegebenen Eigenschaften zu konstruieren, und Sie lernen Standardbeispiele der Analysis kennen.

▶ Aufgabe

Beispiele konstruieren zu können und Standardbeispiele zu kennen, sind wichtige Elemente mathematischen Wissens. Gewisse »Extrembeispiele« können nützlich sein, um die Vorstellungen zum Gehalt mathematischer Begriffe und Sätze zu schärfen.

Finden Sie daher Beispiele für Folgen $(a_n)_{n \in \mathbb{N}}$ reeller Zahlen bzw. für Funktionen $f : I \to \mathbb{R}$ auf Intervallen $I \subset \mathbb{R}$, die die im Folgenden angegebenen Eigenschaften haben.

a) Folgen und Grenzwerte

(i)   eine monotone Folge, die nicht konvergent ist

(ii)   eine konvergente Folge, die nicht monoton ist

(iii)   eine beschränkte Folge, die nicht konvergent ist

(iv)   eine Folge mit zwei Häufungswerten, die nicht als Folgenglieder vorkommen

(v)   eine Folge, die vorgegebene Häufungswerte $h_1, \ldots, h_r \in \mathbb{R}$ hat

(vi)   eine Folge, die genau einen Häufungswert hat, aber nicht konvergent ist

b) Differenzierbarkeit

(i)   eine stetige Funktion, die nicht differenzierbar ist

(ii)   eine differenzierbare Funktion, die nicht stetig differenzierbar ist
Tipp: Untersuchen Sie die stetige Fortsetzung der Funktion $x \mapsto x^2 \sin\left(\frac{1}{x}\right)$.

(iii)   eine stetig differenzierbare Funktion, die nicht zweimal differenzierbar ist

(iv)   eine k-mal differenzierbare Funktion (für gegebenes $k \in \mathbb{N}$), die nicht $(k + 1)$-mal differenzierbar ist

c) Extrema und Monotonie

  (i) eine streng monotone Funktion f, für die nicht $f'(x) > 0$ für alle x gilt
  (ii) eine Funktion f, für die $f'(a) = 0$ in einem Punkt $a \in I$ gilt, die aber in a kein Extremum hat
  (iii) eine Funktion f, die in einem Punkt $a \in I$ ein Extremum hat, obwohl $f'(a) \neq 0$ ist
  (iv) eine Funktion f, die in einem Punkt a (der im Inneren von I liegt) ein Minimum hat, obwohl $f''(a) = 0$ ist

d) Integrierbarkeit

  (i) eine Riemann-integrierbare Funktion, die nicht stetig ist
  (ii) eine beschränkte Funktion, die nicht Riemann-integrierbar ist
  (iii) eine Riemann-integrierbare Funktion, die keine Regelfunktion ist[13]

$$* \quad * \quad *$$

▶ Kommentierter Lösungsvorschlag

Es gibt in jedem der Fälle viele Beispiele. Soweit dies möglich ist, geben wir im Folgenden jeweils ein »Standardbeispiel« an.

a) Folgen und Grenzwerte

  (i) Die Folge $(n)_{n \in \mathbb{N}}$ ist monoton steigend, aber nicht konvergent.
  (ii) Die Folge $((-1)^n \frac{1}{n})_{n \in \mathbb{N}}$ ist konvergent, aber nicht monoton.
  (iii) Die Folge $((-1)^n)_{n \in \mathbb{N}}$ ist beschränkt, aber nicht monoton.
  (iv) Die Folge $((-1)^n(1+\frac{1}{n}))_{n \in \mathbb{N}}$ hat die Häufungswerte -1 und 1. Diese beiden Zahlen treten nicht als Folgenglieder auf.
  (v) Man kann die Folge $(a_n)_{n \in \mathbb{N}}$ betrachten, die die Werte $h_1, \dots, h_r$ immer wieder der Reihe nach durchläuft:

$$a_n := \begin{cases} h_1, & \text{falls } n \text{ bei Division durch } r \text{ den Rest 0 lässt,} \\ h_2, & \text{falls } n \text{ bei Division durch } r \text{ den Rest 1 lässt,} \\ \vdots & \vdots \\ h_r, & \text{falls } n \text{ bei Division durch } r \text{ den Rest } r-1 \text{ lässt.} \end{cases}$$

---

[13]Diese Teilaufgabe ist für Leser gedacht, die sowohl das Riemann-Integral (siehe [H1], Abschn. 79]) als auch das Regelintegral (siehe [Ko1, Kap. 11]) kennen.

(Da der Rest bei Division durch r eine der Zahlen $0, \ldots, r-1$ ist, handelt es sich hier um eine vollständige und eindeutige Fallunterscheidung.)

(vi) Die Folge $(a_n)_{n \in \mathbb{N}}$ mit

$$a_n := \begin{cases} 1, & \text{falls } n \text{ gerade ist} \\ n, & \text{falls } n \text{ ungerade ist} \end{cases}$$

hat 1 als einzigen Häufungswert, ist aber nicht konvergent (da sie nicht beschränkt ist).

b) Differenzierbarkeit

(i) Die Betragsfunktion $\mathbb{R} \to \mathbb{R}$, $x \mapsto |x|$ ist stetig, aber nicht differenzierbar.

(ii) Die Funktion

$$\begin{aligned} f : \mathbb{R} &\to \mathbb{R} \\ x &\mapsto \begin{cases} x^2 \sin\left(\frac{1}{x}\right), & \text{falls } x \neq 0 \\ 0, & \text{falls } x = 0 \end{cases} \end{aligned}$$

ist differenzierbar, aber nicht stetig differenzierbar. Ihr Graph ist in Abb. 5.3 zu sehen.

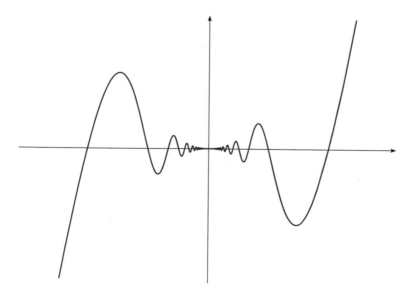

Abb. 5.3: Ein Standardbeispiel der Analysis (zu Aufgabenteil (b)ii). Es zeigt, dass die Ableitung einer differenzierbaren Funktion nicht stetig sein muss.

Beweis: Die Differenzierbarkeit von f auf $\mathbb{R} \setminus \{0\}$ liegt auf der Hand, und wir finden für $x \neq 0$

$$f'(x) = 2x \sin(\frac{1}{x}) - \cos(\frac{1}{x}).$$

Um auch die Differenzierbarkeit im Nullpunkt nachzuweisen, betrachten wir den Differenzenquotienten: Es ist für $x \neq 0$

$$\frac{f(x) - f(0)}{x - 0} = \frac{x^2 \sin(\frac{1}{x}) - 0}{x} = x \sin(\frac{1}{x})$$

und dieser Term konvergiert für $x \to 0$ gegen 0. Also ist f in 0 differenzierbar mit

$$f'(0) = 0.$$

Die Ableitung f' ist im Nullpunkt nicht stetig, denn $2x \sin(\frac{1}{x}) - \cos(\frac{1}{x})$ konvergiert für $x \to 0$ nicht gegen 0.

(iii) Zunächst zur Idee: Wir suchen eine differenzierbare Funktion f, deren Ableitung f' zwar stetig, aber nicht differenzierbar ist. Wenn wir beispielsweise ein f so finden, dass die Ableitungsfunktion f' die Betragsfunktion $x \mapsto |x|$ ist, dann wäre dieses Ziel erreicht. Eine solche Funktion f ist zum Glück leicht herzustellen: Die Funktion

$$f : \mathbb{R} \to \mathbb{R}$$
$$x \mapsto \begin{cases} -\frac{x^2}{2}, & \text{falls } x < 0 \\ \frac{x^2}{2}, & \text{falls } x \geqslant 0 \end{cases}$$

ist differenzierbar mit $f'(x) = |x|$ für alle x.

Bemerkung: Es ist nützlich, die Konstruktion von f auch noch aus einem anderem Blickwinkel zu betrachten: Wir wissen (nach dem Hauptsatz der Differential- und Integralrechnung), dass wir aus einer stetigen Funktion g durch Bilden einer Integralfunktion $x \mapsto \int_a^x g$ eine differenzierbare Funktion herstellen können (für beliebiges a), deren Ableitung g ist. Wenn wir dies auf die Betragsfunktion $g : x \mapsto |x|$ anwenden, so erhalten wir die obige Funktion f.

(iv) Wir brauchen hierfür lediglich die Idee aus dem vorigen Aufgabenteil zu verallgemeinern: Wir suchen eine Funktion, die bei k-maligem Ableiten zur Betragsfunktion führt. Oder aus anderer Perspektive: Wir gehen von der Betragsfunktion aus und bilden k-mal eine Integralfunktion. Dies führt zur

Funktion

$$f : \mathbb{R} \rightarrow \mathbb{R}$$

$$x \mapsto \begin{cases} -\frac{x^{k+1}}{(k+1)!}, & \text{falls } x < 0 \\ \frac{x^{k+1}}{(k+1)!}, & \text{falls } x \geqslant 0. \end{cases}$$

c) Extrema und Monotonie

(i) Die Funktion $f : \mathbb{R} \to \mathbb{R}$, $x \mapsto x^3$, ist streng monoton steigend, aber es ist $f'(0) = 0$.

(ii) Für die Funktion $f : \mathbb{R} \to \mathbb{R}$, $x \mapsto x^3$, gilt $f'(0) = 0$, aber es liegt im Nullpunkt kein Extremum vor.

(iii) Wir wissen: Falls eine differenzierbare Funktion im *Inneren* des Definitions-bereichs ein Extremum hat, dann hat dort ihre Ableitung eine Nullstelle. Um eine Funktion zu finden, wie es die Aufgabe verlangt, müssen wir daher Extrema am *Rand* des Definitionsbereichs in Betracht ziehen. Ein einfaches Beispiel ist folgendes: Die Funktion $f : [0, 1] \to \mathbb{R}$, $x \mapsto x$, hat in 0 und in 1 Extrema (Minimum bzw. Maximum), aber in diesen Punkten ist f' ungleich 0.

(iv) Die Funktion $f : \mathbb{R} \to \mathbb{R}$, $x \mapsto x^4$, hat im Nullpunkt ein Minimum, aber es ist $f'(0) = 0$.

d) Integrierbarkeit

(i) Jede Treppenfunktion, wie zum Beispiel

$$f : [0, 2] \rightarrow \mathbb{R}$$

$$x \mapsto \begin{cases} 0, & \text{falls } 0 \leqslant x < 1 \\ 1, & \text{falls } 1 \leqslant x \leqslant 2 \end{cases}$$

ist Riemann-integrierbar, aber an ihren Sprungstellen (hier an der Stelle 1) unstetig.

(ii) Die *Dirichlet-Funktion*

$$f : [0, 1] \rightarrow \mathbb{R}$$

$$x \mapsto \begin{cases} 1, & \text{falls } x \text{ rational} \\ 0, & \text{falls } x \text{ irrational} \end{cases}$$

ist beschränkt, aber nicht Riemann-integrierbar.

(iii) Die Funktion

$$f : [0,1] \quad \to \quad \mathbb{R}$$

$$x \quad \mapsto \quad \begin{cases} \sin(\frac{1}{x}), & \text{falls } x > 0 \\ 0, & \text{falls } x = 0 \end{cases}$$

ist keine Regelfunktion, da im Nullpunkt der einseitige Grenzwert

$$\lim_{x \searrow 0} f(x)$$

nicht existiert. (Die Existenz aller einseitigen Grenzwerte charakterisiert Regelfunktionen.) Sie ist allerdings Riemann-integrierbar, da sie beschränkt ist und nur eine einzige Unstetigkeitsstelle hat. (Man kann dies durch Betrachtung von Ober- und Untersummen zeigen.)

Zum Weiterarbeiten

■ **Noch mehr Beispiele.** Die Funktion f in der Lösung zu (b)ii ist auf $\mathbb{R} \setminus \{0\}$ von der Form $x \mapsto x^2 g(x)$, wobei g eine differenzierbare Funktion auf $\mathbb{R} \setminus \{0\}$ ist. Überlegen Sie sich, dass (die stetige Fortsetzung) einer solchen Funktion immer im Nullpunkt differenzierbar ist, wenn g beschränkt ist. (Ob f' allerdings *stetig* ist, hängt von g ab.)

■ **Herausforderung: Knifflige Beispiele.** Können Sie Beispiele von Funktionen finden mit folgenden Eigenschaften?

- eine Funktion $f : [0,1] \to \mathbb{R}$, die nur in einem einzigen Punkt stetig ist
- eine Funktion $f : [0,1] \to \mathbb{R}$, die in irrationalen Punkten stetig und in rationalen Punkten unstetig ist

Tipp: Man kann in beiden Fällen nach dem Vorbild der Dirichlet-Funktion den Funktionswert in den irrationalen Punkten zu 0 festlegen – die Kunst besteht darin, den Funktionswert an den rationalen Stellen »günstig« festzulegen.

■ **Stetig, aber nirgends differenzierbar.** Für viel Aufsehen sorgte im 19. Jahrhundert die Erkenntnis, dass es Funktionen $\mathbb{R} \to \mathbb{R}$ gibt, die stetig, aber in keinem einzigen Punkt differenzierbar sind. (Intuitiv möchte man meinen, eine stetige Funktion müsse bis auf isolierte Punkte differenzierbar sein.) Besonders bekannt ist eine von Weierstraß gefundene Funktion. Ein weiteres, von Takagi stammendes Beispiel finden Sie in [Ko1, Abschn. 9.11].

Symbole

Die nachfolgende Übersicht enthält die wichtigsten der in diesem Buch verwendeten Symbole. Die Erläuterungen sind als knapp gefasste Erinnerungen gedacht.

$A := \ldots$ A wird durch das Rechtsstehende »...« definiert.

$\mathbb{N}$ die Menge der natürlichen Zahlen $\{1, 2, 3, \ldots\}$.

$\mathbb{Z}$ die Menge der ganzen Zahlen $\{\ldots, -3, -2, -1, 0, 1, 2, 3, \ldots\}$.

$\mathbb{Q}$ die Menge der rationalen Zahlen $\left\{ \frac{p}{q} \,\middle|\, p \in \mathbb{Z} \text{ und } q \in \mathbb{Z} \setminus \{0\} \right\}$.

$\mathbb{R}$ die Menge der reellen Zahlen.

$\mathbb{R}^+$ die Menge der positiven reellen Zahlen.

$\mathbb{R}_0^+$ die Menge $\mathbb{R}^+ \cup \{0\}$.

$\mathbb{R}^n$ die Menge der n-Tupel $(x_1, \ldots, x_n)$ mit $x_i \in \mathbb{R}$ für $i = 1, \ldots, n$.

$[a, b]$ abgeschlossenes Intervall $\{x \in \mathbb{R} \mid a \leqslant x \leqslant b\}$.

$]a, b[$ offenes Intervall $\{x \in \mathbb{R} \mid a < x < b\}$.

$[a, b[$ halboffenes Intervall $\{x \in \mathbb{R} \mid a \leqslant x < b\}$. Analog ist $]a, b]$ definiert.

$|x|$ der Betrag (oder: Absolutbetrag) der Zahl $x \in \mathbb{R}$.

$\|x\|$ die Norm des Vektors $x \in \mathbb{R}^n$. Wenn nicht anders angegeben, dann ist die euklidische Norm $\|x\| = \sqrt{\sum_{i=1}^n x_i^2}$ gemeint.

$\binom{n}{k}$ der Binomialkoeffizient. Für $n \in \mathbb{N}$ und $0 \leqslant k \leqslant n$ ist er durch $\frac{n!}{k!(n-k)!}$ definiert.

G_f der Graph der Funktion f. Für eine Funktion $f : A \to B$ ist dies die Menge $\{(x, y) \in A \times B \mid f(x) = y\}$. Der Graph einer Funktion $f : \mathbb{R} \to \mathbb{R}$ ist also eine Teilmenge der Ebene $\mathbb{R}^2$; sie wird gerne zur Darstellung der Funktion genutzt.

$g \circ f$ die Hintereinanderausführung (Komposition) der Funktionen $f : A \to B$ und $g : B \to C$. Sie ist durch $x \mapsto g(f(x))$ definiert.

$a_n \to a$ Die Folge $(a_n)_{n \in \mathbb{N}}$ konvergiert gegen a, d. h., in jeder Umgebung von a liegen fast alle Folgenglieder (d. h. alle bis auf endlich viele). Die Gleichung $\lim\limits_{n \to \infty} a_n = a$ drückt dasselbe aus.

$\sum\limits_{i=1}^{\infty} a_n$ die Reihe mit den Gliedern a_n, d.h. die Folge der Partialsummen $(\sum_{i=1}^{n} a_i)_{n \in \mathbb{N}}$. Falls diese konvergent ist, dann wird mit demselben Symbol auch ihr Grenzwert bezeichnet.

$f(x) \xrightarrow[x \to a]{} b$ Die Funktion f konvergiert für $x \to a$ gegen b. Eine Möglichkeit, dies auszudrücken (oder sogar zu definieren), ist: Für jede Folge $(a_n)_{n \in \mathbb{N}}$, die gegen a konvergiert, konvergiert die Folge der Funktionswerte $(f(a_n))_{n \in \mathbb{N}}$ gegen b.
Die Gleichung $\lim\limits_{x \to a} f(x) = b$ drückt dasselbe aus.

$f(x) \xrightarrow[x \nearrow a]{} b$ Konvergenz bei linksseitiger Annäherung an a. In der Beschreibung mittels Folgen werden nur Folgen $(a_n)_{n \in \mathbb{N}}$ mit $a_n < a$ in Betracht gezogen.
Die Gleichung $\lim\limits_{x \nearrow a} f(x) = b$ drückt dasselbe aus.

$f(x) \xrightarrow[x \searrow a]{} b$ Konvergenz bei rechtsseitiger Annäherung an a. In der Beschreibung mittels Folgen werden nur Folgen $(a_n)_{n \in \mathbb{N}}$ mit $a_n > a$ in Betracht gezogen.
Die Gleichung $\lim\limits_{x \searrow a} f(x) = b$ drückt dasselbe aus.

$\overline{A}$ der topologische Abschluss einer Menge A in $\mathbb{R}^n$ (oder allgemeiner in einem metrischen Raum). Er ist gleich der Menge der Grenzwerte aller konvergenten Folgen, deren Glieder in A liegen. (Deren Grenzwerte müssen nicht in A liegen, es gilt $\overline{A} \supseteq A$.)

f' die Ableitung der differenzierbaren Funktion f.

f'' die zweite Ableitung von f, falls f zweimal differenzierbar ist. Es ist dies die Ableitung von f'. Für höhere Ableitungen $f''', f'''', \dots$ sind auch die Bezeichnungen $f^{(3)}, f^{(4)}, \dots$ gebräuchlich.

$\int\limits_a^b f(x)\, dx$ das Integral der Funktion f über dem Intervall $[a, b]$. Kurz: $\int_a^b f$. Es kann über Riemannsche Summen definiert werden (wie in [H1, Abschn. 79] durchgeführt) oder alternativ – und äquivalent – über Unter- und Obersummen (Darbouxscher Zugang, siehe [H1, Abschn. 82]).

A_{PQR} der Flächeninhalt des Dreiecks PQR in der Ebene $\mathbb{R}^2$.

$M_{m \times n}(\mathbb{R})$ die Menge (Vektorraum) der $(m \times n)$-Matrizen mit Einträgen aus $\mathbb{R}$.

Literaturverzeichnis

[A]   Ableitinger, Ch.: Typische Teilprozesse beim Lösen hochschulmathematischer Aufgaben: Kategorienbildung und Ankerbeispiele. *Journal für Mathematik-Didaktik*, Band 33, Heft 1, 87–111 (2012).

[AH]   Ableitinger, Ch., Herrmann, A.: *Lernen aus Musterlösungen zur Analysis und Linearen Algebra.* Vieweg+Teubner, 2011.

[BBGK] Baierlein, M., Barth, F., Greifenegger, U., Krumbacher, G.: *Anschauliche Analysis 2, Leistungskurs.* Ehrenwirth, 1986.

[Ba]   Bauer, Th.: Schnittstellen bearbeiten in Schnittstellenaufgaben. In: Ableitinger, Ch., Kramer, J., Prediger, S. (Hrsg.): *Wider die doppelte Diskontinuität.* Springer Spektrum, Wiesbaden, 2013. (In Vorbereitung)

[BP]   Bauer, Th., Partheil, U.: Schnittstellenmodule in der Lehramtsausbildung im Fach Mathematik. *Math. Semesterber.* 56, 85-103 (2009).

[Bp+]   Beutelspacher, A., Danckwerts, R., Nickel, G., Spies, S., Wickel, G.: *Mathematik Neu Denken. Impulse für die Gymnasiallehrerbildung an Universitäten.* Vieweg+Teubner, Wiesbaden, 2011.

[Br+]   Brunner, M., Kunter, M., Krauss, S., Baumert, J., Blum, W., Dubberke, T., Jordan, A., Klusmann, U., Tsai, Y.-M., Neubrand, M.: Welche Zusammenhänge bestehen zwischen dem fachspezifischen Professionswissen von Mathematiklehrkräften und ihrer Ausbildung sowie beruflichen Fortbildung? *Zeitschrift für Erziehungswissenschaft,* 521-544 (2006).

[C]   Do Carmo, M.: *Differentialgeometrie von Kurven und Flächen.* Vieweg, 1992.

[FD]   Feuerlein, R., Distel, B.: *Mathematik 10. Unterrichtswerk für das G8.* Bayerischer Schulbuch Verlag, 2008.

[Fi]   Fischer, G.: *Lehrbuch der Algebra.* Vieweg, 2008.

[Fo1]   Forster, O.: *Analysis 1. Differential- und Integralrechnung einer Veränderlichen.* Vieweg+Teubner, 2011.

[Fo2]   Forster, O.: *Analysis 2. Differentialrechnung im $\mathbb{R}^n$, gewöhnliche Differentialgleichungen.* Vieweg+Teubner, 2011.

[Fo3]   Forster, O.: *Analysis 3. Maß- und Integrationstheorie, Integralsätze im $\mathbb{R}^n$ und Anwendungen.* Vieweg+Teubner, 2011.

[G]   Gerber, F.: Wasserstand im Edersee. *mathematik lehren* 132, S. 63 (2005).

[HJK]   Herget, W., Jahnke, Th., Kroll, W.: *Produktive Aufgaben für den Mathematikunterricht in der Sekundarstufe II.* Cornelsen, 2008.

[H1]   Heuser, H.: *Lehrbuch der Analysis. Teil 1.* Teubner, 2001.

[H2]   Heuser, H.: *Lehrbuch der Analysis. Teil 2.* Teubner, 2002.

[Ho]   Hofe, R. vom: *Grundvorstellungen mathematischer Inhalte.* Spektrum, 1995.

[J]   Jänich, K.: *Funktionentheorie.* Springer, 2003.

[Ka]   Kanforowitsch, A. G.: *Logischen Katastrophen auf der Spur.* Fachbuchverlag Leipzig, 1983.

[Kl]   Klein, F.: *Elementarmathematik vom höheren Standpunkte.* Bd. 1, Berlin, Göttingen, Heidelberg, 1924.

[Kn]   Knoebel, R. A.: Exponentials Reiterated. *The American Mathematical Monthly* 88, 235–252 (1981).

[Ko1]   Königsberger, K.: *Analysis 1.* Springer, 1999.

[LS10]   Lambacher Schweizer: *10, Mathematisches Unterrichtswerk für das Gymnasium,* Ausgabe Hessen, Klett, 1997.

[LS]   Lambacher Schweizer: *Analysis Leistungskurs.* Gesamtband Ausgabe A. Klett, 2005.

[MU]   Die Fibonacci-Zahlen und der Goldene Schnitt. *Der Mathematikunterricht,* Jahrgang 58, Heft 1 (2012).

[S]   Shulman, L. S.: Those who understand: Knowledge growth in teaching. *Educational Researcher* 15(2), 4-14 (1986).

[T]   Tao, T.: *Analysis I.* Hindustan Book Agency, 2006.

[WM]   Wittmann, E. C., Müller, G.: Wann ist ein Beweis ein Beweis? In: *Mathematikdidaktik: Theorie und Praxis. Festschrift für Heinrich Winter.* Cornelsen, Berlin, 1988.

Abbildungsverzeichnis

Index

Printed in the United States
By Bookmasters